기술창업 사업계획서 매뉴얼

김상수 · 김영천 · 김일경 · 이철형 · 주민정

도서출판
청람

■ 머리말

1. 창업은 선택이 아닌 필수입니다.

최근에 정부, 사회, 기업, 대학의 공통적 화두 중 하나는 **기업가정신 및 창업**입니다. **정부**는 국가성장의 동력 및 취업문제 해결 차원으로 창업을 권장하고 있고, **사회**에서는 베이비부머 세대들이 은퇴함에 따라서 제2의 삶을 준비하는 방법으로 창업에 큰 관심들이 쏠려 있습니다. 또한 **기업**은 생존 및 성장 동력의 차원으로서 기술 기반의 창업 기업을 육성하고 인수 합병을 추진하고 있습니다. **대학**들은 기업과 사회가 필요로 하는 인재를 육성하기 위해서 창업을 권장하고 있습니다. 이처럼 창업은 선택이 아닌 **필수**가 되어가고 있는 추세입니다.

그러나 실제 창업 현실은 어떻습니까? 취업 대신 창업을 하겠다는 대학생들이나 전문가들의 창업 의지는 매우 낮은 실정이고, 창업을 촉진하고 육성하기 위한 사회적·제도적 환경은 그리 우호적이지 않습니다. 실제로 창업 후 생존하는 비율은 매우 낮다는 우울한 발표들이 많습니다. 삼성, LG, 현대자동차, 애플, 마이크로소프트, GM 등 글로벌기업들도 창업으로부터 출발하였으나, 최근에는 우리나라에서 이 같은 기업들을 찾기가 힘들게 되었습니다. 이 모든 책임과 해결방안을 정부의 창업정책, 금융권의 지원제도 등 외부환경으로 돌리기보다는 **창업가역량**으로부터 찾아야 한다고 봅니다.

2. 창업자는 역량을 키우고 준비를 철저히 해야 합니다.

창업은 기본적으로 열악한 상황에서 출발할 수밖에 없고, 창업의 성공확률은 낮을 수밖에 없습니다. 이 같은 어려운 상황을 돌파해 갈 주체는 창업가 자신이기 때문에 창업역량을 키우고 창업준비를 철저히 해야 합니다.

창업가는 창업 성공을 위해 세 가지 능력을 키워야 합니다. 첫 번째로, 전문성이 없는 창업은 실패할 수밖에 없기 때문에 창업자는 창업하고자 하는 분야에 대해서 최고의 **전문성(Technology)**을 갖도록 노력해야 합니다. 창업자가 갖추어야 할 두 번째 역량은 사업전략수립, 마케팅, 생산운영, 인적자원관리, 자금조달 등의 여러 분야에서 효율성과 합리성을 추구해서 이익을 창출할 수 있는 **경영능력(Management)** 입니다. 창업자가 갖추어야 할 세 번째 역량은 창업아이템, 사업모델, 마케팅계획, 생산운영계획 등 모든 영역에서 남들과 다른 차별성을 만들어 낼 수 있는 **창의성(Creativity)**을 갖추어야 합니다.

결론적으로, 창업자는 Technology×Management×Creativity를 융합해서 창업에 철저한 준비를 해야 하고 창업 역량을 향상해야 합니다.

3. 본 서는 사업계획 수립에 필요한 역량을 향상하기 위한 가이드라인을 제시하고 있습니다.

본서는 **기술기반의 창업**을 준비하는 대학생과 전문가들을 위한 책으로서, 사업 계획을 수립하고 추진하는 데 무슨 일을 어떻게 해야 하는가에 대한 가이드라인을 제시하고 있습니다.

본서는 크게 **7개 모듈, 20개장**으로 구성되어 있습니다. 각 장의 마무리 부분에는 **실습도구**를 첨부해서 창업에 필요한 다양한 실습을 직접 수행해 봄으로써 창업 능력을 크게 향상할 수 있도록 하였습니다.

- **M1: 기술창업과 사업계획서의 이해** 모듈에서는 기술창업의 중요성을 이해하고, 기술창업 준비상황을 점검 확인하고, 기술창업 사업계획서의 구조를 이해하는 내용으로 구성되어 있습니다.
- **M2: 기술창업아이템 및 사업모델 개발** 모듈에서는 기술창업아이템을 개발하고, 아이템의 타당성을 분석하고, 이를 기반으로 한 창업 사업모델을 개발하는 방법에 관한 내용으로 구성되어 있습니다.
- **M3: 기술동향 및 특허분석** 모듈에서는 기술트렌드를 분석하고, 특허분석 및 등록, 기술가치평가에 관한 내용으로 구성되어 있습니다.
- **M4: 기술 및 제품개발전략** 모듈에서는 기술개발전략과 제품개발계획을 논의하고 있습니다.
- **M5: 기술창업 사업추진계획수립** 모듈에서는 마케팅계획, 생산운영계획, 인적 자원계획, 재무계획, 경제성분석 방법들을 설명하고 있습니다.
- **M6: 기술영업계획수립** 모듈에서는 기술영업전략 및 해외진출전략의 방법을 설명하고 있습니다.
- **M7: 창업실무** 모듈에서는 회사설립 절차와 프레젠테이션 방법을 설명하고 있습니다.

본서 한 권에 창업사업 역량을 향상할 수 있는 세부적 내용을 모두 포함할 수 없기 때문에, 필자와 ㈜비투엘소프트는 창업사업 역량을 향상할 수 있는 **창업교육솔루션 Biz-Incubator(www.bizincubator.co.kr)**를 개발하였습니다. 이 솔루션은 창업에 관련한 풍부한 교육자료, 다양한 분석기법 및 도구, 사례들을 제공하고 있기 때문에 본서와 병행하면 창업사업계획 역량을 크게 향상할 수 있을 것입니다.

4. 본서는 창조적 협업을 통해서 집필되었습니다.

본서를 집필하기 위해서 필자와 따뜻한 인연을 맺고 있는 한양대학교 경영컨설팅 대학원 석/박사 과정 제자들과 ㈜비투엘소프트 연구원들을 중심으로 창조적 협업체제를 구축하였습니다.

먼저, 20대 후반부터 30대 초반까지 공부를 통해서 인생을 바꾸고자 혼을 바치면서 연구하고 있는 김영천 책임연구원(박사과정 수료)은 책의 틀을 잡고, 많은 내용을 집필하였습니다. 삼성전자에 근무한 후 현재 Universal Electronics의 한국 법인 대표를 맡으면서 사업과 학업을 병행하고 있는 김일경 지사장(박사과정 수료), 삼성전자 호주 법인장을 거쳐, 팬택 임원을 지낸 후 기업컨설팅 및 교육전문가로서 제2의 창업에 도전하고 있는 이철형 대표, 두 아이를 키우면서 기업 강의와 학업을 병행하고 있는 주민정 대표(석사과정 수료), 또한 대기업 연구소에서 현재 근무하면서 이 책을 집필하는 데 큰 도움을 주었으나 회사 윤리 규정상 이름을 밝힐 수 없는 ○○○ 수석연구원, 이 분들의 노력과 헌신으로 이 책이 세상에 빛을 보게 되었습니다. 저자들의 노고에 다시 한 번 감사드리며, 건강과 함께 가족들 모두 행복하시길 기원합니다. 이 책뿐만 아니라 저자의 여러 책들을 출판해 주신 도서출판 청람의 이수영 대표에게 감사의 마음을 전합니다.

마지막으로 평생 컴퓨터와 씨름하고 있는 미생인 남편을 항상 응원해 주는 사랑하는 아내, 최명옥 씨, 사랑하는 두 딸 지연과 지은에게도 미안하고 감사한 마음을 전하고 싶습니다.

끝으로 창업의 큰 꿈을 꾸고, 창업을 준비하시는 창업자분들 모두에게 이 책이 조금이나마 도움이 되길 바라며, 큰 영광이 함께 하시길 기원합니다.

2015년 3월

봄이 오는 한양대 ERICA 캠퍼스에서

(주)비투엘소프트의 창업 및 경영교육 콘텐츠

창업교육 콘텐츠

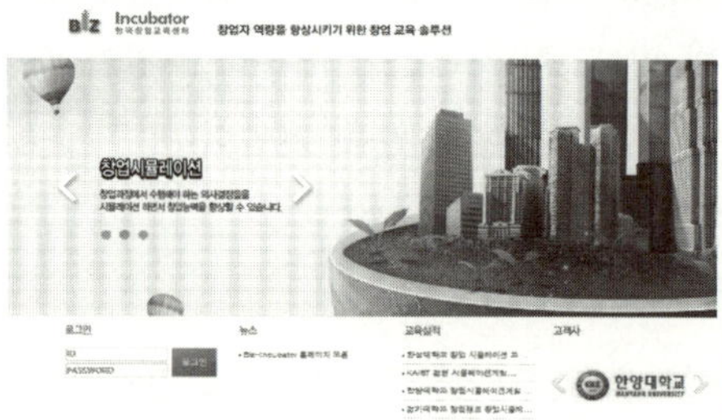

창업교육 솔루션 Biz-Incubator
(www.bizincubator.co.kr)

- 창업사업계획서, 기술사업화, 신사업 모델 개발에 관한 교육콘텐츠, 분석기법 및 분석 도구, 수백여 개의 창업 사례들을 제공하여 창업 능력을 향상하는 창업교육 솔루션
- 대학 및 기업의 창업교육과정, 창업캠프 교육과정에 활용

창업경영 시뮬레이션 게임 Biz-Champion
(champion.biz-mba.co.kr)

- 창업 후 성장기업의 CEO가 되어 가상기업을 직접 경영하면서 기업경영 마인드 및 경영운영 능력을 향상하는 체험기반의 창업경영 시뮬레이션 솔루션
- 대학 및 기업의 창업교육과정, 창업캠프 교육과정에 활용

경영전략 시뮬레이션 콘텐츠

경영전략 시뮬레이션 솔루션 Biz-MBA
(www.biz-mba.co.kr)

- 가상기업의 임원이 되어 전략, 마케팅, 생산운영, HR, 재무회계의 역할에 따라 경영 의사결정 및 전략적 의사결정을 수행하면서 경영 능력을 향상하는 경영전략 시뮬레이션 솔루션
- 기업의 임원 및 관리자 교육과정, 대학원 교육과정에 활용

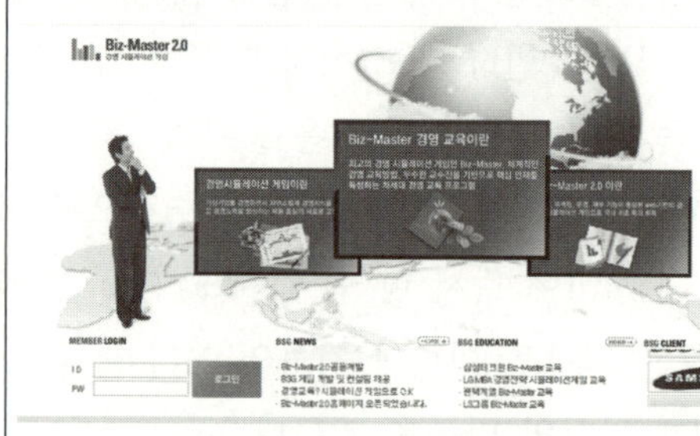

경영전략 시뮬레이션 솔루션 Biz-Master
(www.biz-master.co.kr)

- 가상기업의 임원이 되어 전략, 마케팅, 생산운영, 재무회계의 역할에 따라 경영 의사결정을 수행하면서 경영관리 능력을 향상하는 경영전략 시뮬레이션 솔루션
- 기업의 신입사원 교육과정, 대학교육과정에 활용

창의적 문제해결 콘텐츠	(주)비투엘소프트

창의적 문제해결 솔루션 Biz-Solver (www.bizsolver.co.kr)	(주)비투엘소프트 홈페이지 (www.b2lsoft.co.kr)
• Biz-Solver 방법론을 기반으로 기업의 다양한 문제를 합리적, 창의적으로 해결할 수 있도록 창의적 문제해결 기법 및 사례가 수백여 개 제공되는 교육 솔루션 • 기업의 창의적 문제해결 교육과정, 대학교육과정에 활용	• 경영전략 시뮬레이션, 창업과 신사업, 창의적 문제해결, 전략적 의사결정 영역에서 교육 콘텐츠 및 솔루션 개발, 교육 및 컨설팅을 제공하고 있음 • 삼성, LG, SK, LIG 등 글로벌기업과 한양대, KAIST 등 국내 주요 대학을 대상으로 약 450여 회 교육 및 컨설팅 제공

■ 차 례

Module 1 기술창업과 사업계획서의 이해

제1장 기술창업의 이해

제2장 기술창업 준비상황 확인

제3장 기술창업 사업계획서의 이해

Module 2 기술창업아이템 및 사업모델 개발

제4장 기술창업아이템 개발

제5장 기술창업아이템 타당성분석

제9장 기술가치평가

Module 4 기술 및 제품개발전략

제10장 기술개발전략

제11장 제품개발계획

Module 5 기술창업 사업추진계획수립

제12장 마케팅계획

제13장 생산운영계획

제14장 인적자원계획

Module 6 기술영업계획수립

제17장 기술영업전략

제18장 해외진출전략

Module 7 기술창업실무

제19장 회사설립절차

제20장 프레젠테이션 스킬

기술창업과 사업계획서의 이해

module 1

기술창업의 이해

01 Chapter

제1장에서는 창업의 개념과 기술창업의 특징 및 성공요인에 대해서 이해하고, 창업유형을 분석해 보는 실습을 수행하게 된다. 창업자는 창업을 시작하기 전에 먼저 창업에 대하여 정확하게 이해해야 하고, 기술창업의 특징 및 성공요인에 대해서 정확히 이해해야 한다. 또한 창업은 창업목적과 특징, 법적 구조 및 형태에 따라서 다양한 유형으로 분류되기 때문에 어떤 유형의 창업이 본인에게 적합한지를 선택해야 한다.

제1장은 창업의 개념, 기술창업의 특징 및 성공요소, 창업유형을 분석하는 실습으로 구성되어 있다.

기술창업의 이해

창업의 이해 → 기술창업의 특성 및 성공요소 → 종합실습 창업유형의 분석

사례 1-1 기술기반 창업생태계 만든다

대학과 연구기관 등의 연구개발(R&D) 성과를 창업까지 효율적으로 연결할 수 있는 생태계를 만들기 위한 종합 가이드라인이 수립된다. 지금까지의 벤처·창업지원이 인프라 구축 및 자금지원 중심으로 이루어졌다면 벤처·창업지원을 R&D사업과 연계해 기술기반 창업이 활성화될 수 있도록 한다는 계획이다. 4일 정부 관계자에 따르면 미래부와 중기청 등 R&D 유관 부처들은 대학과 연구기관의 R&D 성과를 중소기업·창업기업·예비창업자 등에게 효율적으로 전달하기 위한 대책 마련에 들어갔다. 정부는 R&D 공급자인 대학·연구기관과 이를 중개하는 기술지주회사 및 대학 기술이전 전담조직(TLO), 기술기반 투자자 등 기술이전 주체별로 기술이전을 통한 창업 활성화를 위해 추진할 각종 정책들을 조율 중인 것으로 알려졌다.

정부의 기술기반 창업 활성화 대책은 기술기반 창업지원이 각종 자금지원과 병행될 수 있도록 창업기업의 주기별 지원에 초점이 맞춰질 계획이다. 구체적으로 대학 또는 연구기관 산하의 TLO조직을 통합하거나 별도 법인화하는 방식으로 학계와 공공기관의 기술이전·사업화를 우선 지원하고 기술인큐베이터 또는 엑셀러레이터 등 창업지원기관의 R&D와 후속 투자기능을 연계하는 방안 등이 검토되고 있다. 또 각 부처별로 흩어져 있는 기술이전·창업전담 콘트롤 타워를 교육부·미래부·산업부 등 각 전담부처와 협의하에 별도 구축하는 방안도 논의될 것으로 보인다. 이는 정부의 창업지원과 기술지원체계가 양분돼 있어 기술과 연계한 창업지원이 사실상 어렵다는 지적에 따른 것이다.

이런 방침은 앞서 중기청이 지난 달 31일 발표한 '제3차 중소기업 기술혁신촉진계획'에도 대폭 반영됐다. 기술혁신촉진계획에는 오는 2018년까지 R&D 사업화 성공률을 60%까지 높이는 것을 목표로 △중소기업 전용 R&D 창업기업 지원 비중 확대 △산·학·연 기술개발 및 구매 프로그램 실시 △창업성장 R&D 지원대상 범위확대 △대학 및 연구소 내 기업부설연구소 사업확대 등 창업기업뿐 아니라 정부 차원의 기술지원 효과를 강화하기 위한 각종 대책들이 담겼다.

한국의 R&D투자는 세계 수위권인 것에 비해 R&D투자는 수익을 창출하지 못하고 있어 R&D투자의 효율성을 제고하는 것이 시급하다는 판단 때문이다. 중기청에 따르면 2012년 국내총생산(GDP) 대비 국가 총 R&D 투자비율은 세계 2위(4.36%) 수준으로 일본(3.4%), 독일(3.0%), 미국(2.8%)을 뛰어넘지만 정작 사업화 성공률은 영국(70%), 미국(69%), 일본(54%) 등 선진국에 크게 뒤지는 48% 수준이었다. 중기청 관계자는 "최근 실시한 창업실태조사를 보면 3~4.5년 사이의 기술기반 기업들이 성장에 어려움을 겪고 있다"며 "데스밸리(Death Valley) 기간을 넘을 수 있도록 부가가치 창출 능력이 높은 기술기반 창업기업에 대한 지원을 중점적으로 해나갈 계획"이라고 밝혔다.

출처: 디지털타임즈(2014. 8. 5)

생각해보기 정부에서는 창업활성화를 위해서 신기술과 지식기반의 창업생태계를 조성하고 있습니다. 창업생태계란 기술개발, 생산 및 시설, 인력육성 및 공급, 시장, 해외진출, 자금지원, 투자 등의 산업 핵심가치시스템을 의미합니다. 이 같은 창업생태계가 잘 조성되어 있지 않으면 창업에 성공하기가 쉽지 않습니다. 여러분이 창업하고자 하는 영역에서 창업생태계가 어느 정도인지를 정확하게 분석할 필요가 있습니다.

I 창업의 이해

1. 창업의 의미와 동향

1) 창업의 의미

창업은 새로운 아이디어를 가진 창업자가 영리를 목적으로 개인이나 법인회사를 만들어 사업활동을 시작하는 일을 의미한다. 창업에 대한 법률적인 정의에 의하면 중소기업을 새로이 설립하여 사업을 개시하는 것으로서 새로운 업(業)을 시작하는 것을 뜻한다(중소기업창업 지원법 제2조). 예를 들어, 기술기반의 벤처기업, 지식과 전문성을 기반으로 하는 1인창조기업, 주로 생계를 위해 시작하는 외식업, 소매업, 유통업 등이 전형적인 창업의 유형이다. 창업자란 중소기업을 새롭게 설립하는 자를 의미하지만 통상적으로 창업 후 7년이 지나지 않았을 경우 창업자의 범주로 간주하고 있다.

그러나 사업을 새롭게 시작한다고 해서 모두 창업이라고 볼 수는 없다. 타인으로부터 사업을 이어받아 이전과 동일한 유형의 사업을 이어나가는 사업승계, 개인사업자가 법인으로 전환하거나 기업의 조직이나 형태를 변경하여 이전의 사업을 이어가는 기업형태의 변경, 일시적 휴업이나 폐업 후 동일한 사업을 다시 시작하는 사업의 재개, 그리고 기존의 기업이 사업을 확장하거나 업종을 추가하는 경우는 창업의 영역에 속하지 않는다(시행령 제2조 제1항).

창업은 단순하게 창업자 개인에게만 특별한 의미를 갖는 것이 아니라 사회적, 국가적 차원에서도 다음과 같은 중요한 의미를 가지고 있다.

창업의 다양한 의미

구분	내용
1. 개인적 차원	• 창업은 창업자에게는 생활수단의 근원이 되고, 성공할 경우 많은 경제적 부를 창출할 수 있다. • 반면에 창업에 실패할 때는 많은 경제적 손실뿐만 아니라 심할 경우 가정의 파탄까지 이어지므로 창업을 하기 전 신중한 결정과 철저한 준비가 필요하다.
2. 사회적 차원	• 창업을 통하여 다양한 제품과 서비스가 개발되기 때문에 사회가 풍족해 지고, 고용창출과 생산활동이 증가되어 사회적 안정에 기여한다.

	• 반면에 창업에 실패할 때는 개인파산 및 가정파괴 등과 같은 사회적 문제들이 발생한다.
3. 국가적 차원	• 창업이 활성화되면 일자리 창출 및 세수 증가로 국가 발전과 안정에 기여하고, 신기술기반의 기업들로 인해 국가경쟁력이 향상된다. 삼성, 현대, 구글, 마이크로소프트와 같은 세계적인 글로벌기업들도 작은 창업기업으로 출발하였다. • 반대로 창업실패 시 창업지원에 투입된 예산이 잘못 사용되게 되고, 실업률이 증가하고 국가경쟁력이 약화된다.

2) 창업의 동향

최근에 사회변화, 기술변화, 정부정책의 변화 등의 많은 요인 때문에 창업에 많은 변화가 일어나고 있다. 최근의 창업동향은 다음과 같다.

창업의 동향

① 경제성장을 위한 성장동력 — ② 창업기회의 다양화 — ③ 청년취업난 해소의 대안 — ④ 제2의 경제활동의 필요성

① 경제성장을 위한 성장동력

국가경제 활성화의 핵심정책으로 창업을 통한 창조경제의 실현이라는 정책을 적극적으로 추진하면서 창업환경 조성에 많은 노력을 쏟고 있다. 창업이 일자리 창출, 실업률 해소, 수출 등으로 국가경제의 발전에 기여할 수 있기 때문이다. 특히 기술기반의 창업기업들이 개발하는 혁신적인 신기술과 신제품은 국가경제 활성화에 크게 기여할 수 있기 때문에 기술기반의 창업을 적극 지원하고 있으며, 새로운 아이디어와 도전정신을 가지고 있다면 누구나 창업을 할 수 있는 환경이 조성되고 있다.

② 창업기회의 다양화

ICT(Information and Communication Technology)의 놀라운 발전, 사회 및 문화환경의 다양화 등으로 창업기회가 풍부해지고 있다. 또한 정부와 지방자치단체, 대학이 제공하는 다양한 창업교육 및 지원프로그램(자금, 공간, 컨설팅 등)으로 인해 일반인과 대학생들의 창업 및 기업가마인드도 높아지고 있고 창업의 여건

도 꾸준히 개선되고 있다.

③ 청년취업난 해소의 대안

2000년대 후반부터 저성장시대로 접어들면서 양질의 일자리들이 줄어들어 취업난이 크게 가중됨에 따라서 실업률이 높아지고 있다. 따라서 실업난을 해소하는 차원으로서 창업이 청년실업의 중요한 대안으로 떠오르고 있다. 기업가정신과 열정을 가진 젊은 대학생들과 기술을 갖춘 전문가들이 창업에 적극적으로 도전하고 있고, 정부에서는 현재 청년실업률을 해소하기 위해 청년창업 활성화를 위한 정책을 적극 추진하고 있다.

④ 제2의 경제활동의 필요성

사회변화에 따라서 조기퇴직이 늘어나고, 정년의 개념이 사라지고 기대수명이 늘어남에 따라 창업이 제2의 경제활동으로서 노후대책으로 중요해지고 있다. 특히 베이비부머 세대의 본격적인 퇴직이 시작되면서 새로운 일자리에 대한 수요가 급증하고 있다. 창업은 일자리를 창출하여 고용을 확대함으로써 사회적 안정을 추구하는 수단 중의 하나로 주목을 받고 있다.

2. 창업의 유형

창업은 창업의 목적, 창업의 특징, 창업의 법적 구조, 창업의 형태에 따라서 다양하게 분류될 수 있다.

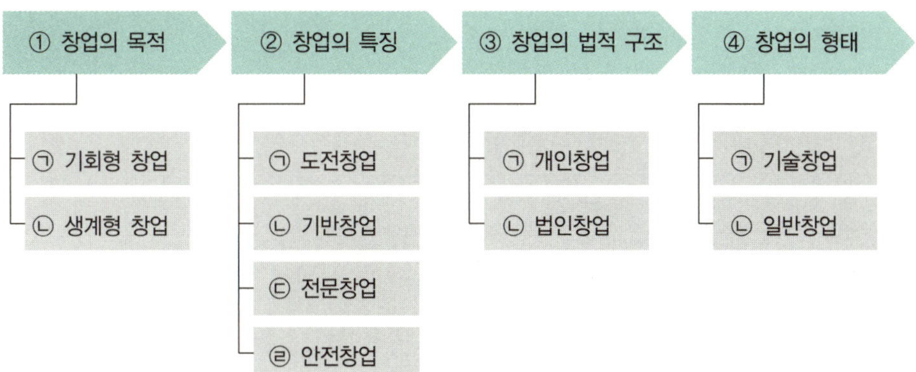

1) 창업의 목적에 따른 분류

창업자가 창업하고자 하는 목적에 따라서 기회형 창업과 생계형 창업으로 나누어진다.

- 기회형 창업은 창업자가 기술이나 지식을 기반으로 사업기회를 실현하기 위해 자발적으로 창업하는 것을 의미한다. 기회형 창업은 새로운 기술이나 독창적인 아이디어를 기반으로 창업하기 때문에 위험은 많으나 성공하면 큰 수익을 기대할 수 있다.
- 생계형 창업은 창업자의 생계유지를 위해서 필요에 의해 창업하는 경우를 의미한다. 생계형 창업은 최소비용을 투자해 안정적인 수익을 창출하는 것을 목적으로 하고, 기회형 창업과는 달리 노동집약적이며 비자발적으로 이루어지는 것이 특징이다.

구분	기회형 창업	생계형 창업
목적	자신의 아이디어를 실현	생계유지
창업기반 및 특징	기술・지식집약적	노동집약적
동기	자발적	비자발적
형태	벤처창업, 소호(SOHO), 1인창조기업	소상공인, 프랜차이즈

2) 창업의 특징에 따른 분류

창업은 창업의 본질적인 특징에 따라서 네 종류로 분류할 수 있다.

- 도전창업은 주로 20대 연령층에서 이루어지며 열정과 도전정신을 바탕으로 이루어지는 창업이다.
- 기반창업은 주로 30대 연령층에서 이루어지며 직장생활을 통한 경험, 지식, 인맥 등을 기반으로 이루어지는 창업이다.
- 전문창업은 주로 40대의 연령층에서 이루어지며 특정 분야에 오래 근무한 경력과 전문지식을 바탕으로 이루어지는 창업이다.
- 안전창업은 주로 50대 이상의 연령층에서 이루어지며 생계수단이나 노후대책을 위해 안전성을 바탕으로 이루어지는 창업이다.

구분	도전창업	기반창업	전문창업	안전창업
연령	20대	30대	40대	50대
기반	도전정신	적성과 취미, 직장경험	전문지식과 경력	안전성, 생계수단
업종사례	앱 개발업, 웹서비스, IT관련 업종	제조, 정보제공, 웹기반 등 기술개발업종	제조, 컨설팅, 기술개발, 음식점 등	외식업, 제과점, 스크린골프 등
형태	소호(SOHO), 1인창조기업	벤처, 1인창조기업	벤처, 소상공인, 프랜차이즈	소상공인, 프랜차이즈

3) 창업의 법적 구조 따른 분류

창업은 창업기업의 법적 구조에 따라 개인사업자와 법인사업자로 나누어진다.

- 개인사업자는 창업기업의 소요자본 전부 또는 대부분을 한 개인이 출자하고, 그 자본운영에 관한 책임을 출자자가 전적으로 지는 형태로서, 소규모 자본을 투입하여 적은 인원이 운영하기에 알맞은 형태이다.
- 법인사업자의 경우 대표자는 회사 운영에 대해 일정한 책임을 지며, 주주는 주금 납입을 한도로 채무자에 대해 유한책임을 지는 형태로, 일정규모 이상으로 성장가능한 유망사업의 경우에 적합한 형태이다.

구분	개인사업자	법인사업자
자본조달	• 소요자본 대부분을 개인이 출자 • 자본조달의 한계	다수 출자자를 통해 대규모 자본확보 가능
이윤분배	이윤의 전부가 개인에 귀속	출자자의 지분에 따라 분배
경영	• 경영활동에 대한 무한책임 • 개인역량 의존에 따른 경영의 한계	• 회사의 형태에 따라 무한 또는 유한책임 • 소유와 경영의 분리 • 전문경영인 등에 의한 경영한계 극복
세제	• 종합소득세 과세 • 2013년 기준 소득세율 6~38%	• 법인세 과세 • 2013년 기준 2억원 이하 10%, 2억~200억원 20%, 초과 22%
장 · 단점	• 외부감사 대상에 적용되지 않음 • 법인전환 시 신규법인 설립보다 까다로움	• 출자금 회수가 쉽고 대외신용도가 높음 • 자산총액이 100억원 이상이면 외부감사의 대상

4) 창업의 형태에 따른 분류

창업은 창업의 형태에 따라서 기술창업과 일반창업으로 나눌 수 있다. 기술창업은 창업자의 전문성을 기반으로 새로운 기술이나 지식을 활용하여 사업화하는 형태를 말한다. 기술창업의 형태는 매우 다양한데 주로 벤처기업, 소호, 1인창조기업 등이 대표적이다.

- 벤처기업은 첨단기술이나 새로운 아이디어를 사업화하는 창조적이고 기술집약적인 중소기업을 의미한다. 기술집약형 사업이라는 특징으로 인해 빠르게 성장이 가능하고 재무적 성과 측면에서 높은 성장률을 기대할 수 있으나, 기술개발 및 사업화 과정에 큰 자금이 필요하므로 실패 시 타격이 크며 기술개발을 위해 고급인력을 확보하기가 어렵다.
- 소호(SOHO)는 집이나 작은 사무실에서 정보나 지식 그리고 독특하고 창의적인 아이디어를 기반으로 시작하는 사업형태이며 컴퓨터 몇 대와 주변 장비만으로 사업하는 앱 개발자, 대기업과 계약을 맺고 원격으로 시스템을 관리해 주는 시스템 프로그래머, 집이나 작은 사무실에서 소규모 자본으로 사업하는 온라인쇼핑몰 등이 대표적이다.
- 1인창조기업은 자신이 가진 지식, 경험, 기술 등을 활용하여 보다 창조적이고 새로운 서비스를 제공함으로써 이윤을 창출하는 기술집약적 기회형 창업으로서, 개인이 사장이면서 직원인 기업을 의미한다. 주로 지식서비스 분야에서 독특한 아이디어를 갖고 있는 개인이 창업을 통해 매출과 이익을 창출하는 유형이다.

일반창업은 기술력이나 전문지식보다는 창업자금만 있다면 일반적으로 쉽게 창업하여 상거래를 할 수 있는 형태의 창업인데, 대표적으로 소상공인이나 프랜차이즈를 들 수 있다.

- 소상공인창업은 외식업, 소매업, 유통업 등 규모가 작은 점포형태의 창업으로서 생업을 목적으로 한 자영업자의 창업형태이다. 즉, 생계를 영위하기 위한 사업으로 상대적으로 영세하고 사업주와 경영인이 동일한 개인기업 형태이다.
- 프랜차이즈창업은 창업자가 기존의 브랜드를 가지고 있는 본사와 가맹점 계약을 체결하고 상호, 상표, 서비스 등을 제공받아서 동일한 이미지를 갖고 창업

하는 형태이다.

구분	기술창업	일반창업
창업목적	기회형 창업	생계형 창업
기업형태	개인, 법인	개인
규모	1인 이상	1인 이상(가족형태)
특징	기술, 지식집약적	노동집약적
유형	벤처기업 소호(SOHO), 1인창조기업	소상공인, 프랜차이즈

사례 1-2 스마트세대, 스마트창업 – 패러다임의 전환

인터넷과 소셜네트워크서비스(SNS)에 익숙한 스마트세대가 벤처창업의 패러다임을 바꾸고 있다. 출신대학 등 학연을 중심으로 동업자를 모으고 투자를 받던 과거와 달리 이들은 인터넷과 SNS에서 인맥을 쌓고 사업기회를 잡는다. 1990년대 말 벤처 붐을 이끈 '선배'들도 에인절 투자자를 자임하며 스마트세대를 돕는 데 적극 나서고 있다.

지난해 1년 동안 전국 대학생은 안철수, 박경철 두 명사가 진행하는 순회강연 '청춘콘서트'에 푹 빠졌다. 참여 신청도 쉬웠고 입장 순서도 실시간으로 정해졌다. 바로 '온오프믹스'라는 새로운 인터넷서비스 덕분이었다.

오프라인 행사의 참가 신청을 인터넷으로 받는 이 서비스는 고졸 학력인 양준철 대표(27)가 운영한다. 양 대표는 초등학교 때 아버지의 사업실패로 집안이 몰락한 아픈 기억이 있었지만 사업의 매력을 뿌리치지는 못했다. 그는 고교 재학 도중 소프트웨어 관련 사업을 시작했다. 결과는 실패였다. 2,000만원의 빚까지 졌다. 하지만 그대로 끝나지는 않았다. 인터넷이 그에게 재기의 기회를 줬다.

■ 네트워크 창업가들

양 대표는 2008년 초 유명 정보기술(IT) 컨설턴트였던 소프트뱅크 미디어랩의 류한석 소장에게서 온오프믹스라는 회사를 인수해 보라는 제안을 받았다. 인수가격은 회사의 가치에 비하면 공짜에 가까웠다. 좋은 최고경영자(CEO)가 필요했던 류 소장은 창업과 실패 그리고 어린 나이에도 다양한 IT 회사를 다니며 쌓은 양 대표의 경험을 높이 샀다. 무엇보다 양 대표를 도울 '친구들'이 맘에 들었다.

양 대표는 류 소장의 제안을 받자마자 그 친구들을 서울 마포의 한 고깃집으로 불러 모았다. 고등학교 때부터 인터넷으로 만나 창업동호회 활동을 이어왔던 친구들이었다. 친구들은 한 번 맡아보자며 양 대표와 의기투합했다. 고졸 청년의 인맥은 일류대 인맥 부럽지 않았다.

2000년대 후반부터 인터넷과 SNS가 학연을 대신해 창업가의 우군(友軍)으로 자리 잡기 시작했다. 인터넷 동호회나 페이스북, 트위터로 엮인 '네트워크 동료들'이다. 양 대표의 모임은 고교 3학년 시절이던 2002년 만든 '한국청소년비즈니스연합회'. 양 대표는 온라인에서는 고졸과 지방대 출신도 실력만으로 평가받는다고 말했다.

이는 1990년대 후반과는 다른 모습이다. 당시 IT 벤처는 주로 서울대나 KAIST 같은 대학의 동아리나 기숙사 친구들이 끼리끼리 창업했다. NHN, 넥슨, 엔씨소프트, 네오위즈 등이 대표적이다. NHN의 창업자 이해진 씨와 넥슨의 창업자 김정주 씨는 KAIST에서 기숙사를 함께 썼고, 창업 이후 서로의 회사 지분을 매입해 경영권 방어도 도왔다.

1995년 2월 다음커뮤니케이션을 창업한 이재웅, 이택경 씨도 연세대 선후배다. 이택경 씨는 당시에는 실력을 갖춘 개발자를 찾기 어려울뿐더러 안정적인 대기업을 포기하라고 강요할 수도 없었다며 친한 대학 선후배끼리 창업을 하는 게 어쩔 수 없는 선택이었다고 말했다.

최근 창업자들은 리크루팅도 인터넷 네트워킹을 통해 해결한다. 대학에서 무료로 리포트나 발표자료 문서를 출력하는 서비스를 창업한 애드투페이퍼의 전해나 대표(25, 여)는 또래 사업가들과 교류하면서 사업에 필요한 기술자를 소개받는다고 말했다.

■ 실리콘밸리는 장소가 아니라 개념

창업교육과 다양한 경험도 인터넷과 SNS를 통해 얻는다. 국내에서 늘고 있는 미국 실리콘밸리 스타일의 창업모임이나 투자모임 덕분이다. 대표적인 사례가 2007년 시작된 '고벤처 포럼'. 이 모임에서는 창업을 꿈꾸는 벤처기업가와 투자자, 엔지니어를 두루 만나 교류할 수 있다. 모임이 끝난 뒤에는 SNS에 후기가 올라온다. 그러면 다음 포럼의 참석자가 크게 늘어난다. 처음에 10명 남짓이던 참석 인원이 최근 300여 명까지 늘었다.

이런 식의 투자유치는 실리콘밸리에서 흔히 일어나는 형태다. 한국과 실리콘밸리는 멀리 떨어져 있지만 그 개념은 한국에도 존재하는 셈이다. 지난해 시작된 'V포럼'부터 대학을 돌며 벤처 아이디어를 공유하는 '스타트업 위크엔드' 같은 행사가 성황리에 열리고 있다. 고벤처 포럼을 만든 고영하 회장은 페이스북이나 트위터도 실리콘밸리의 모임을 통해 인재를 영입하고 투자를 받으며 성장했다며 우리나라에서도 이런 모임을 통해 청년들이 학연이나 정보에 얽매이지 않고 성공 모델을 만들어 가고 있다고 설명했다.

출처: 동아일보(2012. 2. 27)

생각해보기 모바일기술의 놀라운 발전으로 IT기반의 창업이 제3의 기회의 장으로 옮겨가고 있습니다. 첫 번째 기회의 장은 컴퓨터 하드웨어와 소프트웨어가 개발되기 시작한 1980년 후반부터 일 것입니다. 첫 번째 기회의 장에서 성공한 최강자들은 마이크로소프트와 인텔 같은 기업이 대표적입니다. 두 번째 기회의 장은 인터넷기술이 발전하면서 새로운 기회가 생긴 1990년대 후반부터 열린 기회의 장으로서 네이버나 구글 같은 기업들이 승자들입니다. 세 번째 기회의 장은 모바일기술이 등장하면서 나타난 모바일 기회의 장으로서 삼성, 애플, 다음카카오 같은 회사들입니다. 여러분은 어떤 기회의 장에서 경쟁하고 있는지를 잘 살펴보고, 핵심성공요인을 찾아내어서 성공요인을 강화해야 합니다.

Ⅱ 기술창업의 특징과 성공요소

1. 기술창업의 특징

기술창업이란 혁신적인 기술이나 전문적인 지식을 기반으로 창업하는 것을 의미한다. 기술창업기업은 소수의 인력으로 성공가능성이 큰 신기술을 사업화하여 영리를 추구하고자 새로운 사업을 시작한 기업으로 정의할 수 있다.

기술창업기업은 기술과 지식을 기반으로 한 창업기업군을 통칭하는 것으로 기술집약형 기업, 신기술 창업기업, 벤처기업, 혁신형 기업 등 다양한 이름으로 불려지고 있다. 국내에서는 기술창업기업에 대한 명확한 정의는 없으나 벤처기업과 동일한 의미로 널리 사용하고 있다. 즉, 창조적이고 적극적인 사고를 가진 기업가가 새로운 기술이나 아이디어를 연구개발 및 사업화하기 위해 설립한 기업인 벤처기업의 정의와 동일한 성격을 띠고 있다.

국내에서 기술창업이 활성화되기 시작한 것은 1990년대 후반부터 2000년대 초반까지 불었던 벤처기업의 열풍에서부터 비롯되었다고 볼 수 있다. 심각한 경제위기를 겪고 있던 당시 새로운 지식과 기술을 기반으로 한 창업을 정부에서 적극적으로 지원하면서 많은 벤처기업들이 탄생하게 되었다. 최근에는 창조경제 기조와 맞물려 창업 및 벤처 활성화를 위한 다양한 지원방안을 내놓으면서 혁신적인 아이디어와 도전정신으로 무장한 기술창업벤처의 육성이 주목을 받고 있는 상황이다.

기술창업기업의 다양한 정의

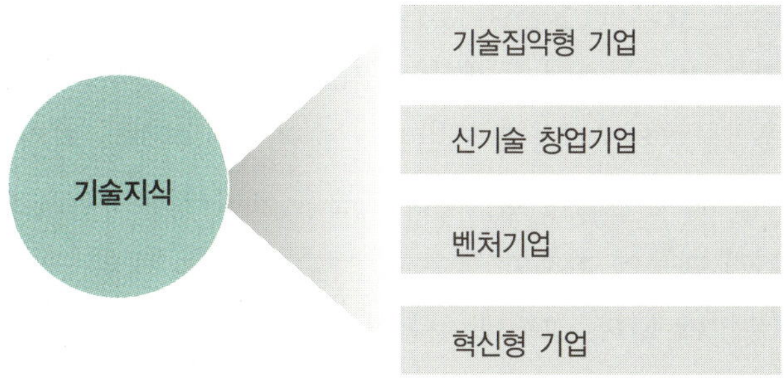

일반창업은 서비스업이나 도소매업 중심으로 진입장벽이 낮아 누구에게나 창업의 가능성이 존재하는 반면에, 기술창업은 기술과 지식기반의 전문성을 갖추어야 하기 때문에 진입장벽이 상대적으로 높은 편이다.

기술창업과 일반창업의 분류

창업분류	사업유형	사업수행형태	특성
기술창업	• 제조업 • 전문서비스업 • 지식문화사업	신기술 또는 새로운 아이디어를 가지고 제품(용역)의 생산 및 판매활동을 하는 형태	• 고위험이나 성공 시 고수익 창출 • 소규모 창업으로 고성장을 통한 중견기업으로 성장가능
일반창업	• 일반서비스업 • 도소매업 (건설업)	음식업, 이미용업, 기타 일반상품을 단순 유통하는 등의 일반적 사업형태	• 낮은 진입장벽, 빈번한 창업과 소멸 • 소자본창업으로 일반적으로 영세, 낮은 부가가치

출처: 창업진흥원(2013), 기술창업보육론

기술창업은 일반창업과 비교했을 때 몇 가지 중요한 특징을 가지고 있다.

- 첫째, 일반창업에 비해 창업자의 전문성이 매우 중요하다. 기술창업은 신기술의 개발이나 지식기반의 아이디어를 사업화하는 것이기 때문에 창업자가 가진 기술, 즉 해당 분야의 전문성이 사업의 성패를 좌우하는 가장 중요한 요소가 된다. 창업의 기반이 되는 기술은 창업자가 독자적으로 개발하거나 외부의 기술과 지식을 받아들이게 되는데 이 과정에서 창업자가 해당 분야에 대한 전문성이 부족하다면 사업을 수행하기가 매우 어려울 것이다. 이로 인해 정부에서도 신기술기반 창업의 원천을 대학의 교수나 기업의 R&D 종사자 등 고급 연구인력으로 보고 이들에 대한 창업활성화에 노력을 기울이고 있다.
- 둘째, 위험성은 높으나 성공할 경우 높은 기대수익이 예상된다. 즉, 고위험과 고수익의 가능성이 동시에 존재한다. 기술창업은 대부분 신기술을 다루기 때문에 기술을 개발하는 과정과 개발된 기술을 사업화하는 과정에서 실패의 위험이 상대적으로 높은 편이다. 특히 기술을 개발하는 과정은 많은 비용과 시간이 투입되기 때문에 실패할 경우 예상되는 손실이 매우 크고 회복하는 과정도 어려울 수밖에 없다. 그러나 위험이 높은 만큼 새로운 기술을 이용하여 시장을 선도할 수 있고, 기술에 대한 높은 진입장벽으로 인해 수익창출 측면에

서 매우 매력적인 장점도 동시에 존재한다.

- 셋째, 기술의 변화와 시장예측이 매우 중요하다. 기술창업에서 가장 중요한 과정인 기술개발에 성공했다고 해서 성공이 보장되는 것은 아니다. 단순하게 기술의 우수성만을 믿고 시장에 뛰어 들었다가 실패하는 사례들을 종종 볼 수 있다. 이는 해당 기술이 시장에 나왔을 때 다른 기술에 의해 신속하게 대체되거나 너무 이른 시점 또는 너무 늦은 시점에 나온 기술이라서 시장 창출에 실패한 경우가 대부분이다. 기술은 계속해서 진화하고 새로운 기술이 등장하기 때문에 기술의 트렌드를 읽어내고 대응하는 능력이 매우 중요하다. 기술변화 속도가 갈수록 더 빨라지는 환경하에서는 새로운 기술의 획득과 기술의 변화 동향에 관심을 기울여야 한다. 또한 해당 기술이 아무리 뛰어나다고 하더라도 시장성을 확보하고 있는지를 분석하는 것도 매우 중요한 작업이 된다.

기술창업의 주요 특징

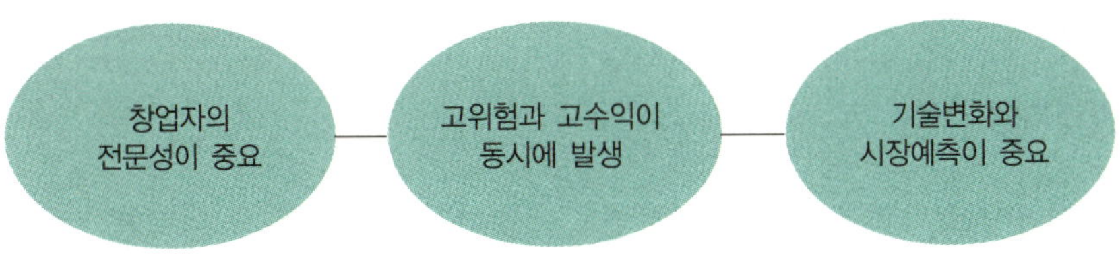

2. 기술창업의 성공요소

기술창업의 성공을 위해서는 많은 요인들이 필요하겠지만 창업을 시작하고 성공적으로 수행하기 위해서는 기본적으로 다음과 같은 네 가지 요소가 필요하다.

1) 창업아이템

기술창업에 성공하기 위해서는 우수하고 매력적인 창업기술과 아이템이 매우 중요하다. 특히 기술을 기반으로 창업을 하려면 남들이 가지고 있지 못하는 기술을 기반으로 신제품과 서비스를 창출하는 능력이 절대적으로 중요하다. 그러므로 기술기반의 창업에서는 기술성, 시장성, 수익성, 독창성을 모두 갖추어야 한다.

2) 창업자의 능력

창업에 성공하기 위해서는 기술을 기반으로 새로운 제품과 서비스를 개발해야 하기 때문에 창업자의 능력이 절대적으로 중요하다. 따라서 창업자는 기업가정신, 기술에 관한 전문성, 사업화하는 능력, 실패에 굴하지 않는 열정과 노력, 경험 등을 갖추어야 한다.

3) 창업전략과 계획

기술창업은 새로운 기술과 제품만 있다고 성공하는 것이 아니라 새로운 기술과 제품을 고객이 지갑을 열고 구입할 수 있는 가치로 전환시켜야 한다. 따라서 창업자는 합리적이고 창의적인 사업전략과 계획을 수립하고 추진할 수 있는 능력을 갖추어야 한다. 다시 말해서 제품과 서비스의 개발, 생산, 판매, 자금조달, 직원관리 등의 합리적인 창업전략과 사업계획을 체계적으로 수립해서 운용해야 한다.

4) 창업자금

창업자금이란 창업을 시작하고 사업을 추진하기 위한 자금을 의미한다. 좋은 아이템과 전략이 있다 하더라도 자금이 없이는 사업을 수행할 수 없다. 따라서 자기자본뿐만 아니라 정부지원자금, 투자유치, 외부차입자금 등의 타인자본을 다양한 형태로 조달할 수 있는 방안을 수립해야 한다.

기술창업의 성공요소

① 창업아이템 — ② 창업자의 능력 — ③ 창업전략과 계획 — ④ 창업자금

3. 기술창업의 절차 및 구조

기술창업을 하고자 하는 창업자가 창업의 실패를 줄이고 체계적으로 창업을 준비하기 위해서는 기술창업의 특성과 그에 맞는 창업절차를 이해해야 한다. 본서에서는 기술창업의 절차를 총 7단계로 제시하고 있다.

- 첫 번째 단계는 기술창업을 이해하는 단계로서 기술창업의 특성을 이해하고 본인이 기술창업을 하는 데 있어서 얼마나 준비가 되어 있는지를 점검하게 된다. 그리고 사업에 대한 구체적인 계획을 담아낼 사업계획서 작성을 위해서 사업계획서의 구조와 작성방법을 숙지해야 한다.
- 두 번째 단계는 기술창업아이템 및 사업모델을 개발하는 단계로서 기술을 활용해서 구체적인 창업아이템으로 개발해야 하고, 창업아이템들의 타당성을 분석한 후 수익창출을 위해 필요한 사업모델을 개발해야 한다.
- 세 번째 단계는 기술동향 및 특허분석단계로서 창업하고자 하는 분야의 관련 기술트렌드를 이해하고 관련 특허조사 및 분석을 통해 지적재산권의 침해 여부를 판단하게 된다. 그런 다음에 개발하고자 하는 해당 기술의 가치를 평가해야 한다.
- 네 번째 단계는 제품개발단계로서 제품화를 위해 필요한 기술을 개발하고 이를 제품으로 만들어내는 과정이다.
- 다섯 번째 단계는 기술창업 사업추진계획수립단계로서 마케팅계획, 생산운영계획, 인적자원계획, 재무계획, 경제성분석 등 구체적인 사업추진계획을 수립해야 한다.
- 여섯 번째 단계는 기술영업계획을 수립하는 단계로서 생산한 제품을 판매하기 위한 구체적인 기술영업계획을 수립하고 해외진출에 대한 방안도 고민해야 한다. 기술영업계획은 앞 단계의 사업추진계획에 포함되어야 하지만 기술기반의 영업은 일반적인 마케팅전략과 다른 특징을 가지고 있기 때문에 별도의 단계로 분리하였다.
- 마지막 단계에서는 실제로 회사를 설립하고 창업을 실행하는 경영단계로 들어가게 된다.

기술창업단계

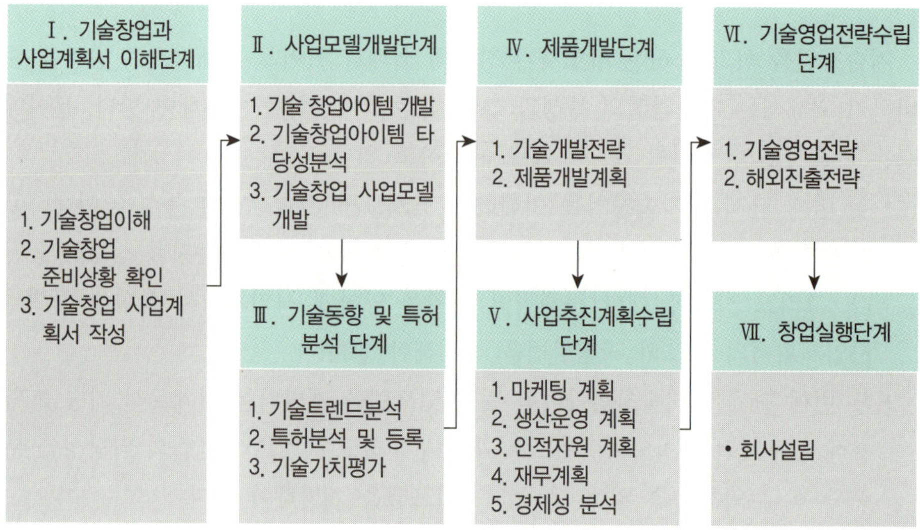

Ⅲ 종합실습 – 창업의 유형분석

■ 목적

창업자가 창업하고자 하는 창업의 유형을 분석해 보고, 창업의 유형을 선택한 이유가 타당한지를 분석한다.

■ 진행방법

① 여러분이 설립하고자 하는 기업의 이름과 주요 제품 및 서비스를 결정한다.
② 창업의 유형을 네 종류의 분류방법에 따라서 결정한다.
③ 선택한 창업의 유형에 따른 특징을 이해하고, 타당성을 검토해 본다.

■ 실습하기

창업기업명		
주요 제품 및 서비스		
분류방법	**형태**	**선택이유**
1. 창업목적에 따른 분류	기회형/생계형	
2. 창업특징에 따른 분류	도전/기반/전문/안전	
3. 법적 구조에 따른 분류	개인/법인	
4. 창업형태에 따른 분류	기술창업 (1인창조/소호/벤처) 일반창업 (소상공인/프랜차이즈)	

■ **참고사례 – 창업의 유형 분석하기(40대 전문가 창업)**

H대학의 경영학부 김 교수가 지난 20년간 경영교육의 질을 향상하기 위하여 시뮬레이션게임 기반의 교육방법과 콘텐츠를 연구하였다. 오랜 연구를 통해 김 교수는 B2L Soft라는 교육회사를 창업하기로 하였다. 김 교수가 창업한 B2L Soft는 다음과 같은 창업 유형으로 분류되었다.

창업기업명	㈜B2L Soft	
주요 제품 및 서비스	소프트웨어 개발 및 교육서비스	
분류방법	형태	선택이유
1. 창업목적에 따른 분류	기회형/생계형	교수직을 유지하면서 새로운 기회를 모색하기로 하였기 때문에 생계형보다는 기회형의 창업을 선택하기로 하였음
2. 창업특징에 따른 분류	도전/기반/전문/안전	본인의 전문적 지식을 활용하여 소프트웨어를 개발하고, 교육을 진행하기 때문에 전문창업임
3. 법적 구조에 따른 분류	개인/법인	대외 신뢰도 확보 및 확장가능성, 정부자금지원 등을 고려하여 법인 형태의 창업으로 선택
4. 창업형태에 따른 분류	기술창업 (1인창조/소호/벤처) 일반창업 (소상공인/프랜차이즈)	창업 유형은 기술개발에 많은 시간이 걸리고, 자금이 많이 소요되는 반면에, 성공할 때는 수익성이 높기 때문에 기술창업 중 하나인 벤처창업으로 볼 수 있음

사례 1-3 창업의 기본은 탄탄한 기술력과 자신감

'토이캣'은 한국판 '징가(Zynga, 세계 최대 소셜게임 서비스 회사)'를 꿈꾸며 오영빈(남서울대 시각디자인 4) 대표가 이끌어가는 애플리케이션 개발 회사다. 게임, 쿠폰, 지역축제 등 다양한 애플리케이션을 개발하지만 현재는 퍼블리싱과 외주제작 등 웹툰을 매개로 한 캐릭터 게임 애플리케이션 개발에 박차를 가하고 있다.

"군대에 다녀온 후 1년 정도 학교를 다니다가 학교 부설연구소에서 사용자환경(UI) 관련 일자리를 모집하는 걸 보고 지원했어요. 정규직이었고 제가 평소 관심이 많던 분야라 일을 시작하게 됐죠. 그런데 관련 프로젝트에 자본금은 많았지만 개발자가 없었어요. 아이디어는 넘치는데 개발력이 없어서 답답해 하던 상황이었던 거죠. 프로젝트매니저(PM)를 맡아서 즐겁게 일을 했지만 애플리케이션 개발 일에 몰두하고 싶어 팀을 꾸려 나와 '토이캣'을 창업하게 됐어요." 자신이 하고 싶은 일을 한다고는 하지만 취업이 아닌 창업을 하는 데 따른 두려움은 없었을까. "스마트폰이 대중화되며 애플리케이션 사업이 활황을 보였지만 'IT 버블'이라고 생각했어요. 그래도 저는 '할 수 있겠다' 판단했어요. 그동안 저희 팀이 보였던 팀워크가 워낙 탄탄해서 걱정을 하지 않았거든요. 성공에 대한 자신감이 있었던 거죠." 인터뷰 도중에 수시로 걸려오는 투자자의 전화에 오 대표는 일일이 응대를 하느라 바빴다. 투자자들이 제겐 구세주거든요. 하물며 어린 사람들이 차린 회사에 기술력과 의지만 보고 투자를 해주겠다는데 몸이 두 개라도 모자라요. 창업 4년차에 접어든 '사장님' 포스가 제법 나는 그다.

토이캣 직원은 현재 오 대표를 포함해 전부 네 명이다. 한때는 직원이 열 명을 넘은 적도 있었지만 모바일게임 개발 업체 특성상 효율적인 운영이 중요했다. 힘들 때 남아주는 사람은 결국 초창기 멤버들이었어요. 하고자 하는 의지로 똘똘 뭉쳤던 '초심' 멤버들이요. 또 주변 개발업체 선배 분들 얘기를 들어봐도 네 명 정도가 신속하게 일을 해나가기에 좋다고 하더라고요. 토이캣 첫 사무실은 보증금 1,000만원에 월세 80만원짜리 오피스텔이었다. 월급다운 월급은 언감생심이었고 알바비 정도로 인건비를 충당하며 사업을 시작했다고.

오 대표는 올해 28살이다. 회사 대표라 하기에 일선 비즈니스 현장에선 '애송이' 취급을 받을 수도 있는 나이. 사업을 하면서 힘들었던 적이 언제였는지를 묻자, 오 대표는 씁쓸한 미소를 지었다. "어리니까 사업 파트너들이 무시하는 경우가 많아요. 사기를 치려 드는 업체들도 많았고요. 투자가 다 된 것처럼 얘기한 투자자를 믿고 기다렸다가 뒤통수를 맞은 경우도 있고, 계약서 내용대로 업무를 이행하지 않는 업체들도 부지기수였어요." 그래도 오 대표는 창업한 것을 후회하지 않는다. "지금 일본 업체와 함께 런닝게임을 만들고 있어요. 제가 웹툰을 좋아하는데, 앞으로 웹툰을 상품화, 게임화하는 데 중점을 둘 생각이에요. 웹툰 캐릭터를 인형으로 만들어 크라우드펀딩을 통해 1,200만원을 모은 적이 있고, G-Star 투자대회 때도 웹툰 게임으로 통과했고요. 그동안 빚도 지고, 연체도 해봤지만 해볼 만해요. 오히려 하면 할수록 재밌고 보람이 있어요. 젊었을 때 제가 해보고 싶은 거 마음껏 못해보면 언제 또 하겠어요." 그는 창업을 생각하는 청년들에게 꼭 당부하고 싶은 말이 있다고 했다. "창업을 하기 전에 동종업계에서 1년 이상은 일을 해봤으면 좋겠어요. 사업을 하는 눈은 학생 때 나오는 건 아닌 것 같아요. 또 처음부터 큰 것을 이루려 욕심내지 말고 차츰차츰 성공의 맛을 봐야 한다고 생각해요. 배고픈 상황에서는 유혹에 쉽게 넘어가기 마련이니 외부 제안도 꼼꼼히 살피시고요."

출처: 한국경제 매거진 제61호(2014. 7)

생각해보기 창업자의 전문성은 창업의 성공을 위한 핵심요인입니다. 특히 기술창업에서 필수 성공요인은 창업자의 기술력입니다. 물론 기술만 가지고 창업에 성공할 수는 없지만 기술력 없는 기술창업은 100% 실패할 가능성이 높습니다. 그러므로 기술창업을 준비하는 여러분의 전문성과 기술력을 여러 가지 측면에서 냉정하게 분석할 필요가 있습니다. 그런 다음에, 창업자의 전문성과 기술력을 강화할 수 있는 방안을 수립해서 능력을 강화해야 합니다.

마무리하기

1. 학습목표 확인	
기술창업의 이해	1. 창업의 개념과 창업유형을 이해하셨습니까? 2. 기술창업의 특징과 성공요인을 잘 이해하셨습니까?

2. 실습 결과	
창업의 유형분석	1. 여러분이 창업하고자 하는 창업의 유형을 분석해 보셨습니까? 2. 창업유형에 대해서 잘 이해하셨습니까?

3. 다음 단계 소개	
제2장 창업준비상황 확인	1. 다음 단계에서는 창업자의 창업준비가 올바르게 되어 있는지를 점검하게 됩니다. 2. 창업준비현황을 창업목표, 창업아이템, 창업자의 능력, 창업자금, 창업팀 등의 관점에서 분석해 보고, 문제점과 개선방안을 찾아 보아야 합니다.

기술창업 준비상황 확인

02
Chapter

제2장에서는 기술창업의 준비상황 확인 방법에 대하여 학습하고, 이를 기반으로 실습을 통하여 본인의 기술창업 준비상황을 점검하게 된다.
기술창업을 하기 전, 창업을 위해 무엇을 준비해야 하는지를 먼저 알아야 하고, 기술창업을 위한 준비상태와 창업자의 역량이 충분한지를 스스로 확인해야 한다. 기술창업에 대한 준비가 충분히 되지 않은 상태에서 창업을 할 경우 실패할 가능성이 매우 높기 때문에 기술창업 준비상황을 철저하게 확인하고, 문제점을 찾아내어 개선방안을 수립해야 한다.
제2장은 기술창업 준비상황 확인의 개념, 기술창업 준비상황의 확인방법, 기술창업 준비상황을 확인하는 실습으로 구성되어 있다.

기술창업의 준비상황 확인의 구성

기술창업의 준비상황 확인의 개념 → 기술창업 준비상황의 확인 방법 → 종합실습 기술창업 준비상황 확인

사례 2-1 창업자역량 진단

정부와 지자체에서는 창업의 성공률을 높이기 위해 실질적인 창업에 앞서 창업자의 역량을 진단할 수 있는 진단 프로그램을 제공하고 있다. 이러한 진단 프로그램을 통해 창업자는 본인이 창업하고자 하는 분야에서 필요한 역량을 확인하거나 관련된 준비상황을 점검할 수 있다. 창업자의 역량 진단을 위한 프로그램은 대표적으로 창업넷(창업진흥원), Biz-info(중소기업청), 워크넷(고용노동부), 온라인경력개발센터에서 제공하고 있다.

■ **창업넷**

창업진흥원에서는 예비창업자 단계에서 창업자의 역량을 진단할 수 있도록 시니어 창업역량진단 검사를 제공하고 있다. 창업자의 개인적 특성, 기업가정신, 창업지식역량, 창업실행역량, 창업자환경, 창업외부환경의 6가지 분야의 검사를 통해 각 분야의 창업자의 역량을 진단할 수 있다.

진단하기: http://senior.changupnet.go.kr

■ **Biz-info**

중소기업청에서는 창업자에게 기업경영에 필요한 정보를 제공하고자 기업경영매뉴얼을 홈페이지에 게시하고 있다. 매뉴얼은 창업하기, 경영하기, 사업전환하기로 구성되어 있으며 첫 단계인 창업하기에서 창업의 사업타당성을 진단하고 분석할 수 있는 방법을 제시하고 있다.

진단하기: http://www.bizinfo.go.kr

■ **워크넷**

고용노동부에서는 예비창업 단계에서 창업자에게 적합한 창업분야를 선택할 수 있도록 창업적성검사를 제공하고 있다. 검사는 창업적성과 창업지식에 관련된 104문항의 설문검사를 통해 창업적합 정도와 적합 창업분야를 진단할 수 있다.

진단하기: http://www.work.go.kr

■ **온라인경력개발센터**

온라인경력개발센터에서 창업자의 업종분야와 준비단계에 맞춰 역량을 확인할 수 있도록 창업역량 진단을 제공하고 있다. 진단을 통해 창업환경에 대한 준비상황과 관련 지식의 수준을 점검하고 진단할 수 있다.

진단하기: http://www.dream.go.kr

생각해보기 창업을 하기 전에 반드시 점검해야 할 일은 창업자가 창업에 대한 역량을 가지고 있는지, 창업에 대한 준비가 되어 있는지를 확인해 보는 것입니다. 창업에 대한 철저한 준비가 없으면 반드시 실패할 수밖에 없습니다. 따라서 창업자가 스스로 창업에 대한 역량을 가지고 있는지, 창업자로서의 적성을 가지고 있는지를 점검해 볼 필요가 있습니다.

I 기술창업 준비상황 확인의 개념

1. 창업준비상황 확인의 필요성

기술창업 준비상황 확인이란 기술창업을 하기 전 창업의 목표, 창업아이템, 창업자의 역량, 창업자금, 창업추진팀 등의 관점에서 창업준비상황을 확인해 보고 부족한 점과 개선방안을 도출하여 기술창업의 준비능력을 향상시키는 과정을 의미한다. 예를 들어, 기술창업을 통하여 달성하고자 하는 목표가 무엇인지, 기술창업을 위한 적절한 사업아이템과 이를 실현할 기술력이 있는지, 본인이 사업을 하기 위한 전문성을 가지고 있는지, 창업에 필요한 자금은 준비되었는지, 준비되지 못했다면 어떻게 조달할 것인지, 누구와 함께 창업을 할 것인지 등을 확인할 필요가 있다.

기술창업의 실패를 줄이는 가장 좋은 방법은 창업에 대하여 철저한 준비를 하는 것이다. 그러므로 창업을 하기 전에 갖추어야 할 핵심요소들을 중심으로 준비상황을 꼼꼼히 확인해 보고, 문제점을 찾아서 보완함으로써 창업의 성공률을 높여야 한다.

기술창업 준비상황 확인의 필요성

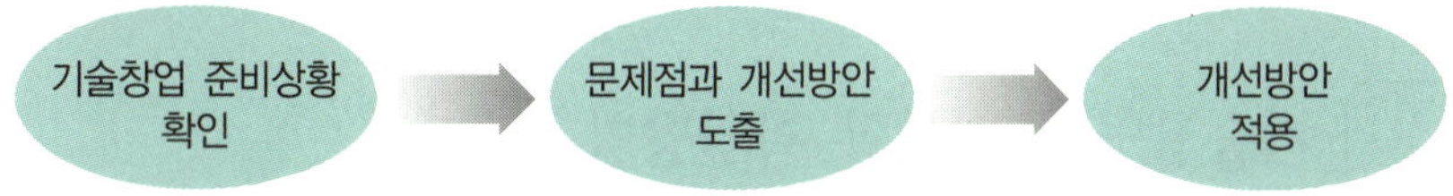

2. 창업준비상황 확인방법

기술창업을 위한 준비가 제대로 되었는지를 확인하기 위해서는 기본적으로 창업목표, 창업아이템, 창업자역량, 창업자금, 창업팀 등의 다섯 가지 항목을 중점적으로 확인해야 한다.

- 창업목표 확인이란 기술창업을 통해 달성하고자 하는 목표가 타당하고 합리적인지를 확인하는 과정이다.

- 창업아이템 확인이란 창업하고자 하는 아이템이 매력적이고 타당한지를 확인하는 과정이다.
- 창업자역량 확인이란 창업자가 창업을 할 수 있는 충분한 의지와 역량을 가지고 있는지 확인하는 과정이다.
- 창업자금 확인이란 창업을 위해 필요한 자금조달 및 운영방안이 타당한지를 확인하는 과정이다.
- 창업팀 확인이란 창업을 함께 추진할 팀원들의 역량이 타당한지를 확인하는 과정이다.

기술창업 준비상황 확인의 주요 내용

기술창업 준비상황 확인

창업목표 확인	기술창업을 통해 달성하고자 하는 목표는 무엇인가?
창업아이템 확인	창업아이템은 매력적이고 타당한가?
창업자의 역량 확인	창업자의 핵심역량은 무엇인가?
창업자금 확인	창업을 위해 필요한 자금은 얼마인가?
창업팀 확인	창업팀은 어떻게 구성되었는가?

Ⅱ 기술창업 준비상황 확인방법

1. 창업목표 확인

1) 창업목표 확인의 필요성

창업목표 확인이란 창업자가 기술창업을 통해 달성하고자 하는 목표가 무엇인지를 확인하고, 그 목표가 타당하고 합리적인지를 확인하는 과정이다. 기술창업의 목표는 창업규모와 창업전략 등에 큰 영향을 주므로 창업목표를 명확하게 수립하는 것은 매우 중요하다. 창업목표가 명확하지 않으면 무슨 사업을 해야 하는지, 어떤 규모로 할 것인지, 어떻게 창업을 할 것인지 등에 대한 의사결정을 정확하게 수행할 수 없다. 예를 들어, '당신의 창업목적이나 목표가 무엇입니까?'라는 질문에 많은 창업자들이 막연히 '돈을 많이 벌기 위해서'라고 대답하며 '그럼 한 달에 얼마를 벌기를 원하십니까?'라고 물었을 때 '많으면 많을수록 좋다'고 대답한다면 창업목표가 제대로 수립되지 않은 것이다.

창업자가 경제적 목표만을 가지고 창업을 시작하면 사업이 본 궤도에 오르기까지의 어려움을 견뎌내기가 매우 힘들고 예상치 못한 어려움 앞에서 쉽게 포기할 수밖에 없다. 따라서 창업을 통해서 달성하고자 하는 경제적 이익 이외에 개인적으로 기술창업을 통해 성취하고자 하는 목표와 사회 국가적으로 기여하고자 하는 사명을 가지고 출발하는 진지한 과정이 매우 필요하다.

기술창업의 목표 확인

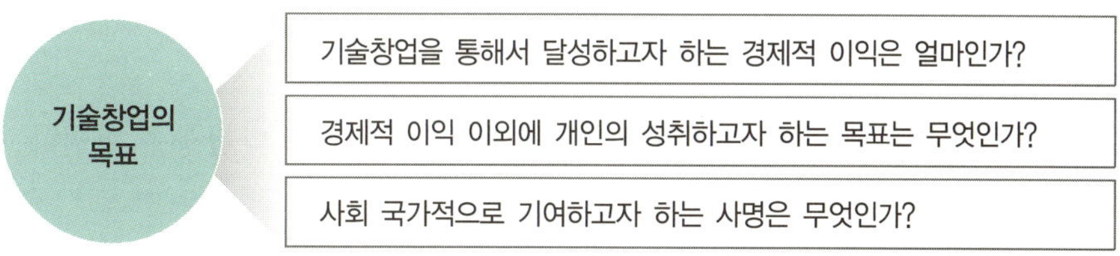

2) 창업목표의 확인방법

창업의 목표를 경제적, 개인적, 사회적 관점에서 수립해보고 그 목표가 타당하고 실현가능한지를 확인해 보아야 한다.

확인방법

단계	내용
1. 경제적 목표수립	기술창업을 통해 경제적으로 달성하고자 하는 목표를 기술함
2. 개인적 목표수립	기술창업을 통해 개인적으로 성취하고자 하는 목표를 기술함
3. 사회적 목표수립	기술창업을 통해 사회적으로 기여하고자 하는 목표를 기술함
4. 창업목표의 타당성 점검	세 가지 관점에서 창업목표가 적절한지, 개선방안이 없는지를 점검함

실습 1 창업목표 확인하기

■ 목적

창업자가 창업하고자 하는 목표를 기술하고, 창업목표의 타당성을 확인하는 데 목적이 있다.

■ 진행방법

① 기술창업을 통해 달성하고자 하는 목표를 경제적, 개인적, 사회적 세 가지 관점에서 작성한다.

② 그런 다음 창업목표가 실현가능하고 타당한지를 확인한다.

■ 실습하기

기업명	
경제적 목표	
개인적 목표	

사회적 목표	
창업목표의 타당성	

■ **참고사례**

- 아래의 사례는 교육용 경영시뮬레이션게임을 개발하는 회사인 (주)B2L Soft의 창업목표를 수립한 것이다.
- 확인해 본 결과, 창업자가 창업 후 3년 이내에 매출 30억을 달성하겠다는 계획이 조금 지나친 목표로 보인다.

기업명	㈜B2L Soft
경제적 목표	창업 후 3년 이내 매출 30억원 달성
	10년 이내 매출 100억원 달성
개인적 목표	게임기반 경영교육분야의 국내 최고 권위자
	국내 최고의 게임기반의 경영교육 사업체를 운영
사회적 목표	대학생들에게 기업이 원하는 실용적인 교육을 제공함
	대한민국의 경영교육의 질을 향상하고자 함
창업목표의 타당성	창업 후 3년 이내의 매출 30억원 달성이 다소 과도한 목표일 수 있음
	10년 이내 100억원을 달성하고자 하는 목표도 시장성장률을 참고하여 타당한지를 점검해 볼 필요가 있음

2. 창업아이템 확인

1) 창업아이템 확인의 필요성

창업아이템 확인이란 창업하고자 하는 아이템의 기술성, 시장성, 수익성, 독창성, 사회적 기여도 측면에서 매력적이고 타당한지를 확인하는 과정이다. 창업아이템이 잘못 선정되면 창업은 100% 실패하게 된다. 창업에 실패한 사례들을 보면, 창업아이템을 잘못 선정한 경우가 많다. 예를 들어, 창업아이템이 고객니즈를 충족시키지 못했거나 제품개발에 너무 많은 자금이 소요되었거나, 기존 경쟁제품과 차별화되지 못한 경우 등이 창업아이템을 잘못 선정하여 실패한 사례들이다.

그러므로 창업아이템을 여러 가지 측면에서 객관적으로 평가하고 대비해야 한다. 예를 들어, 모바일기술 기반의 보안컨설팅 회사를 창업한다고 했을 때 보안컨설팅 솔루션을 개발할 수 있는지, 사업의 시장성이 있는지, 수익성은 확보되어 있는지, 유사 제품과 서비스에 비해서 독창성이 있거나 차별화되어 있는지, 사회적으로 기여할 수 있는지 등을 점검해 보아야 한다. 특히 기술창업에서 기술성과 시장성의 평가는 매우 중요한 과정이다. 기술이 없다면 본질적으로 사업수행이 불가능하고, 반대로 아무리 뛰어난 기술이 있다 하더라도 시장성이 없다면 사업의 성공을 기대할 수 없기 때문이다.

기술창업아이템의 확인방법

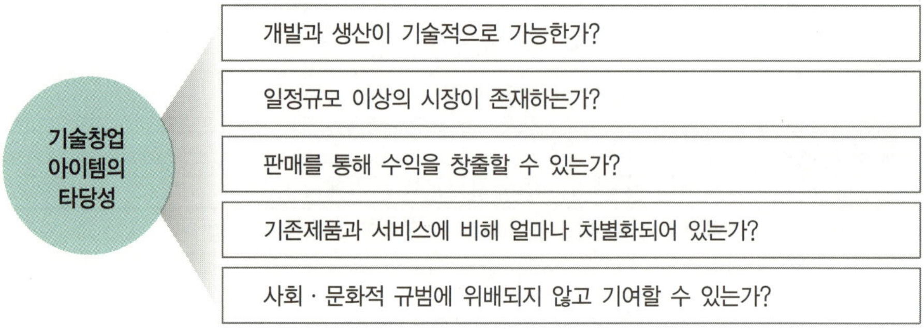

2) 창업아이템의 확인방법

창업아이템이 타당한지 확인하기 위해서는 기술성, 시장성, 수익성, 독창성, 사회기여도 등의 관점에서 점검해야 한다.

- **1. 기술성평가**: 창업하고자 하는 창업아이템을 기술적으로 개발하고 생산할 수 있는지의 여부를 평가함
- **2. 시장성평가**: 창업아이템의 시장이 존재하는지, 시장이 성장하고 있는지 등의 여부를 평가함
- **3. 수익성평가**: 창업아이템을 활용하여 수익을 창출할 수 있는지를 여부를 평가함
- **4. 독창성평가**: 창업아이템이 기존제품과 서비스에 비해 얼마나 새롭고 독특한지 여부를 평가함
- **5. 사회적 기여도평가**: 창업아이템이 미풍양속에 위배되지 않고 사회 · 문화 발전에 기여하는지 여부를 평가함

실습 2 창업아이템 확인하기

■ 목적

기술창업을 위한 여러 가지 창업아이템 후보군들에 대해서 타당성 및 현실성을 확인하고 비교하는 데 목적이 있다.

■ 진행방법

① 창업아이템들을 나열한 다음, 5가지 항목에 따라 0~5 사이의 점수를 부여하고 합계를 구한다.

② 점수에 따라서 각 아이템들의 순위를 정하여 가장 타당한 기술창업아이템을 찾아낸다.

■ 실습하기

기술창업아이템	기술성	시장성	수익성	독창성	사회적 기여도	합계	순위

■ **참고사례**

- 아래의 사례는 ㈜B2L Soft의 기술창업아이템 후보들을 비교·확인해 본 결과로서 교육용 경영시뮬레이션게임이 가장 타당한 아이템으로 확인되었다.

기술창업아이템	기술성	시장성	수익성	독창성	사회적 기여도	합계	순위
1. 교육용 경영시뮬레이션게임	3	4	5	4	4	20	1
2. 오락용 경영시뮬레이션게임	2	2	5	4	3	16	2
3. 이러닝 콘텐츠	2	3	2	4	3	14	3

3. 창업자역량 확인

1) 창업자역량 확인의 필요성

창업자역량 확인이란 창업자의 전문성, 경험, 적성, 인간관계, 기업가정신 등의 관점에서 창업을 위한 기본적인 역량을 가지고 있는지를 평가하고 확인하는 과정이다.

아무리 좋은 창업아이템이라도 창업자가 능력을 갖추고 있지 않다면 창업은 성공할 수 없다. 특히 기술창업은 기술과 지식기반의 전문성을 요구하기 때문에 창업자의 역량이 매우 중요하다. 그러므로 창업자는 창업분야에 대하여 지식과 경험을 가지고 있는지, 자신의 적성이 맞는지, 해당 분야에 폭넓은 인간관계를 구축하고 있는지, 창업의 어려움을 이겨내고 도전할 수 있는 기업가정신을 가지고 있는지를 확인해야 한다.

예를 들어, 창업자가 기술창업아이템에 대한 전문적인 지식, 경험 등이 없는 상태에서 창업을 하거나, 자신의 적성에 맞지 않는 분야를 선택하였거나, 적극적인 도전정신이 부족하다면 창업을 하지 않는 것이 유리하다. 창업자의 역량을 무시한 채 무작정 창업에 뛰어들었다가 실패할 경우 얻게 되는 경제적 손해뿐만 아니라 개인적인 좌절감은 큰 상처가 되기 때문이다. 이렇듯 창업자의 역량을 확인하여 기술창업을 하는 것이 옳은지를 판단하는 것은 매우 중요하다.

기술창업자의 역량 확인과정

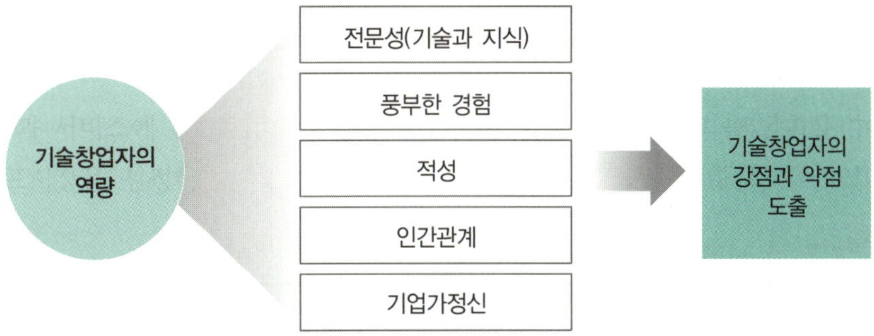

2) 창업자의 역량 확인방법

창업자의 전문성, 경험, 적성, 인간관계, 기업가정신 등의 관점에서 창업을 추진할 수 있는 역량을 가지고 있는지 확인한다.

확인방법

1. 전문성 확인	창업자가 창업하고자 하는 분야에 대해서 지식과 기술력을 가지고 있는지를 확인함
2. 경험 확인	창업자가 창업하고자 하는 분야에 대해서 경험을 가지고 있는지를 확인함
3. 적성 확인	창업자가 창업하고자 하는 분야에 적합한 성격 및 소질 등을 가지고 있는지를 확인함
4. 인간관계 확인	창업자가 사업가로서 원만한 인간관계를 유지하고 사업을 추진할 수 있는지를 확인함
5. 기업가정신 확인	창업과정에서 새로운 일에 도전할 수 있는 혁신적인 사고와 어려움을 극복할 수 있는 도전정신을 가지고 있는지를 확인함

실습 3 창업자의 역량 확인

■ **목적**

기술창업자의 역량을 전문성, 경험, 적성, 인간관계, 기업가정신의 관점에서 확인해보고 강점과 약점을 도출하는 데 목적이 있다.

■ 진행방법

① 각 평가항목에 매우 강함은 5점, 약간 강함은 4점, 보통은 3점, 약간 부족은 2점, 매우 부족은 1점으로 평가한다.

② 그런 다음 각 항목에 대하여 강점과 약점을 분석한다.

■ 실습하기

주요 항목	점수 (5점 만점)	강점과 약점
전문성		
경험		
적성		
인간관계		
기업가정신		

■ 참고사례

- 아래의 사례는 ㈜B2L Soft의 CEO인 김 교수가 기술창업아이템에 관하여 자신의 역량을 확인해 본 것이다.
- 확인해 본 결과 경영학과 교수인 그는 자신의 전공분야를 살려 기술사업화를 시도하였고 적성, 지식, 경험에 있어 누구보다 자신 있었지만 마케팅 관련한 인맥은 상대적으로 낮은 것으로 나타났다.

주요 항목	점수 (5점 만점)	강점과 약점
전문성	5	교육용 경영게임에 관하여 전문성을 확보하고 있고 학문적 지식이 매우 높음
경험	5	교육용 경영게임 개발과 교육분야에서 20년간 경험
적성	4	연구개발에 관심이 많기 때문에 개발능력이 우수함 반면에 마케팅 등 사업화에서 적극성이 상대적으로 부족함
인간관계	3	고객 기업들의 영업 및 마케팅분야에서 인맥이 부족함
기업가정신	4	교수 창업의 성공모델에 대한 의지와 도전정신이 매우 강함

4. 창업자금 확인

1) 창업자금 확인의 필요성

창업자금 확인이란 기술창업을 위해 필요한 자금이 얼마인지를 추정해 보고, 필요한 자금이 충분히 확보되었는지, 확보되지 않았다면 추가자금 확보를 위한 계획이 수립되어 있는지, 수립한 자금확보계획이 타당한지를 확인하는 과정이다.

예를 들어, 어느 창업자가 반도체 설계와 관련된 기술창업을 위해 개인 자산으로 자금을 확보하였다 하더라도 추가로 자금이 더 필요할 경우 어떻게 자금을 조달할 것인지 계획을 수립하고 그 계획이 타당한지를 확인해야 한다.

창업의 과정에서 자금을 조달하고 운영하는 일은 매우 어렵고 불확실성이 높기 때문에 필요한 자금의 규모를 확인하고 조달방안을 체계적으로 수립하는 것은 매우 중요하다. 특히 기술창업의 경우 기술개발에 대해서 100% 성공한다는 보장이 없고, 개발과정에서 예상하지 못한 리스크가 발생할 수 있기 때문에 추가자금이 더 필요한 경우가 많다.

'창업에 필요한 자금은 얼마일까?', '내가 가지고 있는 돈으로 충분할까?' '부족한 자금은 어떻게 조달하지?' 등은 창업자들의 공통적이고 영원한 고민이자 해결해야 할 숙제이기 때문에 창업계획단계에서 창업자금의 규모를 분석하고 조달계획을 수립하는 것은 매우 중요하다.

기술창업자금의 원천

기술창업자금		
	자기자본	창업자의 개인소유자금
	정부지원자금	정부 및 지방자치단체의 창업지원금
	외부차입자금	은행대출, 기술보증기금
	투자자금	개인투자자, 엔젤, 벤처캐피탈 투자금

2) 창업자금 확인방법

기술창업에 필요한 소요자금을 분석하고, 이를 조달하기 위한 방법을 찾아 예상되는 차액을 추정한다.

확인방법

단계	내용
1. 소요자금분석	기술창업을 위해 소요되는 총액을 분석함
2. 조달방법분석	창업자금을 조달하기 위한 방법을 자기자본, 정부지원, 외부 차입, 투자자금으로 나누고 금액과 조달가능성을 분석함
3. 차액추정	창업에 필요한 자금과 조달가능한 자금을 분석한 결과를 기반으로 차액을 추정함

실습 4 창업자금 확인하기

■ 목적

기술창업의 준비 및 운영에 대해서 향후 2년간 필요한 총자본금을 추정하고 조달방안과 가능성을 확인하는 것이 목적이다.

■ 진행방법

① 기술창업에 필요한 자금총액을 추정한다.

② 자금조달 항목에 따라서 조달가능한 자금의 최대금액과 조달가능성을 추정한다.

③ 필요한 자금총액과 조달가능 자금총액과의 차액을 추정한다.

■ 실습하기

1. 필요자금총액		
2. 조달가능총액		
조달방법	최대금액	조달가능성
합계		
3. 차액		

■ 참고사례

- 아래의 사례는 ㈜B2L Soft의 창업 준비 당시 계획한 창업자금 조달계획을 확인한 것이다.
- 총 1억원의 사업자금이 필요했던 김 교수는 자기자본 80,000천원을 비롯하여 정부지원자금, 외부차입자금 및 투자유치로 40,000천원을 추가로 조달 하여 목표금액보다 20,000천원을 더 확보하였다.

1. 필요자금총액	100,000천원	
2. 조달가능총액	120,000천원	
조달방법	최대금액	조달가능성
자기자본	80,000천원	100%
정부지원	20,000천원	70%
외부차입	10,000천원	90%
투자유치	10,000천원	20%
합계	120,000천원	–
3. 차액	20,000천원	

5. 창업팀 확인

1) 창업팀 확인의 필요성

기술창업팀 확인이란 창업을 위해 필요한 업무가 무엇인지를 찾아내고 필요한 업무수행에 적합한 팀원들이 확보되어 있는지, 확보되지 않았다면 어떻게 확보할 것인지를 확인하는 과정이다. 예를 들어, 게임콘텐츠 개발 기술을 기반으로 창업할 때 필요한 업무가 무엇인지, 현재 확보된 인원은 몇 명이며, 추가적으로 몇 명이 필요한지를 파악하여 업무를 분담할 팀원들을 구성하는 것이다.

기술창업은 매우 전문적인 분야를 다룬다는 특성으로 인해 창업자의 전문적인 역량이 매우 중요하지만 소규모의 인원으로 운영되기 때문에 창업자와 함께 기업을 이끌어나갈 팀원들도 핵심역량을 갖추는 것이 매우 중요하다. 창업자 혼자서 모든 일을 해낼 수 없고, 부족한 역량을 팀원들이 보완해줘야 하기 때문이다. 그러므로 기술창업을 위해서 필요한 핵심 업무와 역량은 무엇인지를 찾아내고 해당 업무와 필요한 역량을 창업자뿐만 아니라 팀원들이 갖추고 있는지 확인하는 일은 매우 중요하다.

기술창업에서 동업은 쉽지 않은 일이지만 혼자 창업하는 것보다 여럿이 함께 하는 것이 바람직하며 창업과정에서 창업 동료들의 능력을 극대화시키는 것도 창업자의 중요한 능력이다.

기술창업팀 확인

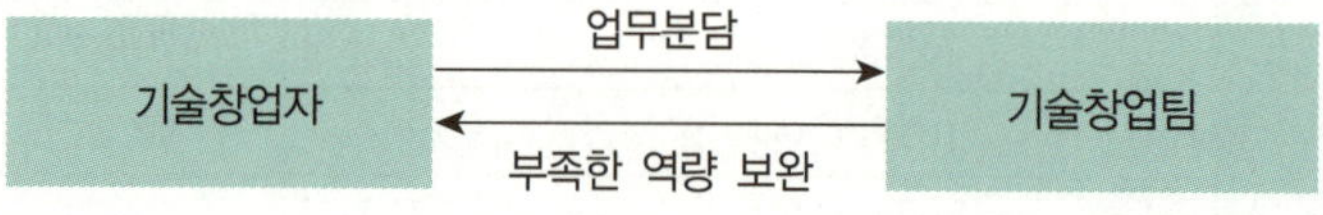

2) 창업팀 확인방법

기술창업을 위해 필요한 업무와 핵심역량을 확인하고, 필요한 인력과 확보된 인력을 비교하여 추가로 확보할 인력을 결정한다.

확인방법

1. 창업에 필요한 업무와 핵심역량분석	기술창업에 필요한 업무가 무엇인지를 파악하고, 필요한 핵심 역량을 확인함
2. 인력확보 여부 확인	창업에 필요한 업무와 핵심역량을 수행하기 위한 인력이 얼마나 확보되었는지 확인함
3. 추가확보인력 확인	추가로 확보되어야 할 인력이 얼마인지를 확인함

실습 5 창업팀 확인하기

■ 목적

기술창업을 위해 필요한 업무와 핵심역량을 확인하여 현재 확보된 인력과 추가적으로 필요한 인력의 규모를 확인하는 데 목적이 있다.

■ 진행방법

① 기술창업을 위해 필요한 핵심업무와 필요역량을 찾아낸다.

② 업무를 수행하기 위하여 몇 명의 인력이 필요한지 확인하고 추가로 확보할 인력은 몇 명인지 확인한다.

■ 실습하기

사업명				
업무	핵심역량	총필요인력	확보한 인력	추가필요인력

■ **참고사례**

- 아래의 사례는 ㈜B2L Soft의 창업 준비 당시 필요한 업무와 핵심역량에 따른 창업팀을 확인한 것이다.
- 확인 결과 기술개발 및 마케팅부문에 인력이 추가로 필요하다는 점을 알게 되었다.

사업명	교육용 경영시뮬레이션게임 사업			
업무	핵심역량	총필요인력	확보한 인력	추가필요인력
기술개발	콘텐츠 개발 게임 개발	3명	2	1
마케팅	콘텐츠 마케팅	1명	0	1
교육	교육	2명	2	0
사무관리	사무업무처리	1명	0	1

III 종합실습 – 기술창업 준비상황 확인

■ **목적**

기술창업 준비상황을 다섯 가지 관점에서 확인하여 부족한 부분과 개선방안을 찾는 데 목적이 있다.

■ **진행방법**

① 진단항목에 따라 기술창업의 목표, 창업아이템, 창업자의 역량, 창업자금, 팀을 확인한다.

② 확인한 내용을 바탕으로 개선할 점을 찾아본다.

■ 실습하기

<table>
<tr><th>진단항목</th><th colspan="2">주요 내용</th><th>개선할 점</th></tr>
<tr><td rowspan="3">1. 창업 목표</td><td>경제적 목표</td><td></td><td rowspan="3"></td></tr>
<tr><td>개인적 목표</td><td></td></tr>
<tr><td>사회적 목표</td><td></td></tr>
<tr><td rowspan="5">2. 창업 아이템</td><td>시장성</td><td></td><td rowspan="5"></td></tr>
<tr><td>기술성</td><td></td></tr>
<tr><td>수익성</td><td></td></tr>
<tr><td>독창성</td><td></td></tr>
<tr><td>사회적 기여도</td><td></td></tr>
<tr><td rowspan="5">3. 창업자 역량</td><td>전문성</td><td></td><td rowspan="5"></td></tr>
<tr><td>지식</td><td></td></tr>
<tr><td>경험</td><td></td></tr>
<tr><td>인간관계</td><td></td></tr>
<tr><td>기업가 정신</td><td></td></tr>
<tr><td rowspan="2">4. 창업 자금</td><td>필요자금</td><td></td><td rowspan="2"></td></tr>
<tr><td>확보자금</td><td></td></tr>
<tr><td rowspan="2">5. 창업팀</td><td>필요업무 및 인원</td><td></td><td rowspan="2"></td></tr>
<tr><td>추가 확보 인원</td><td></td></tr>
</table>

■ 참고사례

- 아래의 사례는 교육용 경영시뮬레이션게임을 기반으로 기술창업을 한 ㈜B2L Soft의 창업 당시 준비상황을 종합적으로 분석해서 개선점을 찾아낸 것이다.

진단항목	주요 내용		개선할 점
1. 창업 목표	경제적 목표	창업 후 3년 이내 매출 30억원, 10년 이내 매출 100억원 달성	매출목표가 지나치게 크게 잡혀 있기 때문에 이에 대한 검토가 필요
	개인적 목표	게임기반의 경영교육 분야의 최고 권위자로서, 국내 최고의 교육사업을 영위	
	사회적 목표	대학생들에게 실용적인 교육을 제공하여, 대한민국의 경영교육의 질을 향상하고자 함	
2. 창업 아이템	시장성	대학과 기업교육 시장이 존재하고 갈수록 증가하고 있음	교육용 경영 시뮬레이션게임은 독창성은 좋으나 시장이 초기 단계이기 때문에 이에 대한 철저한 준비가 필요
	기술성	시뮬레이션 분야에서 최고수준의 기술을 보유함	
	수익성	교육서비스 및 솔루션 판매단가가 매우 높음	
	독창성	국내 최초의 웹기반의 솔루션임	
	사회적 기여도	경영교육 효과가 매우 높아 인재양성에 도움이 됨	
3. 창업자 역량	전문성	경영지식 및 시뮬레이션지식이 매우 높음	창업을 하기 위해서는 보다 치열한 사업가 정신과 마케팅 능력이 필요함
	경험	현업 경험 및 교육경험이 풍부	
	적성	솔루션 개발 및 교육에 대한 적성이 매우 적합	
	인간관계	마케팅 분야의 인적 네트워크가 다소 부족	
	기업가 정신	도전의식과 기업가정신이 확고함	
4. 창업 자금	필요자금	약 1억원 정도	창업에 필요한 자금을 보다 확실하게 확보할 수 있는 방안이 필요
	확보자금	현재 20,000천원 초과 확보	
5. 창업팀	필요업무 및 인원	기술개발, 마케팅, 교육, 관리 등의 영역에서 7명 정도 필요	창업에 필요한 핵심 인력은 확보되었음. 향후 기술개발과 마케팅 영역의 인력이 추가적으로 필요함
	추가 확보 인원	현재 4명 확보	

사례 2-2 피터 틸(페이 팔 창업자)이 말하는 성공의 7가지 조건

① 기술: 점진적 개선이 아닌 획기적 기술을 만들어낼 수 있는가?

"예컨대 기존기술보다 20% 뛰어난 기술을 개발했다고 칩시다. 그러나 이는 개발자의 입장입니다. 사용자의 입장에서는 20%의 개선이 전혀 개선으로 느껴지지 않는 경우가 더 많아요. 게다가 20% 뛰어나다고 주장해봐도, 소비자들은 과장광고에 익숙하기 때문에 이를 제대로 들어주지 않습니다. 적어도 기존기술보다 10배는 뛰어나야 제품의 우월성이 입증됩니다."

② 시기: 이 사업을 시작하기에 지금이 적기인가?

"컴퓨터 칩(마이크로 프로세서)은 1970년 첫 번째 제품이 나온 다음 기하급수적으로 빠르게 성장했습니다. 당시 컴퓨터 기업들은 그 기하급수적으로 빠른 성장세에 올라타 성공을 누렸습니다. 반면 실리콘 태양전지는 1954년 벨연구소에서 처음 만들어졌지만, 그 기술은 아주 천천히 조금씩 개선되고 있습니다. 지금 와서 '청정 에너지 기술을 개발할 때가 왔습니다'라고 말하기에는 타이밍이 조금 엇갈리는 것 같지 않으세요?"

③ 독점: 작은 시장에서 큰 점유율을 가지고 시작하는가?

"테슬라(전기차 브랜드)는 아주 작은 시장에서 시작했습니다. '고가의 전기차 스포츠카'라는 분야였죠. 테슬라는 2008년 첫 번째 모델(로드스터)을 개발해 판매에 나섰습니다. 첫 해 팔린 건 고작 3,000대입니다만, 그 시장을 완전히 장악했죠. 그 노하우를 바탕으로 신제품(모델S)을 만들고, 지금은 '고급 전기차 세단' 시장까지 차지하게 됐습니다. 테슬라는 2013년 2만대 이상의 세단을 팔았고, 더 큰 시장을 노리고 있습니다."

④ 사람: 제대로 된 팀을 갖고 있는가?

"친구들이 제 이름을 따서 '틸의 법칙(Thiel's law)'이라고 부르는 게 있습니다. 어떤 기업이든 기초부터 망쳤다면 되살릴 수 없다는 뜻입니다. 기업의 최초 단계에서 가장 중요한 것은 '누구와 함께 하느냐'에 달려 있습니다. 저는 '마피아'를 만들라고 권하고 싶어요. 마치 페이팔 마피아처럼요. 비슷한 성격을 가진 사람들로 초기 직원을 구성하면 비슷한 세계관을 공유하고 있기 때문에 협업의 효율성이 오릅니다. 아예 광신 집단을 만드는 것도 방법입니다. '몸과 마음을 바쳐 헌신한다'는 기업문화는 0에서 1을 창조하는 선결 조건입니다."

⑤ 유통: 제품을 전할 방법을 갖고 있는가?

"제품을 전하고 파는 것은 제품 자체만큼 중요합니다. 이스라엘의 전기자동차 벤처기업인 '베터플레이스'는 한때 아주 유망한 사업이었습니다. 자동차를 친환경적으로 대체할 제품을 창조했으니까요. 그런데 딱 1,000대 팔리고 말았습니다. 왜냐하면 그 차들은 하나같이 고객이 구매하기 아주 힘든 차였거든요. 베터플레이스는 일체의 마케팅도 하지 않았습니다. 게다가 이 차를 사려면 귀찮은 일 투성이였습니다. 베터플레이스의 배터리 교체소와 충분히 가깝게 살고 있다는 사실을 증명해야 했고, 정해진 길만 다니겠다고 약속해야 했습니다. 차량을 충전하려면 연료 구입 회원으로 등록까지 해야 했어요. 2013년 이 회사는 겨우 1,200만달러에 회사 자산을 모두 매각하고 말았습니다."

⑥ 존속성: 시장에서의 현 위치를 향후 10년, 20년간 방어할 수 있는가?

"청정기술 기업들은 에너지 시장의 미래를 짐작하지 못했습니다. 원래 이 산업은 화석연료가 줄어들 것을 전제로 생겨난 산업인데, 갑자기 셰일가스라는 복병을 만났습니다. 2000년 미국 천연가스의 1.7%에 불과했던 셰일가스는 5년 뒤 4.1%까지 성장했어요. 그런데도 청정기술 업계는 이런 추세를 진지하게 받아들이지 않았습니다. 재생에너지만이 유일한 해결책이라고 믿어버린 거에요. 2013년 셰일가스는 미국 천연가스의 34%를 차지하게 됐고, 가스 가격은 2008년 이후 70%나 떨어졌습니다. 대부분의 재생에너지 비즈니스는 몰락해버리고 말았습니다."

⑦ 숨겨진 비밀: 다른 사람들은 모르는 독특한 기회를 포착했는가?

"다시 테슬라의 이야기입니다. 부유한 사람들은 도요타의 프리우스나 혼다의 인사이트와 같이 친환경 차량을 운전함으로써 '친환경'적으로 보이고 싶어하는 욕구가 있었습니다. 문제는 프리우스나 인사이트가 못생겼다는 거지요. 테슬라는 누가 운전하든 운전자를 근사하게 만들어 줄 차를 만들기로 했습니다. 디자인적인 요소가 가미되자 가격은 문제가 안 됐습니다. 레오나르도 디카프리오는 테슬라 로드스터가 나오자마자 프리우스를 버렸습니다. 테슬라는 '친환경적으로 멋있어 보이고 싶다'는 부자들의 욕구를 찾아낸 겁니다."

출처: 조선일보 위클리비즈(2015. 3. 8)

생각해보기 위 사례는 창업의 성공을 위해서 창업자가 갖추어야 할 다양한 조건들에 대해서 이야기하고 있습니다. 여러분은 창업에 성공하기 위해서 얼마나 준비하고 있는지를 점검해 보시기 바랍니다.

마무리하기

1. 학습목표 확인 기술창업 준비상황 확인방법의 이해	1. 기술창업 준비상황 확인의 필요성을 이해하셨습니까? 2. 기술창업 준비상황을 창업목표, 창업아이템, 창업자역량, 창업자금, 창업팀의 다섯 가지 관점에서 확인하는 방법을 이해하셨습니까?
2. 실습 결과 기술창업 준비상황 확인	1. 창업목표를 확인하고 개선점을 찾아 보셨습니까? 2. 창업아이템을 확인하고 개선점을 찾아 보셨습니까? 3. 창업역량을 확인하고 개선점을 찾아 보셨습니까? 4. 창업자금을 확인하고 개선점을 찾아 보셨습니까? 5. 창업팀을 확인하고 개선점을 찾아 보셨습니까?
3. 다음 단계 소개 제3장 기술창업 사업계획서의 이해	1. 다음 단계에서는 기술창업 사업계획서 작성방법을 학습하게 됩니다. 2. 그런 다음에 실습을 통해 기술창업 사업계획서를 작성하게 될 것입니다.

기술창업 사업계획서의 이해

03 Chapter

제3장에서는 창업 사업계획서의 개념 및 구성요소를 이해하고, 이를 기반으로 기술창업 사업계획서 작성을 위한 기본준비를 하게 된다.
창업을 하기 전, 창업하고자 하는 사업이 무엇인지, 진입하고자 시장은 어떤 상황인지, 창업 아이템은 무엇인지, 창업을 통하여 달성하고자 하는 목표가 무엇인지, 어떤 방법으로 추진할 것인지, 창업을 통해 창출할 수 있는 수익이 얼마나 되는지 등에 대한 체계적인 계획을 수립하고, 이에 대한 구체적인 사업계획서를 작성해야 한다. 창업 사업계획서는 창업자뿐만 아니라 창업 동료들과 계획을 공유하는 중요한 도구이며 정부와 기관, 투자자로부터 창업에 관한 지원 및 투자를 받기 위한 도구로서 활용가능하다.
제3장은 기술창업 사업계획서의 개념과 작성방법, 기술창업 사업계획서 점검 실습으로 구성되어 있다.

기술창업 사업계획서 작성의 구성

기술창업 사업계획서의 개념 → 기술창업 사업계획서 작성방법

사례 3-1 벤처창업의 가치

"한국의 최대 위협은 북핵이 아니라 메말라 가는 국가 성장동력이다." 세계 1위 컨설팅업체 맥킨지가 '멈춰버린 한강의 기적'에서 지적한 내용이다. 전 세계 60개국 기업가정신 비교 연구기관인 GEM의 보고서는 2만달러 이상의 경제성장은 기업가적 창업에 기반한다는 명백한 결론을 내리고 있다. 이 두 가지 보고서를 합치면 '기업가적 창업을 통한 신성장동력 창출이 제2 한강의 기적으로 가는 길'이라는 단순한 결론에 이르게 된다.

그런데 한국의 현실은 완전히 반대로 가고 있다. 경영학의 구루인 고(故) 피터 드러커 교수는 "기업가정신의 최고 실천국은 의심할 바 없이 한국"이라고 단언한 바 있다. 2000년 한국은 분명 세계 최고 기업가정신의 국가였다. 청년들 50%의 꿈은 창업이었고, 벤처인은 신랑감 1위로 꼽혔다. 1997년에서 2001년 사이 창업한 벤처들이 지금 416개 1,000억 매출 벤처의 주축을 이루고 있다.

그런데 50%에 달하던 청년 벤처창업 희망자는 이제 3%로 축소돼 기업가정신 OECD 최하위권으로 추락하고 벤처는 결혼하기 어려운 직업군이 되었다. 지난해 1,000명의 소호협회 청년의식조사에서 60%는 공공직을, 30%는 대기업을, 7%는 자영업을 미래 희망 직업으로 손꼽았다. 올해 조사에서도 큰 변화가 없다. 최근 9급 공무원 시험에 27만 명이 응시했다. 대학졸업생 50여만 대비 55%가 넘는 놀라운 수치다. 이제 직업 선택의 1순위는 도전이 아니라 안정이 되어 드러커 교수는 틀리고 매킨지가 맞다는 것을 입증하고 있다. 그러면 '국가성장을 위한 소는 누가 키우는가?' 심각해도 너무 심각한 상황이다. "창업만이 국가의 미래 성장을 보장받는 길이다." 미국의 카우프만 재단 이사장인 칼 슈람의 말이다. 창업이 사라진 국가는 늙어 가는 국가다. 한국의 창업을 활성화시킬 창업자 연대보증 해소와 크라우드 펀딩이 필요한 이유다.

그렇다고 창업이 모두 같은 창업은 아니다. 생계형 창업과 기업가형 창업은 완전히 구분되어야 한다. 역시 GEM의 연구 결과를 보면 후진국은 생계형 창업이, 선진국은 기업가형 창업이 주도한다. 그런데 한국의 생계형 창업은 OECD 최고수준이고, 기업가형 창업은 최저수준이라는 것이 현재 우리의 불편한 진실이다. 도전의 꿈을 키우기보다는 안전한 스펙을 쌓는 것이 대학생들의 삶의 목표가 된 것이다. 어떻게 하면 다시 청년들이 벤처창업에 도전하게 할 것인가?

여기서 창업에 대한 놀라운 진실을 밝히고자 한다. 생계형 창업이 벤처창업보다 더 빨리 망한다는 것이다. 벤처기업 정밀 실태조사에 따르면 벤처의 5년 생존율은 무려 60%가 넘는데 반해, 음식업 등 자영업은 30%가 안 된다. 도전적 벤처의 생존율이 두 배 이상 높은 동시에 성공 시 대박이 가능하다. 벤처기업 평균매출액은 70억원인 반면, 자영업의 평균 매출액은 1억원 수준이다. (사)창조경제연구회에서 생존율과 매출성장률 그리고 부가가치율을 바탕으로 조사한 창업기업의 미래 기대값은 벤처의 경우 100억원에서 250억원 사이로 추산되는 반면, 자영업의 경우 마이너스값으로 나타나고 있다. 쉽게 말해 벤처창업은 강력히 권장하고 자영업창업은 소수정예화해야 한다는 것이 창업정책의 요약이다.

그런데 GEM보고에 따르면 한국의 퇴직자 창업은 세계 최고수준이나, 청년창업은 세계 최저수준이다. 베이비붐 세대의 퇴직으로 생계형 자영업창업은 증가하고 있다. 그런데 60%가 월수입 100만원 이하에 허덕이다 5년 내 80% 이상 문을 닫는다. 대표적 중산층의 몰락 요인이다. 반면 청년 벤처창업자들은 자금난에 허덕인다. 이 두 가지 문제를 일거에 해결하는 일석이조의 대안이 바로 크라우드 펀딩이다. 퇴직자들이 생계형 창업 대신 벤처창업에 소액 엔젤투자를 하도록 물꼬를 터주면 된다. 덤으로 퇴직자들의 경험이 청년들에게 전수되면서 세대 갈등 해소도 기대된다.

벤처창업이 만 개 이루어지면 적어도 100조원의 미래가치가 창출된다는 것이 최근 연구 결과임을 보고하면서 매킨지를 극복해 드러커 교수의 믿음을 되찾고자 한다.

출처: 이투데이(2013. 9. 16)

생각해보기 미국의 마이크로소프트, 애플, 구글, 한국의 삼성전자와 현대자동차, 중국의 화웨이, 알리바마, 샤오미 등의 공통점은 기술기반의 글로벌기업들이라는 것입니다. 이들 세계적 기업들도 처음에는 기술기반의 작은 벤처기업으로 출발해서 온갖 어려움을 극복하고 글로벌기업으로 성장해 왔습니다. 기술기반의 창업이 국가경제에 미치는 영향이 얼마나 큰지를 보여 주는 사례입니다.

I 기술창업 사업계획서의 개념

1. 사업계획서의 이해

사업계획서란 새롭게 추진하고자 하는 사업에 관한 전체적인 개요와 계획을 체계적으로 요약하고 정리한 보고서이다. 사업계획서는 추진하고자 하는 사업에 대해서 이해당사자들에게 홍보하고 소통하는 도구로서 창업자와 사업을 소개하는 얼굴과 같기 때문에 객관성과 정확성, 전문성과 독창성을 기반으로 작성되어야 하고 충분한 설득력을 갖추어야 한다.

기술창업을 위해 작성하는 사업계획서에서는 주로 기술창업의 목적, 기술창업 아이템의 개요, 핵심기술의 소개, 기술창업아이템의 타당성, 세부전략과 계획, 창업을 통해 예상되는 수익과 그 타당성 등에 관해서 작성해 주어야 한다.

사업계획서는 그 목적에 따라 크게 내부적 목적과 외부적 목적으로 나누어 작성할 수 있다. 내부적으로는 창업자의 사업계획을 구체화시키면서 창업에 필요한 활동들의 달성 여부를 점검하여 자신의 사업에 대한 확신을 갖게 할 수 있다. 또한 창업 팀원들에게 사업에 대해 내용을 공유하여 의견을 교환하고 수정·보완하기 위해 작성한다. 외부적으로는 투자자, 보증기관, 정부기관 등 외부기관이나 제3자에게 사업계획을 설명하여 투자유치와 창업보육센터 입주, 각종 인·허가 신청 등의 목적을 달성하기 위해 작성한다.

사업계획서의 작성목적

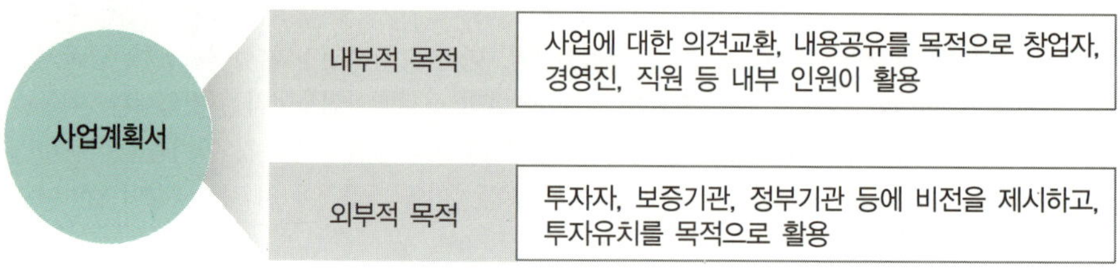

창업자는 사업계획서를 작성할 때 사업계획서의 용도 및 목적에 맞추어 사업계획서의 유형을 결정하는 것이 중요하다. 사업계획서의 유형은 크게 요약사업계획서, 내부업무추진용 사업계획서, 외부발표용 사업계획서로 나눌 수 있다.

① 요약사업계획서는 사업에 대한 콘셉트를 공유하고 제3자로부터 투자를 유치하기 위해 간략하게 작성하는 보고서이다. 아직 구체적인 사업계획을 수립하기 전에 사업의 개요와 마케팅, 생산운영, 자금조달 및 운영 등의 주요 계획에 대해서 핵심내용 위주의 요약된 형태로 간략하게 표현하는 것이 특징이다.

② 내부업무추진용 사업계획서는 내부적으로 추진하고자 하는 사업에 대한 구체적인 운영방안 및 해당 업무에 대해서 내부이해당사자들에게 구체적으로 전달하는 보고서이다. 구체적인 사업내용을 세부적으로 전달해야 하기 때문에 시각적인 측면보다는 상세한 기술을 통해 충실하게 내용을 전달해야 한다는 특징을 가지고 있다.

③ 외부발표용 사업계획서는 정부지원이나 각종 투자유치사업 등에서 활용할 목적으로 만드는 공식적인 발표용 보고서이다. 발표용으로 만들어야 하기 때문에 내용과 어휘가 일정한 형식과 규칙을 갖추어야 하고 차트, 도표, 그림, 사진 등의 시각적 요소를 가미하여 청중들에게 제한된 시간 내에 중요한 내용을 효과적으로 전달해야 하는 게 핵심이다.

창업자는 사업계획을 전달하는 상황에 맞게 이와 같은 사업계획서의 유형을 선택해야 하고 사업계획서의 유형에 따른 특징을 고려하여 사업계획서를 작성해야 한다.

사업계획서의 종류

	요약 사업계획서	내부업무추진용 사업계획서	외부발표용 사업계획서
용도	• 사업의 콘셉트를 공유 • 제3자로부터 투자유치	• 내부사업운영 및 업무추진	• 외부발표 및 정부지원사업, 투자유치 등 공식적 발표를 위한 계획서
특징	• 사업의 개요, 마케팅, 생산운영 및 재무계획을 한눈에 파악할 수 있도록 핵심내용을 쉽고 간략하게 작성	• 내부운영을 위한 계획서 • 내용은 구체적으로 작성 • 시각적이고 표현적인 측면은 생략가능	• 내용과 어휘가 형식과 규칙을 갖추어야 함 • 차트, 도표, 그림, 사진과 같은 시각적 요소를 활용

2. 사업계획서의 작성방법

사업계획서는 목적과 용도에 따라서 내용상 차이가 있으며, 작성 전에 미리 기본계획과 작성순서를 정해야 시간과 노력을 절약할 수 있고, 내용도 충실해 질 수 있다. 또한 본인이 직접 작성할 것인가 전문가에게 의뢰할 것인가도 결정해야 한다.

1) 사업계획서 작성절차

일반적으로 사업계획서는 다음과 같은 절차를 통하여 작성한다.

1. 작성목적 및 작성방향 결정
- 사업계획서의 작성목적을 결정해서 방향을 결정함
- 작성목적 및 방향에 따라 사업계획서의 종류를 선택함

2. 소정 양식 및 요건의 확인
- 제출기관에서 요구하는 양식이 존재하는지 확인함
- 정해진 양식이 없다면 적절한 양식을 선택함

3. 작성계획수립 및 자료분리
- 사업계획서 작성에 필요한 객관적 자료를 수집함
- 사업계획서와 함께 제출할 첨부자료 및 서류 확보함

4. 사업계획서 작성
- 사업 추진에 관한 주요 전략 및 세부계획을 작성함
- 작성한 내용을 바탕으로 사업계획서를 체계적으로 구성함

5. 편집 및 재검토 후 제출
- 사업계획서 작성 뒤 반드시 재검토 후 수정함
- 오탈자 및 논리적 오류을 수정함

2) 사업계획서 작성 과정의 유의사항

① 핵심내용 중심으로 작성하라

창업자는 사업계획서를 작성할 때 사업계획에 관해서 많은 내용을 세세하게 담아 자신의 생각을 전달하려고 한다. 그러나 사업계획서에 지나치게 많은 내용을 담거나 너무 자세하게 작성하면 계획서를 읽는 사람이 이해하기 어려울 수 있고 관심을 떨어뜨릴 수도 있다. 따라서 창업아이템의 필요성, 경쟁제품과의 차별성, 기술의 차별성, 시장성 및 수익성 등의 내용을 중심으로 명료하게 설명해야 한다.

② 논리성과 객관성을 확보하라

사업계획서를 작성하다 보면 창업자의 입장에서 주관적이고 다소 추상적인 목표와 계획들이 작성되는 경향이 있다. 그러나 사업계획서는 자신의 사업계획을 남에게 설득하는 보고서이기 때문에 논리성과 객관성을 필수적으로 갖추어야 한다. 따라서 추상적인 개념보다는 구체적인 데이터를 기반으로 신뢰성을 확보할 필요가 있다.

③ 잠재시장과 수익성을 제시하라

아무리 좋은 기술과 성능을 보유한 아이템이라도 시장창출이 어렵다거나 성장가능성이 없다면 사업계획서를 읽는 사람을 설득하기 어려울 것이다. 따라서 시장분석을 통하여 잠재적인 시장의 존재와 성장가능성을 부각시켜야 한다. 구체적으로 잠재적인 수익모델과 수익창출가능성 등을 제시하면서 왜 투자를 해야 하는지에 대한 이유를 소개할 필요가 있다.

④ 사업모델을 명확하게 제시하라

사업계획서를 읽는 사람의 가장 큰 관심사 중의 하나는 고객에게 제품과 서비스를 전달하여 가치를 창출하는 방법을 표현한 사업모델에 관한 내용일 것이다. 따라서 창업자는 무슨 사업을 어떻게 수행하여 수익을 창출할 것인지에 대한 방법을 명확하게 제시해야 한다. 특히 기술창업의 경우는 전문적인 내용이 많아 사업방식에 관해 한 번에 이해하기가 힘들기 때문에 사업모델을 가능한 한 쉽고 명확하게 제시할 필요가 있다.

⑤ 현실적인 자금조달 및 운용계획을 수립하라

창업자에게 있어서 가장 어렵고 불확실성이 높은 계획 중의 하나는 자금조달 및 운용에 관한 내용이다. 창업을 위한 모든 활동에서 비용이 발생하고, 예상치 못한 일들이 늘 존재하기 때문에 사업운영에 있어 필요한 소요자금을 세밀하게 산정하고, 자금조달계획을 수립해야 한다. 자금조달방안을 수립할 때는 창업자가 현실적으로 조달가능한 자기자본을 기술하고 자기자본 이외에 필요한 타인자본의 조달계획을 현실성 있게 제시할 필요가 있다.

⑥ 예상되는 문제점과 극복방안을 기술하라

사업계획서는 미래에 관한 내용을 현재시점에서 구체화한 것이기 때문에 불확실성을 포함할 수밖에 없다. 따라서 사업계획서에 너무 긍정적인 시각과 장미빛 전망만 담아내면 오히려 설득력이 떨어진다. 창업자는 사업을 추진하는 과정에 발생할 수 있는 문제점과 그에 대한 극복방안을 제시하여 설득력을 높일 필요가 있다.

⑦ 독창성을 가져라

사업계획서의 가장 중요한 목적 중 하나는 투자를 유치하는 것이기 때문에 진부한 사업계획서는 설득력이 떨어진다. 투자자의 입장에서는 수많은 사업계획서들 중의 하나에 불과하기 때문에 다른 계획서들보다 조금이라도 차별화하는 노력이 필요하다. 따라서 창업아이템, 창업자의 전문성과 기술, 창업팀, 사업모델 등에서 독창성이 드러나도록 작성할 필요가 있다.

⑧ 전문적인 용어의 사용을 자제하라

사업계획서를 읽는 제3자의 경우 해당 분야에 대한 전문가가 아닌 경우가 많다. 만약 창업자가 자신의 사업계획에 대한 전문성을 드러내고자 해당 분야의 전문용어나 기술적인 사항들을 중심으로 작성한다면 오히려 역효과를 불러올 수 있다. 전문적인 내용은 최대한 쉽고 이해할 수 있는 형태로 구체적으로 작성할 필요가 있다.

⑨ 과장하거나 숫자를 부풀리지 마라

사업계획서가 신뢰를 주기 위해서는 투자를 위해 예상되는 재무적 성과를 부풀리거나 시장의 규모와 성장률 등을 너무 과장되게 제시하는 것은 금물이다. 따라서 사업계획서에 해당 사업의 장점과 기회요인만 작성하는 것보다는 약점과 위협요인도 함께 인정하고 어떻게 극복할 것인지를 제시할 필요가 있다.

⑩ 지속적으로 수정 · 보완하라

사업계획서 작성은 한 번에 끝나는 것이 아니라 지속적인 수정과 보완이 이루어져야 한다. 따라서 사업계획서에 제시한 전략과 계획에 창의적인 아이디어들을 지속적으로 융합할 필요가 있다. 아울러 잠재되어 있는 문제점과 향후 발생가능한 위험요소를 분석하고 대응방안을 수립하면서 더 좋은 사업계획서로 만들어 가야 한다.

Ⅱ 기술창업 사업계획서 작성방법

사업계획서는 용도와 사용목적에 따라 구성항목의 차이가 있지만 공통적으로 다음과 같은 항목들이 포함되어야 한다.

사업계획서의 구성항목과 주요 내용

구성항목	주요 내용
1. 회사개요	회사소개, 주요 제품과 서비스, 대표자 및 경영진, 핵심역량, 재무현황
2. 사업개요	창업아이템 소개, 창업배경 및 동기, 창업목표, 창업아이템의 가치
3. 제품과 서비스	제품 및 서비스의 개요, 구성, 용도 및 특성, 장 · 단점
4. 시장분석	시장특성, 동향, 규모, 고객특성, 경쟁사 및 경쟁제품
5. 개발계획	고객니즈, 개발목표, 보유기술 및 지적재산권, 관련산업의 기술동향, 리스크 관리방안
6. 생산 및 운영계획	생산량, 생산설비, 원자재구매
7. 마케팅계획	목표시장, 제품, 가격, 채널, 판매촉진
8. 재무계획	소요자금, 조달계획, 상환계획, 예상손익
9. 인적자원계획	창업팀 소개, 소요인력추정, 추가채용계획, 급여 및 보상정책
10. 추진계획	최종목표, 일정계획, 추진체계

1. 회사개요

창업회사에 관한 객관적인 정보를 제공하는 것으로서 사업계획서를 읽는 투자자, 정부기관, 금융기관 등과 같은 외부 이해당사자들이 회사의 전반적인 상태에 대한 정확한 정보를 갖게 하는 데 목적이 있다. 회사개요에서는 회사의 소개 및 제품과 서비스, 대표자 및 경영진, 핵심기술 및 역량, 재무현황 등에 관한 기본적인 정보를 간략하게 기술한다.

항목	주요 내용
회사소개	회사명, 업종과 업태, 소재지, 연락처 등은 무엇인가?
주요 제품과 서비스	판매하고자 하는 주요 제품과 서비스는 무엇인가?
대표자 및 경영진	대표자와 경영진의 현황 및 이력은 무엇인가?
핵심기술 및 역량	기술력, 마케팅능력 등과 같은 회사의 주요 핵심역량은 무엇인가?
재무현황	매출액, 순이익 등의 재무상태(창업의 경우 추정 재무현황기술)는 어떠한가?

2. 사업개요

사업에 관한 전반적인 내용을 기술하는 것으로서, 창업아이템의 개념과 특징을 설명하고 사업의 전체 개요에 대한 정보를 제공하는 데 목적이 있다. 사업개요에서는 창업아이템, 창업배경 및 동기, 창업목표, 창업아이템의 기술적·경제적·사회적 가치 등에 관한 내용을 기술한다.

항목	주요 내용
창업아이템 소개	창업아이템의 개념과 특징은 무엇인가?
창업배경 및 동기	왜 창업을 하게 되었는가?
창업목표	창업을 통해 달성하고자 하는 목표는 무엇인가?
창업아이템의 가치	창업아이템이 주는 기술적·경제적·사회적 가치는 무엇인가?

3. 제품과 서비스

창업기업이 판매하고자 하는 제품과 서비스에 대한 내용을 기술하는 것으로서, 제품과 서비스의 개념과 기술 등을 중심으로 상세정보를 제공하는 데 목적이 있다. 제품과 서비스에서는 제품과 서비스의 개요, 구성, 용도 및 특성, 장·단점 등의 관점에서 기술한다.

항목	주요 내용
제품 및 서비스의 개요	• 고객에게 제공하고자 하는 제품과 서비스는 무엇인가? • 제품과 서비스를 통해 고객에게 어떤 가치를 제공할 수 있는가?
제품과 서비스의 구성	• 제품과 서비스는 어떤 요소들로 구성되어 있는가? • 구성요소들의 주요 사양은 무엇인가?
용도 및 특성	• 제품과 서비스가 어떤 기능을 가지고 있는가? • 어떤 영역에서 활용될 수 있는가?
장·단점	• 제품과 서비스의 장점과 특징은 무엇인가? • 제품과 서비스의 단점은 무엇이고 어떻게 극복할 것인가?

4. 시장분석

창업아이템과 관련된 시장에 관한 내용을 기술하는 것으로서 시장과 고객, 경쟁사 등에 관한 분석을 중심으로 시장의 전반적 현황을 설명하는 데 목적이 있다. 시장분석에서는 목표시장의 특성, 시장의 동향, 시장규모, 고객특성, 경쟁사 및 경쟁제품 등의 관점에서 시장동향을 기술해야 한다.

항목	주요 내용
시장특성	• 진입하고자 하는 시장은 어디인가? • 시장은 어떠한 특성을 가지고 있는가?
시장동향	• 시장의 트렌드와 최근 이슈는 무엇인가? • 트렌드 변화와 이슈가 자사에게 미치는 영향은 무엇인가?
시장규모	• 시장의 규모는 어느 정도인가? • 시장규모는 어떤 방법으로 추정하였는가?
고객특성	• 우리의 고객은 누구인가? • 고객은 어떤 특성을 가지고 있는가?
경쟁사 및 경쟁제품	• 주요 경쟁자와 잠재적 경쟁자는 누구인가? • 자사제품 판매에 영향을 주는 경쟁제품은 어떤 것들이 있는가?

5. 개발계획

제품과 서비스를 개발하기 위한 계획을 기술하는 것으로서, 제품과 서비스의 특성은 무엇이고, 어떤 기술을 활용할 것인가, 관련 기술과 제품 및 서비스를 어떻게 개발할 것인가에 대한 전반적 개요를 설명하는 데 목적이 있다. 개발계획에서는 고객니즈, 개발목표, 보유기술 및 지적재산권, 산업의 기술동향 및 개발과정에서 예상되는 문제점과 해결방안 등을 중심으로 기술한다.

항목	주요 내용
고객니즈	• 제품과 서비스에 대한 고객의 니즈는 무엇인가? • 고객의 니즈를 어떻게 반영할 것인가?
개발목표	• 최종적으로 개발하고자 하는 것은 무엇인가? • 세부적으로 개발되어야 하는 것은 무엇인가?
보유기술 및 지적재산권	• 제품과 서비스를 개발하기 위해서는 어떤 기술이 필요한가? • 필요한 기술 중에서 자사는 어떤 기술을 보유하고 있는가?
관련산업의 기술 동향	• 해당 기술은 어떻게 변화하고 있는가? • 기술의 변화가 자사에게 미치는 영향은 무엇인가?
리스크 관리방안	• 개발과정에서 발생할 수 있는 문제점은 무엇인가? • 문제가 발생했을 때 해결할 수 있는 방안은 무엇인가?

6. 생산 및 운영계획

개발한 제품과 서비스의 생산 및 운영계획을 기술하는 것으로서, 제품과 서비스를 얼마나, 어떻게 생산하고 효율적으로 운영할 것인가에 대한 전반적인 개요를 설명하는 데 목적이 있다. 생산 및 운영계획에서는 생산량과 생산원가와 같은 생산관리계획, 생산설비, 원자재 확보방안 등을 중심으로 기술한다.

항목	주요 내용
생산량	• 몇 개의 제품을 생산할 것인가? • 제품을 생산하는 데 소요되는 비용과 예상원가는 얼마인가?
생산설비	• 어디에서 생산할 것인가? • 생산에 필요한 설비와 자사가 보유한 설비는 무엇인가?
원자재구매	• 제품생산에 필요한 원자재는 무엇인가? • 원자재를 누구로부터 어떻게 조달할 것인가?

7. 마케팅계획

생산한 제품과 서비스의 마케팅 및 판매계획을 수립하는 것으로서, 제품과 서비스의 판매를 위한 목표시장과 구체적인 마케팅전략에 관한 정보를 기술하는 데 목적이 있다. 마케팅계획에서는 목표시장의 세분화 및 선정(STP분석), 제품, 가격, 유통채널, 판매촉진(4P)계획 등을 중심으로 기술한다.

항목	주요 내용
목표시장(Market)	어느 시장에서 어떤 콘셉트로 제품과 서비스를 판매할 것인가?
제품(Product)	어떠한 제품과 서비스를 판매할 것인가?
가격(Price)	판매할 제품과 서비스의 가격은 얼마로 책정할 것인가?
유통채널(Place)	어디에서 제품과 서비스를 판매할 것인가?
판매촉진 (Promotion)	제품과 서비스를 어떤 방법으로 고객에게 알리고 설득할 것인가?

8. 재무계획

창업을 위해 필요한 자금에 관한 내용을 기술하는 것으로서, 필요한 자금이 얼마인지, 어떻게 조달할 것인지, 언제 얼마만큼의 금액을 상환해야 할지에 대한 정보를 제공하는 데 목적이 있다. 재무계획에서는 소요자금분석, 자금조달계획, 상환계획, 예상손익 등을 중심으로 기술한다.

항목	주요 내용
소요자금	• 회사에 필요한 시설을 구매하기 위해서는 얼마의 자금이 필요한가? • 회사를 운영하기 위해서는 얼마의 자금이 필요한가?
조달계획	• 필요한 자금을 조달할 수 있는 총금액은 얼마인가? • 자금을 조달할 때 들어가는 비용은 얼마인가?
상환계획	• 조달한 자금은 언제까지 상환해야 하는가? • 조달한 자금을 어떤 방법으로 상환할 것인가?
예상손익	• 언제 손익분기점을 달성할 것인가? • 예상되는 매출액과 순이익은 얼마인가?

9. 인적자원계획

창업기업의 운영에 필요한 인적자원에 관한 내용을 기술하는 것으로서, 창업에 필요한 핵심인력의 확보계획 및 조직구성계획에 관한 정보를 제공하는 데 목적이 있다. 특히 기술창업은 대부분 엔지니어를 중심으로 인력이 구성되기 때문에 그들의 전문성을 부각시키는 것이 중요하다. 인적자원계획에서는 창업팀 소개, 소요인력추정, 추가채용계획, 급여 및 보상정책 등을 중심으로 기술해야 한다.

항목	주요 내용
창업팀 소개	• 어떤 조직형태로 운영할 것인가? • 현재 확보된 창업팀원들은 몇 명인가? • 팀원들의 전공분야와 경력, 핵심역량은 무엇인가?
소요인력추정	• 창업을 위해 필요한 핵심업무는 무엇인가? • 주요 업무에 필요한 인원수는 몇 명인가?
추가채용계획	• 어떤 업무에서 몇 명을 더 채용할 것인가? • 어떤 방식으로 채용할 것인가?
급여 및 보상정책	• 급여수준은 어떻게 책정할 것인가? • 성과에 따른 보상은 어떻게 해줄 것인가?
조직구성	• 창업팀은 어떤 조직형태로 운영할 것인가?

10. 추진계획

창업의 추진일정과 추진주체에 관해 기술하는 것으로서, 창업의 최종목표와 일정 및 목표달성을 위해 필요한 주요 활동과 파트너들에 관한 정보를 제공하는 데 목적이 있다. 추진계획에서는 최종목표, 일정계획, 추진체계를 중심으로 구체적인 추진계획을 수립한다.

항목	주요 내용
최종목표	• 달성하고자 하는 최종목표는 무엇인가? • 목표달성을 위해 필요한 주요 활동은 무엇인가?
일정계획	• 최종목표의 달성시점은 언제인가? • 주요 활동들의 예상소요일정은 얼마나 되는가?
추진체계	• 최종목표 달성을 위해 참여하는 파트너들은 누구인가? • 파트너들의 역할과 책임은 무엇인가?

Ⅲ 종합실습 – 기술창업 사업계획서 점검

■ 목적

기술창업 사업계획서의 내용을 검토해보고 개선할 사항을 찾아내는 데 목적이 있다.

■ 진행방법

① 주요 크리스트에 따라 점수를 체크해보고 총점을 계산한다.

② 점수를 기반으로 사업계획서의 개선사항을 찾아낸다.

- 41~50점: 사업계획서의 내용을 충실하게 잘 작성하였음
- 31~40점: 사업계획서의 보완이 필요함
- 30점 이하: 사업계획서의 전반적 수정이 필요함

주요 체크리스트	점수				
1. 핵심내용 중심으로 간결하고 명확하게 작성하였습니까?	1	2	3	4	5
2. 논리성과 객관성을 확보하였습니까?	1	2	3	4	5
3. 잠재시장과 수익성을 제시하였습니까?	1	2	3	4	5
4. 사업모델을 명확하게 제시하였습니까?	1	2	3	4	5
5. 현실적인 자금조달 및 운용계획을 수립하였습니까?	1	2	3	4	5
6. 예상되는 문제점과 극복방안을 기술하였습니까?	1	2	3	4	5
7. 창업아이템이나 사업모델 등에서 독창성이 드러났습니까?	1	2	3	4	5
8. 전문적인 용어의 지나친 사용을 자제하였습니까?	1	2	3	4	5
9. 과장하거나 숫자를 부풀리지 않았습니까?	1	2	3	4	5
10. 지속적으로 수정 · 보완하였습니까?	1	2	3	4	5
합계					

〈개선방향〉

사례 3-2 대학생 기술창업 붐 … 동아리 3만 명 활약

창업휴학제 창업학과 창업강좌 등 창업친화 학사제도 확산 영향

창업휴학제와 창업강좌 등 창업친화적인 학사제도가 확산되면서 대학생 기술창업이 활성화되고 있는 것으로 나타났다. 중소기업청과 창업진흥원이 15일 발표한 '2014년 대학 창업인프라 실태조사'에 따르면 전국 대학의 창업동아리는 2013년 1,833개에서 올해 4월 말 현재 2,949개로 전년 대비 60.9% 증가했다. 창업동아리에서는 238개 대학 2만 9,583명이 활동하고 있다. 이는 정부의 벤처창업 자금생태계 선순환 방안(2013년 5월), 대학창업교육 5개년계획(2013년 9월) 발표 이후 창업휴학제와 창업강좌 등 창업친화적인 학사제도가 확산하고 있기 때문으로 분석된다.

실제 '창업휴학제'를 도입한 대학은 지난해 17개에서 올해 80개로 대폭 증가했다. 강원대, 연세대, 서강대 등 대부분 대학이 총 4학기까지 휴학을 인정하고 있고 제주대 등 일부 대학은 8학기(2년)까지 인정하고 있다. 학부과정에 '창업학과'를 도입한 대학도 숙명여대(기업가정신전공), 숭실대(벤처경영학과) 등 20개 대학(21개 학과)으로 지난해에 비해 7개 대학(7개 학과)이 늘었다. 창업학과 입학정원은 올해 1,317명으로 지난해(871명) 대비 51.2% 증가했고, 전담교수도 지난해보다 82.3% 증가한 206명에 달한다. 창업강좌는 282개 대학에서 2,561개로 약 2.5배 증가했다. 올해 수강생만 12만 4,288명에 달한다. 창업경진대회 수상자, 창업동아리 등 창업경력을 중심으로 선발하는 '창업특기생'은 13개 대학에서 229명을 선발, 지난해에 비해 2배 증가했다. 창업학과가 개설된 대학원은 14개 대학(16개 대학원) 24개 과정(석사과정 16개, 석사+박사과정 8개)으로 조사됐다.

김성섭 중기청 창업진흥과장은 "대학 내 기업가센터, 창업지원단 등 전담조직 설치・운영을 확대해 '대학교육–실전창업' 간 연결고리와 대학 내외 자원을 활용한 투자, 보육, 멘토링 등 연계지원을 강화시키는 등 성공창업으로 이어질 수 있도록 체계적 지원에 힘쓰겠다"고 말했다.

출처: 매일경제(2014. 6. 16)

생각해보기 정부의 지원정책과 청년들의 관심이 증가하면서 기술창업이 꾸준히 확산되고 있습니다. 그러나 창업은 단순한 패기나 열정만으로 성공할 수 없기 때문에 철저한 준비가 필요합니다. 전문성, 기업가정신, 철저한 준비, 합리적인 분석능력, 창의적 아이디어, 뜨거운 열정들이 융합되어야 창업의 성공가능성이 높아지게 됩니다.

마무리하기

1. 학습목표 확인	
기술창업 사업계획서의 작성방법 이해	1. 창업 사업계획서의 개념과 작성방법을 이해하셨습니까? 2. 회사개요, 사업개요, 제품 및 서비스, 시장분석, 개발계획, 생산 및 운영계획, 마케팅계획, 자금조달 및 재무계획, 인력 및 조직계획, 추진계획을 작성하는 방법을 이해하셨습니까?

2. 실습 결과	
기술창업 사업계획서 점검	1. 기술창업 사업계획서 체크리스트를 중심으로 사업계획서를 점검하셨습니까? 2. 사업계획서에서 개선해야 할 부분을 찾아 적용하셨습니까?

3. 다음 단계 소개	
제4장 기술창업아이템 개발	1. 다음 단계에서는 기술창업아이템을 개발하는 방법을 학습하게 됩니다. 2. 그런 다음에 실습을 통해 기술창업을 위한 아이템을 개발하게 될 것입니다.

기술창업아이템 및 사업모델 개발

module 2

Chapter 4. 기술창업아이템 개발

Chapter 5. 기술창업아이템 타당성분석

Chapter 6. 기술창업 사업모델 개발

기술창업아이템 개발

04 Chapter

제4장에서는 창업아이템을 체계적으로 개발하는 방법들에 대해서 학습하고, 이를 기반으로 실습을 통하여 기술창업아이템을 개발하게 된다.
창업아이템은 창업의 성공을 결정하는 가장 중요한 요소이기 때문에, 기술성과 독창성 및 타당성 있는 아이템을 찾아야 한다. 창업에 관한 좋은 아이템이 많을수록 성공할 수 있는 기회가 많아지기 때문에 창업아이템을 개발하는 과정은 매우 중요하다.
제4장은 기술창업아이템 개발의 개념, 기술창업아이템의 개발방법, 기술창업아이템을 개발하는 실습으로 구성되어 있다.

기술창업아이템 개발의 구성

1. 기술창업아이템 개발의 개념 → 2. 기술창업아이템 개발방법 → 3. 종합실습 기술창업아이템 개발

사례 4-1 사진공유앱 '인스타그램' 케빈 시스트롬 CEO

"SNS 수익모델 지속되려면 사용자가 광고 즐기게 해야"

어릴 적부터 장난감보다 카메라를 좋아하던 아이가 있었다. 그는 특히 디지털카메라와 스마트폰이 확산되면서 지금은 자취를 감춘 구식 '인스턴트' 카메라에 푹 빠져 있었다. 결국 28세의 나이에 동갑내기 친구와 함께 사진공유 애플리케이션(앱) 회사를 차린 그는 사진을 손쉽게 다른 사람들에게 전송하는 과정이 일종의 '전보(텔레그램)'와 유사하다는 점에 착안해 회사명을 '인스턴트'와 '텔레그램'을 조합한 '인스타그램(Instagram)'이라고 지었다.

이 회사는 사진을 간편하게 찍고 공유하는 무료앱의 하나로 창업 17개월 만에 세계 최대 소셜네트워크서비스(SNS) 업체인 페이스북에 10억달러(약 1조 4,000억원)에 인수되면서 실리콘밸리의 성공신화로 떠올랐다.

사진공유앱 '인스타그램'의 공동창업자이자 최고경영자(CEO)인 케빈 시스트롬(30)은 지난 23일 매일경제와 서면 인터뷰를 하면서 "세상 사람들에게 정보공유를 제공하고 소통하는 방식에 변화를 주고 싶었다"며 "인스타그램은 사진 찍는 것을 즐기는 사람들로 이루어진 작은 커뮤니티로 시작했지만 시간이 지나면서 독특한 시각적 소통도구로 부상하게 됐다"고 말했다. 지난해 초 가입자 8,000만 명을 기록한 인스타그램은 1년 만에 1억 5,000만 명의 가입자를 확보하며 가파른 상승세를 보이고 있다.

다른 SNS 업체들과 같이 인스타그램의 고민거리는 지속가능한 수익모델이다. 최근 인스타그램은 미국 사용자들을 대상으로 피드에 광고를 도입했다. 그는 "인스타그램 광고는 아직 시작 단계인데, 가장 중요한 것은 사용자가 폴로 하지 않는 브랜드와 기업의 사진 혹은 비디오 광고 노출로 인해 부담을 느끼지 않는 것"이라며 "사용자들이 광고를 통해 불편보다는 즐거움을 느낄 수 있는 방향으로 수익모델을 지속적으로 고민해야 한다"고 밝혔다.

출처: 매일경제(2014. 1. 23)

생각해보기 창업아이템은 창업의 출발점으로서 창업의 중요한 성공요인입니다. 창업아이템은 기술적으로 실현가능한지, 시장성이 있는지, 투입되는 자본에 비해서 수익이 있는지, 경쟁사들에 비해서 독창성이 있는지 등의 관점에서 분석되어야 합니다. 만약에 창업아이템이 타당하지 못하면 창업은 성공하기 힘듭니다. 그러므로 우수한 창업아이템을 찾는 과정에 많은 노력을 해야 하며, 체계적인 준비가 필요합니다.

I 기술창업아이템 개발의 개념

1. 창업아이템 개발의 이해

창업아이템 개발이란 창업자가 창업아이템 후보군들을 찾아내고 타당성을 검토하여 최종적으로 창업아이템을 선정하는 활동을 의미한다. 창업아이템은 기술창업의 성공을 좌우하는 가장 결정적인 요인이기 때문에 창업아이템을 개발하는 과정은 매우 중요하다.

창업아이템 후보군들을 찾아내고 최종적으로 기술창업아이템을 결정하기 위해서는 세 단계의 절차가 필요하다.

1단계: 기술창업을 하기 위한 다양하고 매력적인 창업아이템 후보들을 찾아내야 한다.

2단계: 기술성, 시장성, 수익성, 독창성 등의 측면에서 아이템들의 타당성을 분석해야 한다.

3단계: 창업자의 능력과 상황에 적합한 기술창업아이템을 최종 선정해야 한다.

기술창업아이템 개발절차

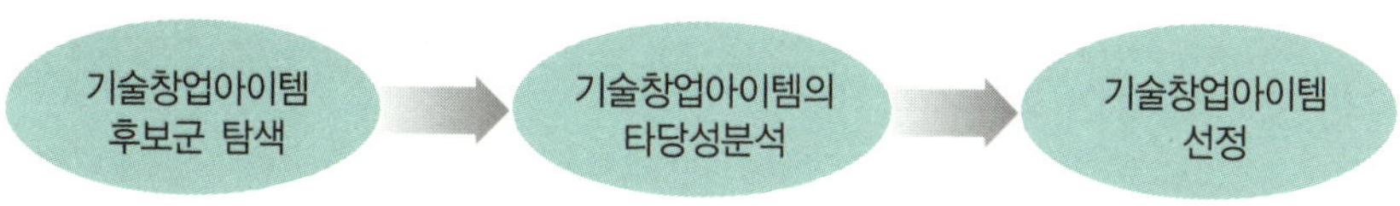

2. 기술창업아이템 개발방법

일반적으로 창업자는 창업아이템을 우연하게 발견하게 되거나 혹은 체계적인 탐색방법을 활용하여 개발할 수 있다.

① 우연한 발견이란 창업자가 예상치 않았던 우연한 기회에 창업아이템을 얻게 되는 경우로서 주로 과거의 경험과 지식, 외부에서 얻은 정보 등을 통하여 창업아이템을 획득하게 된다.

② 체계적인 탐색방법이란 창업자가 창업이라는 의도된 목적하에서 체계적인

방법에 의하여 창업아이템을 개발하는 경우로서 기술변화분석, 소비자니즈분석, 기존제품과 서비스분석, 메가트렌드분석, 정부정책분석 등의 방법을 통하여 창업아이템을 개발할 수 있다.

기술창업아이템 개발방법

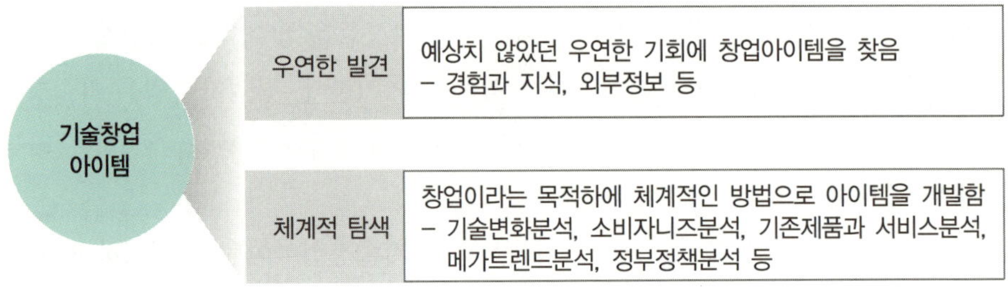

Ⅱ 기술창업아이템 개발방법

1. 우연한 발견에 의한 아이템 발굴

1.1 경험과 지식의 활용

경험과 지식을 활용한 창업아이템 발굴이란 창업자가 본인의 전공 및 전문적 지식, 직장에서 얻은 업무지식과 기술 및 노하우 등에서 창업아이템을 얻게 되는 경우를 말한다. 예를 들어 무선통신 기술관련 기업에 오랜 기간 종사하던 전문가가 연구개발 역량이나 기술영업 노하우를 기반으로 통신관련 기업을 창업하는 경우가 이에 해당된다.

특히 기술창업의 경우에는 창업자의 전문적 지식, 직장에서 얻은 노하우 및 기술, 지적 자산을 기반으로 아이디어를 얻게 되어 창업을 하는 경우가 많다.

1.2 외부정보의 활용

외부정보를 활용한 창업아이템 발굴이란 일상생활 속에서 접하는 사람, 미디어 매체, 각종 전시회와 세미나 등으로부터 얻은 정보를 기초로 창업에 관한 아이템을 우연하게 찾아내는 경우를 의미한다.

창업자 혼자서 정보를 얻을 수 있는 범위와 깊이는 제한되어 있지만 사회적 네트워크, 미디어, 전시회 등에서 얻은 다양한 정보를 기반으로 창업아이템을 찾아낼 수 있다. 특히 전문가집단, 업계의 실무자, 행정가, 컨설턴트 등이 제공하는 새로운 사업에 관한 정보, 새로운 기술의 변화, 정책의 변화, 업계의 현황 등에 관한 정보를 통해서도 창업아이템을 우연하게 찾아낼 수 있다.

1.3 기타 방법

창업자는 이외에도 외부의 제안이나 사업의 확장, 예상치 못한 발견 등으로 인해 창업아이템을 얻게 된다.

1) 외부의 제안

친구나 친척 등과 같은 지인으로부터 기대하지 않았던 제안이나 부탁의 형태로 창업아이템을 얻는 경우이다. 예를 들어, 함께 일하던 직장동료로부터 해당 업종에서의 창업에 관한 아이디어를 듣고 함께 퇴직하여 창업을 시작하게 되는 경우가 많이 있는데 이는 외부로부터 제안을 받는 대표적인 사례이다.

2) 사업의 확장

창업자가 사업 중에 또 다른 사업기회에 대한 아이디어를 포착하여 새로운 유형의 사업을 확장하는 경우를 의미한다. 예를 들어, 경영교육용 콘텐츠 개발을 전문으로 하던 한 회사가 컨설팅 사업에 대한 획기적인 아이디어를 얻어 새로운 회사를 설립하는 경우를 말한다.

3) 예상치 못한 발견

이외에도 매우 드문 경우이기는 하지만 연구개발 과정에서 예상치 않게 파생된 원리나 기술을 이용하여 세상에 없는 제품이나 서비스를 만들어 내는 경우도 있다. 3M의 Post it도 실패한 실험에서 아이디어를 얻어서 성공한 사례이다.

2. 체계적 탐색에 의한 창업아이템 개발

창업을 결심한 예비창업자가 필요한 시기에 창업아이템을 우연하게 발견할 가능성은 상대적으로 낮다. 대부분의 경우에는 창업아이템을 체계적인 방법을 통하여 개발해야 한다.

존 케이스(John Case)는 창업아이템을 발견하는 것은 번쩍이는 영감이라기보다는 곰곰이 짚어보고 논리적으로 설명될 수 있는 경우가 대부분이라고 말하고 있다(이상석, 창업론, 2011). 다시 말해서, 창업아이템을 우연하게 찾게 되는 경우보다는 체계적인 방법을 통하여 적극적으로 개발해 내는 경우가 많다는 뜻이다.

본 장에서는 기술창업아이템을 체계적으로 개발할 수 있는 대표적인 다섯 가지 방법을 소개하고자 한다.

기술창업아이템의 체계적 탐색방법

2.1 기술변화분석

1) 기술변화분석의 개념

기술변화분석이란 관심분야의 기술변화를 지속적으로 모니터링하여 기술변화가 가져다 주는 창업기회를 찾아내고, 이를 기반으로 기술창업아이템을 개발하는 방법을 의미한다.

시간이 지남에 따라 기술은 발전하면서 진화하고 기존기술과 비교될 수 없는 획기적인 기술이 개발되기도 한다. 이 과정에서 새로운 기술은 기존제품과 서비스를 대체하기도 하고 전혀 새로운 제품과 서비스를 만들 수 있는 기회를 제공한다.

특히 기술창업 영역에서는 기술의 변화에 따라서 산업의 판도가 바뀌고, 기업의 생존이 달라지기 때문에 기술변화가 가져다 주는 기회와 위협을 잘 분석하여 창업아이템을 찾아야 한다.

기술변화분석에서 기술창업아이템 개발

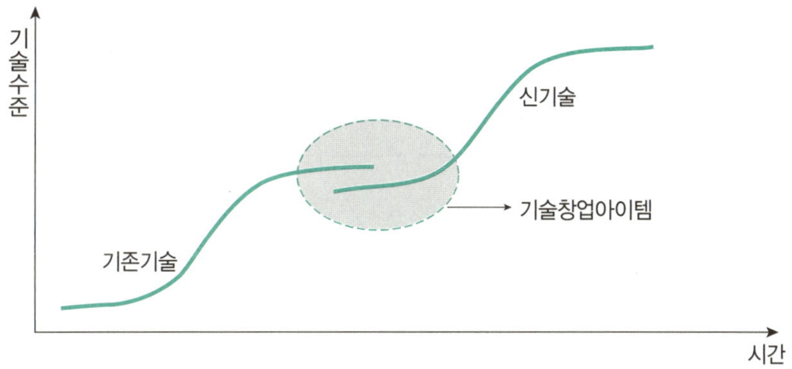

2) 기술변화분석 방법

창업자가 관심을 가지고 있는 업종과 관련된 주요 핵심기술들을 찾아 분석하고 관련기술의 변화를 관찰해 봄으로써 기술창업아이템을 개발한다.

단계	내용
1. 관심업종 정의	창업하고자 하는 관심업종이나 제품 및 서비스를 정의함
2. 핵심기술 탐색	해당 업종에 관련된 핵심기술들을 찾아냄
3. 기술변화분석	관련기술의 변화를 찾아보고 변화에 대한 동인을 분석함
4. 창업아이템 개발	기술변화의 변화 동인을 기반으로 창업아이템을 개발함

실습 1 기술변화에서 창업아이템 찾기

■ 목적

기술의 변화를 분석하여 창업아이템을 개발하는 방법을 이해하고, 기술창업아이템을 개발하는 데 목적이 있다.

■ 진행방법

① 관심을 가지고 있는 업종을 선정한 다음 관련된 핵심기술들을 나열한다.
② 관련된 핵심기술의 변화를 관찰한 다음 새로운 창업아이템을 찾아낸다.

■ 실습하기

관심업종		
관련기술	기술의 변화	창업아이템

■ 참고사례

• 아래의 사례는 경영교육 분야에 관심을 가지고 있는 창업자가 교육콘텐츠 분야에 관련된 기술의 변화를 살펴보고 이를 기반으로 새로운 창업아이템을 찾아낸 것이다.

관심업종	게임기반의 경영교육콘텐츠 개발	
관련기술	기술의 변화	창업아이템
1. 네트워크	온라인 동시접속에 의한 네트워크게임 기술 발전	1. 경영시뮬레이션게임 2. 창의적 문제해결 온라인게임
2. 시뮬레이션	다양한 입력 결과를 실시간으로 확인할 수 있는 시뮬레이션 기술 발전	
3. 롤플레잉	가상화된 환경 속에서 주어진 역할을 수행하며 성장하는 롤플레잉 기술 확대	

2.2 고객니즈분석

1) 고객니즈분석의 개념

고객니즈분석이란 관심업종에 속한 고객들의 니즈를 체계적으로 분석하여 잠재된 니즈를 찾아내고 이를 기반으로 기술창업아이템을 개발하는 방법을 의미한다.

고객의 니즈란 고객들이 불편함을 느껴 간절히 해결하고 싶은 잠재된 욕구를 의미하는데, 고객들의 잠재된 욕구들은 창업자에게 중요한 창업의 기회를 제공한다. 그러나 고객은 그들의 욕구를 드러내지 않고 불편함에 대해 인내하는 경향이 있기 때문에 관심을 가지고 관찰하지 않으면 숨은 니즈를 찾아내기는 쉽지 않다. 그러므로 고객을 깊이 관찰하여 고객의 숨겨진 욕구와 니즈를 체계적으로 찾아내고, 이를 사업화할 수 있는 창업아이템을 개발해야 한다.

고객니즈분석을 통한 기술창업아이템 개발

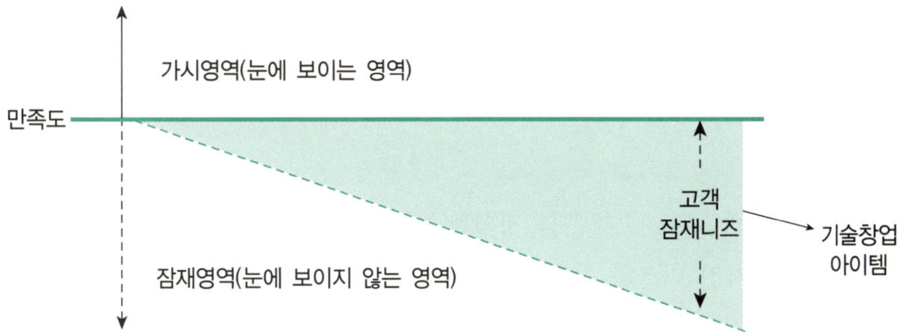

2) 고객니즈분석 방법

관심을 가지고 있는 업종의 고객군을 세부적으로 정의한 다음, 고객들이 겪는 불편함이나 숨은 니즈를 찾아 그 원인과 해결방안을 분석해 보아야 한다.

1. 목표고객 정의	창업하고자 하는 관심업종의 고객들을 정의함
2. 숨겨진 니즈 분석	고객들이 가지고 있는 불편함이나 미충족 요구를 기반으로 숨겨진 니즈를 분석함
3. 니즈의 원인과 해결방안 분석	고객들이 니즈를 갖게 된 원인을 찾아보고 해결방안을 분석함
4. 창업아이템 개발	숨겨진 니즈에 대한 해결방안을 중심으로 창업아이템을 개발함

실습 2 고객니즈에서 창업아이템 찾기

■ 목적

고객니즈를 분석하여 창업아이템을 찾는 방법을 이해하고, 기술창업아이템을 개발하는 데 목적이 있다.

■ 진행방법

① 관심 분야의 주요 고객군을 정의한 다음, 고객의 숨겨진 니즈를 찾아낸다.

② 고객의 숨겨진 니즈와 이를 해결할 수 있는 방안을 생각해보고 이를 기반으로 창업아이템을 찾아낸다.

■ 실습하기

고객군	숨겨진 니즈	원인과 해결방안	창업아이템

■ 참고사례

• 아래의 사례는 교육사업에 관심이 있는 창업자가 대학생과 회사원들의 교육 니즈를 분석하여 새로운 교육사업아이템을 찾은 것이다.

고객군	숨겨진 니즈	원인과 해결방안	창업아이템
1. 대학생	재미와 몰입을 주는 경영교육을 받고 싶음	강의중심의 수업에 대하여 매우 지루해하기 때문에 직접 참여하면서 학습할 수 있는 방안이 필요	체험중심의 경영시뮬레이션게임
2. 회사원	창의적 아이디어를 개발할 수 있는 능력을 단기간에 향상하고 싶음	기존의 교육방식이 재미없고 효과가 낮기 때문에 게임 형태의 교육이 필요	MMORPG기반의 창의적 문제해결게임

2.3 기존제품과 서비스분석

1) 기존제품과 서비스분석의 개념

기존제품과 서비스분석이란 시장에서 현재 고객들에게 제공되고 있는 제품과 서비스의 가격, 기능, 품질, 디자인, 유통 등의 특성을 분석하여 문제점과 개선방안을 찾아낸 다음, 이를 해결할 수 있는 방안 속에서 기술창업아이템을 찾는 방법을 의미한다.

기존제품과 서비스분석을 통한 기술창업아이템 개발

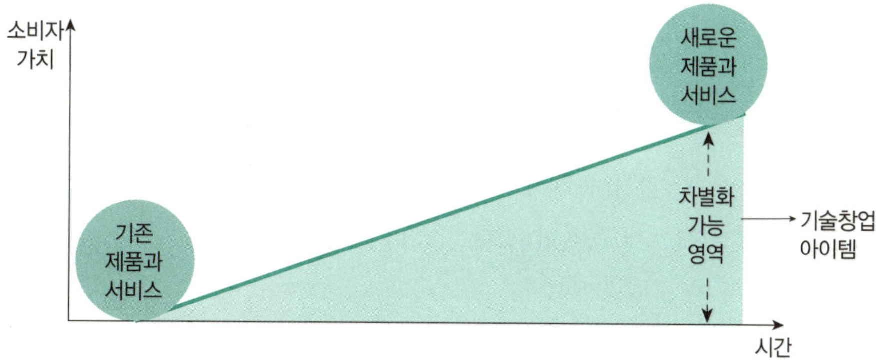

기존의 제품과 서비스를 분석하여 창업아이템을 찾는 방법은 이미 시장이 형성되어 있고 고정 고객들이 존재하므로 안정적으로 시장에 진입할 수 있다는 장점이 있다. 반면 기존제품과 서비스를 뛰어 넘을 수 있는 차별화와 독창성을 제시하지

못하면 성공하기가 힘들기 때문에 고객의 입장에서 기존제품과 서비스와 비교했을 때 차별화된 가치를 창출할 수 있는 창업아이템을 찾아야 한다.

2) 기존제품과 서비스분석 방법

창업자가 관심을 가지고 있는 분야에서 제공되고 있는 제품과 서비스를 분석하여 차별화할 수 있는 영역을 찾아내고, 이를 기반으로 문제점과 원인을 찾아 창업아이템을 개발한다.

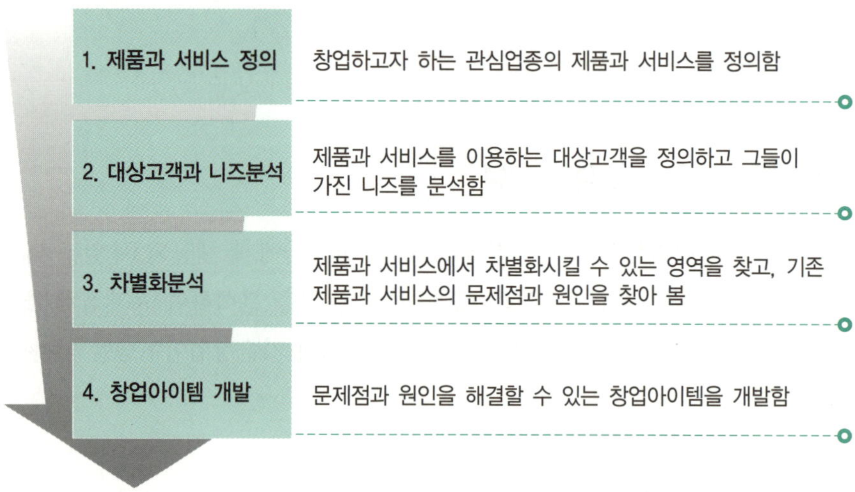

실습 3 기존제품과 서비스에서 창업아이템 찾기

■ **목적**

기존제품과 서비스를 분석하여 새로운 창업아이템을 찾는 방법을 이해하고, 창업아이템을 개발하는 데 목적이 있다.

■ **진행방법**

① 관심업종의 제품과 서비스 및 고객을 정의한 다음 핵심적인 고객니즈를 분석한다.

② 기존제품과 서비스에서 차별화할 수 있는 영역을 정의하고 각 영역별로 문제점과 원인을 찾아낸 후 이를 기반으로 새로운 창업아이템을 개발해 본다.

■ **실습하기**

<table>
<tr><td>제품/서비스</td><td colspan="3"></td></tr>
<tr><td>대상고객</td><td colspan="3"></td></tr>
<tr><td>고객니즈</td><td colspan="3"></td></tr>
<tr><td>차별화영역</td><td>문제점</td><td>원인</td><td>창업아이템</td></tr>
<tr><td></td><td></td><td></td><td rowspan="3"></td></tr>
<tr><td></td><td></td><td></td></tr>
<tr><td></td><td></td><td></td></tr>
</table>

■ **참고사례**

- 아래의 사례는 교육사업에 관심이 있는 창업자가 기존제품과 서비스를 분석하여 새로운 교육사업아이템을 찾은 것이다.

<table>
<tr><td>제품/서비스</td><td colspan="3">경영시뮬레이션게임</td></tr>
<tr><td>대상고객</td><td colspan="3">기업, 대학</td></tr>
<tr><td>고객니즈</td><td colspan="3">단순한 이론중심의 교육이 아닌 체험하며 몰입할 수 있는 콘텐츠가 필요함</td></tr>
<tr><td>차별화영역</td><td>문제점</td><td>원인</td><td>창업아이템</td></tr>
<tr><td>게임환경</td><td>국내기업의 현실을 반영하지 못함</td><td>외국에서 만들어진 게임을 그대로 사용함</td><td rowspan="3">웹기반의 종합 경영시뮬레이션게임</td></tr>
<tr><td>교육대상</td><td>신입사원과 초급관리자 중심으로 진행</td><td>보드게임 형식이기 때문에 진지함을 느끼는 데 한계가 있음</td></tr>
<tr><td>교육효과</td><td>경영의 종합적인 관점을 이해할 수 없음</td><td>마케팅, 재무, 회계 등과 같은 단일기능만을 반영함</td></tr>
</table>

2.4 메가트렌드분석

1) 메가트렌드분석의 개념

메가트렌드분석이란 정치, 경제, 기술, 사회, 문화, 환경 등에서 큰 변화(메가트렌드)의 흐름을 파악하여 창업아이템을 찾는 방법을 의미한다.

메가트렌드는 특정 고객이 아닌 사회 전반에 걸쳐 일어나기 때문에 규모 있는 시장이 창출될 확률이 매우 높다. 따라서 트렌드의 변화를 신속하고 세심하게 관찰하여 창업아이템을 포착하는 것은 창업자에게 매우 중요하다. 특히 기술창업에서는 기술의 변화가 갈수록 빨라지기 때문에 이를 체계적으로 분석하는 노력이 필요하다.

예를 들어, 모바일기술은 단순한 통신기술에서 출발하여 스마트폰으로 진화하면서 삶의 패턴을 완전히 변화시켰고, 수많은 비즈니스의 기회가 창출되면서 관련 산업이 급성장하였다. 최근에는 사물인터넷이라는 새로운 기술 트렌드가 등장하면서 또 다른 변화가 감지되고 있다.

메가트렌드분석을 통한 기술창업아이템 개발

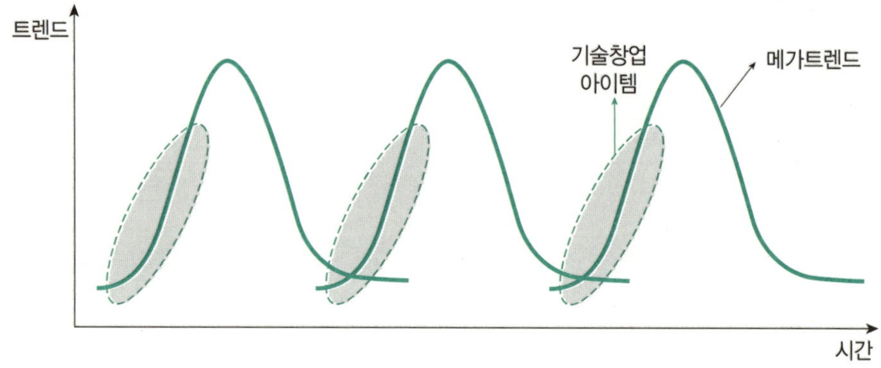

2) 메가트렌드분석 방법

메가트렌드분석에서는 시대의 큰 변화를 가져다주는 기술이나 삶의 패턴 변화 등의 관점에서 메가트렌드를 찾고 그와 관련된 주요 키워드와 동인을 분석함으로써 창업아이템을 개발한다.

단계	내용
1. 메가트렌드분석	사회 전반의 변화를 가져다주는 메가트렌드를 탐색함
2. 메가트렌드의 키워드분석	메가트렌드와 관련된 주요 키워드들을 분석함
3. 메가트렌드의 동인분석	메가트렌드가 일어나고 있는 근본적인 동인을 분석함
4. 창업아이템 개발	주요 키워드와 동인을 기반으로 창업과 관련된 아이템을 찾아봄

실습 4 메가트렌드에서 창업아이템 찾기

■ 목적

메가트렌드의 변화를 읽어서 창업아이템을 개발하는 방법을 이해하고, 이를 기반으로 기술창업아이템을 개발하는 데 목적이 있다.

■ 진행방법

① 최근에 일어나고 있는 사회적 변화 속에서 메가트렌드와 그에 따른 키워드를 찾는다.

② 그런 다음에 트렌드를 만들고 있는 동인을 찾아보고, 그에 따른 창업아이템을 생각해본다.

■ 실습하기

관심업종			
메가트렌드	키워드	트렌드의 동인	창업아이템

■ **참고사례**

• 아래의 사례는 경영교육분야에 관심을 가지고 있는 창업자가 교육분야에서의 메가트렌드를 살펴보고 이를 기반으로 새로운 창업아이템을 찾아낸 것이다.

관심업종	경영교육콘텐츠 개발		
메가트렌드	키워드	트렌드의 동인	창업아이템
기업교육의 강화	실무형 인재, 경쟁력	문제해결능력을 갖춘 핵심인재의 중요성 부각	IT기반의 기업경영 교육콘텐츠
스마트러닝 확대	참여, 정보공유, 실시간	IT의 발전과 새로운 교육방식의 개발	

2.5 정부정책분석

1) 정부정책분석의 개념

정부정책분석은 정부가 제시하는 정책과 법률의 변화 속에서 창업에 도움이 되는 정보를 찾아내고, 이를 통하여 창업아이템을 찾아내는 것을 의미한다.

정부는 경제의 활성화를 유도하고 지속적인 국가의 성장동력을 찾고자 수많은 경제정책과 법률을 제정하고 있다. 창업자는 정부정책의 방향에 따라 창업에 필요한 직·간접적인 지원을 받을 수 있기 때문에 정부정책의 변화를 모니터링하여 창업의 기회를 찾는 것은 매우 중요하다.

정부정책분석을 통한 기술창업아이템 개발

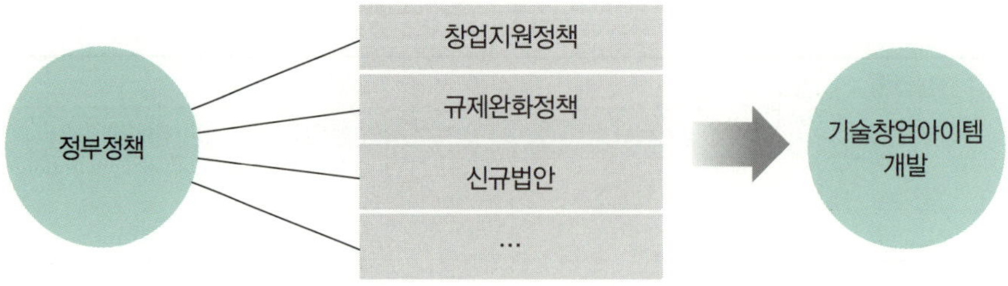

예를 들어, 1990년대 후반부터 2000년대 초반까지 IMF체제하에서 정부는 경제 활성화를 위해 수많은 벤처육성정책을 내놓았고, 이는 수많은 IT기반의 창업을 촉진시켰다. 또한 최근에는 창조경제라는 국가적 이슈를 제시하면서 지식과 기술기반의 창업을 적극 지원하고 있다.

2) 정부정책분석 방법

정부정책에 관한 주요 내용과 정책의 목적을 정확하게 파악해 관심분야에서 새로운 창업아이템을 도출해 본다.

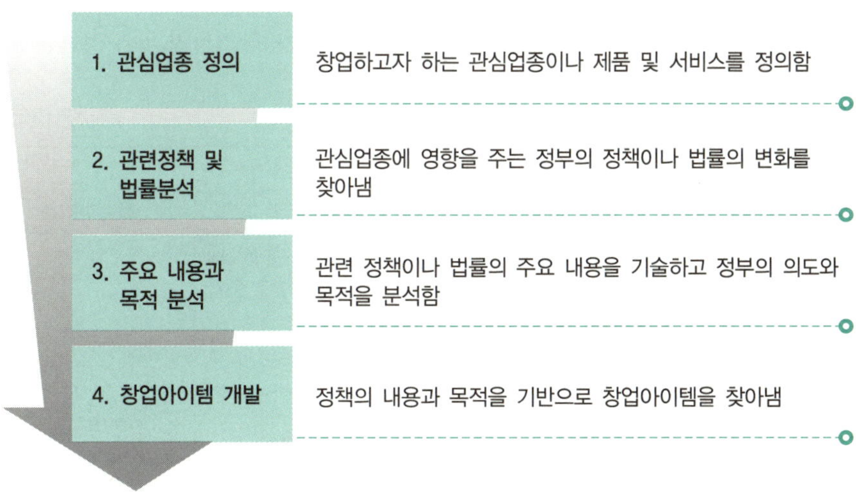

실습 5 정부정책에서 창업아이템 찾기

■ **목적**

정부정책의 변화를 분석하여 창업아이템을 개발하는 방법을 이해하고, 창업아이템을 개발하는 데 목적이 있다.

■ **진행방법**

① 최근에 변화된 정부의 정책 및 법률을 찾아보고, 그에 따른 내용을 정리한다.
② 그런 다음 정책 변화의 목적이 무엇인지를 찾고 그에 따른 새로운 창업아이

템을 찾는다.

■ **실습하기**

관심업종			
정부 정책	주요 내용	정책의 목적	창업아이템

■ **참고사례**

• 아래의 사례는 경영교육분야에 관심을 가지고 있는 창업자가 정부정책을 살펴보고 이를 기반으로 새로운 창업아이템을 찾아낸 것이다.

관심업종	경영교육서비스		
정부정책	주요 내용	정책의 목적	창업아이템
기능성 게임산업 육성	교육목적의 기능성 게임에 대한 정책적 관심과 지원 증대	기능성 게임을 통한 게임산업의 유용성과 순기능을 확대	기업현실을 반영한 게임 기반의 경영교육 콘텐츠
실무인재 양성	산업현장에 바로 적용될 수 있는 실무형 인재 양성을 대학에 요구	기업현장과 학문과의 거리를 좁히는 실용적 학문 지향	
산학협력 강화	대학과 기업의 협력 강화를 위한 다양한 지원 확대	대학의 연구역량과 기업의 실무역량을 합쳐 산업경쟁력 강화	

Ⅲ 종합실습 – 기술창업아이템 개발

■ **목적**

창업아이템을 개발하는 방법을 이해하고, 이를 기반으로 기술창업아이템을 찾아내는 데 목적이 있다.

■ 진행방법

① 우연한 발견과 체계적 탐색방법을 통하여 창업아이템들을 찾는다.

② 비슷한 개념의 창업아이템들을 종합하여 구체적인 기술창업아이템으로 정의한다.

■ 실습하기

개발방법		창업아이템	창업아이템 종합
우연한 발견	1. 경험과 지식		
	2. 외부정보		
	3. 기타 방법		
체계적 탐색	1. 기술변화분석		
	2. 고객니즈분석		
	3. 기존제품과 서비스분석		
	4. 메가트렌드분석		
	5. 정부정책분석		

■ 참고사례

• 아래의 사례는 경영교육분야에 관심을 가지고 있는 창업자가 우연한 발견과 체계적 탐색과정을 통해 도출된 창업아이템들을 요약한 사례이다.

개발방법		창업아이템	창업아이템 종합
우연한 발견	1. 경험과 지식	경영교육콘텐츠 개발 사업	1. 경영시뮬레이션게임 2. 창의적 문제해결 온라인게임
	2. 외부정보	시뮬레이션기반의 경영교육콘텐츠	
	3. 기타 방법	-	
체계적 탐색	1. 기술변화분석	웹기반의 종합 경영시뮬레이션게임	
	2. 고객니즈분석	경영시뮬레이션게임 창의적 문제해결 온라인게임	
	3. 기존제품과 서비스분석	체험중심의 경영시뮬레이션게임 MMORPG기반의 창의적 문제해결게임	
	4. 메가트렌드분석	IT기반의 기업경영 교육콘텐츠	
	5. 정부정책분석	기업현실을 반영한 게임기반의 경영교육콘텐츠	

사례 4-2 갤럭시 기어 외신평가 … '시장선도' vs '너무 비싸'

삼성전자가 4일(현지시간) 독일 베를린에서 선보인 스마트워치 '갤럭시 기어'를 놓고 세계 IT업계와 시장이 뜨겁게 달아오르고 있다. 시장에는 소니가 이미 이와 유사한 제품을 내놓고, 소셜펀딩사이트 킥스타터에서 1천만달러를 조달해 화제가 됐던 스마트워치 '페블'이 이미 나와 있지만 갤럭시 기어가 스마트워치 시장의 문을 열어 제친 것으로 평가하고 있기 때문이다.

주요 IT매체들과 시장분석가들은 삼성전자가 주요 경쟁자들에 앞서 스마트워치를 공개, 시장선도자로서 주목을 받은 점을 높게 평가했으나 시장의 판도를 바꿀 만큼 혁신적이지 않은 데 비해 너무 비싸다고 지적하는 등 평가가 갈렸다.

미국 경제전문지 포브스는 갤럭시 기어가 시장의 주목을 받는 데는 성공했지만 새로 등장한 이 기기의 존재이유에 대한 정확한 해답을 주지 못했다고 평가했다. 갤럭시 기어는 스마트폰이 반드시 근처에 있어야 하고 스마트폰 기능을 그대로 복제한 것에 불과해 스마트워치라는 정체성을 제대로 부여하는 데는 실패했다면서 299달러(약 32만 7천원)를 주고 구입하지는 않을 것 같다고 혹평했다. 또 갤럭시 기어를 쓰려면 매일 충전해야 하는 수고를 해야 한다는 점도 단점으로 지적했다.

미국 CNBC방송은 삼성전자가 애플에 앞서 스마트워치를 내놓았지만 시장분석가들은 시장판도를 바꾸는 이른바 '게임체인저'(Game changer)는 아니라는 평가를 했다고 전했다. 맥쿼리증권의 애널리스트 대니얼 김도 CNBC방송에서 "299달러나 하는 액세서리를 하는 사람이 많지 않을 것"이라고 내다봤다. 그는 특히 갤럭시 기어의 가격이 150달러인 페블의 배에 달한다고 지적했다.

CNBC방송은 그러나 삼성전자가 애플 등 경쟁자에 앞서 스마트워치를 선보이면서 시장의 주목을 받은 점은 긍정적이라고 평가했다.

CNN은 갤럭시 기어에 대한 테크 블로거들의 첫인상은 "생각만큼 대단한 것은 아니다"였다고 전했다. 많은 전문가가 모바일 기술분야에 새로운 진전을 이뤘다는 찬사를 하면서도 높은 가격과 함께 일부 앱이 제대로 작동하지 않은 점을 단점으로 지적했으며, 삼성제품과만 동기화할 수 있는 점에 대해서도 불만이 제기됐다고 CNN은 덧붙였다.

미국의 권위 있는 소비자 잡지 컨슈머리포트의 마이크 기카스는 "페이스북이나 트위터를 직접 지원하지 않고 화면을 켜놓은 상태로 놓아두려면 계속 전원버튼을 눌러야 하는 점이 불편한데다 가격도 높다"고 지적했다. 그는 그러나 "갤럭시 기어는 손목시계 이후 손목을 장식하는 가장 유용한 기기"라고 평가했다.

시애틀 타임스는 베를린발로 갤럭시 기어가 삼성전자에는 애플의 아이패드 같은 역할을 할 수도 있다고 평가했다. 아이패드가 태블릿PC 시장을 연 것처럼 갤럭시 기어도 스마트워치 시장을 개척하는 역할을 할 수도 있다고 이 신문은 내다봤다.

미국의 IT전문매체 더 버지는 갤럭시 기어가 스마트폰 액세서리라고 할 수 있지만 삼성전자는 이에 카메라와 스피커, 마이크로폰 등을 장착해 한 단계 진화시켰다"고 평가했다. 다만 가격이 높다는 것과 함께 모(母)기기에 너무 의존적인 점을 단점으로 지적했다.

미국 IT전문매체 테크크런치는 갤럭시 기어의 디자인이 감각적이고 컬러가 다양한 점, 카메라 등 다양한 첨단기술이 탑재된 점이 매력적이지만 조만간 애플이 유사 제품을 내놓을 것이기 때문에 당장 구입하지는 않을 것이라고 말했다.

한편 퀄컴과 소니도 이날 '톡'과 '스마트워치2' 등 스마트워치를 선보였으나 가격이나 출시 일정 등을 공개하지 않았다.

출처: 연합뉴스(2013. 9. 5)

생각해보기 삼성이나 애플과 같은 글로벌기업들도 수많은 혁신적인 제품을 개발하였으나 실패하는 경우가 비일비재합니다. 최고의 인재들이 최고의 기술로 개발하고, 최고의 마케팅 능력을 가지고 프로모션을 하는데 왜 실패하는지를 생각해 볼 필요가 있습니다. 이 같은 대기업들의 새로운 제품이나 사업아이템들도 실패하는데, 개인들이 창업하는 과정에 수많은 실패가 일어나는 것은 당연합니다. 이같은 실패를 줄이기 위해서는 창업자가 창업역량을 키워서 고객들이 원하는 제품과 서비스를 찾아내는 일부터 시작해야 합니다. 다시 말해서 창업아이템이 좋지 못하면 창업은 백전백패할 수밖에 없기 때문에 우수한 창업아이템을 찾는 데 많은 노력을 해야 합니다.

마무리하기

1. 학습목표 확인	
창업아이템의 개발방법 이해	1. 기술창업아이템 개발의 개념 및 방법을 방법을 이해하셨습니까? 2. 우연한 발견과 체계적 탐색방법을 통해 기술창업아이템을 체계적으로 찾는 방법을 확인하셨습니까?

2. 실습 결과	
기술창업 아이템 개발	1. 우연한 발견을 통해서 창업아이템들을 찾아내셨습니까? 2. 체계적 탐색방법을 통해서 창업아이템들을 찾아내셨습니까?

3. 다음 단계 소개	
제5장 기술창업아이템 타당성분석	1. 다음 단계에서는 창업아이템의 타당성을 분석하는 방법을 학습하게 됩니다. 2. 그런 다음에 최종적으로 창업아이템을 선정하게 될 것입니다.

기술창업아이템 타당성분석

Chapter 05

● 제5장에서는 창업아이템들의 타당성을 분석하는 방법들에 대하여 학습하고, 이를 기반으로 실습을 통하여 창업아이템들을 평가한 후 최종적으로 기술창업아이템을 선정하게 된다.

창업아이템들이 모두 사업적인 타당성을 갖추고 있지는 않기 때문에 창업아이템 후보군들에 대한 타당성 여부를 분석해야 한다. 사업적인 가치가 없는 아이템을 잘못 선택하게 되면 창업에 실패할 가능성이 높기 때문에 기술성, 시장성, 수익성, 독창성, 사업자의 수행능력 등 다섯 가지 관점에서 기술창업아이템의 타당성을 분석해야 한다.

제5장은 기술창업아이템 타당성분석의 개념, 타당성분석 방법, 타당성분석 실습으로 구성되어 있다.

기술창업아이템 타당성분석의 구성

1. 기술창업아이템 타당성분석의 개념 → 2. 기술창업아이템의 타당성분석 방법 → 3. 종합실습 기술창업아이템의 타당성분석

사례 5-1 샤오미(小米), 세상을 놀라게 하다

좁쌀을 중국어로 샤오미(小米)라고 부른다. 또한 홍콩 전문 조사기관이 발표한 2014년도 4월 중국 스마트폰 판매량 1위를 기록해 전 세계를 놀라게 한 중국 로컬 스마트폰의 브랜드 이름이기도 하다.

2011년 겨울, 상하이에서 처음 샤오미폰을 봤다. 첫 느낌은 약간 투박한 아이폰의 카피캣 같았다. 아닌 말로 샤오미(小米)를 대표하는 것이 바로 '중국의 애플'이다. 제품뿐만 아니라 샤오미의 대표인 레이쥔(雷军) 역시 첫 제품 소개에서 스티브 잡스 코스프레를 해 그의 애플 사랑과 함께 카피캣 이미지를 확실히 각인시켰다.

■ 샤오미(小米)의 탄생

2010년 4월 6일 초봄 'I have a dream'이라는 마틴 루터킹 목사의 명연설을 모방한 보도자료를 시작으로 MIUI라는 커스텀롬(Custom-ROM) 기반의 스마트폰 '샤오미(小米)'가 탄생했다. 이미 국내·외 안드로이드 커스텀롬 마니아들 사이에서는 샤오미는 생소할지 몰라도, 'MIUI'는 꽤 두터운 팬 층을 가지고 있었다.

이야기에 앞서 먼저 커스텀롬에 대해서 짧게 소개하자면, 공개 OS인 안드로이드(Android) 소스를 새롭게 해석한 뒤, 보다 소비자친화적으로 개조한 2차형 OS라고 이해하면 쉽겠다. 요즘은 '런처'라는 이름으로 쓰이고 있다.

다시 돌아와, 2007년 'MIUI'는 그 당시 최고의 커스텀롬이라는 평가를 받았다. 빠른 업그레이드 지원을 통해 항상 새로운 것을 기다리는 얼리어답터들의 지지를 받았기 때문이다. 그리고 그 지지층을 기반으로 그들의 도전인 샤오미 프로젝트가 시작되었다.

■ 샤오미(小米)의 알려진 성공비결

이미 널리 알려진 샤오미(小米)의 성공비결은 바로 모방이다. 그들은 생산, 유통, 판매 세 단계에서 일류기업의 성공사례를 활용했다.

첫째, 생산방식에서 그들은 철저히 '애플의 아이폰 생산방식'을 도입했다. 즉 제조 기반을 소유하는 것이 아니라 과감히 아웃소싱하는 것이다. 그리고 1년에 딱 한 제품만 생산해 초기 발생하는 막대한 투자비용에 대한 부담을 줄이는 데 성공했다.

둘째, 유통에서 있어서는 세계 최대 전자상거래 업체인 '아마존 온라인 유통방식'을 택했다. 지금도 샤오미(小米)는 철저하게 온라인을 통해서만 판매하고 있다. 이렇게 유통마진에 대한 숨어 있는 이윤을 확보해 나갔다.

셋째, 판매는 '델(Dell)컴퓨터의 사전주문제'를 응용했다. 이렇게 하면 제조의 가장 큰 부담인 재고문제를 초기에 해결할 수 있게 된다. 온라인판매 역시도 은행처럼 대기자 번호표를 나눠주고 다시 추첨을 통해 판매해 구매자들의 관심도를 높이는 마케팅을 구사하기도 했다. 여기까지는 언론을 통해 많이 알려진 샤오미(小米)의 성공비결이다.

■ 샤오미(小米)의 알려지지 않은 성공비결

샤오미폰을 사용해보면 핵심가치가 하드웨어, 즉 스마트폰이 아니라는 것을 금방 깨닫게 된다. 그들의 경쟁력은 바로 OS에서 나오기 때문이다. 우선, 일주일을 기준으로 짧게는 2~3일에 한 번씩 새로운 기능이 업그레이드되거나 불완전한 부분을 보완해 주는 패치가 자동으로 내 스마트폰으로 전달되어져 온다. 소비자 입장에서는 사용하면 사용할수록 더 새로워지는 느낌을 받게 된다. 개인적인 소감이지만 다마고치라는 육성 게임기를 접했던 사람들은 어쩔 때는 샤오미폰이 마치 살아서 성장하고 있는 건 아닌가라는 상상에 빠진 적도 있다.

그 다음으로 그들의 콘텐츠, 즉 앱스토어의 차별성에 있다. 처음 샤오미폰을 사고 싶다는 강한 욕망이 들었던 때가 기억난다. 옆에 있던 중국 직원의 샤오미폰에 설치된 모바일게임을 한 번 해봤는데 게임이 너무 재미있었다. 그래서 바로 구글앱에서 똑같은 게임을 검색했는데 그 게임을 찾을 수 없었다. 처음에는 나의 실수이거나 게임 개발사가 중국 기업이라 한국 구글 스토어에 안 보이게 설정을 해 놓았다고 생각하고 다른 방법을 동원해 게임을 검색했다. 하지만 역시나 그 모바일게임을 찾을 수가 없었다. 그때 깨달았다. 샤오미(小米)의 전략이 이것이었다는 것을 말이다. 그들은 샤오미 앱스토어를 독립적으로 운영 중이며, 그들만의 특화된 오직 샤오미폰에서만 사용할 수 있는 콘텐츠를 무기로 차별화를 꾀하고 있다.

마지막으로 샤오미는 노골적으로 브랜드를 자랑하지 않는다. 샤오미 공식 홈페이지에 들어가보면 제품의 개별부품이나 기능들을 소개함에 있어 현재 존재하는 가장 최고의 부품들만을 사용해 조립했다고 아예 노골적으로 말한다. 그 페이지를 보고 있으면 '최강'이라는 단어가 바로 떠오른다.

■ 샤오미(小米), 끝까지 레드카펫을 밟을 수 있을까?

올해 초에 스마트폰을 바꾸기 위해 중국 동료 몇몇에게 브랜드를 추천해 달라고 했다. 스마트폰 역시 자동차처럼 한 개인의 경제력이나 사회적 위치를 나타내는 면이 있다는 점에서 남들의 시선을 피해 갈 수 없는 부분이다. 그리고 넌지시 '샤오미폰' 어떠냐고 물었다. 그런데 3040세대 열에 아홉은 손사래를 친다. 이유를 묻자 젊은 애들이나 쓰는 애플 카피폰이라는 것이 가장 큰 이유였다.

샤오미의 타깃전략과 맞아 떨어지기도 하지만 어쨌든 모방을 위주로 하는 브랜드 위상에 문제가 있다는 지적이었다. 그리고 몇몇 구체적인 이유를 제시하는 친구들도 있었다. 성능이나 각 부품들은 좋은데 조합의 불안정성이 아직은 문제로 남아 있다는 것이다. 실제 모바일게임을 장시간 하다 보면 화면떨림 현상이 심하게 일어난다는 것이다. 그리고 앞서 말했던 장점 중 하나였던 OS 업그레이드나 패치가 오히려 귀찮거나 제품에 문제가 있는 건 아닌가라는 의혹마저 준다는 이들도 있었다. 어쨌든 결론은 제대로 된 브랜드의 제품을 사라는 식으로 대답이 돌아 왔다. 실제 샤오미를 사용하는 친구들에게 왜 샤오미폰을 쓰냐고 물어보면 이상하리만큼 비슷한 대답이 돌아온다. "나는 합리적인 사람이니까, 저렴한 가격에 성능 좋은 스마트폰을 선택했다"는 것이다. 핵심은 샤오미라는 브랜드는 말 속에 없다.

그들의 말이 어디까지가 진심인지는 몰라도 만약 그 말이 사실이라면 더 합리적인 가격의 제품이 나온다면 언제든지 샤오미폰을 져버릴 수도 있다는 말처럼 들렸다. 그리고 모방만으로 세상을 바꿀 순 없다는 단순한 이치도 함께 들었다. 이 세상에 완벽하게 새로운 것은 없다고 하지만 그래도 자신을 설명할 독특함이 없다는 것은 브랜드 생명을 오랫동안 지속시키기에는 뭔가 불안한 구석이 있어 보인다.

출처: 매일경제(2014. 7. 4)

생각해보기 삼성과 애플이 양분하던 휴대폰 시장에 샤오미라는 회사가 등장하면서 중국 시장뿐만 아니라 해외시장에 지각변동이 일어나고 있습니다. 창업한지 얼마 되지 않은 작은 회사가 어떻게 삼성과 애플을 위협할 정도로 성장하였는지에 대해서 많은 학자, 언론, 컨설팅회사들이 깊은 관심을 가지고 보고 있습니다. 샤오미의 성공요인은 무엇일까요? 결국은 샤오미를 창업하고 경영하는 창업자의 역량입니다. 휴대폰을 어떤 시각으로 받아들이고 개발하는지? 어떻게 생산하는지? 어떻게 마케팅 하는지? 어떻게 회사를 운영하는지? 조직문화를 어떻게 구축하는지 등은 전적으로 경영자의 역량입니다. 여러분들도 창업자로서, 경영자로서 어떤 역량을 가지고 있는지, 어떤 마음으로 회사를 운영하는지에 대해서 다시 한번 성찰하기 바랍니다.

I 기술창업아이템 타당성분석의 개념

1. 기술창업아이템 타당성분석의 이해

기술창업아이템 타당성분석이란 기술창업아이템 개발과정에서 나온 다양한 창업아이템들이 사업적인 타당성을 가지고 있는지를 평가하여 사업을 수행하기에 가장 적합한 기술창업아이템을 선정하는 과정을 의미한다. 창업아이템 타당성분석에서는 앞 단계의 기술창업아이템 개발과정을 통해 나온 다양한 창업아이템들을 분석하여, 사업적으로 가장 가치가 있는 기술창업아이템을 선정해야 한다. 만약, 창업아이템들의 타당성분석이 잘못 되어서 사업적 가치가 없는 창업아이템이 선정되면 창업에 실패할 가능성이 높기 때문에 창업아이템들의 타당성을 체계적으로 분석하는 과정은 매우 중요하다.

기술창업아이템 타당성분석 절차

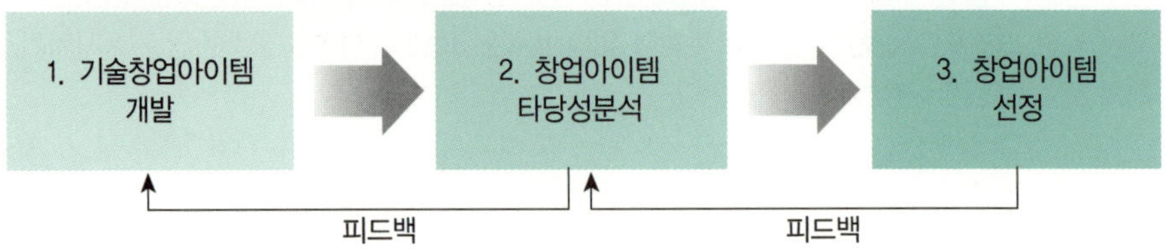

2. 기술창업아이템 타당성분석 방법

기술창업아이템의 타당성은 창업아이템의 기술성, 시장성, 수익성, 독창성, 창업자 사업수행능력 관점에서 평가해야 한다. 기술창업아이템의 타당성분석은 일반적 분석방법과 전문적 분석방법으로 나누어질 수 있다.

① 일반적 분석은 창업자 스스로 핵심적인 평가항목을 기준으로 기술창업아이템의 타당성을 평가하는 방법으로 분석과정이 상대적으로 간략해 단기간에 분석가능하다.

② 전문적 분석은 전문가들이 기술창업아이템들을 심층분석하는 방법이다. 이 방법은 분석의 범위가 매우 넓고 분석하는 항목들도 매우 많고, 시간도 많이 걸리는 작업이기 때문에 창업자들이 수행하기에는 쉽지 않다.

일반적으로 창업아이템의 타당성을 분석하는 과정은 매우 어렵고 복잡하여 전문적인 지식이 필요하기 때문에 창업자들이 창업아이템을 체계적으로 분석하기는 어렵다. 그렇다고 하여 창업아이템을 주먹구구식으로 분석해서는 안 되기 때문에 창업자는 본인의 창업아이템에 대하여 전문적인 분석을 수행할 수 있는 기본적인 능력을 갖추어야 한다.

기술창업아이템의 타당성분석 방법

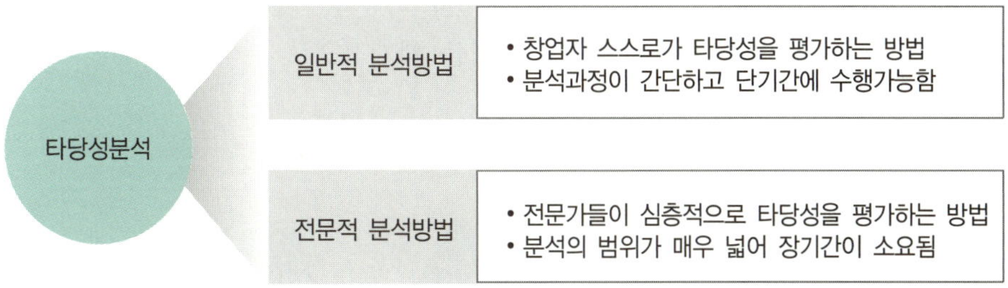

Ⅱ 기술창업아이템 타당성분석 방법

1. 기술성분석

1) 기술성분석의 개념

기술성분석이란 창업아이템을 개발하는 데 필요한 기술이 존재하는지, 그 기술을 확보하여 제품과 서비스를 개발할 수 있는지, 제품과 서비스를 저렴하게 생산할 수 있는지 여부를 평가하는 활동이다. 즉 기술타당성, 개발타당성, 생산타당성을 평가하는 것으로서 기술창업에서 기술성분석은 매우 중요한 평가기준이 된다.

① 기술타당성이란 창업아이템을 개발하는 데 필요한 기술이 존재하는지, 그 기술이 타당한지를 분석하는 것이다.

② 개발타당성이란 제품과 서비스를 개발할 수 있는지, 개발기반 및 투입비용이 타당한지를 분석하는 것이다.

③ 생산타당성은 제품과 서비스를 생산하는 설비 및 인력이 타당한지, 생산원가가 타당한지를 분석하는 것이다.

창업아이템을 개발하는 기술, 개발방식, 생산방식에 따라서 창업아이템의 타당성이 달라지기 때문에 창업아이템의 기술성을 체계적으로 분석해야 한다.

기술성분석의 주요 평가요소

2) 기술성분석 방법

창업아이템의 기술성은 크게 기술타당성, 개발타당성, 생산타당성의 세 가지 측면에서 평가한 후 이를 종합하여 기술적 타당성을 평가한다.

1. 기술타당성분석	창업아이템을 개발하는 데 활용하는 기술이 존재하는지, 그 기술이 타당한지를 분석함
2. 개발타당성분석	고객이 원하는 제품과 서비스로 개발할 수 있는지, 개발기간 및 비용이 타당한지를 분석함
3. 생산타당성분석	창업아이템을 생산하는 데 투입되는 설비 및 인력, 비용이 타당한지를 분석함
4. 기술성평가	세 가지 관점에서 분석한 결과를 토대로, 기술성 측면에서 종합적으로 평가함

실습 1 기술창업아이템의 기술성분석

■ 목적

기술창업아이템과 관련된 해당 기술, 개발, 생산의 타당성을 분석하여 기술적 타당성의 유무를 판단하는 데 목적이 있다.

■ 진행방법

① 창업아이템에 필요한 기술, 개발 및 생산의 타당성을 분석한다.
② 각 항목에 대해 객관적으로 평가해보고 시사점을 찾는다.

■ 실습하기

창업아이템		
분석항목	평가내용	평가
1. 기술타당성		
2. 개발타당성		
3. 생산타당성		
시사점		

■ **참고사례**

• 아래의 사례는 체험중심의 경영시뮬레이션을 개발하고자 하는 창업자가 기술타당성, 개발타당성, 생산타당성 측면에서 기술성을 분석하여 시사점을 도출한 것이다.

창업아이템	체험중심의 교육용 경영시뮬레이션게임 솔루션	
분석항목	평가내용	평가
1. 기술타당성	• 시뮬레이션게임 분야의 전문성과 특허로 관련기술에 대한 전문적 지식을 확보하고 있음	매우 높음
2. 개발타당성	• 시뮬레이션기술과 웹기반 게임기술로 개발능력과 성공가능성이 매우 높음 • 동시에 개발기간도 6개월 정도로 충분함	매우 높음
3. 생산타당성	• 생산기간이 6개월 정도 소요되고, 개발인력이 3명이 필요함. • 따라서 시장 선도와 개발비 절감을 위해 개발기간 단축 필요	보통
시사점	• 경영시뮬레이션게임 개발을 위한 기술이 존재하고, 창업자의 전문지식도 매우 높음 • 따라서 개발가능성은 매우 높다고 판단됨 • 그러나 개발기간을 단축시켜 조기출시하고, 개발비를 절감할 수 있는 방안이 필요함	

2. 시장성분석

1) 시장성분석의 개념

시장성분석이란 창업아이템이 상품화되었을 때, 제품과 서비스를 구매할 수 있는 시장의 규모가 어느 정도인지, 매출이 어느 정도 일어날 수 있는지 등을 분석하여 사업의 시장성을 판단하는 것이다.

아무리 기술적으로 우수하고 독창적인 제품이라고 하더라도 고객이 존재하지 않거나, 시장의 규모가 매우 작거나, 시장이 성장하지 않는다거나, 경쟁사의 난립으로 인해 시장이 포화상태에 이르렀다면 이는 창업에 적합한 아이템이라고 할 수 없다. 특히 기술창업에서는 시장에 대한 정확한 분석과 이해 없이 기술력만 믿고 창업을 한 후 실패하는 경우를 종종 볼 수 있다. 따라서 창업아이템에 대한 고객의 유무, 시장의 규모, 시장의 성장성, 시장 내 경쟁정도 등을 종합적으로 분석하여 기술창업아이템의 시장성을 분석해야 한다.

시장성분석의 주요 평가요소

2) 시장성분석방법

기술창업아이템에 대한 고객유무, 시장규모, 성장성, 경쟁사와의 경쟁정도 등의 시장성 관점에서 타당성을 평가해야 한다.

단계	내용
1. 고객유무 추정	제품과 서비스에 대한 고객의 니즈를 중심으로 고객의 유무를 추정함
2. 시장규모 추정	동종업계나 유사업계의 총대출 규모를 분석하여 시장의 규모를 추정함
3. 시장성장성분석	과거 성장률의 변화를 토대로 예상되는 성장추세를 분석함
4. 시장 내 경쟁정도 분석	시장 내에서 활동하는 주요 기업의 수와 각 기업의 시장 점유율을 분석하여 경쟁정도를 분석함
5. 시장성평가	네 가지 측면에서 분석한 결과를 토대로 시장성을 종합적으로 평가함

실습 2 기술창업아이템의 시장성분석

■ 목적

기술창업아이템에 대한 고객의 유무, 시장규모, 성장성, 경쟁정도를 분석하여 시장성을 판단하는 데 목적이 있다.

■ 진행방법

① 고객의 유무를 분석하고 기술창업아이템에 대한 시장의 규모를 추정한다.

② 시장의 성장률을 분석해 보고 시장 내 주요 기업의 수와 점유율을 토대로 경쟁상황을 분석한다.

■ 실습하기

창업아이템		
분석항목	평가내용	평가
1. 고객의 유무		
2. 시장규모		
3. 성장성		
4. 경쟁상황		
시사점		

■ 참고사례

• 아래의 사례는 체험중심의 경영시뮬레이션게임이라는 기술창업아이템을 고객 유무, 시장규모, 성장성, 산업 내 경쟁상황 등의 관점에서 시장성을 분석해 본 것이다.

창업아이템	체험중심의 교육용 경영시뮬레이션게임 솔루션	
분석항목	평가내용	평가
1. 고객의 유무	고객은 기업과 대학 고객이며, 체험기반의 교육방법에 대한 니즈가 증가하고 있음	매우 좋음
2. 시장규모	2015년 기준 20억원 (200개 기업×1,000만원/기업당)	좋음
3. 성장성	매년 5% 성장	매우 좋음

4. 경쟁상황	현재 보드게임중심의 모의경영게임이 나와 있으나 전체적으로 경쟁정도가 매우 낮음 편임	매우 좋음
시사점	• 경영시뮬레이션게임 교육산업은 국내시장의 규모가 작은 편이나 관련 시장이 성장하고 있음 • 특히 웹기반의 교육용 경영시뮬레이션게임 교육 시장은 경쟁자가 없는 상황으로 매우 매력적으로 보임	

3. 수익성분석

1) 수익성분석의 개념

수익성분석이란 생산한 제품과 서비스를 판매하여 예상되는 매출액과 투입되는 비용을 추정한 다음, 창업을 통하여 어느 정도 수익을 달성할 수 있는지를 분석하는 과정을 의미한다. 아무리 매력적인 기술창업아이템이라고 하더라도 예상한 만큼 매출이 일어나지 않거나 비용이 과하게 발생하여 수익이 발생하지 못하면 창업은 실패할 수밖에 없다.

창업의 수익성을 정확하게 분석하기 위해서 창업의 추진전략과 계획을 수립한 다음 예상매출과 예상비용을 정확하게 추정해야 한다. 그렇지만 이 단계에서는 심도 있는 분석보다는 예상매출액과 예상비용을 대략적으로 추정하여 수익성을 분석해 보아야 한다.

수익성분석의 주요 평가요소

2) 수익성분석방법

최소 1년 동안 예상되는 추정매출액과 추정비용을 분석하고 이를 기반으로 수익성 여부와 수익규모를 파악하여 수익성 관점에서의 타당성을 분석한다.

단계	내용
1. 매출추정	예상판매량과 가격을 분석해서 1년 동안의 예상되는 매출액을 추정함
2. 비용추정	생산 · 판매하는 과정에서 발생하는 비용을 분석해서 1년 동안의 예상비용을 추정함
3. 수익추정	매출액과 비용을 기반으로 1년 동안의 수익의 규모를 파악함
4. 수익성평가	수익성에 대해 평가하고 시사점을 도출함

실습 3 기술창업아이템의 수익성분석

▪ 목적

추정매출액과 추정비용을 간략하게 분석하여 수익의 규모와 수익성 유무를 판단하는 데 목적이 있다.

▪ 진행방법

① 예상되는 매출액과 비용을 추정해 보고 산출근거를 작성한다.
② 수익의 규모를 분석하고 수익성에 대한 시사점을 도출한다.

▪ 실습하기

창업아이템		
항목	평가내용	평가
1. 추정매출액(년)		
2. 추정비용(년)		
3. 예상수익(년)		
시사점		

▪ 참고사례

• 아래의 사례는 체험중심의 경영시뮬레이션을 개발하고자 하는 예비창업자가

예상되는 매출액과 비용을 간략하게 분석하여 수익규모와 수익성 여부를 분석해 본 것이다.

<table>
<tr><th>창업아이템</th><th colspan="2">체험중심의 교육용 경영시뮬레이션게임 솔루션</th></tr>
<tr><th>항목</th><th>평가내용</th><th>평가</th></tr>
<tr><td>1. 추정매출액(년)</td><td>6억원
<산출근거>
• 100개 기업×2회×회당 300만원</td><td>좋음</td></tr>
<tr><td>2. 추정비용(년)</td><td>3억 3천만원
<산출근거>
• 고정비: 기술개발비=1억, 유지비용=3,000만원
• 변동비: 강사비: 3억원×0.5=1억 5천만원
영업비: 5,000만원</td><td>매우 좋음</td></tr>
<tr><td>3. 예상수익(년)</td><td>2억 7천만원</td><td>매우 좋음</td></tr>
<tr><td>시사점</td><td colspan="2">• 사업 초기 투자한 기술개발비로 인해 비용이 많이 발생하여 수익성이 낮아짐
• 마케팅의 활성화 여부에 따라 수익성이 크게 달라질 것으로 보임</td></tr>
</table>

4. 독창성분석

1) 독창성분석의 개념

독창성분석이란 기술창업아이템이 기존제품과 서비스에 비해 차별화되어 있는 요소들을 찾아내고 고객에게 어떠한 차별화된 가치를 줄 수 있는지를 분석하는 과정을 의미한다.

독창성분석을 위해서는 제품과 서비스의 가격, 품질, 디자인, 기능, 유통, A/S 등의 주요 특성에 따라 차별화될 수 있는 요소들을 찾아내고 이들 요소들의 관점에서 기존제품과 서비스와의 차별점 및 독창적 가치를 분석해 보아야 한다.

독창성은 고객들에게 기존제품과 서비스에서 줄 수 없는 차별화된 가치를 줄 수 있기 때문에 창업기업이 시장에 진입할 때 가장 경쟁력을 가질 수 있는 중요한 요소 중 하나이다. 따라서 기술창업아이템이 가진 독창적인 요소가 무엇이 있는지를 분석하는 작업은 매우 중요하다.

독창성분석의 주요 평가요소

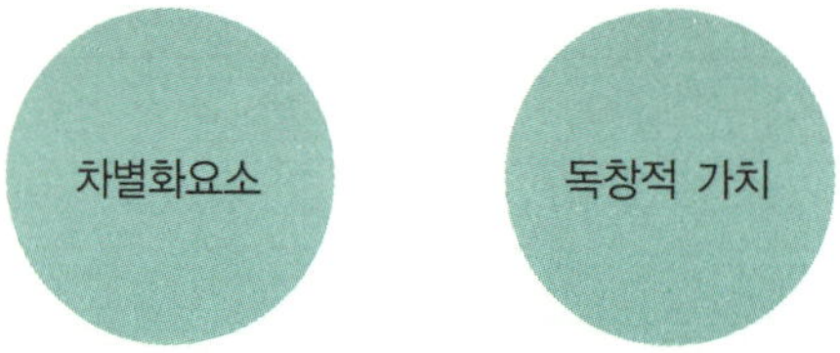

2) 독창성분석방법

기술창업아이템의 특성에 따라 기존제품과 서비스에서 줄 수 없는 독창적 요소나 차별화된 요소를 찾아내고 이들 요소들이 주는 가치를 분석해야 한다.

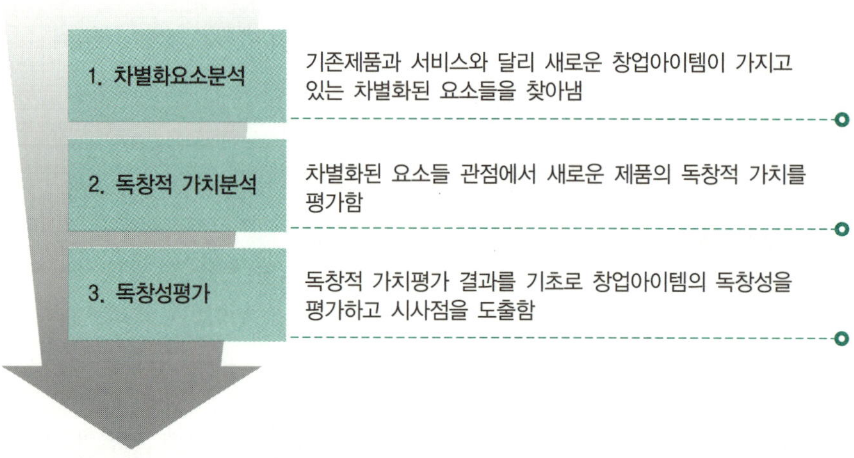

실습 4 기술창업아이템의 독창성분석

■ 목적

기존제품 및 서비스와 비교했을 때 기술창업아이템이 줄 수 있는 차별점 또는 독창적인 요소들을 분석하는 데 목적이 있다.

■ 진행방법

① 기존제품과 서비스에서 찾을 수 없는 독창적 요소나 차별화된 요소를 찾아내고 그것들이 주는 가치를 찾아낸다.

② 독창적 요소의 각 항목에 대해 객관적으로 평가해 보고 시사점을 도출한다.

■ 실습하기

창업아이템		
독창적 요소	평가내용	평가
시사점		

■ 참고사례

• 아래의 사례는 체험중심의 경영시뮬레이션을 개발하고자 하는 창업자가 서비스방식, 교육콘텐츠, 강사 측면에서 독창성을 찾아내고 가치를 분석하여 시사점을 도출한 것이다.

창업아이템	체험중심의 교육용 경영시뮬레이션게임 솔루션	
독창적 요소	평가내용	평가
1. 서비스방식	웹기반의 경영시뮬레이션게임으로서 보드게임과 달리 물리적 환경에 대한 제약이 크게 없고 경영의사결정을 웹에서 수행하고 성과를 즉시 확인할 수 있음	매우 높음
2. 교육콘텐츠 측면	단순한 의사결정게임이 아닌 경영미션과 분석도구를 제공함으로써 체계적인 교육이 가능하고 교육효과를 높일 수 있음	매우 높음
3. 강사 측면	강사를 체계적으로 양성함으로써 높은 수준의 교육만족도를 동일하게 제공할 수 있음	높음
시사점	• 기존의 보드게임 형태의 모의경영게임과 달리 웹기반의 게임으로서의 차별화 요소가 많음 • 높은 수준의 차별화된 교육콘텐츠를 제공함으로써 교육효과가 매우 뛰어남 • 체계적인 강사양성시스템에 의해 강의품질을 향상할 수 있음	

5. 사업수행능력분석

1) 사업수행능력분석의 개념

사업수행능력분석이란 창업을 하는 주체인 창업자가 창업아이템과 관련된 지식과 경험, 자금조달능력, 인적자원 구성능력, 적성 등을 갖추고 있는지를 분석하는 과정을 의미한다.

창업아이템이 아무리 좋다고 할지라도 창업자가 전문성이 없거나, 자금조달능력이 부족하거나, 창업 업종이 창업자의 적성에 맞지 않으면 창업을 적극적이고 효과적으로 수행할 수 없기 때문에 실패하게 된다. 특히 기술창업이나 지식서비스 관련 분야의 창업은 전문적 지식과 경험이 창업의 성패를 좌우하는 매우 중요한 요인이 된다. 따라서 창업자의 핵심역량과 사업수행능력을 객관적으로 판단하여 사업수행능력을 분석하는 과정이 필수적이다.

사업수행능력분석의 주요 평가요소

2) 사업수행능력분석 방법

사업수행에 필요한 창업자의 핵심적인 역량이 무엇이 있는지를 찾아내고 핵심적인 역량에 대한 창업자의 수준을 파악함으로써 사업수행능력을 분석한다.

1. 핵심역량파악 — 창업아이템을 사업화하고자 할 때 창업자가 갖추어야 할 핵심역량이 무엇인지를 찾아냄

2. 역량수준분석 — 필요한 핵심역량에 대한 창업자의 수준을 평가하고 분석함

3. 사업수행능력평가 — 역량수준을 평가하고, 이를 기반으로 사업수행능력을 평가함

실습 5 기술창업아이템의 사업수행능력분석

■ 목적

기술창업아이템을 사업화할 수 있는 창업자의 수행능력을 분석하는 데 목적이 있다.

■ 진행방법

① 기술창업아이템을 사업화할 때 필요한 핵심역량을 찾아보고 핵심역량에 대한 창업자의 수준을 분석한다.

② 각 항목에 대하여 객관적으로 평가한 후 시사점을 도출한다.

■ 실습하기

창업아이템		
핵심역량	평가내용	평가
시사점		

■ **참고사례**

• 아래의 사례는 체험중심의 경영시뮬레이션게임을 개발하고자 하는 예비창업자가 전문성과 경험, 자금조달능력, 인적자원 구성능력, 업종에 관한 적성 관점에서 사업수행능력을 분석한 것이다.

창업아이템	체험중심의 교육용 경영시뮬레이션게임 솔루션	
핵심역량	평가내용	평가
1. 전문성과 경험	경영학 박사로서 경영 전반의 지식을 갖추고, 시뮬레이션게임 분야에서 전문가임	매우 높음
2. 자금조달능력	창업자가 직접 콘텐츠를 기획하고 개발하기 때문에 개발자금이 상대적으로 적게 들고, 창업에 필요한 기본자금을 조달할 수 있음	높음
3. 인적자원 구성능력	시뮬레이션게임을 기획하고 개발할 수 있는 인력을 확보할 수 있음. 그러나 개발된 제품을 판매할 수 있는 마케팅 인력이 부족함	보통
4. 업종에 관한 적성	창업자는 제품을 개발하고 교육하는 데 관심이 많고 새로운 도전을 좋아함	높음
시사점	• 경영시뮬레이션게임 사업 수행에 필요한 전문적 지식과 개발능력이 매우 우수함 • 단지 마케팅 인력이 부족하고, 창업에 필요한 자금이 충분하지 못한 상황이기 때문에 이에 대한 대비가 필요함	

Ⅲ 종합실습 – 기술창업아이템 타당성분석

■ **목적**

기술창업아이템들의 타당성을 비교·분석하여 최종 아이템을 선정하는 데 목적이 있다.

■ **진행방법**

① 창업아이템들을 기술성, 시장성, 수익성, 독창성, 사업수행능력 관점에서 평

가하여 점수를 부여한다.

② 총점을 계산하여 아이템의 우선순위를 정하고 우선순위가 가장 높은 아이템을 최종 아이템으로 선정한다.

■ 실습하기

창업아이템	기술성	시장성	수익성	독창성	사업수행 능력	총점	순위
최종아이템 선정							

■ 참고사례

• 아래의 사례는 창업아이템의 타당성을 분석하는 5가지 평가항목인 기술성, 시장성, 수익성, 독창성, 사업수행능력을 평가하여 최종 아이템을 선정한 사례이다.

창업아이템	기술성	시장성	수익성	독창성	사업수행 능력	총점	순위
1. 체험중심의 경영시뮬레이션게임	5	4	5	5	5	24	1
2. MMORPG기반의 창의적 문제해결게임	4	3	4	4	5	20	2
3. 창의적 문제해결 지식 사이트	4	3	3	4	4	18	3
최종아이템 선정	체험중심의 경영시뮬레이션게임						

사례 5-2 남 따라가는 창업아이템은 위험

창업을 고민하는 사람들을 만나보면 크게 두 부류로 나뉜다. 한 부류는 정말 막연하게 1~2년 후 창업을 준비하는 사람들, 그리고 또 한 부류는 한 달 안에 창업할 계획을 갖고 있는 이들이다. 그런데 이 두 부류의 준비 정도는 비슷비슷하다. 창업할 장소를 더 자세히 알아봐야 하고 자금을 조달해야 하기 때문에 1~2년 후 다시 찾아오는 사람도 있다. 하지만 이때도 준비상황이 지지부진한 경우가 대부분이다. 창업 준비에 걸리는 시간은 보통 한 달 이내다. 간혹 보름 만에 뚝딱 창업하는 사람도 있긴 하다.

창업하려는 사람들 대다수가 창업을 고민하는 시간은 길지만 본격적으로 창업을 준비하는 시간은 짧은 편이다. '창업을 할까 말까'부터 '요즘 잘 되는 아이템이 무엇일까?' '자금은 어떻게 준비해야 하나?' 등 창업을 하려면 고민해야 것이 참 많다. 이 때문에 실제 창업준비 출발 시기는 점포계약 이후라 할 수 있다.

하지만 창업을 준비하는 사람 대부분이 점포계약 이후엔 운영 콘셉트를 다듬고 전략을 수립하는 중요한 사항들을 번갯불에 콩 구워 먹듯 해버린다. 물론 점포계약을 하면 임대료가 나가기 시작하기 때문에 하루빨리 문을 열어야 한다. 그러나 요즘처럼 만만찮은 창업환경에서 구체적이고 치밀한 준비 없이 창업했다간 낭패를 볼 수 있다. 개업하는 순간 무한경쟁에 노출되며, 시장은 내 상황을 봐주지 않는다.

최근엔 중소도시 골목상권에서도 대기업과 경쟁해야 하는 상황이다. 그나마 다행인 것은 일반적으로 사업규모와 시장규모는 비례한다는 것이다. 그래서 소상공업은 우리나라 전체 시장보다 내가 창업할 지역의 시장환경을 우선적으로 파악해야 한다. 시장환경을 정확히 파악한다면 상권·아이템·소비자특성을 고려해 창업전략을 세울 수 있다. 좀 더디더라도 철저히 준비한다면 유행 업종보다는 상권 특성에 맞는 유망한 아이템을 찾을 수 있다.

2000년대 유망하다고 했던 PC방이나 노래방, 최근 다시 유행하고 있는 커피숍, 그리고 조류독감(AI)으로 매년 위기를 겪는 치킨집, 웰빙이 화두로 떠오르며 밀려난 패스트푸드점 등이 유망 아이템이라고 할 수 있을까? 실제로 이런 아이템들도 상권에 따라서는 여전히 유망 아이템이다. 하지만 창업을 할 땐 남들이 좋다고 하는 아이템보다 시장에서 필요한 아이템을 찾아야 한다.

내가 창업할 상권의 규모, 유형, 상가밀집도, 주변 경쟁업종, 인구밀도, 소비자 소득수준, 직업유형 등 전체적인 요소를 보고 파악한 뒤 나의 창업환경을 맞춰봐야 한다. 내가 투자할 수 있는 자금의 규모, 일에 대한 적성, 경력, 가족협력은 외적 환경 못잖은 중요한 사항들이다.

또한 객관적으로 판단하는 것이 중요하다. 사업 준비에서 객관성을 잃게 되면 자신이 판매하는 상품을 지나치게 신뢰하게 되거나 매출을 터무니없이 높게 잡아 사업 초기부터 어려움을 겪을 수 있다.

객관성은 사업계획을 세울 때 더 중요하다. 자기중심적인 사업계획은 제 기능을 하지 못한다. 시장에 맞는 점포 임차비용과 경쟁력을 가질 수 있는 정도의 인테리어비용, 시설비, 그리고 약 3개월간의 운영비를 준비할 수 있도록 계획을 세워야 한다. 수익은 최악의 상황을 기준으로 잡아야 한다. 보다 정확하게 환경을 파악한 뒤 객관적으로 사업계획을 세우고 거기에 사업주의 열정과 의지가 보태진다면 창업환경이 어려워도 성공을 향해 다가가고 있을 것이다.

출처: 중앙일보(2014. 10. 2)

생각해보기 친구 따라서 강남 간다는 말이 있듯이 창업에서도 남들이 하는 창업아이템을 따라서 하는 경우가 매우 많습니다. 동일한 창업아이템이라도 시간에 따라서, 장소에 따라서, 사람에 따라서 성공과 실패가 달라집니다. 그러므로 창업아이템을 선정할 때는 유행을 따라서 남들이 하니까 나도 따라서 해선 안됩니다. 창업아이템을 선정할 때는 창업자의 주관적인 통찰력도 중요하지만 많은 사람들의 의견을 들어서 객관적인 시각을 갖는 일이 매우 중요합니다.

마무리하기

1. 학습목표 확인	
기술창업아이템의 타당성분석방법의 이해	1. 기술창업아이템의 타당성분석의 개념과 방법을 이해하셨습니까? 2. 타당성분석의 평가요소인 기술성, 시장성, 수익성, 독창성, 사업수행능력에 대한 개념에 대해 이해하셨습니까?

2. 실습 결과	
기술창업아이템의 타당성분석	1. 기술창업아이템의 타당성을 분석하는 방법들을 활용하여 창업아이템에 대한 타당성을 분석하였습니까? 2. 타당성분석의 5가지 평가기준에 의해 기술창업아이템을 선정하였습니까?

3. 다음 단계 소개	
제6장 기술창업 사업모델 개발	1. 다음 단계에서는 최종 선정된 기술창업아이템에 대한 창업사업모델에 대해서 학습하게 됩니다. 2. 그런 다음에 창업사업모델을 한 장으로 표현하는 창업사업모델 개발 실습을 하게 될 것입니다.

기술창업 사업모델 개발

06

Chapter

제6장에서는 창업사업모델을 개발하는 방법을 학습하고, 이를 기반으로 실습을 통해서 기술창업아이템에 대한 사업모델을 개발하게 된다.

기술창업아이템들의 타당성을 분석하고, 창업아이템을 최종 선정한 후에는 창업하고자 하는 아이템을 가지고 어떻게 사업을 진행하고 수익을 창출할 것인가에 대한 사업모델(Business Model)을 개발해야 한다. 사업모델이란 목표하고자 하는 시장, 고객, 주요 경쟁사, 경영 프로세스 및 예상되는 수익구조 등을 분석하여 사업을 어떻게 수행할 것인가 하는 사업의 방향과 방법에 관한 큰 그림을 의미한다.

제6장은 기술창업 사업모델 개발의 개념, 기술창업 사업모델 개발방법, 기술창업 사업모델 개발실습으로 구성되어 있다.

기술창업 사업모델 개발의 구성

1. 기술창업 사업모델 개발의 개념 → 2. 기술창업 사업모델 개발방법 → 3. 종합실습 기술창업 사업모델 개발

사례 6-1 링크드인, 세계 최강의 인맥사전

요즘 미국에서 최고의 비즈니스 도구는 링크드인(www.linkedin.com)이라 해도 과언이 아니다. 링크드인은 커리어를 관리하고 사업파트너와 일하는 데 큰 도움이 된다. 다음은 필자가 겪은 에피소드들이다.

#1. 한국 쪽에서 샌프란시스코의 특정 회사와 제휴를 논의해보고 싶다는 연락을 받았다. 링크드인에서 회사이름을 검색하자 그 회사의 CEO와 내 지인인 벤처투자자(VC)가 연결되어 있는 것으로 나왔다. 샌프란시스코에 간 김에 그 회사와 미팅을 하고 싶은데 CEO를 소개해줄 수 있느냐고 부탁하는 이메일을 VC에게 보냈다. 그러자 VC가 소개 이메일을 금세 써줬고 CEO가 화답을 해서 바로 미팅 일정을 잡을 수 있었다. 미팅에 들어가기 전에 만나기로 예정된 그 회사 직원들의 경력도 링크드인을 통해 대강 먼저 살펴볼 수 있었다.

#2. 몇 달 전 로스앤젤레스에서 열린 벤처캐피탈 관련 콘퍼런스에 참가했다. 행사에서 만난 업계 사람 20여 명의 프로필을 일일이 링크드인에서 검색해 연결 신청을 했다. 20여 명 중 프로필 정보가 검색되지 않은 사람은 서울에서 출장 온 한국인 1명뿐이었다.

링크드인 본사에 걸린 회사소개 패널. 세계 각국의 언어로 된 소개글이 들어 있다. 대부분의 한국인에게 생소할 이름인 링크드인은 소셜네트워크서비스(SNS)의 일종이다. 하지만 대개 친목이나 오락을 위해 사용하는 싸이월드 · 페이스북 · 트위터 등과 달리 링크드인은 철저히 비즈니스를 위한 SNS다. 자신의 이력서를 인터넷에 올리고 전 · 현직 직장동료나 상사, 거래 회사의 지인 등 업무상 생긴 인맥을 관리하는 SNS라고 생각하면 된다.

■ **채용담당자에게 필수도구**

2003년 페이팔 출신인 리드 호프먼 등이 캘리포니아에 설립한 링크드인은 마이 스페이스나 페이스북, 트위터 같은 SNS에 비해 화려한 조명을 받지는 못했지만 조용히 내실 있게 성장해 2011년 기업공개까지 한 알짜배기 회사다. 최근 몇 년간 기업공개를 한 인터넷기업 중 징가 · 그루폰 · 페이스북 등이 공모가보다 주가가 떨어지는 등 고전했던 반면 링크드인은 홀로 4배 이상 주가가 상승해 지금은 22조원의 시장가치를 자랑한다. 한국의 대표적 인터넷기업인 NHN의 두 배에 가까운 시가총액이다.

링크드인은 왜 인기가 있을까. 첫째, 링크드인은 누구나 자신의 이력과 학력 등 경력을 올리고 자신을 마케팅할 수 있는 플랫폼이다. 지난 몇 년간 미국의 높은 실업률이 링크드인에게는 거꾸로 성장기회가 되기도 했다.

둘째, 직장동료나 상사가 프로필에 추천의 글을 쓸 수 있도록 한 점이 차별화 요소가 됐다. 본인이 쓴 이력 이외에 제3자의 추천서를 통해 검증을 할 수 있어 프로필의 신뢰도가 높아진 것이다.

셋째, 소개기능이 강력하다. 위의 에피소드에서 말한 것처럼 접촉하고자 하는 사람을 직접 모르더라도 링크드인을 통해 그 사람과 연결되어 있는 내 인맥을 쉽게 찾아내어 그를 통해 소개받을 수 있다.

이런 장점 덕분에 이제 미국에서는 CEO부터 일반 직원까지 웬만한 사람은 모두 링크드인에 자신의 프로필을 등록해 둔다. 덕분에 링크드인은 세계 최강의 비즈니스 인명사전이 되었다.

헤드헌터나 기업의 채용담당자에게도 링크드인은 없어서는 안될 도구가 되었다. 이들은 온라인 구인사이트에 내던 채용공고 광고비를 링크드인에 쓰기 시작했다. 올 1분기 링크드인의 매출 3,500억여 원 중 절반가량은 이런 기업의 채용담당자들로부터 나온 것이다.

링크드인은 영어권을 중심으로 글로벌하게 세력을 확장 중이다. 이제는 한국에서도 IT업계에 종사하거나 해외업무를 담당하는 직장인을 중심으로 링크드인 사용자가 늘고 있다. 한국에서도 미국처럼 링크드인이 대중화될지 주목된다.

출처: 시사IN Live(2013. 7. 2)

생각해보기 정보통신기술이 발전하기 전에는 사업모델(Business Model)이라는 단어가 널리 활용되지 않았습니다. 정보통신기술이 발전함에 따라서 회사를 운영하는 방식이 다양해지고, 수익을 창출하는 방식이 다양해짐에 따라서 사업모델이라는 용어가 널리 활용되고 있습니다. IT기반의 사업을 창업할 때는 회사를 운영하는 방법 및 수익을 창출하는 방법인 사업모델이 타당한지를 분석해야 합니다. 사업모델은 고정된 것이 아니라 끊임없이 혁신하면서 고객의 니즈를 충족시키고 경쟁사와 차별화할 수 있도록 해야 합니다.

I 기술창업 사업모델 개발의 개념

1. 기술창업 사업모델 개발의 이해

기술창업 사업모델 개발이란 기술창업아이템을 가지고 어느 시장(market)에서 누구(customer)에게 어떤 가치(value)를 어떤 방법(process)로 전달하고 어떻게 수익(revenue)을 창출할 것인지에 관한 사업의 전반적인 방향과 방법을 구체화하는 과정을 의미한다.

예를 들어, 신기술기반의 벤처창업자가 투자설명회를 한다고 할 때, 투자자들 앞에서 창업아이템은 무엇인지, 목표하는 시장은 어디인지, 고객들은 누구인지, 제품과 서비스가 고객들의 니즈를 어떻게 충족시켜 줄 것인지, 어떻게 개발하고 생산할 것인지, 어떻게 제품과 서비스를 판매할 것인지, 그리고 어떻게 수익을 창출할 것인지 등에 대한 사업의 방향과 방법을 설명해야 한다. 이처럼 사업의 큰 방향과 방법을 결정하는 과정이 사업모델을 개발하는 과정이다.

사업모델이 분명하지 않거나 잘못 수립되면 사업을 어떻게 수행할 것인가에 관한 방향과 방법이 명확하지 않기 때문에 구체적인 사업계획과 전략을 수립하는 과정에 많은 혼란이 생기게 된다. 그러므로 창업자는 창업아이템에 대한 사업모델 개발과정을 통해 사업의 전반적인 방향과 방법을 먼저 결정해야 한다.

2. 기술창업 사업모델 개발방법

기술창업 사업모델을 개발하기 위해서는 기술창업아이템과 관련된 시장, 고객, 경쟁사, 경영프로세스, 수익구조 등을 분석해야 한다.

① 시장분석은 제품과 서비스가 판매될 시장과 그 시장의 특성을 분석하여 목표시장을 결정하는 것을 의미한다.

② 고객분석은 시장 내 고객들을 세분화하고 목표고객들에게 전달할 가치를 찾아내는 것을 의미한다.

③ 경쟁사분석은 시장 내 경쟁사 혹은 대체재를 찾아내고 경쟁사와의 차별점을 찾아내는 것을 의미한다.

④ 경영프로세스분석은 제품과 서비스를 개발하고, 생산·판매하는 핵심활동들을 결정하는 것을 의미한다.

⑤ 수익모델분석은 제품과 서비스의 전달과정에서 발생하는 매출구조와 비용구조를 분석하여 수익창출의 여부와 규모를 분석하는 것을 의미한다.

기술창업 사업모델 개발방법

기술창업 사업모델

시장분석	어떤 시장에서 판매할 것인가? (Market)
고객분석	누구에게 어떤 가치를 전달할 것인가? (Customer)
경쟁사분석	경쟁사와의 차별점은 무엇인가? (Competitor)
경영프로세스분석	어떤 활동들을 수행해야 하는가? (Business Process)
수익모델분석	매출과 비용은 어떻게 발생하는가? (Revenue/Cost)

Ⅱ 기술창업 사업모델 개발방법

1. 시장분석

1) 시장분석의 개념

시장분석이란 기술창업을 통해서 제공하고자 하는 제품 및 서비스와 관련된 시장을 찾아내고 시장의 규모, 특성, 변화 등을 분석한 후, 이를 기초로 시장을 세분화하여 창업하고자 하는 목표시장을 선정하는 과정을 의미한다.

예를 들어, 교육콘텐츠 개발사업을 시작한다고 가정했을 때, 국내시장과 해외시장 중 어떤 곳을 목표로 할 것으로 할 것인지, 만약 국내시장이라면 기업교육시장과 대학교육시장 중 어느 시장을 선택할 것인지 등에 대한 목표시장을 선정해야 한다.

아무리 좋은 제품이나 서비스라 할지라도 시장이 존재하지 않거나, 경쟁사가 너무 많거나, 수익성이 낮거나, 목표시장에서 고객이 원하는 가치를 제공하지 못하게 되면 창업은 실패할 수밖에 없다. 따라서 기술창업아이템과 관련된 시장을 찾아 세분화하고, 세분화된 시장의 특성을 분석하여, 목표시장을 정확하게 선정해야 한다.

2) 시장분석방법

기술창업아이템과 관련된 시장을 세분화하고, 세분화된 시장의 특성을 분석하여 목표시장을 선정해야 한다.

단계	내용
1. 시장세분화	창업아이템과 관련된 시장을 선정하고 시장을 유형별로 세분화함
2. 시장별 특성분석	세분화된 시장별로 시장성, 성장성, 수익성, 경쟁정도 관점에서 분석함
3. 목표시장 선정	분석된 내용을 기반으로 목표시장을 최종 선정해야 함

실습 1 시장분석

■ 목적

시장을 세분화하고 시장별 특성을 분석하여 목표시장을 선정하기 위한 시사점을 도출하는 데 목적이 있다.

■ 진행방법

① 기술창업을 통해 제공하고자 하는 제품이나 서비스와 관련된 시장을 세분화한다.

② 세분화된 시장별로 특성을 분석하고 목표시장을 선정한다.

■ 실습하기

제품/서비스		
관련시장		
시장세분화	시장의 특성	가능성
시사점		

■ **참고사례**

• 아래의 사례는 지식서비스 분야의 창업을 한 창업자가 경영시뮬레이션게임을 활용한 경영교육서비스 관련 시장을 세분화하고, 각 시장별로 특성을 분석한 후 목표시장을 선정한 것이다.

제품/서비스	경영시뮬레이션게임을 활용한 경영교육서비스	
관련시장	교육시장	
시장세분화	시장의 특성	가능성
대학생교육시장	• 취업을 위한 실용적 교육을 필요로 함 • 또한 학생들은 재미있는 교육을 필요로 함	매우 높음
기업교육시장	• 직원에 대한 교육을 강화하고 있음 • 실용적 교육을 필요로 하고 있음	매우 높음
일반인교육시장	• 국가고시 유형에 대한 수요는 많음 • 재취업 교육니즈가 늘고 있음	낮음
시사점	경영시뮬레이션게임을 활용한 교육시장을 분석해 본 결과, 목표시장을 기업 및 대학교육시장으로 선정함	

2. 고객분석

1) 고객분석의 개념

고객분석이란 목표시장 내에 존재하는 고객들의 특성과 니즈를 분석하고 이들의 니즈를 충족시켜 줄 수 있는 가치를 찾아내는 활동을 의미한다. 예를 들어, 교육시장에서 교육생들의 니즈가 점점 더 재미와 체험중심의 교육방식을 원한다고 했을 때 어떤 방법으로 이들의 니즈를 충족시켜 줄 것인가를 결정해야 한다.

기업의 시작과 끝은 고객이기 때문에 고객의 니즈에 대한 정확한 분석 없이는 창업에 실패할 수밖에 없다. 특히 기술창업의 경우에는 전문성을 기반으로 고객의 특성과 다양한 니즈를 분석하여 이를 제품과 서비스로서 충족시킬 수 있는 방안을 수립해야 한다.

2) 고객분석방법

목표시장 내에 존재하는 고객들을 유형별로 분류하고 각 세분화된 고객의 특성과 니즈를 분석하여, 이들의 니즈를 충족시켜 줄 수 있는 가치를 찾아내야 한다.

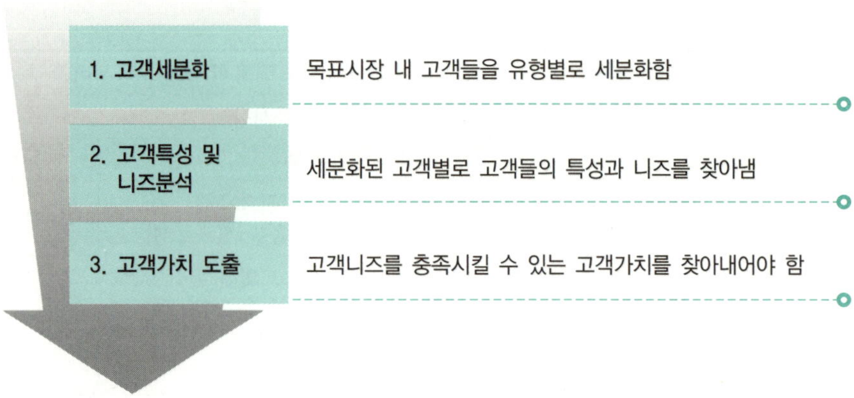

실습 2 고객분석

■ **목적**

고객의 니즈와 특성 및 구매력을 분석하여 고객니즈를 충족시킬 수 있는 가치를 찾아내는 것에 목적이 있다.

■ **진행방법**

① 세분화된 고객별로 고객의 특성과 니즈를 분석한다.
② 그런 다음 고객들의 니즈를 충족시킬 수 있는 가치를 도출한다.

■ **실습하기**

제품/서비스				
주요 고객	고객세분화	고객특성	고객니즈	구매력
시사점				

■ **참고사례**

• 아래의 사례는 경영시뮬레이션게임의 목표시장인 기업고객과 대학고객들을 세분화하여 각 고객별로 고객니즈를 충족시킬 수 있는 가치를 찾아낸 것이다.

제품/서비스		경영시뮬레이션게임을 활용한 경영교육서비스		
주요 고객	고객 세분화	고객특성	고객니즈	구매력
기업고객	대기업	• 인재육성에 대해서 과감하게 투자함 • 다양한 교육 프로그램을 운영함	• 참여중심의 실용적인 교육을 원함 • 기업특성에 맞는 교육을 원함	매우 높음
	중견/중소기업	• 교육에 대한 관심이 상대적으로 낮고 교육에 대한 투자도 미흡함	• 저렴한 이러닝 형태의 교육을 원함	보통
대학고객	4년제 대학	• 새로운 교육 프로그램에 관심 높음 • 교육예산의 제약이 적음	• 현장중심의 실용적 교육을 원함 • 재미있는 교육을 원함	높음
	2년제 대학	• 새로운 교육 프로그램에 관심 부족함 • 교육예산의 제약이 많음	• 현장중심의 실용적 교육을 원함	보통
시사점		경영시뮬레이션게임 기반의 교육이 제공해야 하는 가치는 체험중심의 교육, 현장중심의 실용적인 교육, 몰입할 수 있는 교육, 재미있는 교육이 되어야 함		

3. 경쟁사분석

1) 경쟁사분석의 개념

경쟁사분석이란 창업기업이 진입하고자 하는 시장에서 경쟁해야 하는 주요 경쟁사는 누구인지, 경쟁사들의 강점 및 약점은 무엇인지를 분석하여 차별화 방안을 수립하는 과정을 의미한다.

시장분석과 고객분석을 통해 목표시장과 목표고객이 파악된 후에는 시장 내 경쟁사에 대한 분석을 수행해야 한다. 예를 들어, 모바일 반도체 관련 사업을 할 때, 경쟁관계에 있는 제품들의 성능, 가격, 품질, 서비스 등을 비교·분석하여 차별화

방안들을 찾아내어야 한다. 새로운 시장에 진입할 때에는 기존경쟁사들의 견제가 매우 심하고, 고객들 또한 기존제품과 서비스에 익숙해져 있기 때문에 이를 극복할 수 있는 차별화 방안이 절대적으로 필요하다. 따라서 경쟁사분석을 통해 주요 경쟁사를 찾아내고, 그들이 가진 강점과 약점을 심도 있게 분석하여 차별화된 가치를 제공할 수 있도록 시사점을 도출해야 한다.

2) 경쟁사분석 방법

목표시장과 목표고객들의 관점에서 주요 경쟁사를 찾아내고, 이들의 강점과 약점을 분석하여 차별화할 수 있는 방안을 수립해야 한다.

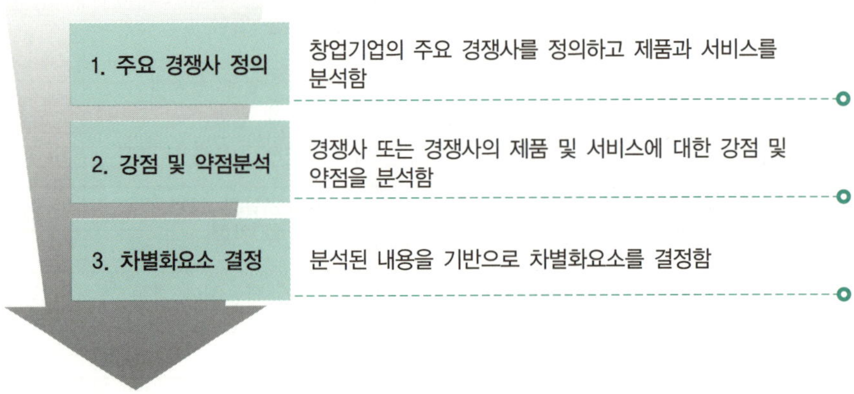

실습 3 경쟁사분석

■ 목적

경쟁사 제품 및 서비스의 강점과 약점분석을 기반으로 창업기업의 차별화 방안에 대한 시사점을 도출하는 데 목적이 있다.

■ 진행방법

① 경쟁사 제품 및 서비스의 강점 또는 약점을 분석한다.

② 강점 또는 약점을 기반으로 차별화할 수 있는 요소를 찾아본 후 시사점을 도출한다.

■ **실습하기**

제품/서비스			
주요 경쟁사	경쟁사의 제품 및 서비스	강점과 약점	차별화요소
시사점			

■ **참고사례**

• 아래의 사례는 경영시뮬레이션게임을 활용한 경영교육 시장의 주요 경쟁사를 분석하고, 차별화 방안을 수립한 것이다.

제품/서비스	경영시뮬레이션게임을 활용한 경영교육서비스		
주요 경쟁사	경쟁사의 제품 및 서비스	강점과 약점	차별화요소
○○컨설팅	해외 솔루션기반의 경영시뮬레이션게임	외국게임을 활용하고 있기 때문에 국내기업의 현실을 제대로 반영하지 못함	국내기업의 현실 반영
○○경영연구소	보드게임기반의 경영게임	교육생의 참여도는 높으나 보드게임 특성상 교육효과가 낮음	웹기반의 게임 교육효과를 높일 수 있는 방안을 수립
시사점	국내기업의 현실 반영, 웹기반의 게임, 교육효과를 높일 수 있는 방안, 경영 전반을 경험할 수 있는 게임 등이 차별화할 수 있는 요소가 됨		

4. 경영프로세스분석

1) 경영프로세스분석의 개념

경영프로세스분석이란 고객의 가치를 충족시키기 위해 제품과 서비스를 어떻게 생산하고 판매하여 전달할 것인가 하는 경영활동의 핵심 프로세스를 분석하는 과정을 의미한다.

예를 들어, 기술컨설팅 사업을 하고자 할 때 컨설팅방법론 개발, 컨설턴트 육성,

컨설팅 수주, 컨설팅 수행, 사후관리 등의 핵심 프로세스를 찾아내고, 어떻게 수행할 것인가 하는 방향을 결정해야 한다.

제품을 생산·판매하기 위해서는 기술개발, 원자재조달, 생산·유통·판매 등 여러 단계를 거치게 되고 이러한 단계를 통하여 기업은 가치를 창출하게 되는데 이를 가치사슬(Value Chain)이라고 한다. 창업자는 고객이 원하는 제품과 서비스를 생산·판매하기 위한 합리적이고 효율적인 경영프로세스를 구축하고, 이를 통하여 가치를 창출해야 한다.

최근에는 가치사슬의 전 단계를 단일기업이 혼자 구축하기 어렵기 때문에 다양한 파트너회사(이해관계자)들과 협업을 해야 한다. 이처럼 여러 파트너회사들의 활동들이 유기적으로 연계된 것을 가치시스템(Value System)이라고 한다.

2) 경영프로세스분석 방법

제품과 서비스가 최종 고객에게까지 전달되는 과정에서 일어나는 주요 활동을 찾아낸 후 각 활동에 필요한 역량 및 주요 이해관계자를 분석한다.

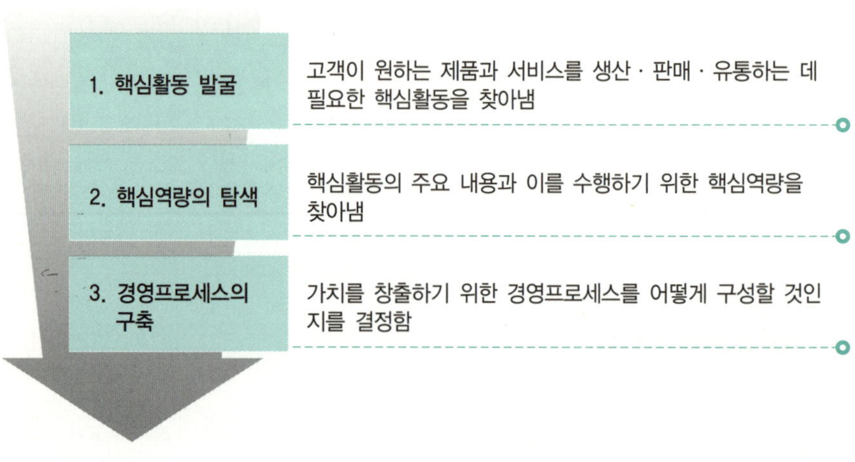

실습 4 경영프로세스분석

■ **목적**

핵심활동 중심으로 경영프로세스를 분석해 보고 이해관계자들과의 협력관계 구축에 대한 시사점을 도출하는 데 목적이 있다.

■ **진행방법**

① 제품과 서비스가 전달되는 과정상에서 수행해야 할 핵심활동들을 분석한다.

② 핵심활동에 관한 주요 내용을 찾아내고, 각 활동을 수행하는 데 필요한 핵심 역량을 찾는다.

■ **실습하기**

제품/서비스		
핵심활동	주요 내용	필요역량
시사점		

■ **참고사례**

• 아래의 사례는 체험중심의 경영시뮬레이션을 개발하고자 하는 예비창업자가 서비스방식, 교육콘텐츠, 강사 측면에서 독창성을 찾아내고 가치를 분석하여 시사점을 도출한 것이다.

제품/서비스	경영시뮬레이션게임 교육서비스	
핵심활동	주요 내용	필요역량
1단계: 연구개발	콘텐츠 개발 교육방법 설계 교육매뉴얼 개발 강사 양성	전문지식 개발 노하우
2단계: 마케팅	교육수주 콘텐츠 판매	영업능력
3단계: 교육서비스	경영시뮬레이션게임 교육서비스 제공	교육능력
4단계: 홍보 및 관리	홈페이지 관리 온라인/오프라인 홍보	프로모션능력
시사점	• 경영시뮬레이션게임 교육서비스는 연구개발을 통한 콘텐츠 개발능력과 교육서비스가 매우 큰 비중을 차지함 • 창업기업은 마케팅능력이 다소 약해 마케팅관련 이해관계자들과 유기적인 협력관계를 구축할 필요가 있음	

5. 수익모델분석

1) 수익모델분석의 개념

수익모델분석이란 창업기업이 제품과 서비스를 생산·판매하여 어떻게 매출을 창출하고, 그 과정에서 어떠한 비용이 발생하는가를 분석하는 활동을 의미한다.

기업이란 수익과 비용의 차익으로 발생한 이익이 창출되어야 운영될 수 있는 시스템으로 기업에서 발생하는 수익은 주로 제품과 서비스를 생산·판매하여 얻은 매출액이고, 비용은 크게 생산원가와 판매 및 일반관리비로 구성된다.

생산원가는 제품생산 활동에 소요되는 비용이며 판매 및 일반관리비는 광고비, 영업사원급여와 같이 마케팅 및 관리활동을 수행하는 데 소요되는 비용으로 판매량에 따라서 단위당 판매 및 일반관리비는 달라진다. 이러한 비용의 분석이 철저히 이루어지지 않는다면 매출이 일어나도 수익이 발생하지 못하는 경우가 생길 수도 있다. 그러므로 기업이 어떻게 수익이 발생될 수 있는지, 원가 및 비용이 어떻게 발생하는지에 대한 정확한 분석이 필요하다.

2) 수익모델분석 방법

주요 제품과 서비스의 가격과 판매에 따른 비용분석을 토대로 예상수익을 비교하여 가격의 타당성 검토 및 마케팅전략 수립을 위한 시사점을 도출한다.

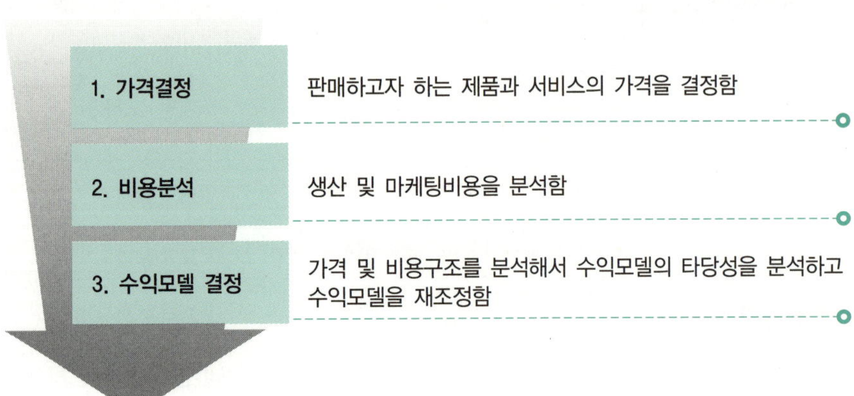

실습 5 수익모델분석

■ 목적

가격과 비용을 비교하여 수익모델의 타당성을 분석하는 데 목적이 있다.

■ 진행 방법

① 판매하고자 하는 제품과 서비스별로 판매가격과 판매에 따른 비용을 분석한다.

② 제품과 서비스의 유형별로 수익성을 비교·분석한 결과를 기반으로 수익모델의 타당성을 분석한 후 시사점을 도출한다.

■ 실습하기

제품/서비스			
유형	가격	비용	수익
시사점			

■ 참고사례

• 아래의 사례는 경영시뮬레이션게임을 활용한 경영교육서비스의 수익모델을 분석하고 시사점을 도출한 것이다.

제품/서비스	경영시뮬레이션게임 교육서비스		
유형	가격	비용	수익
임원교육	960만원 (=60만원×16시간)	626만원 • 강사비 480만원 (=960만원×0.5) • 마케팅비용 96만원 (=960만원×0.1) • 기타비용 50만원	334만원

신입사원교육	360만원 (=40만원×9시간)	246만원 • 강사비 180만원 (=360만원×0.5) • 마케팅비용 36만원 (=360만원×0.1) • 기타비용 30만원	114만원
대학교육	300만원 (=300만원×1학기)	200만원 • 강사비 150만원 (=300만원×0.5) • 마케팅비용 30만원 (=360만원×0.1) • 기타비용 20만원	100만원
시사점	• 임원교육 상품은 수익성이 매우 높은 고부가가치 상품으로서 마케팅역량을 집중할 필요가 있음 • 대학교육 상품은 수익성이 있으나 부가가치가 상대적으로 낮아 가격정책의 변화 필요		

Ⅲ 종합실습 – 기술창업 사업모델 개발

▪ 목적

창업자의 제품과 서비스가 고객에게 전달되는 과정을 시장, 고객, 경쟁사, 경영 프로세스, 수익 관점에서 하나의 표로 정리하여 기술창업 사업모델을 제시하는 데 목적이 있다.

▪ 진행방법

① 기술창업 사업모델의 요소로 제시한 5개 요소를 중심으로 사업모델을 정리한다.

② 한 장에 표현된 사업모델을 바탕으로 타당성을 검토한다.

■ 실습하기

제품/서비스		
시장 (Market)	관련 시장	목표시장
고객 (Customer)	관련 고객	목표고객
경쟁사 (Competitor)	관련 경쟁사	주요 경쟁사
경영프로세스 (Business Process)		
수익 (Revenue/ Cost)	가격 – 비용	이익

■ 참고사례

- 아래의 사례는 경영시뮬레이션 교육서비스의 비즈니스모델을 시장, 고객, 경쟁사, 경영프로세스, 수익 관점에서 하나의 표로 정리한 사례이다.

제품/서비스	경영시뮬레이션 교육서비스	
시장 (Market)	관련 시장	목표시장
	대학교육시장, 기업교육시장, 일반인교육시장	기업교육시장, 대학교육시장
고객 (Customer)	관련 고객	목표고객
	기업고객 – 대기업, 중견/중소기업 대학고객 – 4년제대학, 2년제대학	대기업, 4년제대학
경쟁사 (Competitor)	관련 경쟁사	주요 경쟁사
	HR컨설팅업체, 기업교육 전문업체	○○컨설팅, ○○경영연구소
경영프로세스 (Business Process)	연구개발 – 마케팅 – 교육 서비스 – 홍보 및 관리	
수익 (Revenue/ Cost)	가격 – 비용	이익
	임원교육: 960만원 – 626만원 신입사원교육: 360만원 – 246만원 대학교육: 300만원 – 200만원	114만원 334만원 100만원

사례 6-2 불꺼진 파이어폰 … 아마존 나홀로 '어닝쇼크'

아마존이 2분기 큰 폭의 매출증가에도 불구하고 큰 적자를 기록했다. 아마존은 24일(현지시각) 2분기 매출이 전년동기보다 23% 증가한 193억 4,000만달러와 손실액 1억 2,600만달러(주당 27센트)를 기록했다고 발표했다.

매출규모는 월가의 예상과 일치했지만 손실규모는 지난해 같은 기간 700만달러, 주당 2센트에 비해 손실규모가 확대돼 타격이 불가피할 것으로 보인다. 아마존 주가는 장 마감 후 시간외 거래에서 5% 이상이 빠진 것으로 나타났다.

아마존의 특성상 매출성장을 추구하는 순환식 구조로 회사가치가 높은 것으로 유명하다. 하지만 이번 손실액 확대로 브랜드이미지 타격이 불가피하다. 아마존의 2분기 말까지 현금보유액은 50억달러다.

아마존은 새로 출시한 파이어폰의 판매량을 밝히지 않았지만 미국 내 네티즌과 언론들은 연일 악평을 쏟아내고 있다. 거대한 아마존 생태계를 내세우며 자신 있게 공개한 아마존폰의 입지가 출발부터 삐걱대고 있다.

미국 IT전문매체 씨넷(CNET)은 "경쟁기기와 가격은 비슷하지만 느리고 배터리 효율도 엉망"이라며 "아마존은 대담한 불을 붙이는데 실패했다"고 평가했다.

IT기기 리뷰사이트 리/코드(Re/code)는 "애플과 삼성을 넘기 위해 아마존은 더 좋은걸 내놨어야 했다"고 말했고 더 버지(The Verge)는 "스마트폰은 장난감이 아니라 도구다. 아마존은 이걸 이해 못하고 있다"고 밝혔다.

스마트폰의 부진 여파로 3분기 실적도 부정적이다. 아마존은 3분기 매출전망을 197억~215억달러로, 손실전망치는 4억 1,000만~8억 1,000만달러로 내다보고 있다.

출처: 해럴드경제(2014. 7. 25)

생각해보기 IT기반의 세계적인 기업인 아마존이 새로운 휴대폰을 출시하였다 큰 실패를 경험하였습니다. 최고의 인재들이 모인 아마존, 애플, 구글 같은 기업들도 성공 뒤에는 보이지 않은 수많은 실패를 겪고 있습니다. 모든 것이 열악한 예비창업자들이 이같은 실패를 극복하는 유일한 방법은 창업자 본인의 역량뿐입니다. 그러므로 창업자 스스로 어느 수준의 역량을 갖추고 있는지를 점검하고, 역량을 강화하기 위해서 어떤 노력을 하고 있는지를 성찰할 필요가 있습니다.

마무리하기

1. 학습목표 확인	
기술창업 사업모델 개발의 이해	1. 기술창업 사업모델 개발의 개념에 대해 이해하셨습니까? 2. 시장분석, 고객분석, 경쟁사분석, 경영프로세스분석, 수익구조분석을 통해서 창업사업모델을 개발하는 방법에 대해 이해하셨습니까?

2. 실습 결과	
기술창업 사업모델 개발	1. 사업모델을 하나의 표로 표현하는 방법을 이해하였습니까? 2. 기술창업 사업모델 실습에서 제시한 목표시장, 목표고객, 주요 경쟁사, 경영프로세스, 수익구조에 근거하여 한 장의 표로 표현하셨습니까?

3. 다음 단계 소개	
제7장 기술트렌드분석	1. 다음 단계에서는 기술트렌드분석의 개념과 분석방법에 대해 학습하게 됩니다. 2. 그런 다음에 기술트렌드를 한 장의 표로 분석하는 실습을 하게 될 것입니다.

기술동향 및 특허분석

module 3

기술트렌드분석

Chapter 07

제7장에서는 자신이 보유하고 있는 기술을 제품화하기 전에 시장에서 요구하는 제품의 콘셉트를 도출하고 관련 기술의 트렌드를 읽어 이해하는 방법을 학습한다.
기술창업을 하기 위해서는 자신이 보유하고 있는 기술이 시장에서 어느 정도의 수준에 있는가를 인지해야 하고 관련 기술을 통해 현재 어떠한 제품 형태들로 상품화되었는지에 대한 면밀한 조사가 필요하다. 이를 통해서 차세대 제품 개발을 위한 핵심기술을 개발할 수 있게 된다.
제7장은 기술트렌드분석의 개념, 기술트렌드분석 방법, 기술트렌드분석 실습으로 구성되어 있다.

기술트렌드분석 구성

1. 기술트렌드 분석의 개념 → 2. 기술트렌드 분석 방법 → 3. 종합실습 기술트렌드분석

사례 7-1 가트너가 뽑은 2015년 10대 전략 기술

내년 전체 산업에 영향을 끼칠 만한 기술로 사물인터넷(IoT), 3D프린팅, 첨단분석기술 등이 꼽혔다. 컴퓨팅 에브리웨어 등 인터넷에 24시간 연결된 환경에 맞는 기술들이 주로 선정됐다.

IT시장조사기관 가트너는 13일 '2015년도 10대 전략 기술동향'을 발표하고 향후 3년간 기업에 주요한 영향을 미칠 가능성이 있는 기술동향을 제시했다. IT나 비즈니스에 혼란을 가져올 가능성이 높은지, 대대적인 금전투자를 요하는지, 또는 늦은 채택이 위험을 초래할 수 있는지 등을 고려해 선정했다.

가트너에 따르면 언제 어디서나 컴퓨팅 사용이 가능한 컴퓨팅 에브리웨어(Computing Everywhere)가 내년 전략기술로 전망된다. 모바일기기가 급증하면서 기기 자체에 대한 지원보다 다양한 정황 또는 환경 속 모바일 사용자의 요구에 대한 지원이 늘어날 것으로 전망했다.

또 전 세계 3D프린터의 출하량이 내년에 98% 성장하는 데 이어 2016년에는 2배가 될 것으로 내다봤다. 특히 3D프린터의 디자인이 개선되고 능률적인 프로토타이핑, 짧은 제조공정이 가능해지면서 산업, 생물의학, 소비자 제품 분야에서의 활용이 두드러질 것으로 예상했다.

다음으로 임베디드시스템이 생성하는 데이터의 양이 증가하고 기업 내외 정형·비정형 데이터 풀 분석이 가능해지면서 '분석'이 각광받을 것으로 가트너는 전망했다. 모든 애플리케이션은 분석 앱이 돼야 한다는 것. 이밖에 내년도 10대 전략 기술로는 IoT, 다양한 정황 정보를 제공하는 콘텍스트 리치 시스템, 스마트 머신, 클라우드/클라이언트 컴퓨팅, 소프트웨어 정의 애플리케이션과 인프라, 웹-스케일 IT, 위험기반 보안과 자가방어 등이 선정됐다. 웹-스케일 IT는 거대 클라우드서비스 제공업체들의 역량을 기업 내 IT환경 내에서 제공하는 것을 말한다.

출처: 머니투데이(2014. 10. 13)

생각해보기 기술기반의 창업에서 가장 중요한 성공요인 중 하나는 기술입니다. 기술이 우수하다고 해서 창업에 성공한다는 보장은 없지만, 기술이 우수하지 못하면 창업은 성공하기 힘듭니다. 기술 변화를 정확하게 분석하지 못하면 기능이 떨어진 제품을 개발한다든지, 원가가 비싼 기술을 사용해서 제품경쟁력이 낮아지게 되어서 창업에 실패할 가능성이 매우 높아지게 됩니다. 그러므로 기술기반의 창업에서는 창업하고자 하는 제품을 개발, 생산, 유통과정에 소요되는 기술이 어떻게 변화하는지를 정확하게 분석해야 합니다.

I 기술트렌드분석의 개념

1. 기술트렌드분석의 이해

기술트렌드분석이란 미래기술의 발전방향을 예측하기 위해서 현재 사용되고 있는 기술의 현황과 향후 기술발전의 큰 방향을 분석함으로써 기술진화의 핵심요소를 추출해 내는 과정을 의미한다.

기술트렌드분석은 기술진화의 방향성을 파악해서 자사가 보유하고 있는 기술력으로 차별화할 수 있는 신제품개발을 할 수 있게 한다. 뿐만 아니라 제품개발 로드맵과 중장기적인 기술개발 계획을 수립할 수 있게 해준다. 또한 영업 마케팅 부서에서는 기술트렌드에 대한 정보를 경쟁사에 비해 차별화된 가치를 제안할 수 있게 하는 핵심역량으로 사용할 수가 있다.

만약 기술트렌드분석이 잘못 수립된다면 회사의 제품개발 정책은 경쟁사에 비해서 차별화를 잃게 되고 시장에서 원하지 않는 방향으로 기술을 개발하는 오류를 범하여 기술생태계에서의 도태를 초래하기 때문에 끊임없이 기술의 변화를 읽어내는 활동은 매우 중요하다.

2. 기술트렌드분석 방법

기술트렌드분석 방법은 제품동향분석과 기술동향분석의 단계로 구분된다.

① 제품동향분석은 시장에 출시 되어 있는 제품들의 사양을 분석하여 공통점과 특이점을 파악하고, 차세대 제품의 콘셉트를 도출하는 과정을 의미한다.

② 기술동향분석은 제품동향분석을 통해 찾아낸 차세대 제품사양을 구현할 수 있는 기술들을 찾아내고 그 중에서 자사의 차별화된 기술을 도출하는 것을 의미한다.

기술트렌드분석 구성

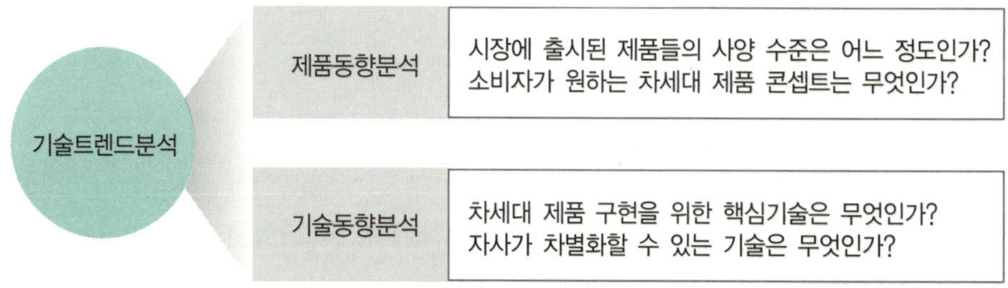

Ⅱ 기술트렌드분석 방법

1. 제품동향분석

1) 제품동향분석의 개념

제품동향분석이란 시장에서 유통되고 있는 제품들을 분석하여 현재 적용되고 있는 제품 사양의 종류와 수준을 분석하고 이를 기반으로 소비자들이 원하는 가상의 차세대 제품 콘셉트를 찾아내는 과정을 의미한다.

예를 들어, 가전제품 중 디지털TV에 대한 제품동향을 분석할 때 시중에 나와 있는 모든 디지털TV의 제품 리스트를 확보한 후 디스플레이의 크기, 화소수, 3D 구현, 스마트기능 등에 대한 사양들을 확보할 수 있다. 그런 다음에 판매실적이 우수한 제품들을 중심으로 공통된 사양이나 특이사양들이 무엇인지를 분석해보면 소비자들이 선호하는 제품사양이 어떤 것인지, 향후에는 어떤 방향으로 제품을 출시해야 하는지에 대해서 예측할 수 있다.

시장에서 검증되어 소비자들에게 널리 유통되고 있는 제품들의 사양은 향후에 수행할 기술동향을 파악하기 위한 가장 중요한 정보가 된다. 만약 제품동향에 대한 분석이 이루어지지 않는다면 현재 시장에서 경쟁사들이 어떤 수준의 제품을 출시하고 있고, 소비자들이 선호하는 제품들의 사양은 어떤 것인지를 분석할 수 없기 때문에 제품동향분석은 기술트렌드분석을 위해 반드시 수행되어야 한다.

2) 제품동향분석 방법

제품동향분석은 제품사양조사, 소비자선호도조사, VOC조사 순으로 진행된다.

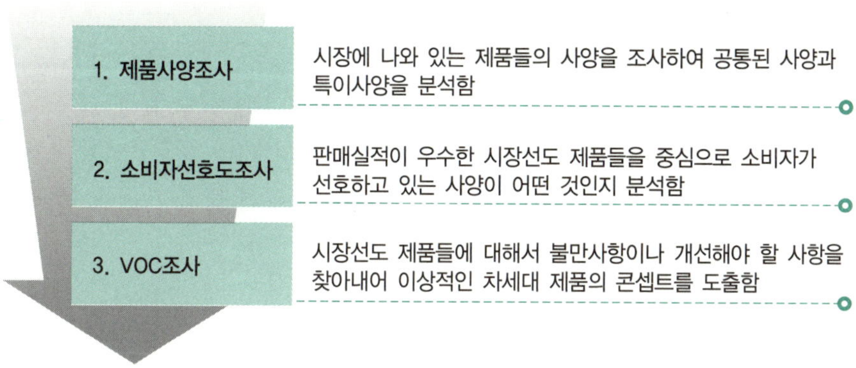

기술트렌드분석의 첫 번째 단계인 제품사양조사란 진입하고자 하는 시장에서 현재 판매되거나 소개된 제품들의 사양을 조사하는 것이다. 이를 위해 경쟁사 현황을 분석하고 각 경쟁사들의 주요 제품에 대한 세부 사양을 분석하여 공통적으로 적용된 사양과 새롭게 소개되고 있는 특별한 사양들을 도출해낸다. 예를 들어, TV 디스플레이 반도체 시장에 진입하기 위해서 현재 판매되거나 소개된 TV들의 사양 조사를 해보면 기존방식은 PDP나 LCD방식, LED방식, 3D, UHD 등 매우 다양한 디스플레이 사양들이 조사될 수 있다. 이러한 조사를 기반으로 공통적으로 많이 사용되고 있는 사양은 어떤 방식인지 특정 제품에만 적용된 특이사양은 무엇인지 알 수 있게 된다.

두 번째 단계인 소비자선호도조사는 현재 시장을 선도하고 있는 제품들을 찾아내고 그 제품들을 중심으로 소비자가 선호하는 사양을 분석하는 것이다. 예를 들어, TV 판매량이 가장 많은 S사와 L사의 제품을 중심으로 선호사양을 분석해보면 소비자들은 에너지효율과 화질 면에서 우수한 기존 PDP나 LCD방식보다 LED방식을 점점 더 많이 구매하고 있음을 알 수 있었다. 즉, 평판TV 디스플레이 사양 중에서 LED방식은 소비자가 선호하는 사양임을 알 수 있다. 소비자선호도를 조사하기 위해서는 매장을 방문하여 영업사원에게서 가장 인기 있는 제품 리스트를 확보하거나 제품별로 전문 조사기관의 선호도조사 결과를 활용해야 한다.

마지막 단계인 VOC(Voice Of Customer)조사는 시장선도 제품들에 대한 불만사항을 분석하여 고객이 이상적으로 원하는 가상의 제품사양을 알아 내는 과정이다. 현재 가장 잘 판매되고 있는 제품들에 대해서 고객의 의견을 듣고 제품의 불만사항이나 개선사항에 대한 의견을 수렴하는 것이다. 예를 들어, LED TV를 사용하는 고객들의 의견조사를 통해 TV 시청 시 고화질의 화면이 사실감을 더해 주지만 기존방식의 TV보다 눈의 피로도가 상대적으로 크다는 불만사항을 파악하고, 이를 해결하기 위한 방안을 수립할 수 있을 것이다. 고객의 목소리를 듣기 위해서는 고객들을 직접 대면하는 방법이 가장 좋지만 현실적으로 많은 어려움이 있기 때문에 시장조사기관 등의 전문자료 또는 소셜네트워크나 온라인 블로그 등을 통해서 고객의 의견을 파악하는 것이 좋은 방법이다.

실습 1 제품동향분석

■ 목적

소비자가 원하는 차세대 제품의 콘셉트를 찾아내는 데 있다.

■ 진행방법

① 경쟁사들의 제품사양을 검색하여 공통적인 사양과 상이한 사양을 모두 리스트한다.

② 시장선도 제품을 중심으로 소비자가 선호하고 있는 사양들이 무엇인지 분석한다.

③ 시장선도 제품에 대한 불만사항이나 개선요구사항을 분석하여 개발해야 하는 차세대 제품의 사양을 도출한다.

■ 실습하기

구분	주요 내용
제품사양조사	
소비자선호도조사	
VOC조사	
차세대 제품의 콘셉트	

■ 참고사례

• 아래의 사례는 한 창업자가 자신이 보유하고 있는 IP 제어기술을 활용하여 진출하고자 하는 스마트홈 시장의 제품동향을 분석한 것이다.

구분	주요 내용
제품사양조사	• 위험/보안 경보제어 및 무선 CCTV 제어기능 • 냉난방 제어기능 • Audio 및 Video 제어기능 • 출입문 제어기능 • 실내조명장치 제어기능
소비자선호도조사	• 위험/보안 경보제어 및 무선 CCTV 제어기능: 맞벌이부부 추세에 부합하여 원격으로 화재나 보안경보 및 제어기능을 중요하게 생각함 • 냉난방 제어기능: 에너지효율을 추구할 수 있고 또한 불시 방문자가 있을 시에도 사전에 난방 및 냉방을 조절할 수 있음
VOC조사	• 위험/보안 경보앱과 온도제어기능 앱이 각각 다른 응용 프로그램으로 제공이 되어 있어서 소비자는 하나의 통합된 앱을 원하고 있음
차세대 제품의 콘셉트	• 위험/보안 경보제어, 무선 CCTV, 냉난방 제어를 할 수 있는 신뢰성 있는 사용보안 기능을 갖춘 통합형 스마트홈 앱 제품

2. 기술동향분석

1) 기술동향분석의 개념

기술동향분석이란 제품동향분석을 통해 도출된 가상의 차세대 제품사양을 구현하기 위한 기술을 분석하는 과정이다. 예를 들면, 스마트TV의 제품동향분석을 통해서 소비자는 더욱 더 얇으면서 대형 사이즈를 적용한 디스플레이, 화질과 음향 품질이 우수한 TV를 구매하고 싶어 한다는 것을 알아 내었다.

디스플레이 패널의 두께를 줄이고 대형 사이즈를 구현하는 것은 패널기술이 필요하고 좋은 화질을 제공하기 위해서는 화소수 증가 기술이 필요하다. 뿐만 아니라 패널이 얇아지면서 음향 품질이 저하되는 것을 보완하는 음향 향상기술도 같이 적용해야 한다.

만약, 디스플레이에 대한 기술분석은 잘 이루어졌지만 음향기술에 대해서 제대로 분석되지 않았다면 신제품의 사운드 성능은 떨어지게 된다. 이러한 제품은 시장에서 외면을 받게 될 것이고 신규 소비를 만들어 내지 못하는 결과로 신제품에 대한 구매욕구는 사라지게 될 것이다.

기술동향분석은 주기적인 신제품 출시뿐만 아니라 제품 라이프사이클 연구에도 중요한 역할을 하기 때문에 매우 중요한 분석과정이라고 볼 수 있다.

2) 기술동향분석 방법

단계	내용
1. 시장요구제품 사양 정의	제품동향분석을 통해서 도출된 소비자들의 요구제품에 대한 사양을 정의함
2. 핵심기술 도출	요구제품사양을 구현하기 위한 핵심기술을 도출하고, 자사의 강점과 관련이 있는 핵심기술을 찾아냄
3. 미래수요 파악	도출된 핵심기술에 대한 향후 수요를 예측함

기술동향분석은 시장 요구제품 사양 정의, 핵심기술 도출, 미래수요 파악 순으로 구성된다.

시장요구제품 사양 정의란 제품동향분석에서 도출된 소비자들의 요구사항을 정의하는 과정이다. 즉, 현재 소비자들이 사용하고 있는 제품보다 더 나은 가상의 차세대 제품 사양을 정의하는 것이다. 예를 들면, 위험/보안 경보제어 및 무선 CCTV 제어기능과 온도제어기능이 스마트홈 시장에서 요구하는 주요 기능인데 소비자들의 사용후기를 면밀히 조사하여 본 결과 소비자들은 인터넷으로 자신의 기기를 원격으로 제어함에 있어서 해킹에 대한 불안감을 떨치지 못한다는 것을 알 수 있었다. 이에 소비자가 신뢰할만한 사용자 보안기능을 갖춘 가상의 스마트홈 제품을 시장요구제품 사양으로 정의내릴 수 있는 것이다.

핵심기술 도출이란 소비자가 원하는 가상의 차세대 제품사양을 구현하기 위해 반드시 필요한 핵심기술들을 정의하고 그 기술 중에서 자사가 강점을 가진 기술을 찾아 내어 차별화하는 것이다. 창업자는 자사가 가지고 있는 기술력으로 성능을 극대화하여 경쟁사 대비 차별화를 이룰 수 있기 때문에 핵심기술 도출 과정은 매우 중요하다.

차세대 평판TV 핵심기술

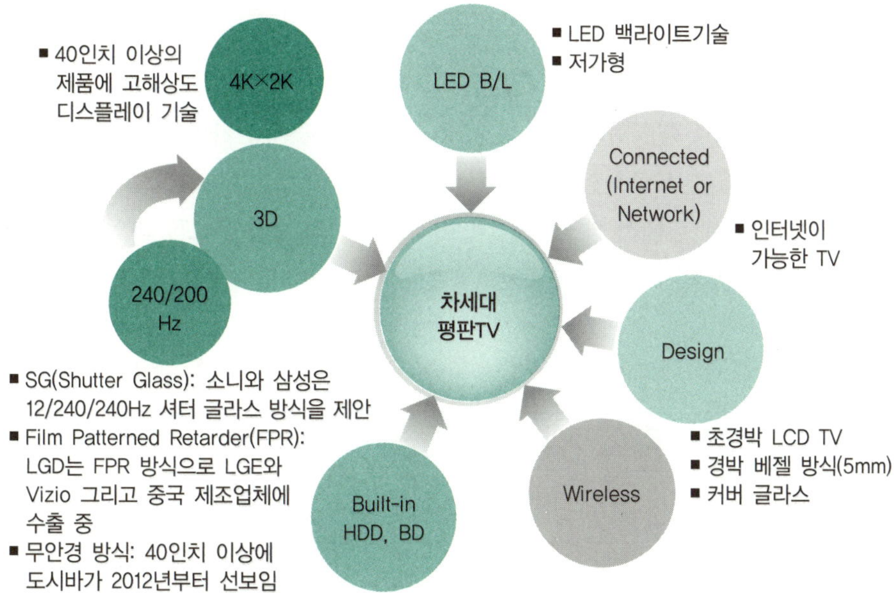

출처 : Display Search 2011

예를 들면 소비자가 원하는 차세대 TV를 구현하기 위해서 고해상도 디스플레이, 3D, WIFI 무선전송기술, 내장형 하드디스크, LED 백라이트 기술, 인터넷이라는 핵심기술로 정의하였을 때, WIFI 무선전송기술에 자사가 강점을 가지고 있다면 초고속 WIFI 무선전송기술을 구현하여 경쟁력을 확보하고 차별화할 수 있다.

미래수요 파악이란 자사가 개발하고자 하는 핵심기술과 관련된 미래시장의 성장가능성과 규모를 파악하여 기술개발 및 투자의 타당성을 확인하는 것이다. 미래수요 파악은 사회, 기술, 경제, 환경적인 측면에서 메가트렌드의 주요 이슈를 도출하고 키워드를 찾아내어 성장가능성과 시장규모를 분석할 수 있다.

예를 들면, 전기자동차의 배터리 충전기술을 가진 창업자는 대체에너지 시장의 활성화와 환경오염 억제 차원에서 관련 기술의 지속적인 성장이 예상되기 때문에 미래수요의 타당성이 있다고 판단할 수 있다.

실습 2 기술동향분석

■ 목적

소비자가 원하는 차세대 제품을 개발하기 위한 핵심기술을 찾아내고, 자사가 차별화할 수 있는 핵심기술 개발의 타당성을 분석하는 데 있다.

■ 진행방법

① 차세대 제품의 핵심기술을 정의하고, 핵심기술 중에서 차별화가 가능한 자사의 핵심기술을 도출한다.

② 메가트렌드 관점에서 해당 기술의 미래 성장가능성과 규모를 파악하여 타당성을 확인한다.

■ 실습하기

구분		주요 내용
시장요구제품 사양 정의		
핵심기술도출	시장요구기술	
	자사역량기술	
	핵심기술	

미래수요파악	사회	
	기술	
	경제	
	환경	
	결론	

■ 참고사례

• 아래의 사례는 한 창업자가 진출하고자 하는 스마트홈 시장의 기술동향을 분석한 것이다.

구분		주요 내용
시장요구제품 사양 정의		• 통합형 스마트홈(위험/보안 경보제어 및, 무선 CCTV, 온도제어) 앱 제품
핵심기술도출	시장요구기술	• 화상전송기술 • 인터넷보안기술 • 에어콘 및 난방제품 제어기술 • IP Network 제어기술 • 모바일 앱 개발기술
	자사역량기술	• 인터넷보안기술
	핵심기술	• 인터넷보안기술을 강화하여 안정적인 통합형 스마트홈 제어(위험/보안 경보제어 및 무선 CCTV, 온도제어) 기술
미래수요파악	사회	• 맞벌이부부의 증가로 원격 홈 제어기술 수요 발생 • 고령자 증가 및 개인주의화
	기술	• 전파기술 융합 가속화 • 지능형 IT기술 가속화 • 백색가전의 지능화 • 모바일 수요의 지속
	경제	• 21세기 글로벌화로 인한 원격 스마트홈 요구 발생 • 소비자의 경제여건 풍요
	환경	• 지능형 신재생에너지시스템 구축 • 에너지절감 수요
	결론	• 스마트홈의 수요는 지속적으로 증가할 것으로 예상됨

Ⅲ 종합실습 - 기술트렌드분석

■ 목적

제품동향 및 기술동향을 분석하여 소비자가 원하는 차세대 제품을 개발하기 위한 핵심기술을 정의하고 해당 기술의 수요를 분석하는 데 목적이 있다.

■ 진행방법

① 해당 시장의 주요 제품동향을 분석하여 차세대 제품의 콘셉트를 찾아낸다.
② 차세대 제품을 개발하기 위한 핵심기술을 정의하고, 기술의 미래수요를 파악한다.

■ 실습하기

구분		주요 내용
제품동향 분석	제품사양 조사	
	소비자 선호도조사	
	VOC조사	
	차세대 제품의 콘셉트	
기술동향 분석	시장 요구제품 사양 정의	
	핵심기술 도출	
	미래수요 파악	

■ 참고사례

- 아래의 사례는 스마트홈 시장에 진입하고자 하는 창업자가 제품동향 및 기술동향을 중심으로 기술트렌드를 분석한 것이다.

구분		주요 내용
제품동향 분석	제품사양 조사	• 위험/보안 경보제어 및 무선 CCTV 제어기능 • 냉난방 제어기능 • Audio 및 Video 제어기능 • 출입문 제어기능 • 실내조명장치 제어기능
	소비자 선호도조사	• 맞벌이부부 추세에 부합하여 원격으로 화재나 보안경보 및 제어기능을 중요하게 생각함 • 에너지 효율을 추구할 수 있고 또한 불시 방문자가 있을 시에도 사전에 난방 및 냉방을 조절할 수 있는 기능을 요구함
	VOC조사	• 위험/보안 경보앱과 온도제어기능 앱이 각각 다른 응용 프로그램으로 제공이 되어 있어서 소비자는 한개의 통합된 앱을 원하고 있음
	차세대 제품의 콘셉트	• 위험/보안 경보제어, 무선 CCTV, 냉난방 제어기능을 모두 포함한 통합형 스마트홈 앱
기술동향 분석	시장 요구제품 사양 정의	• 통합형 스마트홈(위험/보안 경보제어 및, 무선 CCTV, 온도제어) 앱 제품
	핵심기술 도출	• 자사 인터넷보안기술을 강화하여 안정적인 통합형 스마트홈 제어(위험/보안 경보제어 및 무선 CCTV, 온도제어) 기술개발
	미래수요 파악	• 맞벌이부부의 증가로 원격 홈제어기술 수요 발생 • 기반기술인 전파기술, 지능형 IT기술, 백색가전의 지능화기술로 스마트홈 구현이 가능 • 에너지절감 수요 증가 • 스마트홈의 수요는 미래에 계속 증가할 것으로 예상됨

사례 7-2 PDP TV, 역사 속으로 사라진다

일본의 파나소닉, 한국의 삼성SDI · LG전자에 이어 중국의 창훙(Changhong)도 PDP(플라즈마 디스플레이 패널) TV 사업을 철수한다. 한 · 중 · 일 3국 모두 생산을 중단함에 따라 PDP TV는 역사 속으로 완전히 사라지게 됐다.

18일 북경상보 등 중국 언론에 따르면 창훙은 쓰촨성에 위치한 양따쿤투자유한공사에 자회사 쓰촨COC(훙어우)의 지분 61.48%를 양도했다. COC는 2007년 설립 이래 PDP 패널과 모듈을 생산하는 등 창훙의 PDP 사업을 담당해 왔다. 창훙은 이번 지분양도에 대해 "PDP 시장의 지속적인 축소, PDP 부품 자원의 부족, PDP 패널과 모듈의 원가상승으로 COC에 막대한 손실을 초래했기 때문"이라고 설명했다. 창훙은 이번 조치로 수익성이 향상될 것을 기대하고 있다.

전문가들은 창훙이 자회사 COC의 지분을 양도한 것은 사실상 PDP TV에서의 철수를 의미한다고 해석하고 있다. 창훙은 이미 지난 9월부터 COC와 거래를 중단한다고 공고한 바 있다. 일본, 한국의 TV 제조사들이 앞서 PDP TV 시장 철수를 발표한 가운데 창훙은 유일하게 PDP

TV를 생산하는 곳이었다. 창홍 마저 PDP 사업에서 손을 떼면서 한때 LCD(액정표시장치) TV와 시장주도권 경쟁을 벌이던 PDP는 완전히 역사 속으로 사라지게 됐다.

가장 먼저 PDP TV 철수를 발표한 것은 일본 기업들이다. 도시바가 2006년 PDP TV의 연구개발 중단을 선포했으며 소니도 2006년 PDP TV에서 철수한다고 발표했다. 이어 2007년 후지쯔가 PDP TV 생산 중단을 선언했으며 마지막까지 PDP TV를 지켰던 파나소닉도 지난해 철수를 발표했다. 국내에서 PDP 패널을 생산하던 삼성SDI도 지난 7월 PDP 사업 중단을 발표했으며 LG전자도 지난 10월 PDP TV에서 철수키로 했다고 공식적으로 밝혔다.

PDP는 두 장의 유리판 사이에 이온·전자 혼합물을 넣고 기체(가스) 방전 효과를 이용해 빛을 발현하게 하는 방식으로, 높은 해상도와 색 재현력으로 초기 평판TV 시장을 주도했다. 특히 LCD에 비해 대형화가 쉽다는 점은 큰 이점으로 꼽혔다. 하지만 삼성, LG를 비롯한 다양한 기업들이 LCD에 대규모 투자를 단행하면서 색재현력, 응답속도, 대형화 등 기술의 한계를 극복했으며 규모의 경제를 통해 가격도 빠르게 낮췄다. 그 결과 2006년 3분기 기준 37인치 이상 대형 평판TV에서 LCD가 PDP를 추월하면서 TV 시장을 주도하기 시작했다.

반면, 소수 일본기업이 주도하던 PDP는 폐쇄적인 운영으로 생태계 조성에 실패하면서 빠르게 시장을 빼앗겼다. 시장조사업체 디스플레이서치에 따르면 전 세계 PDP TV 시장규모는 지난해 1,029만 5,000대에서 올해 585만 5,000대로 감소하고 2016년에는 70만대로 감소할 전망이다.

출처: 디지털타임스(2014. 11. 19)

생각해보기 전자산업의 경쟁은 한마디로 요약하면 기술전쟁입니다. 전자산업의 핵심은 고객들이 원하는 제품을 누가 어떤 기술로 개발해서 생산·판매하느냐에 달려 있습니다. 오랫동안 TV시장을 이끌어 왔던 PDP TV가 LCD TV로 대체되면서 PDP TV는 역사 속으로 사라지게 되었습니다. 이처럼 제품을 개발·생산하는 데 어떤 기술을 활용하느냐가 기업의 사활을 결정합니다. 기술에 대한 올바른 이해 및 정확한 분석 없이는 기술기반의 창업은 반드시 실패하게 됩니다. 따라서 여러분이 창업하고자 하는 제품 및 서비스에 필요한 핵심 기술의 동향을 정확하게 분석하고 대응해야 합니다.

마무리하기

1. 학습목표 확인	
기술트렌드분석 방법의 이해	1. 기술트렌드분석의 핵심요소 및 절차를 이해하셨습니까? 2. 기술트렌드분석 프로세스의 단계별 체크리스트를 확인하셨습니까?

2. 실습 결과	
기술트렌드분석	1. 제품사양조사, 소비자선호도조사, VOC조사를 통해서 제품동향분석을 이해하셨습니까? 2. 요구제품분석, 핵심기술도출, 미래수요파악을 통해서 기술동향분석을 이해하셨습니까?

3. 다음 단계 소개	
제8장 특허분석 및 등록	1. 다음 단계에서는 특허분석 및 등록의 개념과 방법에 대해 학습하게 됩니다. 2. 그런 다음에 특허분석 및 등록의 결과를 한 장으로 표현하는 실습을 하게 될 것입니다.

특허분석 및 등록

Chapter 08

제8장에서는 기술동향을 분석하는 데 필수적인 특허의 개념에 대해서 이해하고, 유사 기술을 확인하기 위해 특허를 분석하는 방법과 특허권 취득을 위한 특허등록 방법에 대해서 학습한다.

기술력을 바탕으로 한 제품개발에 있어서 특허는 우선적으로 조사되고 준비되어야 하는 과정이다. 창업자는 자신이 개발한 기술이 침해당하지 않도록 또는 타사의 기술을 침해하여 개발하지 않도록 특허전략을 수립해 나갈 수 있어야 한다.

제8장은 특허분석 및 등록의 개념, 특허분석 및 등록방법, 특허분석 및 등록 실습으로 구성되어 있다.

특허분석 및 등록 구성

1. 특허분석 및 등록의 개념 → 2. 특허분석 및 등록방법 → 3. 종합실습 특허분석 및 등록

사례 8-1 독일 히든챔피언 경쟁력은 'R&D와 특허'

독일 1,300여 곳의 '미텔슈탄트'. 즉 중소기업은 강력한 기술경쟁력을 10곳 중 7곳 이상이 사업 초기부터 확보해 세계시장 개척을 목표로 움직인다는 점이 가장 큰 특징이다. 독일에서 미텔슈탄트라는 개념을 처음 주창한 인물로 지난 7월 방한한 헤르만 지몬 교수는 "한국의 중소기업은 잠재적 성장가능성이 충분하지만 글로벌시장 개척을 잘하지 못한다는 점이 문제"라고 지적한 바 있다. 축적한 기술력으로 세계시장에 나가려면 '특허'라는 보호막 없이는 불가능하다는 것이다. R&D 결과물이 특허로 이어져야 한다는 지적이다. 독일 히든챔피언의 경우 전문화된 틈새시장을 개척해 세계시장을 무대로 한 기술력을 확보하고 글로벌 특허를 다수 출원하는 구조다. 지금의 보쉬, 다임러 등이 숙련기능인의 특허를 발판으로 창업한 중소기업에서 시작해 글로벌 대기업으로 성장한 대표적인 사례다.

현재 독일 히든챔피언은 중소중견기업이지만 매출액 대비 연구개발(R&D) 투자비중은 6%, 수출비중은 62% 정도다. 한국 기업의 전체 R&D 투자비중은 6.7%로 독일보다 높지만 중소기업(1.13%), 중견기업(1.40%)을 따로 떼어놓고 보면 미미한 수준이다.

또 그들은 산·학·연 클러스터를 통해 기술표준화 같은 공통의 문제를 해결하고 있다는 점이다. 2013년 기준 독일 전역에는 327개의 지역별 산업 클러스터가 형성돼 기업 상호 간 협력과 개방형 혁신체계를 만들어 가고 있다. 아울러 인력이탈이 적은 문화와 환경이 마련돼 있다는 점도 눈여겨볼 요소다. 독일 히든챔피언은 대기업 대비 80~90% 수준의 임금과 '마이스터'로 불리는 고숙련 기술자를 존중하는 문화가 뿌리깊게 안착돼 있다. 이들 기업의 재직자 평균 근속기간은 37년이며 이직률은 2.7%에 그친다. 한국 중소기업의 평균 업력은 10년 8개월로 이직률은 15.1%에 달한다. 고급인력 수혈과 이직을 막는 환경 구축이 필요하다는 지적이 제기되는 이유다.

독일 히든챔피언의 선정기준은 세계시장 점유율 1~3위 안에 들거나 소속대륙 시장점유율 1위를 기록해야 한다. 매출액은 50억유로 이하여야 하고 대중의 인지도가 낮아야 한다. 종업원은 500명 미만이어야 한다. 헤르만 지몬 교수는 미텔슈탄트에서 성장한 히든챔피언 절반이 독일에 집중돼 있으며 이들이 독일경제 경쟁력의 원천이라고 강조했다. 이같은 기준을 충족하는 히든챔피언은 지난 2009년 전후로 불어닥친 글로벌 금융위기 이후에도 수출호조 등에 힘입어 '고성장 저실업' 상태의 유럽 성장엔진으로 자리잡았다. 지난 2010년부터 2012년까지 독일은 GDP 대비 6.5%에 달하는 경상수지 흑자와 지난 1990년 독일통일 이후 가장 낮은 실질실업률인 6.2%를 기록했다.

출처: 전자신문(2014. 12. 29)

생각해보기 삼성, 애플, 마이크로소프트, 인텔, 샤오미, 아마존 등과 같은 글로벌기업들의 경쟁력은 기술로부터 시작합니다. 물론 기술만 가진다고 성공한다는 보장은 없습니다만 기술 없이는 기업의 생존과 성장은 불가능합니다. 그러므로 여러분이 창업하고자 하는 분야의 기술이 어떻게 변화하고 있는지를 선제적으로 분석해서 지혜롭게 대응해야 합니다. 여러분이 창업하고자 하는 분야에 어떤 기술이 필요한지 찾아보시고, 그에 대한 특허분석을 반드시 시도해 보시기 바랍니다.

I 특허분석 및 등록의 개념

1. 특허분석 및 등록의 이해

특허란 지적재산권에 대한 발명을 보호하기 위한 수단으로 타인이 부당하게 사용하거나 침해하지 못하도록 법으로 보호해주는 독점적인 권리를 의미한다. 특허로 등록되기 위해서는 보유한 기술을 산업에 이용할 수 있어야 하고, 이미 알려진 기술이 아니어야 하며, 선행기술과 다른 것이라 하더라도 그 선행기술로부터 쉽게 생각해 낼 수 없는 것이어야 한다.

특허보다 낮은 수준의 지적재산권으로 실용신안권도 있는데, 특허가 발명에 대한 보호라면 실용신안은 고안에 대한 보호라고 할 수 있다. 즉, 실용신안은 사장되기 쉬운 실용적 기술을 보호하기 위해 마련된 제도로서 창작물이 고도하지 않은 고안에 대한 권리라고 볼 수 있다. 고도한 것인지 아닌지는 출원을 하는 사람이 판단하게 되어 있어 출원인이 실용신안으로 출원할 수도 특허로 출원할 수도 있다.

특허를 받기 위한 요건은 매우 어렵지만 보호기간이 출원일 후 20년까지 보장되는 장점이 있다. 반면에 실용실안권은 특허보다는 상대적으로 등록요건이 느슨하지만 보호기간이 출원일 후 10년이 되는 날까지로 기간이 짧다는 차이가 있다. 기술을 기반으로 제품과 서비스를 사업화하는 기술창업에서는 자신이 발명한 기술을 보호하기 위하여 특허나 실용신안과 같은 지적재산권을 적극적으로 활용해야 한다.

특허와 실용신안의 비교

	특허	실용신안
대상	핵심기술이나 원천기술	개량기술
보호	발명에 대한 보호	고안에 대한 보호
등록요건	산업상 이용가능성, 신규성, 진보성이 있어야 함	특허권과 비슷하나 특허에 비해 진보 정도는 낮음
권리기간	출원일로부터 20년간	출원일로부터 10년간

2. 특허분석 및 등록방법

특허분석 및 등록은 크게 특허조사 및 분석단계와 특허등록 단계로 구분된다.

① 특허조사와 분석은 특허출원 전에 이미 공지된 발명인지를 검토하고, 선행 특허에 대한 대비를 위해 특허정보를 분석하여 특허전략을 수립하는 과정이다.

② 특허등록은 연구결과로 얻어진 새로운 기술이나 아이디어가 지식재산으로 보호받기 위해 특허권을 설정 등록하는 과정이다.

특허분석 및 등록방법

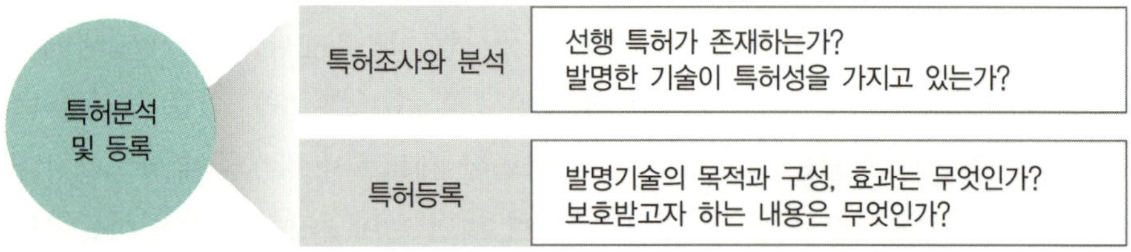

II 특허분석 및 등록방법

1. 특허조사와 분석

1) 특허조사와 분석의 개념

특허를 출원하여 특허권을 받기 위해서는 이미 출원된 특허가 있는가에 대한 비교가 선행되어야 한다. 특허 출원자가 취득하고자 하는 특허기술이 특허 공보를 통해 이미 개발되어 공개되었거나, 공개된 특허로 인해 용이하게 발명할 수 있는 것일 때는 특허를 받을 수 없게 된다.

예를 들어, 3D프린팅 기술과 관련된 특허를 출원하고자 할 때 이미 핵심기술들이 특허로 등록되어 있다면 아무리 우수한 기술이라 할지라도 특허를 받을 수는 없는 것이다.

따라서 새로운 발명을 하여 특허를 출원하고자 하는 사람은 출원 전에 이미 공지된 발명인지 검색하여 비교·검토함으로써 자신의 발명기술이나 제품이 특허성이 있는지를 따져 보아야 한다. 만약 특허가 이미 출원되어 있다면 특허출원을 포기하고 선행 특허에 대한 침해에 어떻게 대비해야 할지를 고민해야 한다.

특허출원 전에 선행 특허를 조사하고 분석하는 과정은 해당기술에 대한 기술 동향을 파악하고, 지적재산권의 침해를 사전에 방지하는 매우 중요한 활동이다.

2) 특허조사와 분석방법

특허정보사이트를 통하여 관련 특허를 검색하고 검색 결과에 따라 향후 전략을 수립한다.

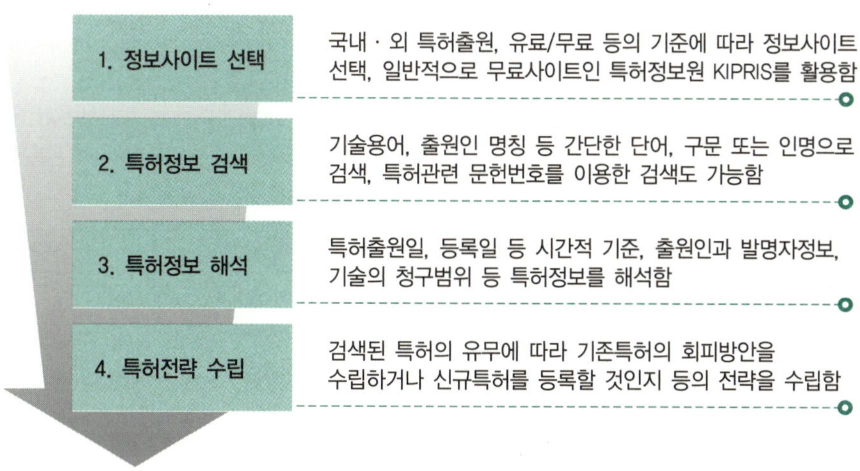

실습 1 특허조사와 분석

■ **목적**

특허를 검색하고, 검색한 특허의 정보를 분석하여 특허 전략을 수립하는 과정에 참고하는 데 목적이 있다.

■ 진행방법

① 특허를 검색할 정보사이트를 선택한 후 관련 구문, 인명, 회사명, 특허문헌 번호 등을 이용하여 특허를 검색한다.

② 출원하고자 하는 기술의 내용과 검색된 특허의 정보를 비교하여 검색된 특허의 유무에 따라 특허 회피방안, 특허등록계획 등의 전략을 수립한다.

■ 실습하기

제품	스마트폰 후면키
특허정보검색사이트	
특허정보검색키워드	
특허검색결과	
특허전략	

■ 참고사례

• 아래의 사례는 기술창업을 준비하는 창업자가 스마트폰 후면키에 대한 특허등록을 위해 특허분석을 수행한 것이다.

제품	스마트폰 후면키
특허정보검색사이트	• 특허청 특허정보검색서비스 KIPRIS(www.kipris.or.kr)
특허정보검색키워드	• [특허.실용신안] 검색창에서 '전면*후면*이동*단말기' 키워드로 검색 •'제어' 키워드로 결과 내 재검색
특허검색결과	• 키워드 검색을 통해 찾게 된 이동단말기 제어방법에 대한 특허항목 확인. 초록을 통해 발명의 개요를 파악 • 필요 시 공개 전문을 통해 유사 특허내용 확인 • 검색결과 '이동단말기의 화면조작방법'이라는 유사특허 발견
특허전략	• 발견된 유사특허는 전면, 후면에 각기 디스플레이부가 장착되어 있는 단말기에서의 화면조작 방법임 • 스마트폰 전면부에 있는 키를 통해 제어하는 특허는 존재하나 후면키를 통해 제어하는 특허는 존재하지 않음 • 실행하고자 하는 발명이 이미 다른 회사에 의해 특허등록된 기술이 아님을 확인하고 권리보호를 받기 위한 청구범위를 설정하고 특허출원계획을 수립함

2. 특허등록

1) 특허등록의 개념

특허권을 확보하기 위해서는 발명 내용에 대해서 법적 요건에 맞는 형태로 설명하는 서류를 특허청에 제출하여 심사관의 심사를 받아야만 한다. 이 절차를 특허제도라고 하며, 특허제도는 크게 출원제도, 심사제도, 등록제도, 공개제도로 구성된다.

출원이란 발명에 대하여 특허를 받을 수 있는 권리를 가진 자가 발명의 공개를 조건으로 특허권의 부여를 요구하는 행위이다. 출원인은 일정한 양식에 따라 작성된 출원서, 명세서, 요약서 및 도면 등을 특허청에 제출해야 한다. 표준기술이나 논문과 달리 권리의 기초가 되는 것이기 때문에 일단 출원된 이후에는 출원된 내용에 새로운 내용을 추가하는 것이 엄격히 제한된다.

심사란 심사청구가 있는 특허출원된 사항에 대해 심사관들에 의해 특허요건을 심사하는 것이다. 심사의 판단기준이 되는 특허요건은 산업상 이용가능성, 신규성, 진보성, 선출원주의 등이 있는데 심사관의 지적 내용에 따라 청구항을 수정할 수 있다.

등록이란 심사결과 여부에 따라 출원된 발명이 특허권으로 등록되는 것이다. 출원인이 최초 3년분 특허료를 납부한 경우 특허청장은 직권으로 특허등록원부에 특허등록을 하고, 출원인에게 특허증을 교부하면 특허권이 발생한다.

공개란 특허출원 후 일정기간이 경과하면 관련내용을 심사 진행 여부에 관계없이 공개하는 제도를 말한다. 특허출원 후 1년 6개월이 지나면 기술내용을 공개특허공보라는 형태로 발간하여 공개하고 있는데, 이는 심사가 지연될 경우 정보공개가 늦어지는 것을 방지하기 위한 것이다.

발명자가 자신의 발명을 권리화하기 위해서는 반드시 각 국가의 특허청에 출원서와 권리로써 보호받고자 하는 부분을 명시하여 심사를 받아야 한다.

특허취득 단계

출원	심사	등록	공개
권리화에 필요한 문서상의 최소 기재사항을 제출	특허청의 심사관들에 의해 권리로써 인정받을 수 있는지 심사	심사 결과 여부에 따라 출원된 발명 특허권으로 등록	특허출원 1년 6개월 후 기술내용을 공개특허 공보라는 형태로 발간하여 공개

2) 특허등록 방법

연구결과로 얻어진 새로운 기술이나 아이디어가 지식재산으로 보호받기 위해 발명기술에 대해 특허출원 및 심사를 거쳐 등록한다.

단계	내용
1. 특허출원	발명의 목적 및 구성, 효과 등을 상세히 기재하는 특허청구 양식에 맞게 보호받고자 하는 내용을 특허청에 제출함
2. 특허심사	출원한 명세서를 토대로 특허청 심사관이 특허등록 요건을 충족했는지 심사하는 절차를 거침
3. 특허등록	해당 출원이 심사관에 의하여 특허등록이 가능하다고 판단될 경우 특허를 부여하고 특허권을 설정 등록함

실습 2 특허등록

▪ 목적

창업자가 개발한 새로운 기술에 대해서 특허를 출원하고 등록하는 과정을 파악하는 데 목적이 있다.

▪ 진행방법

① 발명의 특허 청구 양식에 맞게 보호받고자 하는 내용을 작성하여 특허청에 제출한다.

② 출원한 명세서에 대해 특허청의 심사를 거쳐 특허를 등록한다.

■ **실습하기**

제품	스마트폰 후면키
특허출원내용	
특허심사결과	
특허등록	

■ **참고사례**

- 아래의 사례는 스마트폰 관련 기술에 대한 특허등록을 위해 선행기술을 검색하고, 특허출원 및 심사를 거쳐 특허등록을 완료하는 과정을 분석한 것이다.

제품	스마트폰 후면키
특허출원내용	• 버튼이 단말기 뒷면에 배치되면 앞면 디스플레이가 보다 대화면으로 형성될 수 있고, 새로운 디자인도 구현할 수 있으며, 새로운 형태의 사용자환경(UI: User Interface)이 구현될 수 있음 • 출원명세서를 작성하여 특허출원 신청
특허심사결과	• 특허청에서 후면키 관련 아이디어와 기술이 새로운 사용자환경(UI)이라는 사실을 인정함
특허등록	• 스마트폰 후면키 등록결정(등록번호 10-1398141)

Ⅲ 종합실습 – 특허분석 및 등록

■ **목적**

제품개발 전 특허분석을 통하여 선행 특허등록 여부를 확인하여 특허 전략을 수립하고 보호받고자 하는 기술에 대해서 특허를 출원하는 데 목적이 있다.

■ **진행방법**

① 개발할 제품에 포함되는 핵심기술에 대한 특허를 검색하여 특허의 청구범위를 분석한다.

② 개발하고자 하는 제품의 기존특허 회피 또는 도입전략을 수립한다.

③ 보호받고자 하는 신기술에 대한 내용에 대해 기술하고 심사 결과, 등록결과를 기록한다.

■ 실습하기

제품	스마트폰 후면 키	
특허 분석	특허정보검색 키워드	
	특허검색결과	
	특허전략	
특허 등록	특허출원내용	
	특허심사결과	
	특허등록번호	

■ 참고사례

• 아래의 사례는 스마트폰 후면키의 기술에 대한 특허를 분석하고 등록한 내용을 하나의 표로 표현한 것이다.

제품	스마트폰 후면키	
특허 분석	특허정보검색 키워드	• 특허청 특허정보검색서비스 KIPRIS(www.kipris.or.kr)
	특허검색결과	• 키워드 검색을 통해 찾게 된 이동단말기 제어방법에 대한 특허 항목 확인. 초록을 통해 발명의 개요를 파악 • 필요시 공개 전문을 통해 유사 특허내용 확인 • 검색 결과 '이동단말기의 화면조작방법'이라는 유사 특허 발견
	특허전략	• 발견된 유사 특허는 전면, 후면에 각기 디스플레이부가 장착되어 있는 단말기에서의 화면조작 방법임 • 스마트폰 전면부에 있는 키를 통해 제어하는 특허는 존재하나 후면키를 통해 제어하는 특허는 존재하지 않음 • 실행하고자 하는 발명이 이미 다른 회사에 의해 특허 등록된 기술이 아님을 확인하고 권리보호를 받기 위한 청구범위를 설정하고 특허출원 계획 수립
특허 등록	특허출원내용	• 버튼이 단말기 뒷면에 배치되면 앞면 디스플레이가 보다 대화면으로 형성될 수 있고, 새로운 디자인도 구현할 수 있으며, 새로운 형태의 사용자환경(UI: User Interface)이 구현될 수 있음
	특허심사결과	• 특허청에서 후면키 관련 아이디어와 기술이 새로운 사용자환경(UI)이라는 사실을 인정함
	특허등록번호	• 스마트폰 후면키 등록결정(등록번호 10-1398141)

사례 8-2 스타트업 기업, 창업전선에 뛰어들기 전 '특허' 동반은 필수

김민규 모든특허 대표가 특허, 상표분쟁 사건을 다년간 다룬 경험을 토대로 스타트업 기업이 창업전선에 뛰어들기 전에 창업아이템의 가치를 높이고 보호할 수 있는 방법으로 '특허'를 반드시 동반할 것을 강조했다. 그는 또한 특허 출원과정에서 '늘 최고'라 생각했던 자사의 창업소재를 냉정하고 객관적으로 재평가받아 보완점과 기술가치를 다듬는 과정을 거치면 창업 성공에도 큰 도움이 될 것이라고 조언했다. 모든특허는 김 대표와 함께 이명택 변리사, 정중원 변리사, 최지연 변리사 등 이 분야 최고 전문가들과 12명의 직원이 이끌어 가고 있으며, 특허분야에서는 정평이 난 내실 있는 전문기업이다.

▶ 특허와 관련한 법적 공방에서 전문가인 것으로 알고 있다. 그동안 에피소드와 모든특허를 설립한 계기는?

– 서울대학교를 졸업하고 지난 2004년도에 제41회 변리사 시험에 합격해 지난 2005년부터 2012년까지 법무법인 태평양에서 근무했다. 변리사 일을 법무법인에서 시작하다보니, 출원업무를 주로 하는 다른 변리사들에 비해 유독 특허와 관련 심판, 소송 등 분쟁사건 경험을 많이 쌓게 됐다. 이슈가 됐던 분쟁사건들을 다루다보니 공중파 등 언론에서도 소개가 많이 됐으며, 현재까지도 분쟁시비가 발생한 사건의 전문가 자문을 대변해주고 있다. 이 때문인지 지난 2012년 모든특허를 설립한 이후에도 이런 경험들을 토대로 중소기업들의 특허나 상표분쟁 사건을 다수 진행해 업계에서는 나름 유명세를 타고 있다.

▶ 스타트업 기업이 꼭 필요한 특허란?

– 스타트업 기업은 대기업, 중견기업에 비해 기술경쟁력은 보유했을 수 있으나 자본력이나 판로개척 등 여러 분야에서 부족하다. 그러다보니 스타트업 기업만이 가진 특색 있는 기술경쟁력이나 창업아이템으로 승부할 수밖에 없다. 이때 그 기업의 유일한 기술경쟁력을 아무 방어수단 없이 외부에 노출하게 되면, 이를 무단으로 도용하는 행위를 저지할 수 없게 되고, 결국 창업아이디어까지 뺏기는 어처구니없는 상황이 연출될 수 있다. 변리사 일을 다년간 해오면서 특허나 상표분쟁 사건을 다루다보니 실제 이 같은 일을 비일비재하게 보고 있다.

따라서 스타트업 기업만의 기술력, 창업아이디어를 외부에 공개하기 전에, 반드시 특허/디자인 출원 또는 영업비밀관리와 같은 조치를 취하는 것이 필수다. 이때 전문가인 변리사의 도움을 받아, 자신의 아이디어가 특허로 보호가 가능한지, 자신의 제품이 디자인으로 보호가 가능한지, 자신의 상호/제품명이 상표로 보호가 가능한지를 면밀히 조사해야 한다. 비용적 측면에서 어려움이 있다며, 중기청, 창업진흥원 등 정부기관과 연계한 변리사 자문을 구하는 것도 하나의 방법이다.

▶ 지난해 기준으로 청년(15세~29세)고용률이 40% 아래로 떨어진 39.7%를 기록했으며, 우리나라의 청년고용률은 OECD 국가 중 최하위 수준이다. 현 정부가 청년취업난 해결책으로 창업분위기를 확산하고 있는데 특허전문가가 본 청년창업, 스타트업 기업의 창업방향은?

– 경기대학교 등에서 기술자문활동을 하다 보니 청년창업의 대부분이 기술창업인 경우가 많

다. 창업에 대한 열정은 훌륭하지만, 정작 자신이 만든 창업소재의 기술력에 대한 법적 보호, 특허가 갖는 강점 등에 대해서는 등한시 하는 경우가 많다.

스타트업 기업이 자신의 기술력을 외부에 알릴 방법은 샘플과 특허권 밖에 없다. 창업초기 기업이 지원을 위해 연관기업체, 투자자 또는 정부기관 접할 때 창업 샘플이나 제안서를 가져가면 매번 '특허는 보유하고 있는가?'라는 질문을 받을 것이다.

이때 아직 특허는 없다고 대답한다면, 사실상 전문가들의 시각에서 해당 창업아이템이 별 특징이 없거나 모방제품이 얼마든지 나올 수 있다는 인식을 줄 수 있다. 창업초기 기업이 자사가 가진 창업 아이디어의 가치를 높이고 보호하면서 외부에 기술력을 알리기 위해서는 특허는 필수적인 요소임을 알고 있어야 한다. 또한 특허 출원과정에서 '늘 최고'라 생각했던 자사의 창업소재를 냉정하고 객관적인 전문가의 시각에서 재평가받아 보면 보완점과 기술가치를 다듬어 볼 수 있는 좋은 기회를 얻게 되며, 이는 창업성공률을 높이는데도 큰 도움이 될 것이다

출처: 머니투데이(2014. 11. 28)

생각해보기 기술기반의 창업 사업계획서를 심사하는 과정에서 가장 많이 나오는 질문이 "특허는 있습니까? 관련 분야의 특허는 무엇이 있습니까? 왜 특허 신청을 하지 않습니까?" 등의 질문들입니다. 특허등록은 여러분이 창업하고자 하는 사업의 출발점이면서 동시에 창업의 가치를 높여주고, 법적 보호막이 될 수 있습니다. 그러므로 기술기반의 창업을 하기 위해서는 반드시 특허분석을 통해서 관련기술의 동향을 이해하고, 특허를 취득하는 것이 바람직합니다.

마무리하기

1. 학습목표 확인	
특허분석 및 등록방법의 이해	1. 특허의 개념과 특허분석의 필요성을 이해하셨습니까? 2. 제품경쟁력을 갖추기 위한 특허전략 수립 방법을 확인하셨습니까?

2. 실습 결과	
특허분석 및 등록	1. 특허조사 및 분석절차에 따라 창업아이템과 관련된 특허를 분석하셨습니까? 2. 특허등록 절차에 따라 특허권을 확보하기 위한 특허등록 방법을 확인하셨습니까?

3. 다음 단계 소개	
제9장 기술가치평가	1. 다음 단계에서는 기술가치를 평가하는 방법을 학습하게 됩니다. 2. 그런 다음에 창업자가 보유한 기술의 가치를 평가해 보는 실습을 하게 될 것입니다.

Chapter

09 기술가치평가

제9장에서는 기술의 가치를 평가하는 다양한 방법들에 대해서 학습하고 이를 기반으로 실습을 통해 보유한 기술이나 획득하고자 하는 기술에 대한 가치를 평가하게 된다. 자원이 한정된 상황에서 창업자가 가진 기술은 창업기업에게 매우 중요한 경쟁력이다. 창업자는 기술의 가치를 평가받아 창업초기의 투자유치나 대출 또는 정부지원을 받을 수 있기 때문에 기술가치평가에 대한 정확한 이해와 체계적인 접근이 필요하다.
제9장은 기술가치평가개념, 기술가치평가방법, 기술가치평가실습으로 구성되어 있다.

기술가치평가 구성

1. 기술가치평가의 개념 → 2. 기술가치평가 방법 → 3. 종합실습 기술가치평가

사례 9-1 제2의 IT 버블? … 제품 • 서비스경쟁력이 변수

샤오미의 460억달러(약 51조원), 우버 400억달러(약 44조원), 에어비앤비 100억달러(11조원). 소위 잘 나가는 스타트업 회사들의 기업가치다. 설립된 지 5~7년도 안 된 이 회사들의 기업가치는 웬만한 국내 대기업보다 훨씬 높다. 스타트업이란 설립한 지 오래되지 않은 신생 벤처기업을 뜻한다. 혁신적 기술과 아이디어를 보유한 이들 회사는 대규모 자금을 조달하기 이전 단계라는 점에서 벤처와 차이가 있다.

■ 거액 쏟아지는 스타트업 … 높은 수익률 좇다가 닷컴 버블 재현할 수도

1990년대 후반 미국의 '닷컴버블' 붕괴 이후 투자자들은 IT기업 투자에 신중한 태도를 보여왔다. 당시 매출도 거의 없는 스타트업들이 천문학적 수준의 기업가치를 평가받았지만 거품이 붕괴되면서 상당수의 정보기술(IT) 관련 벤처들이 하루아침에 공중분해됐다. 거액의 투자금이 스타트업에 모여들고, 스타트업이 거액의 돈을 들여 사세를 늘리는 모습은 당시와 큰 차이가 없어 보인다. 스타트업들은 샌프란시스코 등에 엄청나게 비싼 임대료를 내고 사무실을 마련하며 인재를 모셔오기 위해 고액 연봉과 특전을 내걸고 있다.

벤처캐피탈(VC) 회사인 안드레센 호로위츠의 스캇 커퍼는 29일(현지 시각) 월스트리트저널과의 인터뷰에서 "가치가 과대평가된 기업들이 분명히 있다"고 말했다. 월가의 대표적 경제 비관론자로 '닥터 둠(Dr. Doom)'으로 불리는 누리엘 루비니 교수도 IT주와 소셜미디어주가 과대평가돼 있다고 지적했다. 2000년 정점에 달했던 닷컴 버블 당시와 현재 상황이 결정적으로 다른 점은 기업에 자금이 흘러들어 가는 방식이다.

과거에는 제한된 수의 투자자들이 전문가를 고용해 기업경영 실적에 따라 투자금을 운용했지만, 제로에 가까운 저금리시대가 계속되는 요즘은 투자자와 국부펀드들이 저마다 전문가를 자처하며 창업 초기에 거금을 투자해 상장 시 고수익을 노리는 방식이 주를 이루고 있다는 설명이다.

■ 스타트업 투자 … 본질적 경쟁력 있는지 살펴야

최근 뮤추얼펀드와 대기업마저 '프리 IPO(스타트업이 상장하기 전에 미리 투자자들로부터 일정 자금을 유치받는 것)'에 동참하면서 자금규모는 커지고 벤처캐피탈의 입지는 좁아지고 있다. 소액투자자들도 엔젤투자에 동참하기 시작했다. 이런 투자는 스타트업이 초기에 경쟁자보다 시장점유율과 인지도를 높이기 위해 반드시 필요하다. 문제는 이들 스타트업이 뚜렷한 실적 개선 없이 초기 몸집 불리기에 투자받은 금액의 상당 부분을 사용하고 있어 매출이 늘더라도 수익성 개선으로 이어지기 쉽지 않다는 점이다.

호로위츠의 커퍼는 이와 관련해 "장기적인 성장을 좌우하는 결정적인 요인은 이들 기업이 제공하는 상품과 서비스의 핵심 경쟁력"이라며 "이 같은 사실은 2000년 닷컴 버블 당시나 지금이나 크게 다르지 않다"고 강조했다. 예를 들어 사무실 임대 전문 스타트업인 위워크(WeWork) 등은 경기가 침체되면 수익이 악화될 수 있다. 국가마다 다른 규제장벽과 예기치 못한 기사 성폭행 사건으로 구설에 오른 우버의 앞날도 장담할 수 없다. 커퍼는 "조정기를 맞으면 평가가치만큼 실적이 좋지 않은 기업이 제일 먼저 사라질 것"이라며 "요즘 뜨는 IT기업 모두가 이러한 위험요소를 안고 있는 만큼 IT 스타트업에 투자할 때는 각별한 주의가 필요하다"고 말했다.

출처: 조선비즈(2014. 12. 31)

생각해보기 행복한 상상을 한번 해 보십시다. 기술기반의 창업을 준비하는 여러분에게 어느 투자자가 와서 여러분 회사에 투자를 하려고 한다고 가정합시다. 그러면 여러분은 여러분이 가지고 있는 기술의 가치가 얼마인지, 회사의 가치가 얼마인지, 본인의 가치가 얼마인지 등에 대해서 정확하게 대답할 수 있어야 합니다. 여러분이 가지고 있는 기술, 회사, 본인의 가치에 정확하게 대답할 수 없는 회사에 누가 투자할 수 있겠습니까? 그러므로 여러분 회사의 기술 및 회사가치에 대해서 정확하게 분석할 수 있는 능력을 갖추어야 합니다.

I 기술가치평가의 개념

1. 기술가치평가의 이해

기술가치평가란 창업자가 가진 기술을 체계적인 방법으로 평가하여 화폐의 가치로 환산하는 과정을 의미한다. 기술창업은 위험성은 높으나 성공할 경우 높은 기대수익이 예상되는 신기술의 개발이나 아이디어를 사업화하는 것이다. 따라서 기술은 사업의 성패를 좌우하는 가장 중요한 요소가 된다. 창업의 기반이 되는 기술은 자신이 독자적으로 개발하거나 빠른 기술변화 환경에서 생존하고 성장하기 위해 외부기술과 지식을 도입하게 된다.

창업자는 자신이 개발한 기술이나 도입하는 기술에 대해서 정확한 가치를 산정함으로써 기술의 우수성을 인정받고 금융대출을 위한 담보로 활용할 수 있다. 만약 기술가치를 정확하게 평가하지 않으면 창업기업의 기술력을 객관적으로 판단하기 어렵고 기술 거래 시 공정한 거래가 이루어지지 않을 뿐 아니라 기술을 담보로 한 평가나 자금조달 측면에서 불리할 수 있기 때문에 기술가치평가 방법을 이해하고 정확하게 파악하는 작업은 매우 중요하다.

2. 기술가치평가방법

일반적으로 기술가치평가는 진단, 평가, 결과도출의 세 단계를 거치게 된다. 진단단계에서는 평가대상 기술의 가치를 대략적으로 판단하게 된다. 기술이 어느 단계에 와 있는지 그리고 기술의 수준은 어느 정도인지, 기존의 기술과의 차별성 여부, 경쟁기술의 존재와 대체가능 여부 등을 조사 분석한다. 그리고 사업화에 걸리는 시간과 자금, 기대수익 등 사업화가능성도 분석한다.

이와 같은 진단을 통하여 사업화가능성이 있다고 판단되면 다음 단계인 평가단계에서는 평가대상기술의 특성에 맞는 평가방법을 선택하여 기술성과 사업성을 보다 더 구체적으로 분석한다.

기술가치평가의 마지막 평가대상기술에 대한 기술성 및 사업성에 관련 다양한 항목에 대한 세부평가를 수행하고, 이를 근거로 평가대상기술의 가치를 결정하게 된다.

기술가치의 평가절차

기술가치평가는 매우 전문적인 분야로서 상당한 비용과 시간이 소요되는 분석과정을 수반하게 된다. 본 서에서는 창업자가 스스로 자신이 보유하거나 도입할 기술의 가치를 스스로 평가해 볼 수 있도록 비교적 간략한 방식의 대표적인 평가방법을 소개하였다.

평가의 목적, 대상기술, 평가상황 등에 따라 달라지지만 기술가치를 평가하는 대표적인 방법으로는 비용접근법, 시장접근법, 수익접근법이 있다.

① 비용접근법은 기술개발에 투입된 비용을 근거로 기술의 가치를 산정하는 방법을 의미한다.

② 시장접근법은 평가하고자 하는 기술과 유사한 기술의 거래를 비교 분석해서 기술의 시장가치를 분석하는 방법을 의미한다.

③ 수익접근법은 미래에 기대되는 현금흐름에서 해당 기술이 기여하는 정도를 구하여 그 가치를 산정하는 방법을 의미한다.

기술가치의 평가방법

기술가치평가	접근법	내용
기술가치평가	비용접근법	기술개발에 투입된 비용은 얼마인가?
	시장접근법	유사한 기술이 시장에서 얼마에 거래되고 있는가?
	수익접근법	해당 기술로 인해 발생할 예상수익은 얼마인가?

II 기술가치평가방법

1. 비용접근법

1) 비용접근법의 개념

비용접근법(Cost Approach)은 평가대상기술을 개발하는 데 소요된 비용을 근거로 기술의 가치를 산출하는 방식이다. 즉, 대상기술을 현재시점에서 개발할 경우 소요될 비용에서 기술수명주기에 따른 감가상각을 반영하여 조정하는 방식으로, 기술을 개발하는 비용과 그 기술의 내용연수기간 중에 얻을 수 있는 효익의 경제적 가치가 일치한다는 가정에서 출발한다.

비용접근법은 상품화까지 추가 연구개발이 필요한 초기단계 기술이나 아직 시장이 형성되지 않은 기술평가 시에 주로 활용되며 평가절차와 방법이 비교적 단순하고 용이하므로 평가시간과 비용절감할 수 있는 장점이 있다. 그러나 투입된 비용만을 근거로 가치를 평가하기 때문에 대상기술이 가져올 미래의 잠재적인 가치나 리스크를 반영하는 데 어려움이 있고, 연구개발에 소요되는 비용과 기술의 실제가치는 현실적으로 다르다는 한계점을 가지고 있다.

비용접근법에 의한 기술가치 = 개발비용 − 감가상각

2) 비용접근법 분석방법

비용접근법에서는 대상기술을 개발하거나 대체하는 데 소요되는 비용을 산정한 후 시간경과에 따른 가치하락과 같은 감가상각을 추산하여 기술가치를 산정한다.

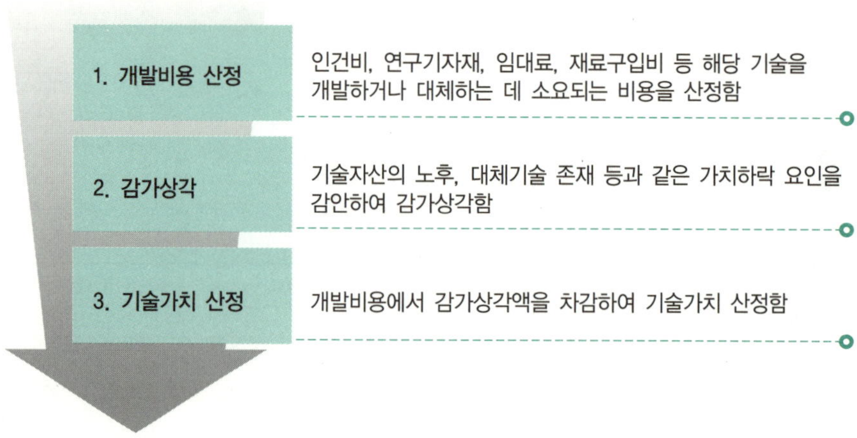

실습 1 비용접근법

■ 목적

기술개발 총액에서 감가상각액을 빼는 비용접근방법으로 기술자산의 가치를 평가하는 데 목적이 있다.

■ 진행방법

① 기술개발에 소요된 총비용을 추정한다.

② 기술의 감가상각 총액을 계산한 후 개발 소요비용에서 차감하여 기술가치를 산정한다.

■ 실습하기

항목		금액
1. 개발소요비용		
2. 감각상각액		
3. 기술가치		

■ 참고사례

• 아래의 사례는 교육용 경영시뮬레이션게임을 개발한 창업자가 비용접근법을 기반으로 기술의 가치를 산정한 것이다.

항목		금액
1. 개발소요비용		15억원
2. 감각상각액	기술노후화	1억원
	유사기술 출현	2억원
	기타 상각액	1억원
3. 기술가치		11억원

2. 시장접근법

1) 시장접근법의 개념

시장접근법(Market Approach)은 기존의 유사 혹은 동일기술이 시장에서 거래된 가격을 참고로 가치를 산정하는 방식이다. 즉, 최근에 발생한 유사한 기술거래를 비교분석한 후 평가대상기술의 시장가치를 추정하는 방식으로, 시장에서 거래되는 기술의 가치가 신뢰할만하다는 가정에서 출발한다.

시장접근법은 평가하고자 하는 기술과 유사한 형태의 거래사례가 있을 경우에 효과적으로 사용되며 거래자료가 풍부한 경우 적은 비용으로 현실적인 시장가격 기반의 가치평가가 이루어진다는 장점이 있다. 그러나 기술의 특성은 매우 다양하고 기술거래 당사자들 간의 이해관계에 따라 관점이 다양하기 때문에 유사한 사례를 찾기가 생각보다 쉽지 않을 뿐 아니라 세부 요소기술에 대한 정확한 평가가 어렵다는 단점을 가지고 있다.

시장접근법에 의한 기술가치 = 유사기술가격 + 가격조정

2) 시장접근법 적용방법

시장접근법에서는 평가하고자 하는 기술과 유사한 기술의 가격을 분석한 후 조정요인에 따른 가격조정을 거쳐 기술가치를 산정한다.

1. 유사기술가격 분석	시장에서 거래되고 있는 유사기술의 거래가격을 분석함
2. 거래가격 조정	기술의 수명, 상업화가능성 등과 같은 평가기술들의 특성을 반영하여 거래가격을 조정함
3. 기술가치 산정	유사기술가격에서 거래가격 조정요인을 차감하여 기술가치를 산정함

실습 2 시장접근법

■ 목적

유사한 기술거래 사례를 활용하는 시장접근법을 바탕으로 대상기술의 가치를 평가하는 데 목적이 있다.

■ 진행방법

① 기술거래시장을 조사하여 유사한 기술거래사례와 평가금액을 분석한다.
② 유사거래사례와 비교하여 조정되어야 할 금액을 더한 후 기술가치를 평가한다.

■ **실습하기**

항목		금액
비교기술가격		
거래가격조정액		
기술가치		

■ **참고사례**

- 아래의 사례는 교육용 경영시뮬레이션게임을 개발한 창업자가 시장접근법을 기반으로 기술의 가치를 산정한 것이다.

항목		금액
비교기술가격		10억원
거래가격조정액	핵심원천기술	2억원
	제품개발성공	2억원
	상업화가능성	1억원
기술가치		15억원

3. 수익접근법

1) 수익접근법의 개념

수익접근법(Income Approach)은 기술을 통해 미래에 예상되는 수익을 현재의 가치로 산정하는 방식이다. 즉, 해당기술이 미래에 창출할 것으로 예상되는 현금흐름을 적절한 할인율을 적용하여 현재의 가치로 환산한 후 기술기여도를 곱하여 산출하게 된다.

수익접근법은 해당 기술의 경제적 수명과 기술로 인해 발생하는 미래의 현금흐름을 추정할 수 있다는 가정에서 출발하며 미래에 기대되는 수익을 현가화하여 가치를 산정한다는 장점이 있다. 그러나 미래의 현금흐름, 기술기여도 분석 등에서 예측을 전제로 하는 부분이 많아 자의성과 오차가 개입될 수 있다는 한계점을 가지고 있다.

수익접근법에 의한 기술가치=미래 현금흐름의 현재가치×기술기여도

2) 수익접근법 적용방법

수익접근법에 의해 기술의 가치를 선정하기 위해서는 아래와 같이 기술의 경제적 수명, 여유현금흐름, 할인율, 기술기여도 등의 평가요소가 합리적인 방법으로 추정되어야 한다.

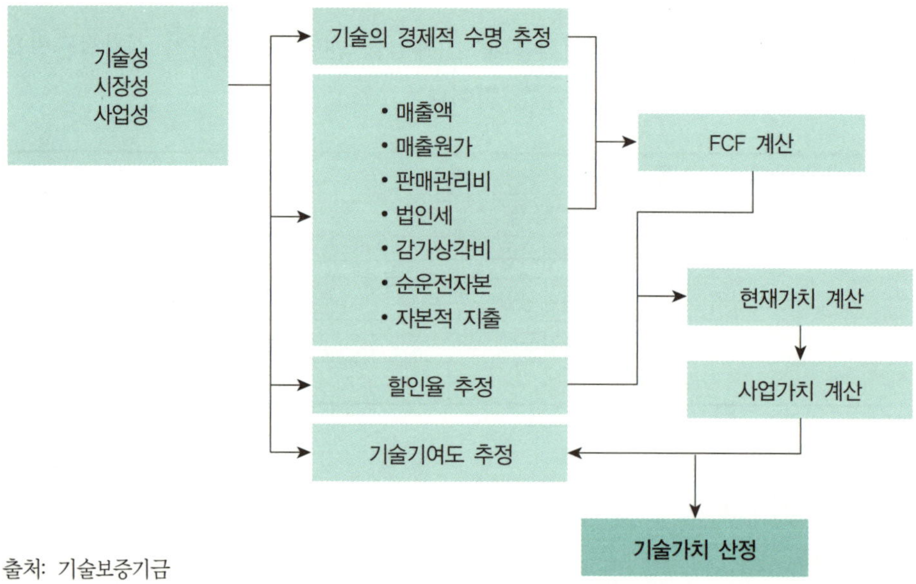

출처: 기술보증기금

첫 번째 단계에서는 평가하고자 하는 해당 기술의 기술성, 시장성, 사업성에 대한 전반적 분석이 수행되어야 한다. 해당 기술의 수준은 어느 정도인지, 기술에 대한 시장수요와 규모는 어느 정도인지를 파악하고 사업적 관점에서 이익창출이 어느 정도 되는지를 분석하는 것이다.

두 번째 단계에서는 기술성과 시장성, 사업성에 대한 분석을 기반으로 기술의 경제적 수명과 여유현금흐름을 추정하게 된다. 기술의 경제적 수명은 해당 기술을 이용하여 이익이 창출되는 기간을 의미하고, 여유현금흐름(FCF: Free Cash Flow)은 기술의 경제적 수명기간 동안 기업이 영업활동을 유지 또는 확대하면서도 자유

롭게 사용이 가능한 현금을 의미한다.

세 번째 단계에서는 기술의 경제적 수명기간 동안 창출될 것으로 예상되는 미래의 여유현금흐름을 현재가치와 같게 만들어주는 할인율을 적용하여 현재가치로 합산한 사업가치(Business Value)를 계산한다. 사업가치는 기술자산을 포함한 기업의 다양한 유·무형의 자산을 통해 달성된 것이기 때문에 사업가치에서 순수하게 기술이 기여한 정도, 즉 사업가치에 기술기여도를 곱하여 최종적으로 기술가치를 산정하게 된다.

기술성, 시장성, 사업성이 잘 분석되었다 하더라도 기술의 경제적 수명, 여유현금흐름, 할인율, 기술기여도 등을 정확하게 추정하는 데는 한계가 있다. 따라서 현실에 기반을 둔 합리적 가정을 통해서 평가요소를 객관적으로 추정하는 작업이 매우 중요하다.

실습 3 수익접근법 적용

■ 목적

미래의 현금흐름과 기술기여도를 활용한 수익접근법을 적용하여 기술가치를 산정하는 데 목적이 있다.

■ 진행방법

① 평가하고자 하는 기술의 기술성, 시장성, 사업성을 분석한다.
② 해당 기술의 수명주기에 따른 여유현금흐름을 추정한다.
③ 할인율을 적용하여 사업가치를 산정하고, 기술기여도를 곱하여 기술가치를 계산한다.

■ 실습하기

항목	주요 내용
기술성	
시장성	
사업성	

기술의 경제적 수명	예상현금흐름 (억원)	할인율	현재가치 =(현금흐름/ (1+할인율)^{기간}
1차년도(R&D기간)			
2차년도			
3차년도			
4차년도			
5차년도			
6차년도			
사업가치(=현재가치의 합)			
기술기여도			
기술가치(=현재가치×기술기여도)			

■ **참고사례**

• 아래의 사례는 경영시뮬레이션게임 관련 특허를 가진 창업자가 수익접근법을 적용하여 기술의 가치를 산정한 것이다.

항목	주요 내용		
기술성	해당 기술을 활용한 경영시뮬레이션게임 설계 방법은 경영시뮬레이션게임 개발의 핵심기술임		
시장성	경영시뮬레이션게임이 속한 교육용 기능성게임 시장은 지속적으로 성장하고 있으며 국내 시장에서 2015년 현재 3,000억원 정도의 시장규모를 형성하고 있음		
사업성	현재 기업과 대학을 중심으로 사업모델을 창출하였고, 매출액이 꾸준히 상승하고 있음		
기술의 경제적 수명	예상현금흐름 (억원)	할인율	사업화기간 현재가치 =(현금흐름/ (1+할인율)^{기간}
1차년도(R&D기간)	−20	0.3	−
2차년도	−2		−1
3차년도	86		39
4차년도	66		23
5차년도	91		25
6차년도	156		32
사업가치(=사업화기간 현재가치의 합)		52억원	

기술기여도	35%
기술가치(=현재가치×기술기여도)	18억원

Ⅲ 종합실습 – 기술가치평가

■ 목적

비용접근법, 시장접근법, 수익접근법을 활용하여 기술의 가치를 스스로 평가하는 데 목적이 있다.

■ 진행방법

① 비용접근법, 시장접근법, 수익접근법의 각 방법에 따라 기술가치를 평가한다.
② 세 가지 평가방법에 의해 도출된 기술가치평가액을 비교해보고 평균을 구한다.

■ 실습하기

방법	주요 항목	
1. 비용접근법	개발소요비용	
	감가상각액	
	기술가치 1	
2. 시장접근법	비교기술가격	
	조정액	
	기술가치 2	
3. 수익접근법	사업가치	
	기술기여도	
	기술가치 3	
4. 기술가치평균		

■ **참고사례**

• 아래의 사례는 경영시뮬레이션게임에 대한 기술가치를 비용접근법, 시장접근법, 수익접근법의 방법으로 도출한 것이다.

방법	주요 항목	금액
1. 비용접근법	개발소요비용	15억원
	감가상각액	4억원
	기술가치 1	11억원
2. 시장접근법	비교기술가격	10억원
	조정액	5억원
	기술가치 2	15억원
3. 수익접근법	사업가치	52억원
	기술기여도	35%
	기술가치 3	18억원
4. 기술가치 평균		14.7억원

■ **참고사이트**

1. 기술보증기금의 기술가치평가(www.kibo.or.kr)
2. 국가기술사업 종합정보망의 온라인기술평가(www.ntb.kr)
3. 한국기업기술가치평가협회(www.valuation.or.kr)
4. 지식재산거래정보시스템(www.ipmarket.or.kr)

사례 9-2 구글 M&A 기준이 '칫솔'인 이유

"구글의 벤처기업 인수 · 합병(M&A) 기준은 칫솔입니다. 칫솔처럼 누구나 쓰고 하루에도 여러 번 쓰는 기술인가를 먼저 봅니다."

전 세계를 돌며 M&A 대상 기업을 발굴하는 구글의 기업개발팀(Corporate Development) 책임자인 알버트 리(사진)가 서울을 찾았다. 리는 23일 서울 콘래드호텔에서 중소기업청이 개최한 '2014 글로벌 기업과의 만남의 장' 행사에서 "구글의 M&A 전략은 칫솔 테스트 작업(Toothbrush Test Framework)"이라고 소개했다. 그는 "해외서 M&A 대상 기업을 찾으면 창업자인 래리페이지와 맨 먼저 하는 게 칫솔 같은 기술이 있는지를 심사하는 것"이라고 했다. 칫솔처럼 인간에게 없어서는 안 되는 커다란 효용을 제공하는지 또 누구나 쓰고 매일 여러 번 쓰는 기술인지를 확인한다는 얘기다.

구글이 한국서 물색 중인 M&A 목표에 대해서도 귀띔했다. 바로 로보틱스(Robotics) 기술이다. 최근 구글이 주력하고 있는 무인자동차나 구글글라스 등에 바로 써먹을 수 있는 로보틱스 기술이면 당장 M&A하겠다는 거다. 사실 구글은 성공적인 M&A를 통해 세계적인 정보통신기술(ICT) 기업으로 성장했다. 1998년 창업 후 안드로이드·유튜브 등 M&A한 기업만 150여 개에 달한다. 리는 "구글한테도 인수합병은 여전히 도박 같다"며 "그럼에도 끊임없이 M&A에 매달리는 건 새로운 성장과 혁신의 기회를 제공하기 때문"이라고 말했다.

구글은 기업을 인수한 뒤에는 기술개발 열정에 투자만 하고 기술개발 자체에는 개입하지 않는다는 원칙을 지킨다고 한다. 리는 "스타트업 단계의 기업이 원하는 일만 집중할 수 있게 어려워하는 재무·인재육성·법률 등만 떠맡는다"며 "하지만 기술상용화 단계가 되면 5만 여 명의 모든 임직원이 이용자로 적극 참여한다"고 했다. 최근 인수한 교통정보업체 웨이즈를 사례로 들었다. 기술뿐이던 웨이즈는 구글이 인수한 후 두 달 만에 구글맵과 연동한 실시간 교통 서비스를 시작해 4,700만 명의 이용자를 확보했다.

구글 외에도 이날 행사에 참가한 인텔·에릭슨·지멘스 같은 글로벌기업의 관계자는 "기업이 성장하려면 신생 벤처기업을 M&A하는 것만큼 좋은 방법이 없다"고 입을 모았다. 인텔의 수디어 쿠팜 아·태본부장은 "아시아시장서만 M&A를 위해 연간 30억 달러(약 3조 1,000억 원)를 운용한다"며 "데이터센터나 클라우드 같은 기술기업이면 언제든 만나겠다"고 했다. 인텔은 지난 1분기에만 아시아지역에서 약 60여 개의 스타트업 기업에 3억 2,000만달러(약 337억원)를 투자했다. 세계 반도체장비 시장의 80% 이상을 장악하고 있는 어플라이드 머터리얼즈의 에일린 탕할 인수합병팀장은 "경쟁력 있는 부품소재를 만드는 중소기업이 집중 투자대상"이라며 "특히 신소재나 유전공학, 헬스케어 분야서 기술이 있는 기업을 찾고 있다"고 말했다.

이번 행사는 국내 중소기업이 글로벌기업과 투자유치나 M&A 등을 논의할 수 있게 중기청이 만든 자리다. 한정화 중소기업청장은 "국내 29개 창업·벤처기업이 참가해 글로벌기업과 1 대 1로 만났다"며 "글로벌시장의 M&A 흐름을 읽고 투자도 유치할 수 있는 기회가 될 것"이라고 말했다.

출처: 중앙일보(2014. 10. 24)

생각해보기 글로벌기업들의 핵심 경쟁력은 누가 어떤 기술을 개발해서 상용화하느냐 하는 R&D 및 사업화 능력입니다. 최근 R&D 경쟁은 글로벌기업들이 자체적으로 기술을 개발하는 방법보다는 새로운 기술을 개발한 스타트업 회사를 인수 합병해서 함께 성장하는 방법으로 변화하고 있습니다.

기술기반의 창업을 준비하는 여러분은 지금 개발하는 기술이 대기업들이 관심을 가질 수 있는 기술인지를 한번 점검해 볼 필요가 있습니다. 만약에 대기업들이 욕심을 내는 기술이라면 여러분 기술의 가치는 어느 정도인지를 한번 생각해 보시기 바랍니다.

마무리하기

구분	내용
1. 학습목표 확인 기술가치평가의 개념과 평가방법 이해	1. 기술가치평가의 개념과 핵심요소 및 평가절차를 이해하셨습니까? 2. 기술가치평가의 방법의 종류와 장·단점을 이해하셨습니까?
2. 실습 결과 기술가치평가	1. 평가대상기술의 특징과 평가목적에 따라 평가방법을 선택해 보셨습니까? 2. 평가방법별로 평가해보면서 보유한 기술의 평균적인 가치를 산정해 보셨습니까?
3. 다음 단계 소개 제10장 기술개발전략	1. 다음 단계에서는 기술개발전략의 개념과 수립방법에 대해 학습하게 됩니다. 2. 그런 다음에 구체적인 기술개발전략을 한 장의 표로 수립하는 실습을 하게 될 것입니다.

기술 및 제품개발전략

module 4

기술창업 사업계획서 매뉴얼

기술개발전략

10
Chapter

제10장에서는 제품을 개발하기 위해 필요한 기술개발전략을 수립하는 방법에 대해서 학습하고, 이를 기반으로 실습을 통해서 구체적인 기술개발전략을 수립하게 된다.
제품개발을 위해서는 필요한 기술을 획득하고, 획득한 기술의 관리와 활용을 통해 기술을 발전시켜 나가야 한다. 단순한 연구개발과는 달리 제품개발을 위한 기술개발은 필요 시기, 투자 비용 등이 기술을 선택하고 획득하는 방법의 중요한 고려대상이 된다. 또한 제품개발 이후 효율적으로 기술을 관리하고 확산시켜 나가야 시장을 선점하고 시장에서의 경쟁우위를 유지할 수 있다.
제10장은 기술개발전략의 개념, 기술개발전략 수립방법, 기술개발전략실습으로 구성되어 있다.

기술개발전략의 구성

1. 기술개발전략의 개념 → 2. 기술개발전략 수립방법 → 3. 종합실습 기술개발전략수립

사례 10-1 세계를 바꾼 신기술의 비밀

지난해 말 제프 베조스 아마존 CEO는 날개 8개 달린 무인 헬리콥터로 30분 이내 배송계획을 밝혔다. 취미나 군사 활용에 국한됐던 무인 항공기 '드론(Drone)'의 상업적 이용에 불을 붙이며 논쟁을 불러왔다. 구글은 비밀연구조직 '구글X'에서 자율주행자동차 개발에 집중한다. 차에 비디오카메라, 레이더 센서, 위치 측정기, 라이더 등을 달고 주변 차량과 사물, 사람, 신호, 차선을 파악한다. 자동차는 센서에서 수집한 대량의 데이터를 해석해 진행 방향과 가속과 감속, 정지 등 신속하게 의사결정을 내리고 실행한다. 공상과학(SF) 영화에 나올 법한 장면이 우리 실생활에 가까이 왔다. 드론이 집 앞까지 소포를 배송하고 운전사 없는 자율주행자동차가 집까지 안전하게 데려다 준다. 환전이 필요 없는 글로벌 가상화폐 비트코인으로 세계 어디서나 결제를 하고 3D프린터로 집에서 필요한 각종 집기를 직접 만들어 쓴다.

■ **생각을 바꾸고 끈질기게 매달려라**

세상을 바꾼 신기술의 공통점은 무엇일까? 바로 발상의 전환과 끊임없는 연구개발이다. 자동차시장 샛별로 부상한 테슬라모터스는 이제 10년 밖에 안된 전기자동차 회사다. 10년간 연구개발에 매달린 테슬라는 지난해 1분기 처음으로 분기 흑자를 기록했다. 미국에서 신생 자동차기업이 창업 10년 이내 흑자를 낸 것은 처음이다.

테슬라는 끈질긴 연구개발과 새로운 가치 부여로 자동차 업계의 애플로 떠올랐다. 전기차는 친환경이지만 비싸고 주행거리가 짧으며 충전도 쉽지 않았다. 테슬라는 기존 자동차 개발 방법을 완전히 버리고 자체 기술로 전기차 한계 극복에 매달렸다. 10년 연구 끝에 지난해 한 번 충전하면 최대 420㎞를 주행하는 모델S를 내놨다. 정지상태에서 시속 100㎞까지 도달하는 시간은 5초며 최고속도는 210㎞다. 여기에 테슬라는 태양광을 이용한 슈퍼차저라는 고속 충전소에서 평생 무료 충전서비스를 제공하는 놀라운 계획도 발표했다. 모델S는 시동장치나 전원이 없다. 기어를 D로 내리면 자동차가 움직인다. 17인치 터치스크린이 자동차를 제어하며 근처에 충전소가 있으면 자동으로 알려준다. 기존 기계적인 자동차 개념을 버리고 완벽히 전자기기로 탈바꿈시켰다.

■ **원대한 꿈을 가져라**

인터넷 검색으로 세계를 제패한 구글은 이제 단순한 검색회사가 아니다. 운전사 없이 자동차 스스로 움직이는 자율주행자동차 개발을 지휘하고 있으며 하늘에 대형 열기구를 띄워 저개발국에 인터넷을 제공하는 프로젝트를 진행 중이다. 현재 시험 중인 구글 글라스가 어떤 미래를 가져올지 아무도 알 수 없다.

민간우주개발회사 스페이스X는 최근 첫 상업위성을 궤도에 안착시키는 데 성공했다. 미 항공우주국(NASA)이 하던 일을 이제 민간회사가 하기 시작했다. 영국 억만장자 리처드 브랜슨의 버진 갤러틱은 저궤도 우주비행선으로 올해 처음 민간 우주여행 시대를 연다.

인터넷으로 책을 팔던 아마존은 세계 최대 전자상거래 기업이 됐으며 2015년 드론 배송을 준비 중이다. 도심 하늘을 택배 드론이 뒤덮을 수 있다. 혁신기업은 큰 꿈을 갖고 상상을 현실로 만들며 도전한다. 처음 개념을 발표했을 때 논란을 불러오기도 하지만 기술을 진보시키고 법적 규제를 풀며 생활을 바꾼다.

이들은 이것을 '문샷 사고(Moonshot Thinking)'라 부른다. 달나라로 가는 무모한 도전이지만 기존 관습을 깨는 의지를 요구한다. 단기 이익을 만족시키는 제품이 아니라 스타트랙에 나올 법한 미래 기술 개발에 도전한다.

■ 기존질서를 파괴하라

2009년 첫 등장한 비트코인은 지난해 1비트코인 가치가 1,000달러를 넘으며 조명받았다. 중국을 비롯해 유럽국가가 비트코인을 제재하며 열기가 수그러들었지만 여전히 실험은 진행 중이다. 비트코인에 주목하는 이유는 기존질서를 파괴하는 새로운 시도이기 때문이다. 비트코인 거래는 금융기관 등 제3자를 거치지 않아 수수료나 대기시간이 없으며 세계 어디서나 빠르고 간편하게 전송된다. 비트코인 발행량은 고정돼 시간이 지나도 가치가 그대로 이며 수요가 늘면 가치가 상승한다. 비트코인 거래 기록은 익명으로 영구히 공개된다.

지난해 상반기 미국에서 가장 화제가 된 드라마는 '하우스 오브 카드'였다. 이 드라마는 유명 지상파나 케이블방송이 아닌 유료 스트리밍기업 넷플릭스에서 방영됐다. 넷플릭스는 세계 40개국에서 3,300만 명 가입자를 확보한 글로벌 영화, TV드라마 사업자다. 미국 방송계는 넷플릭스가 몰고온 미디어 혁명의 소용돌이에 빠졌다.

넷플릭스는 기존 방송사 관행을 깨고 자체 제작한 하우스 오브 카드 첫 방송 때 13편을 한꺼번에 공개했다. 보통 TV드라마는 매일 한 편씩 방영되는데 넷플릭스는 한 번에 모든 콘텐츠를 방출했다. 다음 회를 기다리지 않아도 되고 보고 싶을 때 언제든지 볼 수 있다. 스트래티지어낼리틱스는 "새해 넷플릭스와 같은 OTT(Over The Top)기업이 기존 미디어를 위협하는 무서운 세력이 될 것"이라고 전망했다.

출처: 전자신문(2014. 1. 1)

생각해보기 기술기반의 기업들은 기술 때문에 흥하기도 하고, 기술 때문에 망하기도 합니다. 남들이 갖지 못하는 기술을 개발하는 과정은 참으로 험난하고, 실패가능성이 높고, 많은 인력과 자본이 소요됩니다. 그렇다고 해서 최고의 기술, 유일한 기술을 개발하는 과정을 포기하면 기술기반의 창업은 실패할 수밖에 없습니다. 그러므로 전문성, 합리성, 창의성을 융합해서 고객이 필요한 기술을 개발할 필요가 있습니다.

I 기술개발전략의 개념

1. 기술개발전략의 이해

기술개발전략이란 제품개발을 위해 필요한 기술을 자체 개발이나 외부의 기술을 활용해 획득하고, 그 기술을 자사의 역량으로 지속적으로 유지·발전시켜 가기 위한 관리 및 확대 방안을 수립하는 과정을 의미한다.

예를 들어서, 스마트폰을 개발할 때 OS(Operating System)라는 핵심적인 기술이 필요한 상황에서 OS 기술 확보를 위해 자체적으로 개발할 것인지 아니면 외부 업체를 통해 도입할 것인지 등을 고려하여 해당 기술을 획득해야 한다. 또한 획득한 기술을 지속적으로 유지·보수하거나 업그레이드해야 나가고 관련 기술이 시장에서 주도할 수 있도록 전략적으로 확산함으로써 지속가능한 경쟁력을 확보해야 한다.

제품개발에 필요한 기술개발은 단순 연구개발과는 달리 제품개발의 필요시기와 투자비용 등도 고려하여 기술을 획득하여야 하며, 기술의 축적 및 기술 예측을 위한 기술의 관리 그리고 제품의 기능 경쟁력, 시장에서의 선점을 위한 기술 활용 방안을 종합적으로 수립해야 하는 매우 중요한 과정이다.

2. 기술개발전략 수립방법

기술개발전략은 제품개발을 위해 필요한 기술을 확보하고 확보된 기술이 경쟁우위를 갖도록 지속적으로 기술을 발전시켜 나가기 위한 전략적 과정이다.

기술개발을 위해서는 시장환경에 맞는 기술을 분석하고 필요한 기술의 시기, 투자가능 규모 등을 고려하여 기술획득 방법을 정해야 한다. 또한 기술획득 이후 기술을 축적해 나가고 발전시켜 나가기 위한 관리방법, 그리고 기술을 어떻게 확산시켜 시장에서 지배적 위치를 확보해 나갈 수 있는 방법을 수립해 가야 한다.

만약에 기술개발전략 수립이 잘못되어 기술획득 방법이 잘못되거나 획득 시기 등을 놓치게 되면 제품개발 시 막대한 손해가 발생할 수 있으며, 기술관리가 적절히 이루어지지 않고 기술활용이 안 된다면 시장에서 제품의 경쟁우위를 지켜나갈 수 없게 된다.

기술개발전략 수립방법

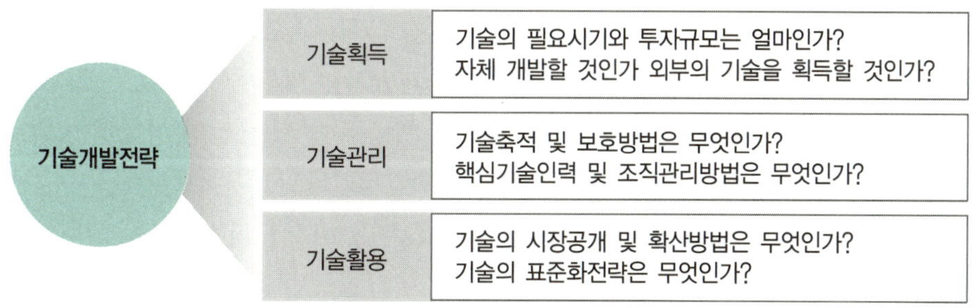

Ⅱ 기술개발전략 수립방법

1. 기술획득

1) 기술획득의 의미

기술획득이란 제품개발을 위해 필요로 하는 기술을 정의하고 해당 기술을 획득하는 방법을 찾아내는 과정을 의미한다. 특정 제품에 필요한 기술은 이미 개발된 기술일 수도 있고, 미 개발기술로 연구개발을 통해 새롭게 개발해야 하는 기술일 수도 있다. 또한 기술을 적용할 제품이 이미 존재하는 시장일 수도 있고, 시장이 형성되지 않아 새롭게 기술을 개발하여 제품을 만들어야 하는 시장일 수도 있다. 이처럼 제품개발을 위해서는 기술의 발달 상태와 시장의 형성 상태를 고려하여 제품개발에 필요한 기술을 획득하여야 한다.

기술의 획득은 기술개발을 통해 취득가능한 시기와 기술개발을 위해 투자가능한 비용 등을 고려하여 선택하게 된다. 창업자는 시장에서 요구하는 제품의 시기와 제품 판매 시 예상되는 매출 및 이익규모에 따른 투자비용을 고려하여 자체적으로 기술을 개발하여 확보할지, 이미 기술을 보유하고 있는 업체와 공동개발을 할지 아니면 외주개발을 할지 등의 기술확보방법을 결정하여야 한다.

예를 들어 스마트폰에 필요한 OS(Operating System)는 자체적으로 원천기술을 확보하여 개발해 나갈 수도 있지만 제품의 개발가능시기와 개발비용을 고려하여 이미 개발되어 있는 안드로이드 OS를 선택할 수 있다. 또한 안드로이드 OS를 활용하여 응용하는 기술방법을 습득하여 제품을 개발하는 방법을 선택할 수도 있다.

아직 개발되지 않은 기술을 개발하여 새로운 제품을 만드는 것이 경쟁력을 확보할 가능성이 크지만 경우에 따라서는 외부 기술을 획득하는 것이 더 효율적인 경우가 많기 때문에 기술의 진보상태와 시장수요를 고려하여 기술개발전략을 수립해 나가는 것은 매우 중요하다.

2) 기술획득방법

제품개발에 필요한 기술을 획득하기 위해 기술취득시기, 투자규모 등을 고려하여 자체적으로 기술을 개발해 나갈 것인지, 아니면 외부 업체를 통하여 기술을 확보할 것인지 등을 검토하여 기술획득방법을 결정해야 한다

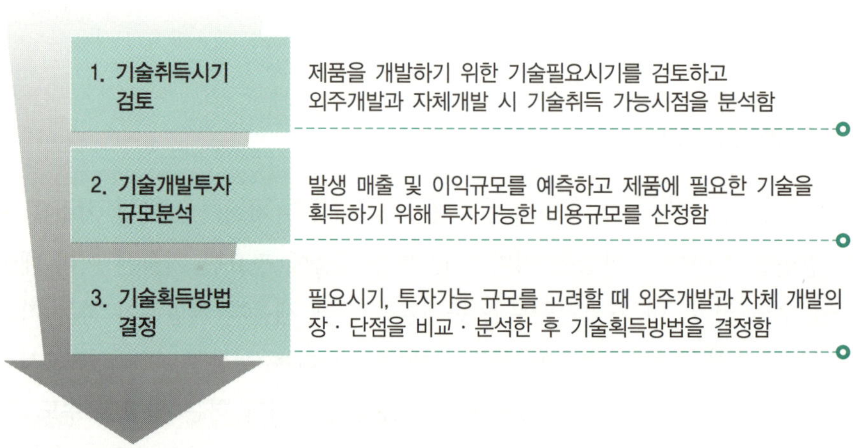

실습 1 기술획득

■ 목적

제품개발을 위해 필요한 특정 기술의 획득을 위해 고려해야 할 사항을 파악하고 기술획득방법을 결정하는 데 목적이 있다.

■ 진행방법

① 기술의 필요시기와 취득가능시기를 검토하고 예상매출 및 이익규모를 고려하여 기술개발을 위해 투자가능한 비용 규모를 산정한다.
② 자체, 공동, 외주개발 시 각각의 취득가능시기와 비용 등을 고려하여 획득 방법을 결정한다.

■ 실습하기

요구기술		
기술필요시기		
취득가능시기	외주개발 시	
	자체개발 시	
예상매출 및 이익규모		
투자가능비용		
기술획득방법 비교	외주개발 시	
	자체개발 시	
기술획득방법 결정		

■ 참고사례

• 아래의 사례는 스마트TV용 OS 기술을 외주개발과 자체개발의 두 가지 대안으로 비교 · 분석한 후 기술획득방법을 결정한 것이다.

요구기술		인터넷 접속과 각종 앱 설치가 가능한 스마트TV 개발을 위해 필요한 OS(Operating System) 기술
기술필요시기		6개월 이내
취득가능시기	외주개발 시	약 2개월
	자체개발 시	약 6개월

<table>
<tr><td colspan="2">예상매출 및 이익규모</td><td>출시 1년차 기준 매출 100억원, 이익 10억원</td></tr>
<tr><td colspan="2">투자가능비용</td><td>10억원</td></tr>
<tr><td rowspan="2">기술획득방법 비교</td><td>외주개발 시</td><td>비용이 많이 발생하지만 외주업체의 전문성이 높고, 기술도입 즉시 활용가능</td></tr>
<tr><td>자체개발 시</td><td>비용은 외주개발보다 적게 발생
전문성은 외주개발보다 약간 낮고, 개발 후 테스트 및 안정화기간 필요</td></tr>
<tr><td colspan="2">기술획득방법 결정</td><td>외주개발 시 전문적으로 신속하게 도입가능하나 비용이 증가함
필요시기가 촉박하지 않고, 향후 유지보수 등을 고려하여 자체 개발을 통해 기술획득을 결정함</td></tr>
</table>

2. 기술관리

1) 기술관리의 개념

기술관리란 기술을 획득한 이후에 관련 기술을 어떻게 회사의 역량으로 축적해 나가며 유지하고 보호할 것인지, 기술개발 활동을 어떻게 조직화하고 관리할 것인지 등에 대한 관리방안을 수립하는 과정을 의미한다.

기술관리는 지속적인 기술활용 및 제품개발을 위한 매우 중요한 과정이다. 최근에는 급속한 기술 변화로 제품의 수명주기가 짧아지고, 기술의 융복합화로 인해 기술영역 및 원리들 간의 상호 연관성이 증대하고 있는 상황이다. 이에 따라 자체 R&D 능력 축적 및 외부 기술의 효과적인 활용을 위해 연구기능의 역할 정립과 전략화가 필요하고 이를 위한 핵심인력 및 조직유지 및 관리가 요구된다. 또한 기술획득 과정 이후 필요한 특허등록 및 라이선스 확보 등 자체 기술보호와 전략적 기술제휴 등을 통해 기술의 권리를 보장하고 분쟁의 소지 없이 기술을 발전시켜 나가야 한다.

예를 들어 안드로이드 OS를 이용한 스마트폰 개발 이후 지속적으로 기술을 유지하고 발전시켜야 할 핵심인력 및 조직이 운영되어야 하며, 안드로이드 OS 개발 과정 중 타 제품과의 특허, 라이선스 이슈 파악 그리고 향후 제품 버전업을 위해 필요한 기술을 축적하고 준비해 가야 한다.

2) 기술관리방법

기술획득 이후에 기술의 유지보수 및 발전을 위해서는 필요한 인력 및 조직을 구축하고, 기술을 보호해 가며, 축적된 기술을 기반으로 향후 기술발전 방향 및 예측들을 통해 핵심기술을 육성해 가야 한다.

1. 인력 및 조직 유지	기술을 유지하고 발전시켜 나가기 위한 핵심인력 확보 및 R&D조직을 구축하고 유지해 감
2. 특허등록, 라이선스 확보	확보된 기술의 특허등록을 통한 기술보호, 타 기술 사용 시 라이선스 확보 등으로 기술을 보호하고 법적인 분쟁의 소지를 없앰
3. 기술예측 및 육성	지속적인 기술현황 분석과 평가를 통해 기술의 발전방향을 예측하여 핵심기술을 육성해 감

실습 2 기술관리

■ **목적**

기술획득 이후 기술의 유지 및 발전을 위해 필요한 고려사항을 파악하고 기술관리 방법을 수립하는 데 목적이 있다.

■ **진행방법**

① 기술개발 및 관리에 필요한 인력과 조직구축을 위해 점검해야 할 사항들을 검토하고 준비한다.

② 기술보호 및 기술적인 법적 분쟁의 소지를 예방하기 위해 특허등록, 라이선스 확보 등을 실행한다.

③ 기술정보 공유를 위한 관리시스템 구축과 기술분석 및 평가를 통해 기술의 발전방향을 예측한다.

■ 실습하기

제품/서비스	
1. R&D 인력규모	
2. R&D 정보관리시스템 구축	
3. 특허등록 여부 점검	
4. 외부 라이선스 확보 필요성 검토	
5. 기술분석 및 평가	
6. 기술의 발전방향 예측	

■ 참고사례

• 아래의 사례는 스마트TV용 OS 기술에 대한 관리를 위해 인력 및 조직, 기술 보호 및 발전방향 예측 관점에서 관리방법을 수립한 것이다.

제품/서비스	스마트TV용 OS
1. R&D 인력규모	OS 적용 및 기능 업그레이드 개발인력 30명 규모 경력자 위주로 구성
2. R&D 정보관리시스템 구축	기능 정보검색시스템 기술매뉴얼 검색시스템 등 구축
3. 특허등록 여부 점검	국내외 특허 정보시스템을 통하여 관련기술 특허 검색 및 관련성 여부 검토
4. 외부 라이선스 확보 필요성 검토	OS 자체에 대한 별도의 라이선스 비용은 없음 OS에 탑재되는 기본 어플리케이션에 대한 라이선스는 확보 필요
5. 기술분석 및 평가	Windows OS, 파이어폭스 등 경쟁기술 증가 시장동향 및 차별화 포인트 등 발굴 필요
6. 기술의 발전방향 예측	PC와의 연계, 스마트폰과의 연계를 고려한 OS 기술 개발 방향성 예측됨

3. 기술활용

1) 기술활용의 개념

기술활용이란 개발한 기술이 널리 활용될 수 있도록 시장에 보급하고 지속적으로 확산시켜 업계의 선도적 기술로 만드는 과정을 의미한다.

기술을 통해 신제품을 개발하고 업계에서 지배적 위치를 선점하기 위해서는 시장에서 기술이 인정받고 널리 사용될 수 있도록 전략적으로 전파하고 확산시켜야 한다.

보유하고 있는 기술을 제품에 응용하고 기술활용을 확대하기 위해서는 먼저 특허 등 법적 보호장치 내에서 기술을 공개하여 시장에서 가치를 평가받아야 한다. 그런 다음에 기술과 관련된 파트너 업체 또는 다른 연관기술과 함께 기술의 확산을 가속화시켜 해당 기술이 해당 업계에서 사실상의 표준기술이 될 수 있도록 기술을 주도해 나가야 한다.

예를 들어 안드로이드 OS는 구글이 시장에 공개하여 많은 스마트폰 업체들이 사용하게 되었고, 제조회사와 긴밀한 협력관계를 통해 사실상 스마트폰 OS의 표준처럼 활용이 되어 시장지배력을 높이고 있다.

이처럼 획득한 기술이 산업의 표준화기술이 될 수 있도록 기술표준을 정의하고 수립해 가는 과정은 창업기업의 경쟁력 확보를 위해 매우 중요하다.

2) 기술활용방법

획득한 기술을 법적인 보호장치 안에서 공개함으로써 전략적으로 산업 전반에 확산하고 업계의 표준으로 만들어 나감으로써 강력한 경쟁력을 확보한다.

단계	내용
1. 기술공개	법적 보호장치를 갖고 기술을 시장에 공개하여 시장의 평가를 받음
2. 보완적 기술의 활용	유사기술, 다른 분야의 제품 등을 활용하여 기술을 확대해나감
3. 기술의 확산	해당 기술이 주도기술이 되어 실질적으로 업계의 표준이 될 수 있도록 기술을 확산시킴
4. 기술의 표준화	법적으로 해당 기술이 표준이 될 수 있도록 기술을 정의하고 산업표준화를 진행함

실습 3 기술활용

■ 목적

획득한 기술을 확산하고 시장에서의 선도기술로 만들기 위한 기술활용 방안을 수립하는 데 목적이 있다.

■ 진행방법

① 기술을 시장에 공개하기 위한 준비와 시기를 점검하고 시장에 공개 계획을 수립한다.

② 실질적인 업계의 표준이 될 수 있도록 기술을 확산하고 표준기술로 정의한다.

구분	주요 내용
1. 기술의 법적 보호장치 확인	
2. 기술의 시장공개시기	
3. 보완적 기술활용 검토	
4. 업계표준 유도를 위한 기술확산	
5. 기술의 법적 표준을 위한 기술정의	

■ 참고사례

- 아래의 사례는 스마트TV OS 기술을 개발한 후 이를 활용하기 위한 방안을 수립한 것이다.

구분	주요 내용
1. 기술의 법적 보호장치 확인	안드로이드 OS 원천기술 업체와의 기술보호장치 확인 안드로이드 OS 포팅 및 UI 관련 특허/지적재산권 등록
2. 기술의 시장공개시기	2015년 1/4분기 SW개발자 회의에서 소스 공개
3. 보완적 기술활용 검토	스마트폰, 태블릿의 안드로이드 OS용 어플리케이션과 호환성을 갖도록 개발
4. 업계표준 유도를 위한 기술확산	스마트폰, 태블릿과 같이 활용할 수 있는 기능을 홍보하고, 기존의 풍부한 어플리케이션을 통해 접근성을 용이하게 함
5. 기술의 법적 표준을 위한 기술정의	차세대 스마트TV 표준 OS

Ⅲ 종합실습 - 기술개발전략

■ 목적

제품개발을 위해 필요한 기술의 획득과 획득한 기술을 관리하고 활용하여 기술을 확장시켜 나가기 위한 전략을 수립하는 데 목적이 있다.

■ 진행방법

① 기술의 필요시기, 획득가능시기, 투자규모 등을 고려하여 획득방법을 결정함
② 기술을 유지하기 위한 인력, 조직을 구축하고 특허/라이선스 검토, 기술의 분석과 평가를 통해 기술의 방향을 예측함
③ 기술을 시장에서 확대하고 표준으로 인정받기 위한 방안을 수립함

■ 실습하기

구분		주요 내용
기술획득	1. 요구기술	
	2. 기술획득방법 결정	
기술관리	1. R&D 인력규모	
	2. R&D 정보관리시스템 구축	
	3. 특허등록 여부 점검	
	4. 외부라이선스 확보 필요성 검토	
	5. 기술분석 및 평가	
	6. 기술의 발전방향 예측	
기술활용	1. 기술의 법적 보호장치 확인	
	2. 기술의 시장공개시기	
	3. 보완적 기술활용 검토	
	4. 업계표준 유도를 위한 기술확산	
	5. 기술의 법적 표준을 위한 기술정의	

■ **참고사례**

• 아래의 사례는 스마트 TV 개발 시 필요한 OS 기술의 획득에서부터 관리하고 활용하는 기술개발전략을 정리한 것이다.

구분		주요 내용
기술 획득	1. 요구기술	인터넷 접속과 각종 앱 설치가 가능한 스마트TV 개발을 위해 필요한 OS(Operating System)기술
	2. 기술획득방법 결정	외주개발 시 전문적으로 신속하게 도입가능하나 비용이 증가함 필요시기가 촉박하지 않고, 향후 유지보수 등을 고려하여 자체개발을 통해 기술획득을 결정함
기술 관리	1. R&D 인력규모	OS 적용 및 기능 업그레이드 개발인력 30명 규모 경력자 위주로 구성
	2. R&D 정보관리시스템 구축	기능정보검색시스템 기술매뉴얼 검색시스템 등 구축
	3. 특허등록 여부 점검	국내외 특허정보시스템을 통하여 관련 기술특허 검색 및 관련성 여부 검토
	4. 외부라이선스 확보 필요성 검토	OS 자체의 별도의 라이선스 비용은 없음 OS에 탑재되는 기본 어플리케이션에 대한 라이선스는 확보 필요
	5. 기술분석 및 평가	Windows OS, 파이어폭스 등 경쟁기술 증가 시장동향 및 차별화 포인트 등 발굴 필요
	6. 기술의 발전방향 예측	PC와의 연계, 스마트폰과의 연계를 고려한 OS 기술개발 방향성이 예측됨
기술 활용	1. 기술의 법적 보호장치 확인	• 안드로이드 OS 원천기술 업체와의 기술보호장치 확인 • 안드로이드 OS 포팅 및 UI 관련 특허/지적재산권 등록
	2. 기술의 시장공개시기	2015년 1/4분기 SW개발자 회의에서 소스 공개
	3. 보완적 기술활용 검토	스마트폰, 태블릿의 안드로이드 OS용 어플리케이션과 호환성을 갖도록 개발
	4. 업계표준 유도를 위한 기술확산	스마트폰, 태블릿과 같이 활용할 수 있는 기능을 홍보하고, 기존의 풍부한 어플리케이션을 통해 접근성을 용이하게 함
	5. 기술의 법적 표준을 위한 기술정의	차세대 스마트TV 표준 OS

사례 10-2 삼성, SW 사업 잇단 실패 … 타이젠의 운명은

독자 OS 바다 · 모바일메신저 챗온서비스 중단
타이젠 스마트폰 출시 연기 속 타이젠 TV에 기대

세계 최고의 하드웨어 정보통신기술(ICT) 기업인 삼성전자가 소프트웨어(SW) 및 플랫폼 부문에서 잇따라 '물'을 먹고 있다. 스마트폰 시대를 맞아 추진한 독자 모바일 운영체제(OS)인 바다가 5년여 만에 초라하게 문을 닫은데 이어 모바일메신저 서비스인 챗온 역시 사라지는 운명을 맞았다.

삼성전자는 새 자체 OS인 타이젠으로 승부수를 띄울 계획이지만 염원하던 SW 시장 안착에 성공할 수 있을지는 미지수다. 23일 IT업계에 따르면 삼성전자는 바다 개발자 사이트 운영을 내년 1월 중 중단키로 하고 최근 이를 공지했다. 마지막 남은 개발자 지원수단마저 사라지는 셈이다. 금융결제원과 은행들 역시 삼성전자가 OS 지원을 포기하면서 사용자가 감소하자 바다 OS용 은행 스마트폰 뱅킹서비스를 내년 1월 1일부터 제공하지 않을 예정이다. 앞서 삼성전자는 지난해 2월 바다 OS의 개발 종료를 선언했고 이후 바다 OS를 탑재한 스마트폰용 카카오톡 등 각종 서비스가 순차적으로 중단됐다.

바다는 하드웨어에 강점을 지닌 삼성전자가 애플의 iOS, 구글의 안드로이드에 대항해 독자 생태계 구축을 표방하며 만든 모바일 OS다. 하드웨어(외형)만 만들어서는 언제까지나 소프트웨어(머리)에 지배될 수밖에 없다는 위기감이 배경이 됐다. 삼성전자는 하드웨어와 소프트웨어 시장을 함께 구축해 완벽한 모바일 에코시스템을 갖춘다는 야심찬 계획을 세웠지만 결국 SW 시장에서는 애플과 구글의 벽을 넘지 못했다.

삼성전자는 최근 모바일메신저 서비스인 '챗온' 역시 내년 2월부터 종료한다고 밝혔다. 2011년 10월 서비스 출시 이후 3년여 만이다. 챗온은 스마트폰 판매시장에서 1위를 달려온 삼성전자가 모바일메신저라는 새 플랫폼을 강화하기 위해 내놓은 서비스다. 삼성전자의 주요 스마트폰에 챗온 애플리케이션을 기본탑재하면 단숨에 글로벌시장을 선도할 수 있다는 판단이 깔려 있었다. 그러나 챗온은 삼성전자 스마트폰 구입자들로부터도 외면을 당했고 결국 국내에서는 카카오톡 등에, 해외에서는 왓츠앱과 위챗 등을 넘지 못하고 사라지게 됐다.

SW 및 플랫폼 시장에서 잇따라 실패하면서 삼성이 하드웨어 ICT 기업의 틀에서 좀처럼 벗어나지 못하는 양상이다. 삼성은 그러나 바다 OS의 실패를 양분삼아 새 자체 OS인 타이젠으로 SW 시장에서도 글로벌 플레이어로 거듭난다는 복안을 세워놓고 있다. 타이젠은 삼성전자와 미국 인텔 등이 공동개발해 2012년 공개한 스마트기기용 OS다. 샤프, NTT도코모, KT 등 글로벌 ICT 기업이 함께 협력하고 있지만 주도하는 곳은 삼성전자다. 삼성전자는 그동안 SW 개발인력을 집중투입해 타이젠 키우기에 힘을 쏟아 왔다.

단순히 스마트폰뿐만 아니라 모든 가전기기가 연결되는 사물인터넷 시대를 대비하기 위한 차원이다. 타이젠마저 실패할 경우 삼성전자는 영원히 하드웨어 ICT 기업으로만 남을 수 있다는 불안감도 타이젠 개발의 배경이 됐다. 그러나 타이젠 OS의 안착 여부도 쉽사리 전망하기 힘들다. 가장 먼저 나올 것으로 알려졌던 타이젠 탑재 스마트폰은 번번이 연기되면서 무성한 설만 낳고 있다. 애플리케이션이 부족한데다 자칫 잘못하면 안드로이드 기반의 자사 스마트폰 시장을 잠식할 수 있다는 우려 때문으로 알려졌다. 내달 인도에서 10만원대 초저가 타이젠 스마트폰이 출시될 것으로 알려졌지만 이마저 확답할 수 없는 상태다.

삼성전자는 웨어러블 기기 시장에서는 지난해 9월 갤럭시 기어를 시작으로 기어2, 기어2 네오 등 타이젠기반 제품을 잇따라 출시하며 선점에 나섰지만 후발주자들 역시 무서운 속도로 따라오고 있다. 실제 지난 8월 기준 웨어러블 기기용 타이젠 어플리케이션은 1천개로 안드로이드 웨어의 300여 개에 비해 3배 이상 많았으나 지난달 기준으로는 안드로이드 웨어용 앱이 타이젠용을 앞지른 것으로 알려졌다.

삼성전자가 가장 기대를 걸고 있는 시장은 TV부문이다. TV는 가정 내 가전기기의 허브 역할을 한다는 점에서 앞으로 사물인터넷시대의 핵심기기로 자리잡을 것으로 전망된다. TV시장 세계 1위인 삼성은 내년 1월 열린 소비자가전쇼 'CES(Consumer Electronics Show) 2015'에서 타이젠 탑재 TV를 선보일 예정이다. 스마트폰과 달리 스마트TV의 경우 어플리케이션 활용도가 그다지 높지 않다. 애플이나 구글 등이 직접 하드웨어 생산에 나서기도 어렵다. 삼성전자의 타이젠 탑재 TV의 성공가능성이 높게 점쳐지는 이유다. 삼성의 기대대로 타이젠 TV가 시장에서 좋은 반응을 보일 경우 타 제조업체의 타이젠 OS 탑재도 늘어날 수 있고 사물인터넷 시장의 주도권을 차지하는 데 한발 더 다가설 수 있다. 업계 관계자는 "스마트폰이나 TV시장에서 중국 후발업체들이 치고 올라오면서 삼성전자가 단순히 하드웨어 경쟁력만으로는 시장을 선도하기 어려운 상황을 맞았다"면서 "타이젠이라는 자체 OS의 성공 여부에 삼성의 미래 경쟁력이 달려 있다"고 전망했다.

출처: 연합뉴스(2014. 12. 23)

생각해보기 대한민국을 대표하는 기업 중 하나는 삼성전자입니다. 삼성전자는 지난 몇 년 동안 뛰어난 기술력, 강력한 생산시스템, 창의적인 마케팅전략으로 큰 성공을 거두었습니다. 모든 기업들의 꿈은 지속가능한 성장을 하는 것입니다. 그러나 기술 변화, 시장 변화, 경쟁사 등장, 스스로의 타성 등으로 위기에 부딪치게 됩니다. 이 같은 위기를 극복할 수 있는 유일한 방법은 기업구성원들의 끊임없는 혁신과 열정입니다. 그 중에서도 핵심은 기술개발능력입니다. 기술개발에서 뒤지면 모든 부분에서 경쟁력을 잃기 때문에 기술개발능력을 강화시켜야 합니다. 특히 기술기반의 창업기업들은 모든 부분에서 열악하지만 기술부분에서 뒤지면 존재하기가 힘들기 때문에 기술개발능력을 강화해야 합니다.

마무리하기

1. 학습목표 확인	
기술개발전략의 이해	1. 기술개발전략의 개념을 이해하셨습니까? 2. 제품개발에 필요한 기술을 확보하고 관리해 가는 절차와 방법을 이해하셨습니까?

2. 실습 결과	
기술개발전략	1. 기술개발전략의 단계적 절차를 이해하셨습니까? 2. 기술개발전략을 수립하셨습니까?

3. 다음 단계 소개	
제11장 제품개발계획	1. 다음 단계에서는 제품개발계획에 대해서 학습하게 됩니다. 2. 그런 다음에 제품개발계획을 한 장의 표로 수립하는 실습을 하게 될 것입니다.

제품개발계획

11 Chapter

제11장에서는 창업하고자 하는 아이템을 제품과 서비스의 형태로 개발하는 제품개발계획 수립방법에 대하여 학습하고, 이를 기반으로 실습을 통하여 제품개발계획을 수립하게 된다.

창업아이템을 선정한 다음에는 창업아이템을 구체적인 제품과 서비스로 개발해야 한다. 그런데 제품개발 과정은 매우 어려울 뿐 아니라 상당한 시간과 자금을 필요로 하기 때문에 실패하는 경우가 많다. 만약, 개발에 성공하여도 예상보다 비용과 시간이 많이 투입되거나, 개발한 제품이 고객니즈에 맞지 않아서 어려움을 겪는 경우도 있다. 그러므로 합리적이고 체계적인 제품개발 계획을 수립하여 고객이 원하는 제품과 서비스를 개발해야 한다.

제11장은 제품개발계획의 개념, 제품개발계획 수립방법, 제품개발계획 실습으로 구성되어 있다.

제품개발계획의 구성

1. 제품개발계획의 개념 → 2. 제품개발계획 수립방법 → 3. 종합실습 제품개발계획

사례 11-1 지난 20여 년간 세상을 바꾼 IT제품 12가지는?

IT전문 WSJ 칼럼니스트 뉴턴부터 아이패드까지 12종 선정
아이폰, 아이패드, 페이스북, 윈도95 등 손꼽혀

월스트리트저널(WSJ) IT전문 칼럼니스트로 활동한 월터 모스버그는 17일 칼럼에서 지난 20년간 세상을 바꾼 IT제품 12가지를 소개했다. 모스버그는 모바일기기 효시가 됐던 개인휴대단말기(PDA) '뉴턴(Newton)', 소셜네트워크서비스(SNS)를 대중화시킨 페이스북과 트위터, 스마트폰 판도를 송두리채 바꿔놓은 아이폰, PC시장 종말을 가속화시킨 아이패드 등을 대표적 혁신제품으로 꼽았다.

모스버그는 애플이 만든 개인휴대단말기(PDA) 뉴턴을 먼저 꼽았다. 1993년 출시된 뉴턴은 스마트폰, 태블릿PC 조상격으로 '손안의 PC' 시대를 열었다. 당시에는 사용법이 복잡해 소비자들로부터 외면 당했지만 이후 나올 모바일기기에 적잖은 영향을 줬다고 모스버그는 평가했다.

PDA는 1997년 팜파일럿이 출시되면서 전성기를 맞았다. 팜사(Palm社)는 애플의 실패를 교훈 삼아 작고 가벼우면서 저렴한 PDA시리즈를 연달아 출시했다. 이후 PDA는 전화기능과 결합되면서 스마트폰으로 진화했다.

비즈니스맨들이나 쓰던 PDA폰이 대중화된 계기는 애플이 키패드를 없앤 아이폰을 내놓으면서부터다. 아이폰 출시 이후 스마트폰 회사들은 너나 할 것없이 키패드를 없앤 대형 화면의 스마트폰을 출시했다. 사람들은 아이폰을 들고 다니며 수시로 인터넷에 접속했고 모바일 인터넷시대가 열렸다.

모스버그는 아이패드도 세상을 바꾼 IT기기로 선정했다. 애플이 내놓은 10인치 태블릿PC로 노트북 등 PC 시장은 사양길로 접어들었기 때문이다.

넷스케이프 내비게이터(1994년), 구글 검색엔진(1999년), 페이스북(2004년), 트위터(2006년), 안드로이드(2008년)가 인터넷 업계에서는 대표적인 혁신작이다.

넷스케이프 내비게이터는 이후에 나온 MS 익스플로러와 구글 크롬의 원형이 됐고 페이스북과 트위터는 인터넷사용자 간의 연결성을 극대화시켰다. 이들 SNS는 빠른 전파력을 무기로 아랍세계 시민혁명을 촉발시키는 촉매제 역할을 했다. 2008년 개발된 안드로이드는 개방성을 무기로 애플의 iOS를 제치고 모바일 운영체제(OS) 업계 강자로 부상했다. 시장조사업체 IDC에 따르면 올 3분기 안드로이드의 시장점유율은 81%에 달한다.

MS의 윈도95도 IT업계 빼놓을 수 없는 혁신작이라고 모스버그는 언급했다. 윈도95는 '명령어 입력'이 아닌 '아이콘 클릭'으로 PC 운영방식을 바꿔놓았다.

디지털 음원시장의 폭발적 성장세를 이끈 아이팟도 사람들의 삶을 바꿔 놓았다. 애플은 아이팟이 거둔 성공을 발판삼아 유료 디지털 음원장터 아이튠즈를 활성화시켰다.

1970년 WSJ 기자로 시작한 모스버그는 1991년부터 IT 칼럼니스트로 재직했다. 그는 22년간 최신 IT기기에 대한 사용기와 칼럼을 주로 썼다. WSJ의 IT전문 매체 올딩스디의 주요 멤버로도 활약했던 모스버그는 최근 새 IT전문 매체를 창간을 위해 회사를 떠난다고 밝혔다.

출처: 이데일리(2013. 12. 19)

생각해보기 기술은 제품을 만드는 핵심요소이지, 기술 자체가 고객들이 원하는 제품은 아닙니다. 아무리 뛰어난 기술이 있습니다고 해도, 고객이 원하는 제품으로 개발되지 않으면 효과는 작을 것입니다.
제품과 서비스는 고객의 입장에서 기획되어야 하고 개발되어야 합니다. 기술이 개발자의 입장에서 접근한다면 제품은 고객의 입장에서 접근해야 합니다. 세상을 놀라게 하는 제품과 서비스는 단순한 기술의 문제를 넘어서 고객니즈를 이해하고, 경쟁사를 고려해서 개발되어야 합니다. 기술기반의 창업을 준비하는 여러분은 고객이 원하는 제품과 서비스는 무엇인가 하는 본원적 질문부터 답을 하면서 제품을 개발해야 합니다.

I 제품개발계획의 개념

1. 제품개발계획의 이해

제품개발계획이란 창업자가 목표로 하고 있는 시장에서 고객이 가진 니즈(Needs)와 욕구(Wants)를 충족시키기 위해 어떠한 제품을 만들 것인지 기획하고, 제품을 개발한 후 출시하는 일련의 과정이다.

예를 들어, 무선기기를 생산하는 기업이 제품을 개발하기 위해서는 고객이 원하는 기능은 무엇인지, 시장상황은 어떤지, 경쟁사의 동향은 어떤지 등을 먼저 파악하여 제품을 기획하고, 요구사양과 목표원가 및 투자비 등을 산정하여 개발 계획을 수립한다. 그런 다음에 설계, 개발, 테스트 등을 거쳐 규격 승인과 같은 출시 준비를 마치고 양산을 진행하게 된다.

만약 제품개발계획이 잘못 수립되면 고객이 원하는 기능이 제대로 구현되지 않거나 원하는 수준만큼의 품질이 확보되지 못하고 적기에 제품이 생산되지 않을 경우 막대한 비용 손실이 발생하게 된다. 그러므로 가치 있는 제품을 시장이 원하는 시기에 개발할 수 있는 체계적인 제품개발계획을 수립해야 한다.

2. 제품개발계획 수립방법

창업하고자 하는 제품을 만들기 위해서는 제품을 기획한 후 제품개발계획을 통해 제품을 개발하고 양산해 나가는 프로세스를 거쳐야 한다. 제품개발 프로세스는 고객의 요구를 정확히 파악하여 적절한 시기에 효과적으로 개발 및 생산하기 위한 체계적인 방법이 된다.

① 제품기획은 시장 및 경쟁사 동향을 파악하고 고객의 요구를 수집하여 개발 내용과 범위를 정의하는 단계이다.

② 개발계획은 제품요구사양을 확정하고, 구체적인 개발방안 확정, 원가 및 투자비 산정, S/W, H/W 개발, 시험계획 수립 및 발주를 진행하는 단계이다.

③ 개발은 제품을 설계, 구현 및 제작, 시험을 통해 시제품을 만들고 디자인 제작 및 매뉴얼 작성 등과 같은 생산공정을 준비하는 단계이다.

④ 양산 및 출시는 시제품의 검수를 마친 뒤 대외 시험, 규격 등을 획득하고 출하 인증을 거쳐 제품을 시장에 내놓기 위한 대량생산을 진행하고 양산된 제품을 시장에 내어 놓는 단계이다.

제품개발 프로세스

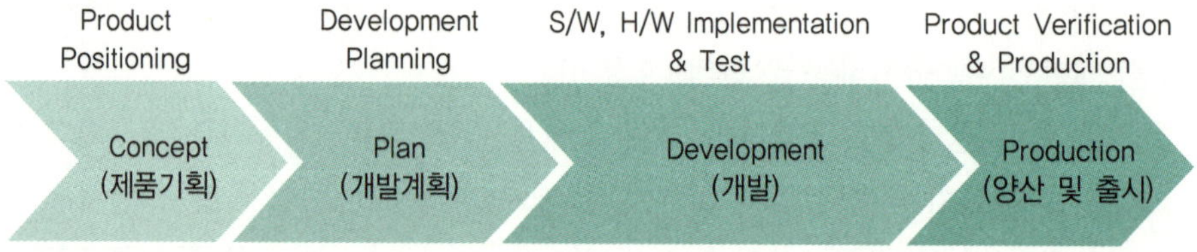

Ⅱ 제품개발계획 수립방법

1. 제품기획

1) 제품기획의 개념

제품기획이란 시장 및 경쟁사동향을 파악하고 고객의 요구를 수집하여 개발 내용과 범위를 정의하는 과정을 의미한다.

새로운 제품을 개발하려면 제일 먼저 하는 일이 제품을 기획하는 것이다. 제품기획단계에서는 시장동향 및 경쟁사동향을 파악하고 제품의 개발기능과 범위를 정의하며 고객의 요구사항분석 및 대응방안을 수립하게 된다. 또한 제품의 차별화 방안, 표준화방안을 정하고 시장확대방안, 목표 재료비, 개발비 등을 산출하며 상품화 일정과 판매계획 등을 수립하게 된다.

예를 들면 어느 창업자가 새로운 개념의 모바일기기를 개발할 때 관련 시장과 경쟁사를 분석하면서 제품을 기획하게 된다. 그런 다음에 제품기획을 통해 새로운 기기에 대한 고객의 니즈를 파악하고, 제품을 차별화할 방안은 무엇인지, 예상되는 비용과 일정은 어떻게 될지 등에 대한 큰 그림을 그리게 된다.

제품기획단계에서는 많은 아이디어를 투입하고 시장과 고객의 요구를 분석함으로써 향후 예상되는 문제와 기회를 찾아낼 수 있다. 기획단계가 체계적으로 이루어질 경우 이후에 이어지는 개발계획, 개발 및 양산단계에서 문제를 최소화할 수 있기 때문에 제품개발계획 수립에서 기획단계의 필요성은 매우 크다고 볼 수 있다.

창업자가 개발하려는 제품은 이전에는 없었던 새로운 제품일 수도 있고 이전에 있었던 제품을 더 발전시키려는 제품일 수도 있다. 제품에 따라 시장상황이나 고객요구사항이 달라지므로 개발하려는 제품에 맞게 제품을 기획하는 과정은 매우 중요하다.

2) 제품기획 방법

시장의 요구사항을 파악하고 어떤 방법으로 제품을 개발할 것인지, 제품개발 시 기대효과는 무엇인지를 파악한다.

단계	내용
1. 시장동향 파악	시장, 경쟁사동향을 파악하고 고객의 요구를 수집한 후 제품 기획 배경을 정리함
2. 보완적 기술의 활용	제품개발의 내용과 범위는 어디까지 할 것인지, 제품 개발모델명 등은 어떻게 정의할 것인지, 개발추진 주체는 누가 할 것인지 등을 정립함
3. 기술의 확산	제품콘셉트/디자인을 정의하고 고객요구사항 분석, 경쟁제품 비교, 차별화방안, 표준화방안 수립, 시장확대방안, 목표 재료비, 상품화일정 등을 수립함
4. 기술의 표준화	제품을 판매할 시장규모 산정, 판매계획 수립, 손익계획 등을 분석함

실습 1 제품기획

■ **목적**

제품기획을 통해 개발하려는 제품의 개요와 상품화방안을 수립하고 기대효과를 정리하는 데 목적이 있다.

■ **진행방법**

① 시장동향, 경쟁사동향, 고객의 요구를 수집한다.

② 개발내용과 범위를 정의하고 개발추진주체를 정립한다.

③ 고객요구사항 분석, 차별화, 공용화, 목표재료비 및 일정 등 상품화방안 수립한다.

④ 판매계획, 손익 등 기대효과를 정리한다.

제품/서비스	
1. 시장동향	
2. 개발개요	
3. 상품화방안	
4. 기대효과	

■ **참고사례**

• 아래의 사례는 어린이 전용 태블릿이라는 새로운 창업아이템을 가진 창업자가 제품개발을 위해 기획한 내용을 정리한 것이다.

제품/서비스	어린이 전용 태블릿
1. 시장동향	• 스마트폰, 태블릿 등이 어린이들을 위해 다양하게 활용될 수 있으나 유해한 정보도 존재 • 유해한 정보로부터 어린이들을 보호하기 위한 스마트폰, 태블릿 요구 • 아직 시장에 어린이 전용 기기는 출시되지 않았음
2. 개발개요	• 어린이 눈높이를 맞추고, 부모의 관리가 쉽도록 한 어린이 전용 태블릿 개발 • 기존 태블릿 제품 기반에서 H/W 사양을 낮추고 풍부한 어린이용 어플리케이션을 기본으로 탑재
3. 상품화방안	• 8세 이하 유아, 어린이 대상 제품 • 창의력과 상상력을 높이기 위한 교육용 어플리케이션 기본 탑재 • 사용시간과 내용을 부모가 관리할 수 있도록 함 • 유사제품과 차별화된 프리미엄 콘텐츠 탑재 • 가격은 30만원 대
4. 기대효과	• 어린이 전용 태블릿 최초 개발로 새로운 시장 창출 • 국내 분기당 3만 대 이상 판매 목표 • 연간 매출 400억, 이익률 8% 목표

2. 개발계획

1) 개발계획의 개념

제품개발을 위해서는 개발계획을 통해 상세 기능을 확정하고, 관련기술 확보 방안 및 투자비와 원가의 타당성 검토하는 과정이 필요하다. 개발계획이란 제품 요구사양을 확정하고 구체적인 개발방안과 예산 등 개발과정의 구체적인 사항들을 계획하는 과정을 의미한다.

제품기획을 한 다음에는 제품의 상세요구 기능 확정을 위해서 제품구조를 설정하고 핵심기술 확보 방안을 결정해야 한다. 또한 투입비용 산출을 위해서 원가와 투자비를 검토하고, S/W, H/W 개발계획, 시험계획 등의 상세 개발계획을 수립해야 한다.

예를 들어 스마트TV용 Application Processor를 개발하고자 할 때, UHD 화질 지원, 2GHz ARM Processor, 240HZ FRC라는 스펙을 정하고 이를 설계할 총 50명의 Architecture, IC 디자이너, 소프트웨어 설계자, 반도체 공정 설계자가 참여하여 6개월의 설계 시간과 6개월의 시험을 통해서 1년 동안 개발을 완료할 계획을 수립하게 된다.

개발계획단계에서 구체적이고 세부적인 계획이 도출되지 못하면 개발과정에서 추가적인 비용이 발생하고 개발일정도 지연될 수밖에 없다. 따라서 실제로 제품을 개발하기 전 제품에 대한 공용화 및 표준화 여부 검토와 핵심기술 확보가 필요한 제품인지, 특허 위배사항은 없는지 등을 확인하고, 원가와 투자비는 합리적인지, 제품에 포함되는 S/W · H/W는 어떻게 개발하고 시험할 것인지 매뉴얼, 디자인 방안과 외주 개발 필요 여부 등의 구체적이고 세부적인 계획을 수립하는 과정은 매우 중요하다.

2) 개발계획 방법

제품의 상세요구 기능을 확정한 후 개발을 위한 구체적인 사전 준비사항을 검토하고 상세계획을 수립한다.

단계	내용
1. 제품구조 설정	상세요구기능 확정, 제품의 구조설계를 진행하고, 표준화 · 공용화 방안을 수립함
2. 개발방안 결정	핵심기술 필요 여부 및 확보방안 검토, 특허 위배사항 및 활용 방안 검토 결과에 따른 개발방식을 결정함
3. 원가/투자비 검토	재료비산출, 투입비용산출 등을 통한 원가를 검증함
4. 상세개발계획수립	S/W, H/W 개발계획수립, 시험계획 수립, 제품메뉴얼 기획, 디자인 확정, 외주개발 여부 검토 및 필요 시 외주개발을 발주함

실습 2 개발계획

■ 목적

개발계획을 통해 개발하려는 제품의 구조, 개발방안 결정, 원가/투자비 검토방안 등을 정리하는 데 목적이 있다.

■ 진행방법

① 제품요구기능, 구조설계, 표준화방안을 정리하여 제품구조를 설정한다.

② 핵심기술 필요 여부 및 확보방안, 특허 검토 결과에 따른 개발방식을 확정한다.

③ 재료비, 투입비용을 산출하여 원가를 검증한 후 기타 상세 개발계획을 수립한다.

구분	주요 내용
1. 제품구조설정	
2. 개발방안결정	
3. 원가/투자비검토	
4. 상세개발계획	

■ **참고사례**

• 아래의 사례는 어린이 전용 태블릿이라는 아이템을 가진 창업자가 제품에 대한 개발계획을 수립한 것이다.

구분	주요 내용
1. 제품구조설정	• 기존 태블릿 대비 어린이 전용 태블릿의 구매를 유도하는 속성 구현 • 저가격, 어린이 선호 디자인 • 부품경량화로 휴대성 확보 • 어린이중심의 콘텐츠 및 UI 편의성 고려
2. 개발방안결정	• UI 특허를 활용하여 핵심기술 구현 • 주요 H/W는 외주 제작
3. 원가/투자비검토	• 원가는 매출액의 60% 수준 유지 • 총투입비용은 30억원
4. 상세개발계획	• 안드로이드 기반 운영체제 탑재 • 3개월간 성능 테스트

3. 개발

1) 개발의 개념

제품기획과 개발계획이 완료되면 제품개발을 진행하게 된다. 개발이란 기획 및 개발계획단계에서 준비된 내용을 기반으로 제품에 대한 설계, 구현, 시험 및 시제품 제작을 수행하는 단계로서 정의된 요구기능의 내용대로 제품을 구현해 가는 과정을 의미한다.

개발단계에서는 S/W, H/W 구현과 구현에 필요한 부품 및 자재검토뿐 아니라 시장에서 요구하는 품질을 만족시키기 위한 시험을 하게 되고, 시험 완료 후에는 시제품 제작 양산을 위한 생산공정 준비와 매뉴얼 작성 등을 진행해야 한다.

예를 들면 통신장비 모듈 개발 회사가 4G LTE 기지국 통신 감도를 향상시키기 위한 전력 출력 제어 소프트웨어를 개발하고 현장 성능 테스트를 거치고 난 후 양산을 위한 생산공정 설계 및 매뉴얼까지 준비하는 경우이다.

개발은 제품기획과 개발계획에 대해서 실제로 실행하는 단계로서 제품개발 프로세스상의 가장 중요하고 복잡한 과정이기 때문에 전 개발조직의 유기적인 협업이 필요한 단계이다.

2) 개발방법

제품기획과 개발계획 과정에서 정의된 제품의 요구 기능을 기반으로 설계, 구현, 시험 및 시제품 제작을 진행하게 된다.

단계	내용
1. 설계	S/W 설계, H/W 설계, 시험설계와 부품 및 자재검토 그리고 시제품 제작을 위한 자재발주를 진행하게 됨
2. 구현 및 제작	S/W는 설계를 바탕으로 코딩을 진행하고 H/W는 설계를 바탕으로 부품 리스트 구성 및 시험용 제품을 제작함
3. 시험	시험설계 단계에서 정의한 시험절차서를 활용하여 S/W, H/W 시험을 진행하고 최종적으로 S/W, H/W 통합 시스템 시험을 진행함
4. 시제품 제작	시험용 제품 제작 후 시험을 통해 보완된 내용을 적용하여 시제품 제작 및 시험을 진행함. 양산을 위한 생산공정 준비 및 매뉴얼 작성도 진행함

실습 3 개발

■ 목적

제품의 설계, 구현 및 제작, 시험과정에서 수행해야 할 일들을 진행하고 시제품을 제작하는 데 목적이 있다.

■ 진행방법

① S/W, H/W 설계, 시험설계, 부품 및 자재검토와 자재발주를 진행한다.
② S/W 코딩, 부품리스트 정리 및 시험용 H/W를 제작한다.
③ 시험절차서를 활용하여 S/W, H/W 시험 및 시스템 통합 시험을 진행한다.
④ 시험용 제품에 보완된 내용을 적용하여 시제품을 제작하고 생산공정 준비,

매뉴얼 작성을 진행한다.

구분	주요 내용
1. 제품구조설정	
2. 구현 및 제작	
3. 시험	
4. 시제품제작	

■ **참고사례**

- 아래의 사례는 어린이 전용 태블릿이라는 아이템을 가진 창업자가 제품에 대한 개발내용을 정리한 것이다.

구분	주요 내용
1. 제품구조 설정	• 안드로이드 OS 4.0 기반 S/W 기본설계 • 상세설계 화면크기, 디자인 고려한 H/W 설계 • 제품제작을 위한 자재발주
2. 구현 및 제작	• UI 개발 • 어린이 전용 콘텐츠관리 프로그램 개발 • 부모관리 프로그램 개발 • H/W 기판 개발 • S/W, H/W 통합제품 개발
3. 시험	• 기능시험, 성능시험 • 안정화시험, 환경시험, 장시간시험
4. 시제품 제작	• 시험 시 발생한 문제점 보완 후 시험용 제품제작 • 양산을 위한 공정 준비 및 매뉴얼 작성

4. 양산 및 출시

1) 양산 및 출시의 개념

양산 및 출시단계는 제품의 대량생산을 위해 대외 시험 및 규격인증 시험과 생산일정, 공정 등을 점검하여 효율적이고 시기적절한 생산을 진행하는 과정을 의미한다.

개발단계에서 시제품 개발이 완료된 뒤에는 대외시험 및 규격획득을 위한 시험 양산 시제품시험을 실시해야 하고 생산일정, 제조공정 확정 등의 생산준비과정이 필요하다. 생산과정에서는 자재투입 및 조립, 양산품을 확인하여 제품출시에 차질이 없도록 해야 한다. 또한 자재투입을 거쳐 조립을 한 뒤 양산품을 출하 인증을 하는 과정도 거쳐야 한다. 출하인증 뒤에는 설치매뉴얼, 운용매뉴얼 등의 서비스 매뉴얼을 작성하고 제품을 시장에 출시하게 된다.

예를 들면, 스마트폰 전용 카메라를 출시하기 위해서는 생산일정과 제조공정을 점검하여 제품을 완성해야 하고 출하 전에 TTA(한국정보통신기술협회) 전파인증을 거쳐야 한다. 인증 뒤에는 고객이 제품을 사용할 수 있도록 매뉴얼을 제작하여 시장에 출시하게 된다.

양산하려는 제품은 제품출시 국가나 제품 종류에 따라 대외시험, 규격획득이 필요하고 정확한 생산일정 및 제조공정 확정이 필요하다.

2) 양산 및 출시방법

개발단계에서 개발된 양산 시제품의 대외시험 뒤 생산 준비를 거쳐 생산 및 출하 인증을 진행하고 제품을 출시한다.

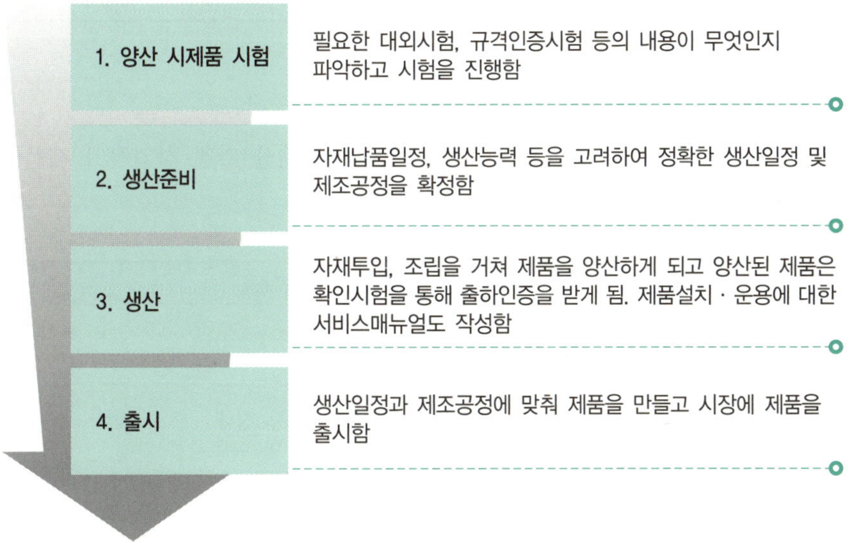

실습 4 양산 및 출시

■ 목적

제품기획, 개발계획 및 개발단계를 거친 후 마지막 단계인 양산 및 출시단계에서 고려해야 할 내용을 파악하는 데 목적이 있다.

■ 진행방법

① 양산 시제품이 획득해야 할 대외시험 및 규격인증 내용을 파악하고 진행한다.

② 생산일정, 제조공정을 확정한다.

③ 자재투입, 조립과정을 통해 제품을 생산하고 양산 제품의 확인 및 출하 인증, 서비스매뉴얼을 작성한다.

④ 생산일정, 제조공정에 맞춰 제품을 생산하고 시장에 출시한다.

제품/서비스	주요 내용
1. 양산 시제품시험	
2. 생산준비	
3. 생산	
4. 출시	

■ 참고사례

• 아래의 사례는 어린이 전용 태블릿이라는 아이템을 가진 창업자가 제품에 대한 양산 및 출시계획을 수립한 것이다.

제품/서비스	주요 내용
1. 양산 시제품시험	• 기능시험 • 전자파시험 • 낙하시험, 전압시험 • 배터리 충방전시험, 진동시험 등 진행 • 해외 국가별 인증기관의 규격 및 인증시험 진행
2. 생산준비	• 자재납품일정 확인 • 공장생산라인 결정 • 생산일정 결정

3. 생산	• 제품양산 진행 • 양산품의 기준에 맞는 품질시험 진행 • 제품설치, 운용매뉴얼 준비
4. 출시	계획된 생산량에 따라 공급처에 제품을 공급함

Ⅲ 종합실습 - 제품개발계획

■ 목적

제품개발을 위한 기획단계부터 개발계획, 개발, 출하/양산단계까지 흐름을 파악하고 정리하여 개발 프로세스를 파악하는 데 목적이 있다.

■ 진행방법

① 개발할 제품의 시장 및 경쟁사동향 파악과 고객의 요구를 수집하여 개발 내용을 정의한다.

② 제품요구사양을 확정하고, 원가 및 투자비 산정, 개발/시험계획 수립, 매뉴얼 기획, 디자인 확정 등을 진행한다.

③ 제품을 설계하고 제작한 후 시험을 진행하고 생산공정을 준비한다.

④ 시제품을 검수하고 대외 시험규격 등 출시를 준비한다.

■ 실습하기

구분		주요 내용
제품기획	시장동향	
	개발개요	
	상품화방안	
	기대효과	
개발계획	제품구조설정	
	개발방안결정	
	원가/투자비검토	

	상세개발계획	
개발	제품구조설정	
	구현 및 제작	
	시험	
	시제품제작	
양산/출시	양산시제품시험	
	생산준비	
	생산	
	출시	

■ **참고사례**

• 아래의 사례는 어린이 전용 태블릿 제품 개발의 제품기획 단계부터 개발계획, 개발, 양산 및 출시단계까지의 제품개발 프로세스 과정을 요약·정리한 것이다.

구분		주요 내용
제품기획	시장동향	• 스마트폰, 태블릿 등이 어린이들을 위해 다양하게 활용될 수 있으나 유해한 정보도 존재 • 유해한 정보로부터 어린이들을 보호하기 위한 스마트폰, 태블릿 요구 • 아직 시장에 어린이 전용 기기는 출시되지 않았음
	개발개요	• 어린이 눈높이를 맞추고, 부모의 관리가 쉽도록 한 어린이 전용 태블릿 개발 • 기존 태블릿 제품 기반에서 H/W 사양을 낮추고 풍부한 어린이용 어플리케이션을 기본으로 탑재
	상품화방안	• 8세 이하 유아, 어린이 대상 제품 • 창의력과 상상력을 높이기 위한 교육용 어플리케이션 기본 탑재 • 사용시간과 내용을 부모가 관리할 수 있도록 함 • 유사제품과 차별화된 프리미엄 콘텐츠 탑재 • 가격은 30만원 대
	기대효과	• 어린이 전용 태블릿 최초 개발로 새로운 시장 창출 • 국내 분기당 3만대 이상 판매 목표 • 연간 매출 400억원 이익률 8% 목표

개발계획	제품구조설정	• 기존 태블릿 대비 어린이 전용 태블릿의 구매를 유도하는 속성 구현 • 저가격, 어린이 선호 디자인 • 부품 경량화로 휴대성 확보 • 어린이 중심의 콘텐츠 및 UI 편의성 고려
	개발방안결정	• UI 특허를 활용하여 핵심기술 구현 • 주요 H/W는 외주제작
	원가/투자비검토	• 원가는 매출액의 60% 수준 유지 • 총투입비용은 30억원
	상세개발계획	• 안드로이드 기반 운영체제 탑재 • 3개월간 성능 테스트
개발	제품구조설정	• 안드로이드 OS 4.0 기반 S/W 기본설계 • 상세설계 화면크기, 디자인 고려한 H/W 설계 • 제품제작을 위한 자재 발주
	구현 및 제작	• UI 개발 • 어린이 전용 콘텐츠관리 프로그램 개발 • 부모관리 프로그램 개발 • H/W 기판 개발 • S/W, H/W 통합제품 개발
	시험	• 기능시험, 성능시험 • 안정화시험, 환경시험, 장시간시험
	시제품제작	• 시험 시 발생한 문제점 보완 후 시험용 제품 제작 • 양산을 위한 공정 준비 및 매뉴얼 작성
양산/출시	양산 시제품시험	• 기능시험 • 전자파시험 • 낙하시험, 전압시험 • 배터리 충방전시험, 진동시험 등 진행 • 해외 국가별 인증기관의 규격 및 인증시험 진행
	생산준비	• 자재납품일정 확인 • 공장생산라인 결정 • 생산일정 결정
	생산	• 제품양산 진행 • 양산품의 기준에 맞는 품질시험 진행 • 제품설치, 운용매뉴얼 준비
	출시	• 계획된 생산량에 따라 공급처에 제품을 공급함

사례 11-2 삼성전자, 스마트시계 올해 최악의 실패작 4위 … 1위는 아마존 파이어폰

삼성전자의 스마트시계 '기어' 시리즈가 올해 정보기술(IT) 시장에서 최악의 실패작으로 꼽혔다. 미국 인터넷신문사인 비즈니스인사이더는 11일(현지시각) '2014 글로벌 IT시장 최악의 실패작' 15개를 발표했다. 삼성전자의 기어는 이 조사에서 최악의 실패작 4위를 기록했다. 비즈니스인사이더는 2013년 조사에도 삼성전자 갤럭시 기어를 최악의 실패작 2위로 선정한 바 있다.

삼성전자는 지난해 갤럭시 기어를 시작으로 헬스케어, 카메라, 곡면 디스플레이 등 다양한 신기술을 적용한 제품을 선보였지만, 소비자들의 반향을 일으키는 데 실패했다. 삼성전자는 갤럭시 기어, 기어2, 기어핏, 기어S 등을 선보이며 IT기업 가운데 가장 많은 스마트시계 라인업을 구축했다. 시장조사업체 캐널리스는 2015년 스마트워치 시장이 올해 700만 대에서 300% 증가한 2,800만 대로 급성장할 것으로 전망했다. 캐널리스는 시장 성장의 이유에 대해 애플이 선보이는 애플시계와 중국업체들의 스마트시계의 출시 효과 때문이라고 설명했다.

최악의 실패작 조사 1위에는 아마존의 파이어폰이 차지했다. 파이어폰은 지난 6월 3차원(3D) 기능을 탑재했다는 이유로 많은 화제를 모으며 출시했다. 하지만 비싼 가격정책 때문에 반짝인기에 그쳤다. 이로 인해 아마존은 지난 3분기 파이어폰 재고와 부품에서 1억 7,000만 달러의 손실을 기록했다. 이는 3분기 전체 손실(4억 3,700만달러)의 39%를 차지하는 규모다.

2위는 모바일게임 캔디크러쉬로 유명한 킹 디지털 엔터테인먼트의 기업공개가 차지했다. 지난 3월 뉴욕증시에서 킹 디지털 엔터테인트먼트는 공모가 22.50달러에 총 2,220만주를 발행하며 첫 거래를 시작했지만, 거래 첫날 15.56% 급락한 채 장을 마감했다.

3위는 페이스북이 지난 6월 출시한 슬링샷이 차지했다. 슬링샷은 1 대 1 메시지 전송에 특화된 스냅챗과 달리 그룹별 발송 등 커뮤니티 기능을 강화해 차별성을 뒀지만, 사용자들의 반응을 얻는 데는 실패했다. 5위는 모바일 결제 클링클이 차지했다. 클링클은 지난해 실리콘밸리 신생기업에 대한 초기투자로는 사상 최대규모인 2,500만달러(약 287억원)를 투자받아 화제를 모았다. 하지만 올해 출시한 제품은 기대와는 전혀 다른 작은 선불 직불카드였다.

이밖에 6~15위에는 트위터 주가 폭락, 프로젝트 포기설이 나도는 구글 글라스, 애플 iOS 8.0.1, 애플 아이클라우드 연예인 누드 사진 유출사고 등이 올랐다.

출처: 조선비즈(2014. 12. 16)

생각해보기 기업가로서, 창업가로서 성공하기 위해서는 세 가지 능력이 필요합니다. 첫 번째 핵심요소는 기술(Technology)개발능력입니다. 뛰어난 기술을 기반으로 고객이 원하는 제품과 서비스를 개발할 수 있는 능력이 필요합니다. 두 번째 요소는 경영(Management)관리능력입니다. 고객이 원하는 제품을 효과적으로, 효율적으로 생산·판매할 수 있는 능력(전략, 마케팅, 생산, 리더십..)이 필요합니다. 세 번째 요소는 창의력(Creativity)입니다. 남들이 제공할 수 없는 디자인, 마케팅, 홍보 등의 방법을 통해서 고객의 가치를 극대화할 수 있는 능력이 필요합니다. 이 세 가지 능력이 조화롭게 이루어져야 뛰어난 사업가가 될 수 있습니다. 창업가로서 여러분은 기술개발능력, 경영관리능력, 창의성이 어느 정도 수준인지를 점검해 볼 필요가 있습니다.

마무리하기

1. 학습목표 확인	
제품개발계획의 이해	1. 제품개발계획의 개념을 이해하셨습니까? 2. 제품출시를 위한 단계별 과정과 방법을 이해하셨습니까?

2. 실습 결과	
제품개발계획	1. 구체적인 제품개발계획을 수립하셨습니까? 2. 고객의 요구를 정확히 파악하여 적절한 시기에 효과적으로 개발 및 생산하기 위한 체계적인 방법을 습득하셨습니까?

3. 다음 단계 소개	
제12장 마케팅계획	1. 다음 단계에서는 마케팅계획 개념과 수립방법에 대해서 학습하게 됩니다. 2. 그런 다음에 마케팅계획을 한 장의 표로 수립하는 실습을 하게 될 것입니다.

기술창업 사업추진계획수립

module 5

마케팅계획

Chapter 12

제12장에서는 제품과 서비스를 판매하는 마케팅계획을 수립하는 방법에 대하여 학습하고, 이를 기반으로 실습을 통한 구체적인 마케팅계획을 수립하게 된다. 창업하고자 하는 제품과 서비스를 개발한 다음, 고객에게 어떻게 판매할 것인가에 대한 마케팅계획을 수립해야 한다.

마케팅계획은 매출발생과 수익창출에 직접적인 영향을 미치기 때문에 기업의 생존을 결정하는 매우 중요한 활동이다. 그러므로 어느 시장에서, 어떤 종류의 제품과 서비스를, 어떠한 가격으로, 어떻게 고객에게 홍보하고 고객에게 전달할 것인지를 결정하는 마케팅활동에 대한 체계적인 계획을 수립하고 추진해야 한다.

제12장은 마케팅계획의 개념, 마케팅계획 수립방법, 마케팅계획 수립실습으로 구성되어 있다.

마케팅계획의 구성

1. 마케팅계획의 개념 → 2. 마케팅계획 수립 방법 → 3. 종합실습 마케팅계획수립

사례 12-1 1,400만 다운로드 '배달의 민족' 주역

"우리가 어떤 민족입니까." TV를 보는 사람이라면 누구나 한번쯤은 봤을 법한 익숙한 문구, 바로 배달음식 전문 어플리케이션 '배달의 민족' 광고문구다. 배달의 민족을 개발한 우아한형제들의 김봉진 대표는 2002년부터 네오위즈와 NHN 등 잘나가는 대기업에서 웹디자이너로 활동하다가 모든 것을 내려놓고 2010년 창업 전선에 뛰어들었다. 세상과 기술은 변하는데 본인은 정체돼 있다는 느낌 때문이었다. 형과 함께 카페에서 무작정 사업을 시작했다. 때마침 아이폰이 국내에 출시되면서 스마트폰 열풍의 전운이 감돌던 시기였다.

김 대표가 처음 도전한 아이템은 114 전화번호 안내서비스를 스마트폰용 앱으로 만드는 것이었다. 결과는 실패. 방대한 전화번호 정보를 모으기가 생각보다 힘들었다. 초반부터 실패한 탓에 출혈은 크지 않았다. 하지만 김 대표는 "처음부터 경제활동이 일어나는 부분을 공략해야 한다"는 큰 교훈을 얻었다. 초심으로 돌아간 그는 배달음식 시장에 주목했다. 한 해 10조원에 달하는 배달음식시장에 IT를 접목한다면 가능성이 있을 것 같았다. 그렇게 만든 것이 위치 기반 배달음식전문 앱 '배달의 민족'이다.

배달의 민족은 오픈마켓에 올라간 지 이틀 만에 1위를 차지했다. 전국 각지의 음식점 정보를 담고 있어 사용자 입장에서는 스마트폰으로 주변 음식점들을 한눈에 보고 즉석에서 주문할 수 있다. 이용자들이 음식점별로 후기를 남기기 때문에 전단지를 통해 일방적으로만 음식점 정보를 알 수 있던 과거에 비해 보다 신뢰성 있는 정보가 제공되는 점도 매력적이었다. 음식점주 입장에서도 광고에 따른 매출증대 효과는 물론 광고 효과를 정확하게 별도 수치로 확인할 수 있기 때문에 광고비를 지출하는 데 거부감이 덜하다. 덕분에 가맹점 수도 기하급수적으로 늘어 지금은 14만 개에 이른다. 3년이 지난 지금 배달의 민족은 누적 1,400만 다운로드를 기록하고 있다. 배달의 민족을 통해 거래되는 주문 건수만 매달 400만건. 매일 13만건 이상의 주문이 이루어지는 것이다.

배달의 민족은 브랜드가치도 인정받고 있다. 독특한 포맷의 TV광고는 각종 광고대상을 휩쓸고 있으며 직접 만든 서체를 무료로 배포하며 디자인기업으로서도 경쟁력을 높이고 있다. 김 대표는 "많은 사람들이 배달음식 문화가 발달한 한국에만 관련 앱이 있을 것이라 생각하지만 실제 미국이나 영국에서 비슷한 업종의 회사가 이미 많이 생겨났다"며 "세계 시장에서 트렌드를 선도하는 리더가 되는 것이 목표"라고 말했다.

출처: 매일경제 (2014. 11. 18)

생각해보기 기업이 생존하고 성장하기 위해서는 기업의 생존부등식을 이해해야 합니다. 생존부등식의 첫 번째 부등식은 고객이 원하는 제품과 서비스를 생산하는 원가(Cost)는 고객이 구입하는 가격(Price)보다 작아야 합니다. 이처럼 가격에서 원가를 차감한 차이(P－C)는 생산자이익이고, 기업이 생존하는 데 필요한 이익이 창출되는 것입니다.
두 번째 부등식은 고객이 지불하는 가격(Price)보다 제품과 서비스가 제공하는 가치(Value)가 커야 합니다. 이처럼 가치에서 가격을 차감한 차이(V－P)는 소비자이익으로서, 소비자가 제품과 서비스를 구입해서 얻는 가치가 커야 기업이 지족적으로 성장가능하게 됩니다. 창업기업을 운영할 때 항상 생산자이익과 소비자이익을 극대화할 수 있는 생존부등식을 이해하여, 기업 및 고객 모두 상생할 수 있는 방안을 수립해야 합니다.

I 마케팅계획의 개념

1. 마케팅계획의 이해

일반적으로 마케팅이라 함은 목표시장에서 고객이 가진 니즈(Needs)와 욕구(Wants)를 충족시키기 위해 어떠한 제품과 서비스를 만들 것인지, 어떠한 가격으로 판매할 것인지, 어떻게 제품과 서비스를 고객에게 전달할 것인지, 어떻게 판촉활동을 할 것인지 등에 대한 구체적인 활동계획을 수립하는 것이다. 예를 들어, 온라인게임을 개발하는 창업기업이 게임을 판매하기 위해서는 어떠한 종류의 게임을 만들 것인지, 가격을 중저가 혹은 고가로 책정할 것인지, 게임을 직접 판매할 것인지 아니면 별도의 유통회사와 계약을 맺을 것인지, 어떤 수단으로 게임을 홍보할 것인지 등에 대한 계획을 수립하여 추진해야 한다.

만약 마케팅계획이 잘못 수립되면 힘들여 개발한 제품과 서비스를 고객에게 판매하기에 어려움이 있기 때문에 매출과 수익이 발생할 수 없고 기업은 생존할 수 없다. 그러므로 제품과 서비스를 효과적이고 효율적으로 판매할 수 있는 체계적인 마케팅계획을 수립해야 한다.

마케팅계획의 궁극적 목적은 자신이 개발한 제품의 영업이익을 극대화하는 것이다. 이를 위해서 목표고객에 대한 제품차별화, 유통, 가격, 촉진전략 활동계획을 체계적으로 수립해야 한다. 특히 IT 분야는 소비자의 요구사항이 높고 또한 잦은 경쟁자들의 출현으로 시장변화가 다양하기 때문에 시장의 흐름을 재빨리 읽어내고 대응하는 마케팅능력이 매우 중요하다.

2. 마케팅계획 수립방법

마케팅계획을 수립하기 위해서는 제일 먼저 경쟁하고자 하는 목표시장을 선정하고, 제품차별화전략, 가격전략, 유통전략 및 촉진전략 등을 중심으로 세부적인 계획을 수립해야 한다.

① 목표시장 선정, 즉 포지셔닝은 목표시장에서 어느 세분화된 시장에 집중할 것인가를 결정하는 과정이다.

② 제품차별화전략수립은 고객의 니즈를 충족시키기 위해 어떤 역량으로 차별화된 제품과 서비스를 제공할 것인가를 결정하는 과정이다.

③ 가격전략수립은 제품원가 및 가격경쟁력을 고려하여 제품과 서비스의 판매가격을 결정하는 과정이다.

④ 유통전략수립은 제품의 전달과 판매의 확장 및 새로운 고객의 발굴을 위해 유통채널을 구축하는 과정이다.

⑤ 촉진전략수립은 제품과 서비스에 대해 고객에게 알리고 이해시켜 구입하도록 설득하는 과정이다.

마케팅계획 수립방법

마케팅계획수립

포지셔닝전략수립	어떤 시장에서 경쟁할 것인가?
제품차별화전략수립	어떤 역량으로 제품을 차별화할 것인가?
가격전략수립	얼마의 가격으로 판매할 것인가?
유통전략수립	어떤 채널을 통해서 전달할 것인가?
촉진전략수립	어떻게 매출증대를 도모할 것인가?

Ⅱ 마케팅계획 수립방법

1. 포지셔닝전략

1) 포지셔닝전략의 개념

창업기업은 모든 시장에서 경쟁하는 데 한계가 있기 때문에, 주요 시장을 세분화하고 가장 경쟁력 있는 시장을 선정한 후 집중하는 것이 바람직하다. 시장을 세분화하여 자신이 보유하고 있는 경쟁력에 부합된 가장 매력적인 시장에 집중하도록 목표시장을 선정하는 활동을 포지셔닝이라고 한다.

예를 들면 여행계획 일정을 손쉽게 잡아주고 비행 티켓까지 자동으로 예매가 가능한 앱을 개발한다고 하였을 때, 목표시장은 해외여행 티켓판매시장이 되고 이 시장에서 구매활동을 하는 대학생, 회사원, 사업가 등을 세부고객으로 나누어 볼 수가 있을 것이다. 이 중에서 회사원 및 사업가들을 위한 제품으로 포지셔닝을 한다면 급한 일정에 맞추어 예매가 가능하고, 일정 변동을 해외에서도 한국시간에 구애받지 않고 자유롭게 24시간 서비스를 제공할 수 있어야 한다.

만약 포지셔닝이 잘못되어 있다면 회사는 경쟁력을 발휘할 수 없고 장기적으로 회사 존립에도 문제가 발생하게 된다. 자금의 여력이 있는 대기업의 경우에는 다양한 제품을 개발하여 전체시장을 목표로 세분화하는 경우도 있다. 하지만 창업 초기 단계의 회사는 여러 가지 한계가 있기 때문에 목표시장 선정에 있어서 자신이 보유한 경쟁력을 발휘할 수 있고 외부에 의한 위험요소가 적은 곳을 잘 선정하는 것이 중요하다.

2) 포지셔닝전략수립 방법

주요 시장을 세분화하여 경쟁력 있는 시장을 선정하는 과정을 STP(Segmentation/Targeting/Positioning)분석이라고 한다. STP분석은 광범위한 시장을 여러 유형으로 세분화(Segmentation)하고, 세분화된 시장 중에서 마케팅 역량을 집중할 목표시장(target)을 결정한 후, 그 시장에서 팔고자 하는 제품과 서비스의 콘셉트(Concept)를 결정하는 과정이다.

단계	내용
1. 시장세분화	관련 시장을 시장규모 특성, 고객구매력 등에 기초하여 여러 개의 시장으로 세분화함
2. 목표시장 선정	제품과 서비스를 판매할 주요 목표시장을 선정함
3. 포지셔닝	목표시장 내 제품과 서비스의 콘셉트를 결정함

시장세분화는 시장을 일정한 기준에 의해 몇 개의 동질적인 소비자집단으로 나누는 것이다. 리서치회사에서 일반적으로 사용하는 기준은 지리적 위치, 인구 통계학적, 구매행동적 특성이다. 예를 들어서 중국에서 선풍적인 인기를 얻고 있는 샤오미의 경우에는 자신이 경쟁력을 가지고 소비자에게 다가갈 수 있는 15만원대 저가형 스마트폰을 제품화하여 시장에서 성공을 하고 있다.

목표시장 선정은 세분화된 시장 중에서 자사의 역량과 시장의 요구사항에 대해 가장 경쟁력을 가질 수 있는 시장을 선정하는 작업이다. 예를 들어서 창업자가 IoT(Internet of Things) 기술이 있다면 가정에 있는 백색가전제품을 원격으로 제어할 수 있는 액세서리 형태의 스마트 허브 제품 시장을 선정하는 경우이다.

포지셔닝은 목표시장 내에서 자사의 역량을 최대한 발휘할 수 있는 시장에 진입하는 것이다. 아래의 그림으로 예를 들면 '가'회사는 S사나 L사와 동등한 하드웨어 품질에 대한 기술을 보유하고 있으면서 A사와 G사보다 좀더 경쟁력 있는 콘텐츠/운영체제/앱이 있는 회사이기에 프리미엄 스마트TV시장에 포지셔닝을 선정 할 수 있다. 반면에 '나' 회사와 같이 S사와 L사에 비해서 하드웨어 품질 기술력이 떨어지고 A사와 G사에 비해서 콘텐츠/운영체제/앱솔루션이 없는 경우 초저가형 인터넷TV시장에 포지셔닝을 해야 한다.

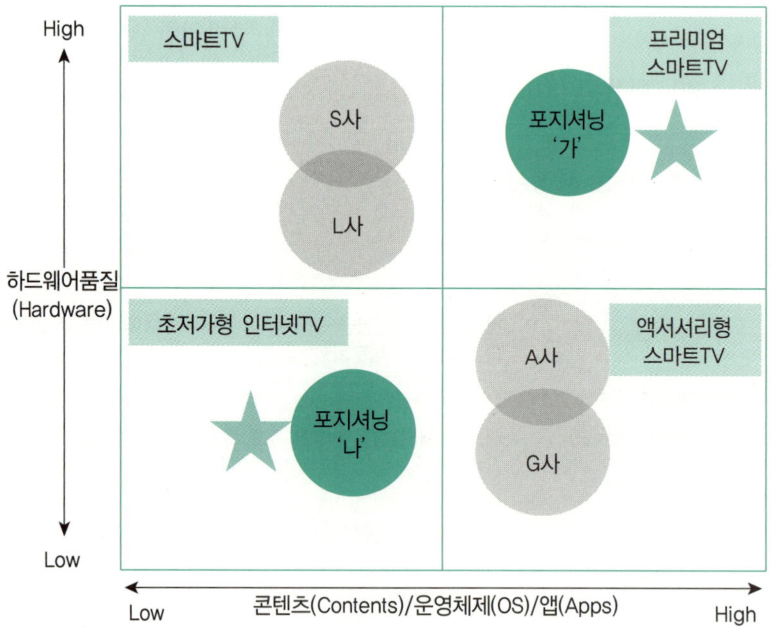

실습 1 포지셔닝전략수립

■ 목적

제품과 서비스에 관련된 시장을 세분화하고 자사가 가장 경쟁력을 발휘할 수 있는 목표시장을 선정한 후 제품과 서비스의 콘셉트를 결정하는 데 목적이 있다.

■ 진행방법

① 제품 및 서비스와 관련된 주요 시장을 선택하고 목표시장을 세분화한다.
② 그런 다음, 목표시장을 명확하게 정의하고 시장 내 제품과 서비스의 콘셉트를 결정한다.

■ 실습하기

제품/서비스			
관련시장	시장세분화	목표시장 선정	포지셔닝(콘셉트 결정)

■ 참고사례

• 아래의 사례는 스마트폰에 장착된 IR LED 센서를 활용한 스마트폰용 리모컨을 개발하고자 하는 창업자가 제품에 대한 포지셔닝계획을 수립한 것이다.

제품/서비스	리모컨		
관련시장	시장세분화	목표시장 선정	포지셔닝(콘셉트 결정)
리모컨	• 고가형 BLE/RF4CE 제조업체 • 저가형 IR 리모컨 제조업체	• 저가형 IR 리모컨 제조업체	• 전 세계 IR 장착 전자제품제어를 위한 데이터베이스 및 소프트웨어 제공
앱 리모컨	• 스마트폰 앱 리모컨 제조업체 • 태블릿PC형 앱 리모컨 제조업체	• 스마트폰 앱 리모컨 제조업체	• 전 세계 IR 장착 전자제품제어를 위한 앱 개발 제공

2. 제품차별화전략수립

1) 제품(Product)차별화전략수립의 개념

제품차별화전략수립이란 목표하고 있는 시장에서 고객들이 필요로 하는 제품과 서비스의 기능, 디자인, 용도 등 다양한 속성들을 파악하고 이를 공급하기 위한 계획을 수립하는 것을 의미한다.

제품차별화전략에 따라 고객에게 불일치, 불균형, 불편함이 일어날 수 있기 때문에 제품전략을 효율적으로 수립해야 한다. 불일치란 고객이 원하는 제품과 기업이 공급하는 제품이 서로 다른 것이다. 예를 들어, 고객은 신입사원을 위한 쉬운 교육콘텐츠를 원하는데, 기업은 관리자급 이상의 고난이도 교육콘텐츠만을 제공하는 경우이다. 불균형이란 고객이 원하는 제품의 양, 질, 속성 등에서 차이가 있는 것을 의미한다. 예를 들어, 고객사는 대규모 인원을 한꺼번에 교육할 수 있는 방법을 원하지만 제공되는 것은 소규모로 진행하는 교육만 제공할 수 있는 경우이다. 불편함이란 고객이 제품을 구매하고 사용하는 과정에서 불편함을 느끼는 것을 의미한다. 예를 들어, 고객은 이러닝콘텐츠와 같은 방법으로 쉽고 편리하게 교육을 받고 싶어 하지만 불편하고 복잡한 교육시스템을 제공하는 경우이다.

고객의 다양한 니즈를 만족시키기 위해서는 시장에서 필요로 하는 제품과 서비스를 만들어 고객에게 필요한 가치를 제공해야 함과 동시에 제품과 서비스의 개념이나 특성을 단기간에 효율적으로 전달할 수 있는 브랜드네임을 결정해야 한다.

2) 제품차별화전략수립 방법

목표시장에서 필요로 하는 제품을 구성한 후 제품이 주는 가치를 정의하고 제품별로 브랜드네임을 결정한다.

1. 제품의 구성	목표시장에서 필요로 하는 제품의 유형이 무엇이 있는지를 분석하여 제품을 구성함
2. 제품의 가치 정의	각 제품이 고객에게 주는 가치를 정의함
3. 브랜드네이밍	각 제품의 브랜드네이밍을 결정함

실습 2 제품차별화전략수립

■ 목적

목표시장에서 필요로 하는 제품을 구성하고 제품이 주는 가치와 제품의 브랜드네임을 결정하는 데 목적이 있다.

■ 진행방법

① 목표시장에 진입하기 위해 필요한 제품이 무엇이 있는지를 분석한다.

② 제품이 주는 가치를 정의해 보고 제품별로 브랜드네임을 결정한다.

■ 실습하기

제품/서비스			
목표시장	제품의 구성	제품의 가치정의	브랜드네이밍

■ 참고사례

• 아래의 사례는 가전제품용 리모컨을 판매하고자 하는 창업자가 목표시장별로

필요로 하는 제품을 구성해보고 각 제품의 가치와 브랜드를 결정한 것이다

제품/서비스	가전제품용 리모컨		
목표시장	제품의 구성	제품의 가치정의	브랜드네이밍
저가형 IR 리모컨 제조업체	IR 데이터베이스	전자제품 IR 제어코드	IR Data Base
	소프트웨어 개발 플랫폼	개발의 용이성	Quick Starter
	기술지원 서비스	개발지원 및 품질보증	24 Hour Support Service
스마트폰 앱 리모컨 제조업체	스마트폰 앱	스마트폰으로 전 세계 전자제품제어를 위한 리모컨 앱기능 추가	Smart 리모컨

3. 가격전략수립

1) 가격(Price)전략수립의 개념

가격전략수립이란 제품의 가격정책, 제품의 원가, 경쟁제품의 가격 등을 고려하여 목표시장에서 판매하고자 하는 제품과 서비스의 판매가격을 결정하는 과정을 의미한다. 예를 들어, 어학교육을 위한 이러닝 솔루션을 제공하는 창업기업이 프리미엄 교육콘텐츠라는 콘셉트에 맞추어 고가격정책을 정하고 동시에 콘텐츠를 제작하는 데 발생한 비용과 경쟁사의 가격정책 등을 고려하여 최종 판매가격을 결정해야 한다.

가격은 고객의 구매결정에 가장 큰 영향을 미치는 요소이기 때문에 자사 제품의 콘셉트에 따라 고가격 혹은 저가격정책을 신중히 선택해야 하고 원가분석, 경쟁제품의 가격분석을 토대로 최종적인 판매가격을 결정해야 한다.

2) 가격전략수립 방법

제품콘셉트에 따라 프리미엄 혹은 저가정책 등과 같은 가격정책을 결정하고 제품원가와 주요 경쟁제품의 가격을 비교하여 최종 판매가격을 결정한다.

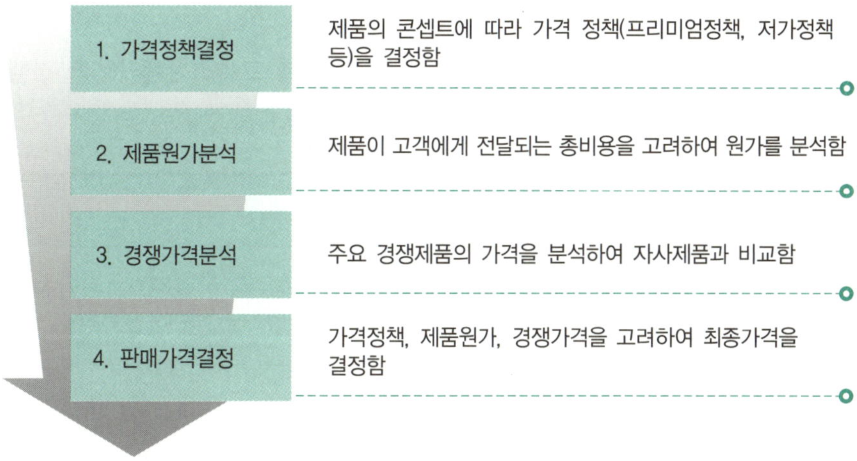

실습 3 가격전략수립

■ 목적

제품콘셉트, 제품원가, 경쟁가격 등을 기반으로 판매가격을 결정하는 데 목적이 있다.

■ 진행방법

① 주요 제품과 서비스의 콘셉트에 따라 가격정책의 방향을 결정한다.
② 원가 및 경쟁제품의 가격과 비교해보고 최종판매가격을 결정한다.

■ 실습하기

목표시장	주요 제품	가격정책	원가	경쟁사의 가격	판매가격

■ **참고사례**

• 아래의 사례는 가전제품용 리모컨의 다양한 제품들의 가격정책, 원가, 경쟁 제품의 가격을 고려하여 판매가격을 결정한 것이다.

목표시장	주요 제품	가격정책	원가	경쟁사의 가격	판매가격
저가형 IR 리모컨 제조업체	IR Data Base	개당 로열티	$1.5	$1.9	$1.9
	Quick Starter	10카피 기준 로열티	$150	$170	$170
	24 Hour Support Service	서비스 건당	$100	$150	$140
스마트폰 앱 리모컨 제조업체	Smart 리모컨	개당 로열티	$0.5	$1.5	$1.4

4. 유통전략수립

1) 유통(Place)전략수립의 개념

유통전략수립이란 판매하고자 하는 제품과 서비스를 누가 어떠한 경로를 통하여 고객에게 최종적으로 전달할 것인가에 관한 계획을 수립하는 활동을 의미한다. 예를 들어, 헬스케어기기를 판매하는 창업기업이 자사의 판매지점이나 영업사원들을 통해 제품을 판매하기도 하지만 더 많은 고객을 발굴하고 매출을 확대하기 위하여 별도의 유통업체들과 제휴하여 할인점이나 온라인쇼핑몰과 같은 다양한 경로를 통해 판매할 수 있다.

창업기업이 가진 제한된 마케팅 역량만으로는 제품과 서비스의 판매능력에 한계가 있을 뿐만 아니라 새로운 고객을 지속적으로 발굴하기가 매우 어렵다. 그러므로 제품과 서비스를 고객들에게 전달할 수 있는 유통채널들을 발굴하고, 고객과의 판매접점을 넓히고 고객을 지속적으로 발굴할 수 있는 유통전략을 수립해야 한다.

2) 유통전략수립 방법

제품과 서비스의 판매방식에 따라 직접판매와 간접판매로 구분하여 유통채널을 구성하고 주요 내용과 유통방법을 결정한다.

1. 유통채널 결정 — 판매방식에 따른 직접판매와 간접판매를 기준으로 유통채널을 들을 찾아내고 결정함
2. 유통방법 결정 — 유통채널들이 제품과 서비스를 유통하는 방법을 결정함
3. 거래방법 결정 — 유통채널별로 자사와의 거래방법을 결정함

실습 4 유통전략수립

■ 목적

제품과 서비스의 판매를 위한 유통채널들을 찾아내고 유통방법과 거래방법을 결정하는 데 목적이 있다.

■ 진행방법

① 직접판매와 간접판매를 기반으로 유통채널들을 찾는다.
② 유통채널들의 유통방법을 분석해보고 자사와의 거래방법을 결정한다.

■ 실습하기

판매방식	유통채널	유통방법	거래방법
직접판매			
간접판매			

■ **참고사례**

• 아래의 사례는 IR Data Base와 Quick Starter를 판매하기 위해 유통채널을 찾아낸 후, 유통채널의 유통방법을 분석하여 자사와의 거래방법을 결정한 것이다.

판매방식	유통채널	유통방법	거래방법
직접판매	자사운영마켓	자사운영마켓을 통해 직접판매	자사오픈마켓에서 직접 홍보하고 판매
간접판매	위탁판매회사(영업에이전트)	위탁판매회사가 직접 제품을 판매	위탁판매전문회사가 할인가격으로 판매
	온라인광고회사	온라인 유통회사가 판매대행	판매량에 따라서 가격 할인 후 커미션지불
	오프라인판매	오프라인 매장에 진열 후 판매	오프라인 매장에서 판매 후 판매비를 지불

5. 촉진전략수립

1) 촉진(Promotion)전략수립의 개념

촉진전략수립이란 고객에게 자사가 판매하고자 하는 제품과 서비스에 관한 정보를 전달하고, 제품과 서비스의 특징과 우수성을 인지시켜 구매를 유도하는 모든 활동들을 의미한다. 예를 들어, 저가형 리모컨 제조업체들에게 자사의 리모컨 데이터베이스와 소프트웨어 개발 플랫폼을 사용하게 하기 위해서 고객사의 개발자들에게 신제품전략 세미나를 호텔에서 개최하여 자사제품의 우수성을 홍보하는 것은 좋은 방법이다.

많은 노력을 들여서 제품을 개발하고 제품에 따른 가격전략수립을 수립하였다 해서 제품이 소비자에게 전달되는 것을 아니다. 혹자는 제품력만 있으면 소비자의 입소문을 통하여 많은 매출을 기대하지만 실상은 그렇지 않다. 소비자가 접하지 못하는 상황에서 아무리 좋은 제품을 개발하였다고 해도 홍보 부재로 시장에서 소실되고 마는 것이 현실이다. 그래서 촉진전략은 고객에게 제품을 홍보하는 차원으로 이해를 하여야 한다. 가장 마지막 단계를 하지 않고 제품력만 믿을 경우에는 소비자는 외면하게 된다.

그러므로 기업의 역량과 제품 및 서비스의 특성을 고려하여 TV, 신문, 인터넷 광고, 메일링, 커뮤니티, 인적판매 등과 같은 다양한 수단들을 활용한 적절한 촉진 전략을 수립해야 한다.

2) 촉진전략수립 방법

온라인과 오프라인 관점에서 다양한 촉진방법을 찾아보고 촉진의 주요 대상은 누구인지, 촉진활동을 얼마나 자주 수행할 것인지에 관한 시기를 결정한다.

1. 촉진방법 결정	온라인과 오프라인 관점에서 활용가능한 촉진방법들을 찾아보고 주요 방법들을 결정함
2. 촉진대상 결정	촉진방법별로 주요 촉진대상이 누구인지를 분석함
3. 촉진시기 결정	촉진방법별로 촉진활동을 얼마나 자주 수행할 것인가에 관한 촉진시기를 결정함

실습 5 촉진전략수립

■ **목적**

제품과 서비스의 판매를 위한 촉진방법과 대상 및 시기를 결정하는 데 목적이 있다.

■ **진행방법**

① 온라인과 오프라인을 구분하여 수행가능한 촉진방법을 찾는다.

② 촉진방법들에 대한 주요 내용, 주요 대상, 촉진시기 등을 정리한다.

■ 실습하기

구분	방법	주요 내용	촉진대상	촉진시기
온라인				
오프라인				

■ 참고사례

• 아래의 사례는 리모컨에 대한 판매를 위해 촉진전략을 수립한 것이다.

구분	방법	주요 내용	촉진대상	촉진시기
온라인	사이트 홍보	자사 홈페이지를 통한 홍보	B2C	상시 업데이트
	블로그	자사 블로그를 통한 홍보	B2C	상시 업데이트
	DM발송	제품 팸플릿 발송	구매담당자	매 분기
오프라인	카탈로그	제품홍보 카탈로그를 직접 배부	구매담당자	상시
	세미나 개최	제품 소개	개발 및 구매담당자	매 분기

Ⅲ 종합실습 – 마케팅계획수립

■ 목적

STP분석과 마케팅믹스를 중심으로 마케팅계획을 한 장으로 표현하는 데 목적이 있다.

■ **진행방법**

① 제품과 서비스를 판매하고자 하는 목표시장을 분석한다.

② 판매할 제품과 서비스의 종류와 가격, 유통채널 및 프로모션을 위한 촉진전략을 정의한다.

■ **실습하기**

포지셔닝			
제품	가격	유통	촉진

■ **참고사례**

• 아래의 사례는 리모컨을 판매하고자 하는 창업자가 포지셔닝 콘셉트를 잡고 이에 따른 제품, 가격, 촉진, 유통전략을 수립하는 과정을 정리한 것이다.

포지셔닝	전 세계 IR 장착 전자제품 리모컨 제작을 위한 데이터베이스 및 소프트웨어 제공		
제품	가격	유통	촉진
IR Data Base	$1.9/개	B2B 기술영업	사이트 홍보(상시)
Quick Starter	$170/10카피	위탁판매	블로그(상시)
Smart 리모컨	$1.4/개당	B2B 기술영업	DM 발송(매 분기)
24 Hour Support Service	$140/서비스	오프라인 매장에서 홍보	카탈로그 배부(상시)

사례 12-2 2014년 최고·최악 마케팅

■ 셀카 활용한 신제품 마케팅

올 한 해 빌 게이츠 마이크로소프트 창업자, 마크 저커버그 페이스북 최고경영자, 할리우드 배우 겸 가수 제니퍼 로페즈 등 유명 인사가 앞다퉈 동참한 캠페인이 있다. 이른바 얼음물 샤워 캠페인(아이스 버킷 챌린지·ice bucket challenge)이다. 얼음물을 뒤집어쓰고 세 명을 지목하면 이들도 24시간 안에 역시 얼음물을 뒤집어쓰거나 루게릭병 환자돕기 성금으로 100달러(약 10만 9,000원)를 내야 한다.

월스트리트저널(WSJ)은 30일 이 캠페인을 올해 최고의 마케팅 사례로 꼽았다. 미국 루게릭병(ALS)협회는 이 캠페인으로 1억 1,500만달러를 모았다. WSJ은 삼성전자의 셀프카메라(셀카) 사진 이벤트도 올 한 해를 빛낸 마케팅 사례로 들었다. 지난 3월 제86회 미국 아카데미(오스카상) 시상식에서 사회자 엘런 드제너러스는 삼성전자 스마트폰 갤럭시노트3로 찍은 셀카를 트위터에 올렸다. 그는 시상식이 진행되는 동안 흰색 갤럭시노트3를 들고 있었다. 영화배우 브래들리 쿠퍼에게 갤럭시노트3를 넘겨줘 브래드 피트, 메릴 스트리프, 케빈 스페이시 등과 셀카를 찍도록 했다. 트위터 등을 통해 급속하게 퍼져나간 이 사진 덕분에 삼성전자는 마케팅 효과를 톡톡히 누렸다.

■ 인종차별 생각지 못한 TV광고

반면 미 소매유통업체 월마트와 전자제품 유통업체 베스트바이는 최악의 마케팅을 한 기업으로 지목됐다. 월마트는 아버지가 딸에게 스마트폰을 선물해주는 TV광고를 방영했다. TV광고에서 자신을 끌어안는 딸을 보며 아버지는 "숨을 쉴 수 없구나(I can't breathe)"라고 말하면서 웃었다. 하지만 이 문구는 뉴욕 길거리에서 낱개 담배를 팔다가 체포 과정에서 백인 경관에게 목 졸려 숨진 흑인 남성이 마지막으로 내뱉은 말이었다. 베스트바이 역시 1999년 미국에서 발생한 여고생 살인사건을 연상시키는 문구로 트위터 광고를 하다 공개적인 비난을 받았다.

출처: 한국경제(2014. 12. 30)

생각해보기 기업이 생존하고 성장하기 위해서는 고객에게 제품과 서비스를 판매해서 매출과 수익을 창출해야 합니다. 아무리 기술이 좋은 제품과 서비스를 개발하였다 하더라도 고객들이 구입하지 않으면 기업은 생존할 수 없습니다. 그러므로 고객에게 개발된 제품과 서비스를 어떻게 판매할 것인가 하는 마케팅전략을 끊임없이 고민해야 합니다. 마케팅전략은 합리적인 분석을 기반으로 창의적인 아이디어를 융합해서 수립해야 합니다. 우리 주위에 있는 수많은 성공과 실패사례를 분석하면서 여러분이 창업하고자 하는 제품과 서비스에 대한 차별화된 마케팅전략을 수립해야 합니다.

마무리하기

1. 학습목표 확인	
마케팅계획의 이해	1. 마케팅계획의 개념을 이해하셨습니까? 2. 마케팅계획의 수립방법을 이해하셨습니까?

2. 실습 결과	
마케팅계획수립	1. 제품포지셔닝, 제품차별화 전략수립, 가격전략수립, 유통전략수립, 촉진전략 수립방법을 이해하셨습니까? 2. 창업기업을 위한 마케팅계획을 수립하셨습니까?

3. 다음 단계 소개	
제13장 생산운영계획	1. 다음 단계에서는 생산운영계획의 개념과 수립방법에 대해 학습하게 됩니다. 2. 그런 다음에 생산운영계획을 한 장의 표로 수립하는 생산운영계획 실습을 하게 될 것입니다.

Chapter 13

생산운영계획

제13장에서는 제품과 서비스의 생산운영계획을 수립하는 방법에 대하여 학습하고, 이를 기반으로 실습을 통하여 생산운영계획을 수립하게 된다.

고객에게 제품과 서비스를 판매하기 위해서는 이를 안정적으로 공급해 줄 수 있는 생산운영계획을 수립해야 한다. 제품에 대한 고객의 반응이 아무리 좋다 할지라도 적시에, 저렴한 원가에 제공해 줄 수 없다면 판매에 차질이 발생할 수 있기 때문에 안정적인 생산운영계획은 매우 중요하다.

그러므로 제품과 서비스를 몇 개나 생산해야 하는지를 분석해 보고 이를 기반으로 생산량에 맞게 생산시설의 규모를 정해야 한다. 그런 다음, 제품생산에 필요한 원자재 및 부품은 어떻게 조달해야 하는지, 생산원가는 어느 정도로 유지할 것인지 등에 관한 계획을 수립해야 한다.

제13장은 생산운영계획의 개념, 생산운영계획 수립방법, 생산운영계획 수립실습으로 구성되어 있다.

생산운영계획의 구성

1. 생산운영 계획의 개념 → 2. 생산운영계획 수립방법 → 3. 종합실습 생산운영계획 수립

사례 13-1 1,000원짜리 팔아 올 매출 1조원 도전

■ **박정부 다이소아성산업 회장의 1,000원 경제학**

"1,000원짜리 상품을 팔아 영업이익 2~3%를 내려면 제조원가가 500원을 넘으면 안 된다. 30%의 유통마진과 물류비용 등을 감안했을 때다. 한 마디로 쥐어짜야 한다. 매장을 둘러보면 아직도 아낄 곳이 투성이다."1,000원샵으로 유명한 다이소를 운영하는 박정부(70) 다이소아성산업 회장의 말이다. 그는 창업 27년 만에 평균단가가 2,000원 미만인 상품을 팔아 올해 매출 1조원을 바라보고 있다. '티끌 모아 태산'식 경영이다.

지난 8월 28일 서울 도곡동 다이소본사 직영점. 793㎡(약 240평) 규모의 지하 1층 매장에는 그릇 등 주방용품부터 문구・완구・넥타이・애완동물 제품까지 1만여 개의 상품이 진열돼 있다. 이 가운데 절반이 1,000원짜리다. 가장 비싼 게 세탁바구니로 5,000원이다. 평균상품단가는 2,000원이 넘지 않는다. 여기서만 하루 평균 450만원의 매출을 올린다. 박 회장은 "1,000원짜리 상품에 1,000원 이상의 가치를 담아야 소비자들이 찾는다. 단순히 싸구려라는 인식을 주면 한 번 사고 오지 않는다"고 말한다. 이어 "돈 없는 서민들이 주로 온다기보다는 1,000원 상품의 가치를 아는 소비자가 단골이 된다"고 강조했다.

■ **2~3% 이익 내려면 구매단가 500원 이하여야**

현재 다이소 매장은 전국에 960개 정도다. 직영점이 85%다. 올해 매장 수를 1,000개 넘겨 연 매출 1조원에 도전한다. 다이소는 지난해 8,850억원의 매출을 올렸다. 전년보다 16.8% 증가했다. 그는 늘 발로 뛰는 현장을 강조한다. 현장을 보면 원가를 줄일 수 있는 아이디어가 샘솟는다. '마른 수건도 쥐어짠다'는 도요타의 카이젠(改善) 경영의 한국판이다.

다이소는 5만여 개 상품군을 확보해 매장 면적이 300평 넘는 대형점에선 트렌드에 따라 3만 개를 진열한다. 적은 면적에 최대한 많이 진열하는 효율성이 우선이다. '뭘 줄일까' 고민하면 곳곳에서 아이디어가 나온다. 이렇게 20년 넘게 살았더니 내눈에는 모든 게 비용으로 보인다.

직원들의 처우를 물어봤다. 당연히 '월급은 매우 짜다'는 답이 돌아온다. 1,000원샵에서 어떻게 대기업 수준의 인건비를 감당하겠느냐는 것이다. 매장 점원도 6개월 이상 아르바이트로 채용했다가 성실성을 보고 정규직으로 전환한다. 판매사원 대부분은 근무연수가 높지 않아 인건비를 낮게 유지하는 편이다. 다이소는 소위 불황에 강하다고 하는데 정말 그럴까?

"1,000원샵은 경제가 어려우면 잘될 것이라고 하는 데 그렇지 않다. 호황이면 당연히 매출이 증가한다. 단, 불황이라도 매출이 큰 폭으로 떨어지진 않는다. 싸고 좋은 물건을 찾는 '가치소비 고객'은 언제나 있다. 이게 다이소의 경쟁력이다."

그의 창업동기는 1980년대 민주화 열풍이다. 1988년 불혹을 넘긴 마흔넷에 돌연 회사를 그만두고 창업했다. "1985년부터 불어 닥친 민주화 열기에 다니던 회사에 노조가 생겼다. 내가 공장장이었는데 오너 사장이 이를 못마땅하게 여겨 심하게 괴롭혔다. 3년 만에 사표를 냈다. 사업 초기 처자식이 나만 바라보는데 정말 '죽을 각오'로 일했다. 내 창업철학이자 지금까지 회사를 키워낸 경영이념이다. 공장장으로 일하면서 인력관리와 제조원가를 이해한 것이 저가상품을 발주하는 데 힘이 됐다."

처음 국내 대기업의 일본연수를 알선하는 한일맨파워를 설립했다. 아울러 무역에도 관심을 갖고 당시 낮은 인건비로 싼 제품을 만들어 일본에 수출했다. 일본 거래선에서 가격 대비 제품이 좋다는 평판이 나왔다. 무역을 시작한 지 4년 만에 일본 균일가시장의 선두기업인 일본 다이소에 생활용품을 독점 공급하게 됐다. 오늘날 한국판 다이소를 키워내게 된 배경이다. 1992년에는 수출에서 탈피, '한국형 1,000원샵'을 계획하고 아성산업을 설립했다. 1997년 '아스코 이븐플라자'라는 이름으로 국내 첫 1,000원샵을 개장했다. 비약적으로 도약한 계기는 2001년 일본다이소와 합작해 사업을 본격화하면서다. 이후 연평균 20% 이상 성장했다. 단 한번도 매출이 준 적이 없다.

다이소의 가격정책은 원가에 마진을 붙여 소비자가격을 결정하는 일반적인 방식과 다르다. 소비자가 만족할 수 있는 가격이 얼마인지를 판단해 그걸 소비자가격으로 결정한다. "통념적으로 다이소에 가면 중국산 제품만 잔뜩 있다고 하는데 동유럽부터 남미까지 다양한 원산지 제품이 있다. 한국산이 절반 가량 된다. 한국에서 만들면 대부분 제조원가가 500원이 넘어가지만 더 저렴한 해외 매입을 통해 수지를 맞춘다."

그는 조금이라도 구매단가를 낮추기 위해 납품업체와 신용을 쌓는 거래를 무엇보다 중시한다. 오랜 기간 신뢰를 쌓아온 납품업체들과 서로 조금씩 양보하면서 상생하는 것이다. 이렇게 20년간 쌓아온 제품 소싱 노하우가 원가경쟁력을 확보한 비결이다. 저렴한 상품을 찾아다니러 1년에 3~4개월은 외국에서 보낸다. 현재 다이소는 25개국 1,600개 업체에서 상품을 공급받는다. 박 회장은 "값이 싼 물건을 팔지만 싸구려는 팔지 않는다"며 "소비자는 품질이 나쁘면 1,000원도 비싸다고 느낀다"고 강조했다. 품질이 뒷받침되지 않았으면 이미 망했을 것이라는 설명이다. 매출의 절반 이상이 800여 개 국내 협력회사에서 제조한 제품에서 나온다. 그만큼 품질이 경쟁력이라는 것이다.

요즘 다이소는 복병을 만났다. 다케시마(독도의 일본식 이름) 후원기업이라는 루머가 퍼진 것.

"한국은 물론 일본 다이소에서 다케시마 후원 입장을 밝힌 적이 없다. 올해 한국다이소는 독도사랑운동본부와 독도 수호에 동참하는 협약도 체결했다." 역으로 이런 내용의 기사가 일본에 알려지면서 일본 우익단체들이 일본다이소를 공격하겠다는 협박이 나오기도 했다. 일본다이소는 현재 다이소아성의 지분 34.2%를 보유하고 있을뿐 경영에 참가하지 않는다. 박 회장이 지분 43.2%를 보유한 최대주주이고 역시 그가 대주주인 지주회사 한웰이 지분 13.2%를 갖고 있다. 그는 올해 3월 한국중견기업연합회 세제·금융위원회 위원장을 맡았다.

"창업 수십년 넘은 중견기업의 경우 가장 큰 애로사항이 가업승계다. 중견·중소기업이 가업승계를 위해 상속할 때는 세제혜택을 대폭 확대해야 한다. 중소기업은 대기업처럼 전문경영인을 키워내기 어려운 환경이다. 그래야 100년 넘는 글로벌 장수기업이 나올 수 있다." 그는 부자 대물림이라는 비판에 대해선 "승계한 이후 주식을 팔거나 경영실적이 나빠져 도산 위기에 처하면 그때 상속세를 거두면 된다"고 주장했다.

출처: 이코노미스트 1253호(2014. 9. 15)

생각해보기 기업경쟁력의 핵심은 고객이 원하는 제품과 서비스를 저렴하게 생산할 수 있느냐 여부입니다.

아무리 좋은 제품이나 서비스도 고객이 지불할 수 있는 가격대(Willingness To Pay)를 넘어서거나, 경쟁사보다 가격이 비싸면 소비자들이 구입하기 힘들게 됩니다. 그러므로 창업기업들이 제일 먼저 고민해야 할 일은 제품과 서비스의 생산원가를 낮출 수 있는 생산시스템을 구축하는 일입니다.

I 생산운영계획의 개념

1. 생산운영계획의 이해

생산운영계획이란 창업기업의 제품과 서비스를 생산하고 공급하기 위해 제품과 서비스의 생산규모를 분석해 보고 이를 기반으로 생산시설을 어떻게 갖추어야 할지, 원자재 및 부품은 어떻게 조달할 것인지, 생산원가는 어느 정도로 유지할 것인지 등에 관한 계획을 수립하는 활동을 의미한다.

예를 들어, 전자부품 회사를 창업한다고 했을 때 공장은 어디에 설립할 것인지, 생산시설은 어떻게 구성할 것인지, 생산에 필요한 원자재를 어떻게 조달할 것인지 등에 대한 계획을 수립해야 한다. 반면에 교육서비스를 제공하는 교육회사는 고객이 원하는 교육서비스를 어떤 방법으로 만들고, 제공할 것인지에 대한 운영계획을 수립해야 한다.

만약, 생산운영계획이 잘못 수립된다면 제품과 서비스의 원가 및 품질, 생산성이 크게 달라지고, 안정적인 제품공급에 차질이 생기기 때문에 합리적이고 안정적인 생산계획을 수립해야 한다.

2. 생산운영계획 수립방법

생산운영계획수립은 제품과 서비스에 관한 생산수요예측, 생산입지 및 시설결정, 원자재구매에 관한 조달계획수립, 그리고 생산원가분석 및 관리계획을 수립하는 과정으로 구성된다.

① 생산수요예측은 시장의 규모와 상황을 분석하여 목표생산량을 예측하는 것

을 의미한다.

② 생산시설계획은 제품과 서비스생산을 위한 공장 및 사업장의 위치를 결정하고 생산에 필요한 시설과 생산공정을 계획하는 과정을 의미한다.

③ 원자재조달계획은 생산에 필요한 원자재에 대한 정보를 수집하고 공급처를 확보하는 과정을 의미한다.

④ 생산원가관리는 생산에 소요된 비용을 분석하고, 생산량과 생산비용에 따른 생산원가를 관리하는 과정을 의미한다.

생산운영계획 수립방법

생산운영 계획수립	
생산수요예측	제품과 서비스를 얼마나 생산해야 하는가?
생산시설계획	생산설비 및 기자재는 어떻게 투자할 것인가?
원자재조달계획	어떤 원자재를 누구로부터 조달할 것인가?
생산원가분석	생산원가는 얼마나 될 것인가?

II 생산운영계획 수립방법

1. 생산수요예측

1) 생산수요예측의 개념

생산수요예측이란 창업하고자 하는 제품과 서비스의 전체 시장규모와 시장 상황을 기반으로 목표시장 점유율과 판매량을 예측한 후 최종적으로 생산하고자 하는 목표생산량을 결정하는 과정을 의미한다.

예를 들어, 어느 창업자가 교육용 소형 전자제품을 생산하는 회사를 창업했을 때 전자제품의 총시장 규모와 시장상황을 분석한 다음에 예상되는 시장점유율을 기반으로 목표판매량을 예측하게 된다. 그런 다음에 안정적인 제품공급을 위한 안전재고량을 고려하여 제품의 생산수량을 결정하게 된다.

이처럼 생산계획을 수립할 때에는 수요예측을 통하여 정확한 예상판매량을 예측한 다음에 안전재고량 등을 고려하여 최종적으로 목표생산량을 결정해야 한다.

2) 생산수요예측방법

시장의 규모와 상황 등을 고려하여 달성하고자 하는 목표판매량을 예측하고, 안전재고를 고려하여 최종적으로 목표생산량을 결정한다.

단계	내용
1. 시장규모 추정	판매하고자 하는 시장의 전체 규모와 경제환경, 경쟁사의 전략 등 시장상황 등을 분석함
2. 목표판매량 추정	시장분석을 기반으로 예상 시장점유율을 추정하고 목표판매량을 결정함
3. 목표생산량 결정	목표판매량과 안전재고량을 고려하여 최종적으로 목표생산량을 결정함

실습 1 생산수요예측

■ **목적**

시장규모와 상황을 기초로 목표판매량을 분석한 후, 안전재고를 고려하여 최종 생산량을 결정하는 데 목적이 있다.

■ **진행방법**

① 전체 시장규모를 분석하고 예상되는 시장점유율을 예측한다.

② 목표판매량과 안전재고량을 더하여 목표생산량을 결정한다.

■ **실습하기**

항목	2013년	2014년	2015년
전체시장규모			
목표시장점유율			
목표판매량			
안전재고량			
목표생산량			

■ **참고사례**

- 아래의 사례는 동영상 강의용 리모컨이라는 아이템을 가지고 창업한 창업자가 시장규모와 목표판매량 등을 기반으로 생산수요량을 예측한 것이다.

항목	2013년	2014년	2015년
전체시장규모	10억원	12억원	15억원
목표시장점유율	10%	15%	20%
목표판매량	4,000개	5,760개	9,000개
안전재고량	500개	500개	1,000개
목표생산량	4,500개	6,260개	10,000개

2. 생산시설계획

1) 생산시설계획의 개념

생산시설계획이란 생산활동을 위해 필요한 사업장의 위치를 결정하고 생산에 필요한 공정을 정의한 후 각 공정에 필요한 시설 및 장비, 기자재를 구매하는 과정을 의미한다.

예를 들어, 전자제품을 생산하기 위해서는 근로자의 수급요건, 임대료 및 주변 인프라 등을 고려하여 사업장의 위치를 결정해야 하고, 생산량을 달성하기 위해 필요한 장비와 기자재들을 구매하여 생산공정에 맞게 배치해야 한다.

제조업에서 입지선정 및 생산시설 구축은 사업의 목표와 장기적인 방향을 고려하여 대규모의 자본투자가 이루어지는 것으로서 제품의 생산비, 유통비 등에 중요한 영향을 미치기 때문에 생산입지와 시설을 구축하는 과정은 매우 중요하다.

2) 생산시설계획 수립방법

생산시설의 위치를 선정하고 제품생산을 위해 거쳐야 하는 생산공정을 정의한 후 필요한 생산시설에 대한 확보 계획을 수립한다.

단계	내용
1. 생산입지선정	근로자, 원재료 수급, 주변 인프라 등을 고려하여 사업장의 위치를 선정하고 예상비용을 추정함
2. 생산공정계획	원자재의 투입에서 제품의 완성단계까지 수행되는 모든 작업과정을 정의함
3. 생산설비확보계획	생산공정에 필요한 시설 및 장비, 기자재, 장비 등의 구매계획을 수립함

실습 2 생산시설계획

■ 목적

생산입지를 결정하고 제품생산에 필요한 생산공정과 생산설비를 정의하는 데 목적이 있다.

■ 진행방법

① 노동환경, 원자재 수급의 용이성, 주변 인프라 여건 등을 고려하여 생산입지를 선정하고 비용을 추정한다.

② 제품생산에 필요한 생산공정을 정의하고 구매해야 할 생산설비를 찾는다.

■ 실습하기

생산계획	주요 내용		
	생산공정	주요 내용	
	설비명	용도	가격

■ 참고사례

• 아래의 사례는 동영상 강의용 리모컨을 생산하기 위해 필요한 입지를 선정하고 생산공정과 필요한 생산설비를 분석한 것이다.

생산계획	주요 내용		
1. 생산입지 계획	공장의 위치	○○대학교 창업보육센터	
	예상비용	연 3,000,000원	
2. 생산 공정계획	생산공정	주요 내용	
	PCB 가공(외주)	회로도를 제작한 후 전문업체에 의뢰하여 PCB 가공	
	사출(외주)	금형전문업체에서 리모컨의 외형을 제작함	
	조립	LED, 안테나 등의 부품을 조립하여 최종 제품으로 제작	
	검사 및 포장	최종 제품의 품질을 테스트하고 포장함	
3. 생산 설비계획	설비명	용도	가격
	ROM Writer	Main chip 복제	1,500,000원
	수축 포장기	제품의 비닐진공포장	4,500,000원

3. 원자재 수급계획

1) 원자재 수급계획의 개념

원자재 수급계획이란 제품과 서비스 생산에 필요한 원자재의 항목을 파악하여 필요한 구매량을 결정하고, 이를 저렴하고 지속적으로 공급해줄 수 있는 공급처를 발굴하는 과정을 의미한다.

예를 들어, 전자제품을 생산하는 회사는 제품생산을 위해 콘덴서, 코일, LED 등의 다양한 부품들이 필요하기 때문에 이들 부품이 얼마나 필요한지를 파악해야 하고 이 부품들을 안정적으로 공급해줄 거래처를 찾아 공급가격, 납품기간 등을 지속적으로 관리해야 한다.

원자재에 대한 조달계획이 이루어지지 않는다면 예기치 못한 사고나 문제 발생 시에 적절히 대응하기 힘들고 최악의 경우 생산이 중단되는 사태까지 발생할 수 있기 때문에, 지속적이고 안정적인 원자재 조달계획을 수립하는 것은 매우 중요하다.

2) 원자재 수급방법

제품생산에 필요한 부품 및 원자재의 종류와 수요량을 분석하고 이를 안정적으로 공급해줄 수 있는 다수의 공급자들을 찾아낸다.

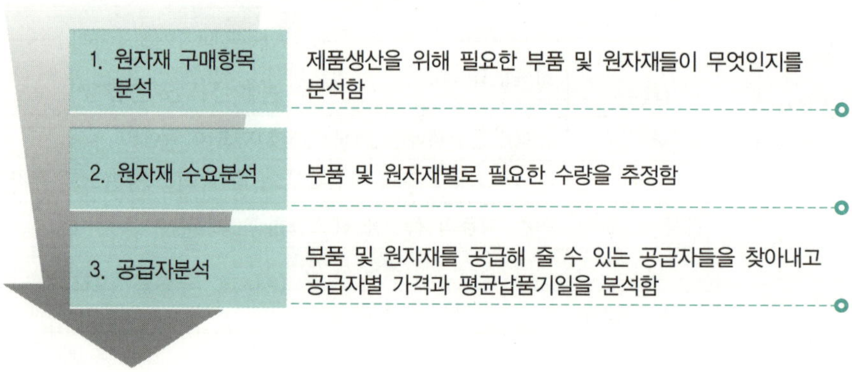

실습 3 원자재 수급계획

■ 목적

필요한 부품 및 원자재의 종류와 수요를 분석하고, 이를 납품할 수 있는 공급자들의 특성을 분석하는 데 목적이 있다.

■ 진행방법

① 제품생산에 필요한 부품 및 원자재의 종류를 찾아보고 이들의 필요수량을 결정한다.

② 부품 및 원자재에 대한 공급자를 정의하고 납품가격과 평균납품기간을 분석한다.

■ 실습하기

원자재	수요량	공급자	납품 가격	납품기간

■ 참고사례

• 아래의 사례는 동영상 강의용 리모컨을 생산하기 위해 부품 및 원자재를 분석하고 이에 대한 조달계획을 수립한 것이다.

원자재	수요량	공급자	납품가격	납품기간
저항 100Ω	150,000개	디바이스마트	10,000원	3일
		IC Bank	11,000원	3일
		엘레파츠	10,00원	4일
콘덴서 10uF	100,000개	디바이스마트	20,000원	3일
		미래전자	40,000원	7일
		샘플전자	35,000원	7일
MCU	20,000개	디즈키	1,500,000원	10일
		샘플전자	800,000원	15일
		엘레파츠	1,480,000원	7일

4. 생산원가분석

1) 생산원가분석의 개념

생산원가분석이란 제품이나 서비스를 생산하는 과정에 소요되는 모든 생산비용을 고정비(시설임대료, 장비구입비 등)와 변동비(재료비, 인건비, 가공비, 기타 경비 등)로 나누어 분석하고, 생산량에 따른 단위당 생산원가를 추정해 보는 과정을 의미한다.

예를 들어, 전자제품을 생산할 때 필요한 시설임대료 및 장비구입비와 같은 고정비뿐만 아니라 부품들의 재료비와 인건비 및 재료가공비 등의 변동비를 더한 후 제품의 생산량에 따라 제품의 단위당 생산원가를 분석해야 한다.

제품 한 개를 생산할 때 들어가는 원가를 모르고서는 합리적인 가격을 결정할 수 없다. 생산원가분석의 실패는 기업의 이익에 큰 영향을 미치기 때문에 생산원가를 정확하게 분석하는 과정은 매우 중요하다.

2) 생산원가분석방법

생산과정에 투입된 항목과 비용을 분석하여 총생산원가를 추정한 후 이를 총 생산량으로 나누어 단위당 생산원가를 계산한다.

1. 원가구성요소 분석 — 생산원가를 구성하는 요소를 고정비와 변동비로 나누어 분석함
2. 총생산원가분석 — 각 항목별 투입된 비용을 분석하여 총생산원가를 분석함
3. 단위당 생산원가 분석 — 총생산원가를 생산량으로 나누어 단위당 생산원가를 계산함

실습 4 생산원가분석

■ 목적

생산에 소요된 비용을 계산하여 총생산원가를 구하고 생산량에 따른 단위당 생산원가를 분석하는 데 목적이 있다.

■ 진행방법

① 생산에 필요한 고정비와 변동비의 항목들을 찾아낸 후 모두 합하여 총생산원가를 계산한다.

② 총생산원가를 생산량으로 나누어 단위당 생산원가를 구한다.

■ 실습하기

구분	원가항목	비용
Ⅰ. 고정비		
Ⅱ. 변동비		
Ⅲ. 총생산원가(= Ⅰ + Ⅱ)		
Ⅳ. 생산량		
Ⅴ. 단위당 생산원가(= Ⅲ / Ⅳ)		

■ **참고사례**

• 아래의 사례는 동영상 강의용 리모컨을 생산하는 창업자가 고정비와 변동비를 구분하여 총생산원가를 추정하고, 생산량에 따른 단위당 생산원가를 계산한 것이다.

구분	원가항목	비용
Ⅰ. 고정비	1. 건물임대료	3,000,000원
	2. 시설구입비	5,000,000원
Ⅱ. 변동비	1. 인건비	10,000,000원
	2. 재료비	3,000,000원
	3. 가공비	2,000,000원
	4. 기타경비	1,000,000원
Ⅲ. 총생산원가(= Ⅰ + Ⅱ)		24,000,000원
Ⅳ. 생산량		6,000개
Ⅴ. 단위당 생산원가(= Ⅲ / Ⅳ)		4,000원

Ⅲ 종합실습 – 생산운영계획

■ **목적**

생산의 수요예측을 기반으로 생산시설 투자계획, 원자재 수급계획, 생산원가분석 등에 관한 생산운영계획을 수립하는 데 목적이 있다.

■ **진행방법**

① 목표판매량을 기반으로 제품의 목표생산량을 예측한다.

② 생산을 위해 필요한 공장 및 설비, 원자재 수급계획 등을 수립해보고, 생산원가를 분석한다.

■ 실습하기

구분	원가항목	비용
1. 생산수요예측	예상판매량	목표생산량
2. 생산시설투자계획	공장위치	예상비용
	생산설비	예상비용
3. 원자재수급계획	원자재 구매항목	주요 거래처
4. 예상생산원가	총생산원가	단위당 생산원가

■ 참고사례

• 아래의 사례는 동영상 강의용 리모컨을 생산하기 위한 생산운영계획을 한 장의 표로 요약한 것이다.

구분	원가항목	비용
1. 생산수요예측	예상판매량	목표생산량
	10만개	12만개
2. 생산시설투자계획	공장위치	예상비용
	○○대학교 창업보육센터	연 3,000,000원
	생산설비	예상비용
	ROM Writer	1,500,000원
	수축 포장기	4,500,000원

	원자재구매항목	주요 거래처
3. 원자재수급계획	저항 100Ω	디바이스마트, IC Bank, 엘레파츠
	콘덴서 10uF	디바이스마트, 미래전자, 샘플전자
	MCU	디즈키, 샘플전자, 엘레파츠
4. 예상생산원가	총생산원가	단위당 생산원가
	24,000,000원	4,000원

사례 13-2 시장진화의 마지막은 제조원가 경쟁이다

경영자가 가장 하고 싶어하는 일들 중 하나는 시장의 미래 모습을 남들보다 먼저, 보다 정확하게 예측하는 일이다. 미래 시장에 대한 뛰어난 예지력을 바탕으로 먼저 준비할수록 경쟁에서 이길 가능성이 높아지기 때문이다. 그러나 이런 욕심에도 불구하고 시장이 진화하는 법칙에 대해서 올바르게 이해하고 있는 경영자는 매우 적다.

대다수의 시장은 4단계를 거치면서 진화하는데, 가장 먼저 고객의 니즈를 해결하기 위한 기술력 경쟁(Competition for Functionality), 2단계는 제품에 대한 신뢰도 경쟁(Competition for Reliability), 3단계는 다양해지는 고객니즈를 충족시키려는 편의성 경쟁(Competition for Convenience), 그리고 마지막 단계는 동질화하는 제품에 대한 경쟁력 있는 제조원가를 구현하기 위한 경쟁(Competition for Commodity)이다. 경영자가 시장진화단계를 정확하게 이해해야 하는 이유는 단계마다 가장 효과적인 전략 유형이 확연히 다르기 때문이다.

시장진화의 4단계를 우리에게 친숙한 휴대용 전화기를 통해서 설명해 보자. 가장 먼저 1단계의 기술력 경쟁시장에서는 고객이 원하는 원천적인 기능을 해당 제품이 과연 원활하게 수행할 수 있는지가 무엇보다 중요하다. 최초의 휴대폰은 1983년 모토롤라에서 출시한 전화기였다. 높이가 33㎝, 무게가 0.75㎏, 충전은 무려 10시간이나 걸렸지만, 통화시간은 1시간에 불과했다. 그런데 가격은 요즘 물가로 환산하면 무려 2,000만원이 넘었다. 이런 제품적 속성에도 불구하고 기존 전화기 대비 자유로운 이동성이라는 원천기능 때문에 초기 시장을 형성할 수 있었다.

이런 시장에 핀란드의 노키아가 진입하면서 시장은 통화품질, 무게, 크기, 대기시간 등 주요 성능을 지속적으로 개선시키는 제품신뢰도 경쟁으로 진화했다. 이런 2단계 시장경쟁에서 나타나는 가장 큰 특징은 뛰어난 성능을 강조하기 위한 프리미엄전략을 선점하는 기업들이 상대적으로 매우 유리하다는 점이다. 이 시기에 모토롤라와 삼성전자 같은 경쟁사들이 보다 좋은 성능을 먼저 개발하기 위해 치열하게 노력한 것이 대표적인 예다.

휴대용 전화기시장은 1992년 문자전송기능을 시작으로 1996년에는 최초의 스마트폰이 출시됐고, 1999년에는 세계 최초로 국내에서 MP3 기능이 탑재된 휴대폰이 출시됐다. 그리고 2002년에는 컬러 디스플레이를 탑재한 제품이 출시되면서 영상서비스가 가능한 제품들이 나타났다. 그 이후 시장은 DMB기능, 영상전화기능, 위성신호를 활용할 수 있는 제품까지 등장하면서 매우 다양해졌다. 이런 현상은 고객의 다양성과 편의성을 충족시키려는 3단계에서 나타나는 대표적인 특징이다.

시장진화의 마지막 단계에서는 치열한 경쟁 때문에 대다수의 제품들이 매우 동질화되는 현상이 나타난다. 제품 간 기능과 성능차이가 줄어들면서 제품성능에 대비한 상대가격이 고객에게 가장 중요한 의사결정기준이 되기 시작한다. 따라서 마지막 단계에서는 제품 디자인 차별화를 통한 프리미엄가격보다는 규모 있는 생산 및 물류시설을 기반으로 상대적으로 낮은 원가를 구현할 수 있는 역량이 매우 중요한 경쟁우위의 원천이 된다.

출처: 매일경제(2014. 8. 28)

생각해보기 중국 스마트폰 시장에서 삼성과 애플을 제치고 일등으로 올라선 샤오미의 핵심 경쟁력 중 하나는 낮은 생산원가입니다. 창업한지 몇년 되지 않은 샤오미는 낮은 생산원가를 기반으로 한 저가폰으로 세계적인 삼성전자와 애플을 제칠 수 있었습니다. 창업을 준비하는 여러분이 제일 먼저 고려해야 할 일은 고객들이 원하는 제품과 서비스를 어떻게 저렴하게 공급할 것인가 입니다. 제품과 서비스를 저렴하게 공급하기 위해서는 제품과 서비스를 생산·판매하는 가치사슬(value chain)의 원가가 낮아야 합니다.

마무리하기

1. 학습목표 확인	
생산운영계획의 이해	1. 생산운영계 수립의 개념에 대해 이해하셨습니까? 2. 생산운영계획의 수립방법을 이해하셨습니까?

2. 실습 결과	
생산운영계획 수립	1. 생산수요예측, 시설계획, 원자재수급계획, 생산원가분석 방법을 이해하셨습니까? 2. 창업기업을 위한 생산운영계획을 수립해 보셨습니까?

3. 다음 단계 소개	
제14장 인적자원계획	1. 다음 단계에서는 인적자원계획의 개념과 수립방법에 대해 학습하게 됩니다. 2. 그런 다음에 인적자원계획을 한 장으로 표현하는 인적자원계획 수립실습을 하게 될 것입니다.

인적자원계획

Chapter 14

제14장에서는 인적자원계획을 수립하는 방법에 대하여 학습하고, 이를 기반으로 실습을 통하여 구체적인 인적자원계획을 수립하게 된다.
창업기업은 자원이 한정되어 있고, 특히 기술창업에서는 창업팀원들이 가진 지식과 기술이 핵심자원이기 때문에 인적자원의 능력이 차지하는 비중이 매우 크다. 따라서 창업 팀원들의 핵심역량을 분석하여 업무에 배치하고 추가로 필요한 인력들을 정확하게 분석해야 한다. 또한 부족한 인원에 대하여 역량을 갖춘 인적자원을 충원할 수 있는 방안과 현재 보유한 인적자원들의 역량 향상을 위한 방안을 수립해야 한다.
제14장은 인적자원계획의 개념, 인적자원계획 수립방법, 인적자원계획 수립실습으로 구성되어 있다.

인적자원계획의 구성

1. 인적자원 계획의 개념 → 2. 인적자원계획 수립방법 → 3. 종합실습 인적자원계획 수립

사례 14-1 스타트업의 엘리트는 '12척의 배' 안에 있다

사업은 사람이 하는 일이다. 때문에 성공 여부도 사람에 따라 갈린다. 하루에도 몇 건씩 '사업계획서'를 검토하고 새로운 사업에 투자를 하는 입장에서는 어떻게 성공할 사람을 가려낼 수 있을지, 어떤 사람이 있는 스타트업에 투자해야 할지를 늘 고민할 수밖에 없다.

스타트업은 본질적으로 '엘리트' 비즈니스다. 특히, 기술을 기반으로 하는 스타트업에게는 기술 그 자체에 대한 풍부한 식견과 경험뿐만 아니라 그 기술을 가치 있는 사업으로 만들어 나갈 출중한 인재가 반드시 필요하다. '탁월하고 출중한 사람'에 대한 의존도가 높다 보니 투자자 가운데는 창업자의 학벌을 중시하는 성향이 있는 것도 사실이다.

고백하자면, 십수 년 전 본격적인 벤처투자가 활성화되면서 필자를 포함한 벤처투자자들은 스타트업 구성원들의 학력을 무척 중시했던 것이 사실이었다.

스타트업 창업자들이 소위 'SKY(서울대/고려대/연세대)' 출신이거나 기술담당 임원이 카이스트(KAIST)나 포항공대(POSTECH) 출신이면 아무래도 그 회사의 사업계획서는 다시 한번 눈여겨 보게 됐다. 게다가 미국이나 유럽의 유수한 대학에서 수학한 MBA가 있는 회사라면 금상첨화였다. 학벌을 중심으로 보다 보면 알게 모르게 사업계획서를 보는 눈에도 '편견'이 생기기 쉽다. 아무래도 이런 눈에 띄는 학력을 지닌 사람들이 창업한 회사가 투자받기가 수월했을 것이다. 하지만 이제 십수 년의 경험이 쌓이다 보니 스타트업 창업자들의 학력이나 학벌이 사업의 성공 여부와는 크게 상관없다는 자연스런 결론을 내리게 됐다. 구성원들의 화려한 학벌에도 불구하고 좋은 결과를 맺지 못한 스타트업을 너무나 많이 봐왔기 때문이다.

얼마 전까지 동남아의 한 대도시에 있는 스타트업에서 사업기획을 총괄하다가 지금은 한국으로 돌아온 어린 후배를 만났다. 그는 대학 재학 중에 스타트업에 합류를 했었고, 군대를 마치고 난 직후에도 다시 스타트업에 뛰어 들었다. 그야말로 '모태 기업가정신'이 충만한 친구였다. 그가 동남아에서 4년여를 보낸 경험을 이야기해 주면서 자기는 절대로 미국의 유명 대학 MBA 출신과는 함께 일하지 않을 것이라고 했다. 굴곡은 있었지만 그래도 순조롭게 성장을 해 나가고 있던 그 기업은 어느 날 미국의 규모가 다소 큰 벤처기업에 인수를 당했다. 인수한 회사는 본사에서 명문대 MBA 출신들과 유명한 글로벌 컨설팅회사 출신 컨설턴트들을 사업개발과 전략기획 담당으로 파견했다고 한다.

그들은 학교에서 배운 그대로, 그리고 자신들이 컨설팅을 하면서 쌓아 온 지식 그대로를, 그 스타트업의 경영전략에 적용하기 시작했다. 하지만 채 6개월이 넘기도 전에 그들은 그 회사에는 희망이 없다며 떠나버렸다는 것이다. 시장의 현실과 스타트업 조직의 역동성을 이해하지도, 이해하려고 들지도 않고 그저 이력서에 '스타트업에서의 사업개발경험' 한 줄을 더 써 넣을 수 있는 시간만 쏟고 훌쩍 떠나 버린 셈이 된 것이다. 나는 그 후배의 말에 공감할 수 있었다.

영화 '명량'이 장안의 화제다. 이 영화는 12척의 배로 300척이 넘는 왜군과 담대하게 맞서 싸워 승리를 거둔 이순신 장군의 리더십에 대해 이야기하고 있다. 이 영화의 큰 성공을 보면서 나는 이순신 장군의 리더십이야말로 스타트업에 필요한 기업가정신의 요체가 아닐까 생각한다.

하지만, 만약 명문대학 MBA를 나온 글로벌 컨설턴트가 당시 이순신 장군의 지위하에 있었다면 어떤 결정을 했을까? 과연 이순신 장군처럼 '아직 열 두척의 배가 남아 있다'며 죽을 각

오로 싸우기를 결심할 수 있었을까? 아마 그는 '전력을 분석해본 결과 도저히 승산이 없는 싸움이니 일단 물러나서 추세를 관망하는 것이 옳다'며 싸우지 않는 쪽으로 결정을 내렸을 것이다. MBA에서 가장 중점적으로 배우는 것은 열정과 도전이 아니라 리스크를 관리하고 효율성을 높이는 것임을 감안하면 당연한 결정일 수도 있다.

지난 십수 년간 지켜봐 왔던 스타트업의 일상은 매일 12척의 배를 가지고 300척과 맞서 전쟁을 치르는 것이다. 추세를 관망하는 분석력보다 잘못된 것을 조금씩 바로잡아 가는 실행력, 적응력이 더 중요한 요소였다. '명량'에서 보여준 이순신 장군의 투지와 열정 없이는 무엇 하나 안 될 것이다.

나는 여전히 스타트업은 '엘리트'들이 움직인다고 믿는다. 하지만, 스타트업의 엘리트는 기존 사회에서 일반적으로 일컫는 엘리트와는 본질적으로 다른 양상을 지니고 있다. 성실하고 열정이 넘치는 기업가가 화려한 학벌과 경력을 가지고 있을 수도 있겠지만, 본질적으로 학벌과 경력은 기업가정신의 필요충분조건이 될 수 없다. 스타트업에서 원하는 인재는 학력이나 경력을 화려하게 지닌 외양적인 엘리트가 아니라 어떤 특정한 분야에 탁월한 식견과 이해를 지니고, 교실에서는 얻을 수 없는 기업가정신을 지녔으며, 온갖 고난과 역경이 앞에 놓여 있을지라도 담담하고 당당하게 그것을 헤쳐나가는 불굴의 의지를 지닌 엘리트다. 스타트업을 통해서 인생의 도전을 원하는 사람들에게 좋은 학벌과 MBA는 필수가 아님을 꼭 깨우쳐 주고 싶다.

출처: 월스트리트저널(2014. 8. 27)

생각해보기 기업을 창업하고 운영하고 성장시키는 핵심엔진은 사람입니다. 삼성, 애플, 구글, 현대자동차 등과 같은 글로벌기업들은 핵심인재들의 경쟁력을 높이기 위해서 수많은 투자를 하고, 그에 맞는 대우를 해주고 있습니다. 모든 면에서 열악한 창업기업의 핵심 자산은 창업가 자신과 팀원들입니다. 창업가는 실패를 두려워하지 않는 도전정신과 열정, 창업분야에 대한 전문성, 시장과 고객 변화를 읽어내는 통찰력, 과학적 분석능력, 창의성 등 수많은 능력들을 갖추어야 합니다. 물론 이 같은 능력을 모두 갖춘 창업가는 거의 없습니다. 문제는 이 같은 능력을 향상하기 위해서 끊임없는 노력과 학습을 하고 있느냐 입니다.

I 인적자원계획의 개념

1. 인적자원계획의 이해

인적자원계획수립이란 창업 팀원들의 핵심역량을 분석하여 업무를 할당하고, 추가로 필요한 인력에 대한 채용계획 및 인적자원의 능력 극대화를 위한 인적자원 개발계획을 수립하는 과정을 의미한다.

예를 들어, 모바일 솔루션 개발 회사를 창업한다고 가정했을 때, 창업 팀원들의 핵심역량이 무엇인지를 분석하여 모바일 솔루션 개발의 핵심업무에 창업팀원들을 배치해야 할 것이다. 그런 다음에 추가로 채용해야 할 인력은 몇 명인지, 그들을 어떠한 조건으로 채용할 것인지를 결정하고, 인적자원들의 지속적인 능력 발휘를 위해 교육훈련계획을 수립해야 한다.

모든 것이 부족할 수밖에 없는 창업기업에서 인적자원의 능력은 매우 중요한 핵심자원이기 때문에 한정된 인력을 가장 효율적으로 활용해야 하고, 이들의 능력을 극대화하기 위한 합리적이고 체계적인 교육훈련계획을 수립해야 한다.

2. 인적자원계획 수립방법

인적자원계획을 수립하기 위해서는 창업팀원들의 핵심역량 및 기업의 핵심업무가 무엇인지 분석하여 팀원들을 업무에 배치하고 추가로 필요한 인력의 채용계획과 인적자원의 능력에 대한 개발계획을 수립해야 한다.

① 인적자원 활용계획은 창업팀원들의 핵심역량과 기업의 핵심업무를 분석하여 창업팀원들을 배치하고, 보강해야 할 인적자원의 규모를 분석하는 과정을 의미한다.

② 인적자원 수급계획은 인적자원 활용계획을 기초로 채용인력의 수를 결정하고 채용조건과 채용시기 및 채용방법들을 결정하는 과정을 의미한다.

③ 인적자원 개발계획은 핵심 인적자원들의 능력을 향상시키기 위하여 체계적인 교육훈련계획을 수립하는 과정을 의미한다.

인적자원계획 수립방법

인적자원계획		
	인적자원활용계획	창업팀원들의 핵심역량과 담당업무는 무엇인가?
	인적자원수급계획	필요한 인력을 어떻게 확충할 것인가?
	인적자원개발계획	핵심인력들의 능력을 어떻게 극대화할 것인가?

Ⅱ 인적자원계획 수립방법

1. 인적자원 활용계획

1) 인적자원 활용계획의 개념

인적자원 활용계획이란 현재 창업팀이 가진 핵심역량과 창업기업의 핵심업무들을 분석하여 창업팀원들의 업무를 할당하고 추가 채용이 필요한 업무들을 찾아내는 과정을 의미한다.

예를 들어, 기획과 프로그래밍 역량을 가진 창업팀원들이 모바일 솔루션 개발회사를 창업하려 한다면 기획, 프로그래밍 업무를 제외한 나머지 디자인, 영업, 관리 등의 업무를 수행할 인력충원이 필요하다고 분석하는 것이다.

창업기업은 자원이 한정되어 있고 최소의 인원으로 사업을 시작해야 하기 때문에 개개인의 능력과 역할이 성과에 매우 큰 영향을 미치게 된다. 따라서 창업팀의 핵심역량과 업무가 무엇인지, 어느 업무에 몇 명의 인력이 필요한지를 정확하게 분석하는 것은 매우 중요하다.

2) 인적자원 활용계획 수립방법

창업팀원들의 핵심역량과 사업추진을 위한 핵심업무를 분석하고 이를 기반으로 인적자원의 배치 및 추가채용 인원의 규모를 분석한다.

1. 창업팀의 핵심역량분석	창업팀원들의 학력, 경력 등을 기초로 핵심역량을 분석함
2. 핵심업무분석	사업을 추진하는 데 필요한 핵심업무들을 분석함
3. 인적자원배치	핵심업무에 따라 창업팀원들을 배치하고 추가로 채용이 필요한 업무들을 찾아냄

실습 1 인적자원 활용계획

■ 목적

창업팀의 핵심역량과 창업기업의 핵심업무를 분석하여 인적자원을 배치하고 채용이 필요한 업무를 분석하는 데 목적이 있다.

■ 진행방법

① 창업팀원들의 핵심역량과 창업기업의 핵심업무를 분석한다.

② 창업팀원들의 핵심역량에 따라 핵심업무를 할당하고, 추가 채용이 필요한 업무를 분석한다.

■ 실습하기

<table>
<tr><td rowspan="3">창업팀
역량
분석</td><td>창업팀원</td><td>학력/경력</td><td>핵심역량</td></tr>
<tr><td></td><td></td><td></td></tr>
<tr><td></td><td></td><td></td></tr>
<tr><td rowspan="4">인적
자원
배치</td><td>핵심업무</td><td>주요 내용</td><td>담당인력</td></tr>
<tr><td></td><td></td><td></td></tr>
<tr><td></td><td></td><td></td></tr>
<tr><td></td><td></td><td></td></tr>
</table>

■ **참고사례**

- 아래의 사례는 동영상 강의용 리모컨을 개발하는 창업자가 창업팀원들의 핵심 역량을 분석하고 핵심업무에 따라 팀원들을 배치한 후 추가채용이 필요한 업무를 분석한 것이다.

창업팀 역량 분석	창업팀원	학력/경력	핵심역량
	1. 한 ○○	전자공학과 석사	하드웨어 개발
	2. 윤 ○○	전자공학과 학사	소프트웨어 개발
인적자원 배치	핵심 업무	주요 내용	담당인력
	1. 하드웨어 개발	IR 무선회로 및 HID 키보드장치 개발	한 ○○
	2. 소프트웨어 개발	펌웨어 개발	채용예정
	3. 기획 및 마케팅	제품기획 및 마케팅	이 ○○

2. 인적자원 수급계획

1) 인적자원 수급계획의 개념

인적자원 수급계획이란 인적자원 활용계획을 기초로 채용하고자 하는 인력의 수를 결정하고 채용인력에 대한 채용조건, 채용시기 및 채용방법 등을 상세하게 결정하는 과정을 의미한다.

예를 들어, 모바일 솔루션 개발 업체에서 디자인을 담당할 직원을 채용한다고 할 때, 최신 디자인 TOOL에 대한 활용능력을 반드시 갖추어야 하고, 산업디자인 전공, 30대 미만, 경력 3년 이상, 연봉 2,500만원 정도라는 구체적인 채용조건을 수립해야 하며, 언제, 어떻게 채용할 것인지를 결정해야 한다.

인적자원에 대한 수급계획은 기계나 장비처럼 쉽게 교체할 수 없는 신중한 의사결정이기 때문에 창업기업에 적합한 인적자원을 채용하는 일은 매우 중요하다. 특히 창업기업은 인적자원을 구하기가 쉽지 않고, 어떠한 직원을 채용하는가에 따라 기업의 분위기와 성과에 큰 영향을 끼치기 때문에 새로운 직원을 채용하는 것에 대해 항상 신중하고 체계적으로 결정해야 한다.

2) 인적자원 수급계획 수립방법

인적자원의 수급을 위해 업무별로 채용규모 및 채용조건을 결정하고 구체적인 채용시기와 채용방법을 결정한다.

단계	내용
1. 채용규모 결정	채용이 필요한 업무분야와 채용인원을 분석하여 채용규모를 결정함
2. 채용조건 결정	채용하고자 하는 인력의 핵심역량, 전공, 나이, 학력 및 경력, 급여수준 등 구체적인 채용조건을 결정함
3. 채용시기 및 방법 결정	채용하고자 하는 시기와 채용방법을 결정함

실습 2 인적자원 수급계획

■ **목적**

업무분야에 따라 채용이 필요한 인원과 채용조건을 결정하고 채용시기와 방법을 결정하는 데 목적이 있다.

■ **진행방법**

① 인적자원 배치계획을 바탕으로 채용분야에 따른 채용인원과 채용조건을 결정한다.

② 인적자원수급을 위한 채용시기 및 채용방법을 결정한다.

■ **실습하기**

채용분야	채용 인원	핵심역량	전공	나이	학력/경력	급여 수준
채용시기						
채용방법						

■ **참고사례**

• 아래의 사례는 동영상 강의용 리모컨을 개발하는 창업자가 새로운 인력을 채용하기 위해 채용 규모를 결정하고 채용 조건과 시기 및 방법을 계획한 것이다.

채용분야	채용 인원	핵심역량	전공	나이	학력/경력	급여 수준
1. 하드웨어 개발	1	회로설계	전자	20대	대졸 이상	2,500만원
2. 홍보 및 판매	1	인터넷마케팅	무관	20대	고졸 이상	2,000만원
채용시기	2015년 2월 ~ 3월					
채용방법	창직 인턴 및 학교 내 동아리 인력, 인맥 활용					

3. 인적자원 개발계획

1) 인적자원 개발계획의 개념

인적자원 개발계획이란 각 업무를 담당하는 인적자원에 대한 업무수행능력과 수준을 평가하여 팀원들이 지속적으로 능력을 발휘할 뿐만 아니라 새로운 능력을 개발할 수 있도록 교육훈련을 계획하는 과정을 의미한다.

예를 들어, 모바일 솔루션을 개발하는 창업기업에서 핵심인력들의 프로그래밍 능력이 차이가 난다면 함께 프로젝트를 수행하기 힘들기 때문에 역량 수준을 파악하여 능력이 떨어지는 인력에 대해서는 교육훈련을 실시해야 한다.

규모가 작은 회사일수록 개인의 역량은 전체적인 성과에 큰 영향을 미치기 때문에 인적자원들의 업무능력 수준을 측정하고 교육훈련을 통하여 향상시키는 과정은 매우 중요하다. 또한 창업기업이 지속적으로 성과를 창출하고 새로운 기회를 찾아 성장하기 위해서는 인적자원들의 새로운 능력을 끊임없이 개발해야 한다. 창업 초기에 있는 기업들은 인적자원 개발에 대한 여력이 상대적으로 부족하지만 장기적인 관점에서 이에 대한 관심을 가져야 한다.

2) 인적자원 개발계획 수립방법

핵심업무를 수행하는 인적자원들의 능력을 진단하고, 이들의 능력을 향상하기 위한 교육훈련계획을 수립한다.

단계	내용
1. 업무수행역량 평가	각 업무영역별로 배치된 인적자원들의 업무수행 역량 수준을 평가함
2. 교육훈련방법 결정	업무수준 평가결과를 기반으로 최적의 교육훈련방법을 결정함
3. 교육훈련기간 결정	업무강도와 일정을 고려하여 교육훈련 기간과 횟수를 결정함

실습 3 인적자원개발계획

■ **목적**

창업기업의 핵심자산인 인적자원의 능력을 극대화하기 위한 인적자원 개발 계획을 수립하는 데 목적이 있다.

■ **진행방법**

① 업무영역 및 담당자별로 현재 업무역량 수준을 분석한다.
② 각 담당자의 능력을 극대화하기 위한 교육훈련 방법과 기간을 수립한다.

■ **실습하기**

주요 업무	담당자	현재 수준	교육훈련 방법	기간

■ **참고사례**

• 아래의 사례는 창업팀원들의 역량 향상을 위한 인적자원 개발계획을 수립한 것이다.

주요 업무	담당자	현재 수준	교육훈련방법	기간
1. 하드웨어 개발	한 ○○	우수	자체 학습 및 프로젝트 진행	수시
2. 소프트웨어 개발	윤 ○○	우수	자체 학습 및 프로젝트 진행	수시
3. 기획 및 마케팅	이 ○○	보통	세미나 참가	연 4회
4. 홍보 및 판매	채용예정	보통	이러닝	수시

Ⅲ 종합실습 – 인적자원계획수립

■ **목적**

창업기업의 인적자원에 대한 활용과 채용계획을 수립하고, 교육훈련계획을 수립하는 데 목적이 있다.

■ **진행방법**

① 창업자를 포함한 창업팀원들의 핵심역량과 특성을 분석하여 담당업무를 지정한다.

② 핵심업무를 수행하기 위하여 추가로 필요한 인력의 채용계획을 수립한다.

③ 핵심인력의 업무수준을 향상시키기 위한 개발계획을 수립한다.

■ 실습하기

<table>
<tr><td rowspan="3">인적 자원 활용 계획</td><td>주요 업무</td><td>담당자</td><td>핵심역량</td><td>전공</td><td>나이</td><td>경력 /학력</td><td>급여수준</td></tr>
<tr><td></td><td></td><td></td><td></td><td></td><td></td><td></td></tr>
<tr><td></td><td></td><td></td><td></td><td></td><td></td><td></td></tr>
<tr><td rowspan="6">채용 계획</td><td>채용분야</td><td>채용 인원</td><td>핵심역량</td><td>전공</td><td>나이</td><td>경력 /학력</td><td>급여수준</td></tr>
<tr><td></td><td></td><td></td><td></td><td></td><td></td><td></td></tr>
<tr><td></td><td></td><td></td><td></td><td></td><td></td><td></td></tr>
<tr><td></td><td></td><td></td><td></td><td></td><td></td><td></td></tr>
<tr><td>채용시기</td><td colspan="6"></td></tr>
<tr><td>채용방법</td><td colspan="6"></td></tr>
<tr><td>개발 계획</td><td>교육훈련방법</td><td colspan="6"></td></tr>
</table>

■ 참고사례

• 아래의 사례는 동영상 강의용 리모컨을 개발하고자 하는 창업자가 인적자원의 활용, 채용 및 교육훈련을 수립한 것이다.

<table>
<tr><td rowspan="3">인적 자원 활용 계획</td><td>주요 업무</td><td>담당자</td><td>핵심역량</td><td>전공</td><td>나이</td><td>경력 /학력</td><td>급여수준</td></tr>
<tr><td>하드웨어 개발</td><td>한○○</td><td>하드웨어 설계</td><td>전자</td><td>20대</td><td>석사</td><td>4천만원</td></tr>
<tr><td>소프트웨어 개발</td><td>윤○○</td><td>C, C++프로그래밍</td><td>전자</td><td>20대</td><td>학사</td><td>3천만원</td></tr>
<tr><td rowspan="5">채용 계획</td><td>채용분야</td><td>채용 인원</td><td>핵심역량</td><td>전공</td><td>나이</td><td>경력 /학력</td><td>급여수준</td></tr>
<tr><td>하드웨어 개발</td><td>1</td><td>하드웨어 설계</td><td>전자</td><td>20대</td><td>대졸 이상</td><td>2.5천만원</td></tr>
<tr><td>홍보 및 판매</td><td>1</td><td>인터넷 마케팅</td><td>무관</td><td>20대</td><td>고졸 이상</td><td>2천만원</td></tr>
<tr><td>채용시기</td><td colspan="6">2015년 2~3월</td></tr>
<tr><td>채용방법</td><td colspan="6">창직 인턴 및 학교 내 동아리 인력, 친구 활용</td></tr>
<tr><td>개발 계획</td><td>교육훈련방법</td><td colspan="6">자체 학습 및 프로젝트 진행, 세미나 참가, 이러닝</td></tr>
</table>

사례 14-2 저커버그·스티브 잡스 … 대박 창업가의 '7가지 비밀'

페이스북 창업자로 최연소 억만장자 반열에 오른 마크 저커버그, 영화 아이언맨의 실제 주인공이자 민간우주기업 스페이스X의 CEO로 2026년 인류의 화성 개척을 꿈꾸는 엘론 머스크, 아이폰 하나로 우리의 삶의 방식을 바꿔놓은 혁신의 아이콘 스티브 잡스. 이들은 보통 사람들과는 다른 '성공 DNA'를 타고났음이 분명하다. 바로 모험적인 사업가 기질인 '기업가정신'이다. 베스트셀러 작가이자 창업가인 제임스 앨투처는 "'넥스트 페이스북'(Next Facebook)을 설립하는 게 기업가정신을 의미하지는 않는다"고 말한다. 그는 '문제를 찾고 이를 극복하는 창조적인 방법을 고안해내는 것'을 기업가정신이라 강조한다. 즉, 기업가정신은 마크 주커버그나 페이스북 그 자체가 아닌 하나의 모험가적 마인드와 태도를 뜻한다.

"그렇다면 구체적으로 어떤 마인드와 태도를 말하는 걸까?" 최근 미국 온라인 뉴미디어인 허핑턴포스트는 '성공창업가들이 지닌 남다른 기질' 7가지를 소개했다. '넥스트 저커버그'를 꿈꾸는 당신은 이 가운데 몇 가지를 공유하고 있는지 살펴보자.

■ **안정 보다는 모험, 꿈에 전념한다**

도전적인 사업가로 꼽히는 리차드 브랜슨 버진 그룹 회장은 12살 때 크리스마스 트리를 판매한 것부터 시작해 지금까지 총 400가지 이상의 사업에 도전해 왔다. 젊은 시절 학생용 잡지 발간, 레코드가게 창업을 했고, 레코딩 스튜디오 사업으로 처음 백만장자가 됐다. 그의 도전은 9번째 사업인 항공사업에의 투자로 억만장자가 된 이후에도 멈추지 않았고 화장품회사, 헬스클럽체인, 혈액은행 등 다양한 분야에서 활발히 사업을 벌여 왔다. 최근에는 30번째 사업으로 우주여행사업을 택하기도 했다. 브랜슨과 더불어 2026년 인류의 화성 개척을 꿈꾸고 있는 엘론 머스크 테슬라 CEO겸 스페이스X CEO도 12살의 나이에 비디오게임에 쓰는 코드(Code)를 개발해내며 사업에 뛰어들었다. 이후 인터넷콘텐츠 기반의 출판 소프트웨어를 개발해 백만장자가 됐고 태양에너지 기업 솔라시티, 친환경 전기차브랜드 테슬라, 인류의 화성 시대를 개척하려는 민간 우주선 제작업체 스페이스X까지. 그의 도전은 성공 후에도 멈추지 않았다. 기업가정신으로 뭉친 이들은 안정적인 직업이 주는 안정감 대신 도전과 불확실한 미래를 선택한다. 그들에게는 꿈을 이루기 위해 기꺼이 불안정한 삶을 감수할 용기가 있고 그 꿈을 이루기 위해 끊임없이 노력하며 성공 후에도 다시 꿈 꾸기와 도전을 멈추지 않는다.

■ **사람들이 무엇을 원하는지 알고 있다**

성공한 창업가들은 세상이 필요로 하는 니즈(needs)를 정확히 알고 있고 이를 해결하기 위해 노력한다. 포천지 최신호에서 뽑은 '40세 이하 젊은 비즈니스 리더 40인'에서 공동 1위를 차지한 우버의 창업자 트레비스 칼라닉과 에어비앤비 창업자인 브라이언 체스키는 '생활 속의 불편'을 해결해 성공한 대표적 사례다. 칼라닉은 "택시를 잡는 데 30분이나 걸려 짜증이 나서" 창업을 결심했다. 택시 잡기의 어려움이라는 불편이 그를 '모바일 버튼 하나로 택시를 부르는' 아이디어로 나아갔고 곧 '모든 운전자가 택시 기사가 되는' 현재의 우버로 발전했다. 한편 창업 당시 샌프란시스코의 로드아일랜드 디자인스쿨 졸업생이었던 조와 브라이언은 인근에서 유명한 디자인 컨퍼런스가 열려 사람들이 숙박업소 예약에 애를 먹는 상황을 보게 됐다. 그들은 자신이 살고 있던 아파트의 공간을 몇몇 참가자들에게 빌려줬고 이를 통해 사람들이 비싼 호텔 방이 아니라 부담 없는 가격의 숙박을 원한다는 사실을 알게 됐다. 이에 착안해 두 사람은 세계 최대 숙박 공유 서비스업체인 에어비앤비를 창업해낼 수 있었다.

■ 행동한다

창의적인 아이디어가 성공을 보장하지는 않는다. 페이스북이 세상의 첫 SNS(소셜네트워크)가 아니었고 아이폰이 첫 스마트폰이 아니었듯 성공한 창업가들은 세상에 없던 기발한 아이디어를 가졌기 때문에 성공하는 것이 아니다. 오히려 기존 아이디어들에 빛을 져 참신성은 좀 덜하더라도 강한 실행력으로 성공하는 사례가 많다. 저커버그가 특히 실행력을 강조한다. 페이스북의 기업문화로 꼽히는 '해커웨이'는 두려움 없이 빠르게 실행하는 능력을 의미한다. 저커버그는 "해커는 컴퓨터 침입이라는 부정적인 설명이 따라붙지만 원래 뭔가를 재빨리 만들거나 시험하는 것을 의미한다"고 말했다. 이는 '린 스타트업'(Lean Startup)과도 맥을 같이 한다.

린 스타트업은 미리 정교하고 장기적인 계획을 세우는 대신 일단 재빠르게 제품이나 서비스를 시장에 내놓고 반응을 살피고 개선해나가는 창업방법을 일컫는다. 아이디어의 완성도에만 천착하다 자칫 아이디어로만 끝나버릴 위험을 방지할 수 있다. 페이스북에는 또 '해커톤'(Hackathon)이라는 업무방식이 있다. 해킹과 마라톤의 합성어인 해커톤은 마치 마라톤을 하는 것처럼 정해진 시간에 해킹하듯 프로그램을 짜는 일종의 소프에어 개발 마라톤이다. 팀원 한 명이 서비스 아이디어를 내면 동료들이 오후 8시에 모여 다음날 새벽 6시까지 해커톤을 한다. 아무리 작은 아디이어라도 누구나 의견을 내고 이 아이디어를 한 달 후 실제 서비스로 출시할 수 있도록 만든다. 페이스북의 '좋아요'(Like) 버튼이나 비디오채팅은 해커톤으로 탄생했다.

■ 기타

이외에 배움을 멈추지 않고 새로운 것을 시작하는 도전정신, 절대로 포기하지 않는 근성, 실패를 사랑하는 강한 정신력 등이 성공한 창업가들의 남다른 DNA로 꼽힌다.

출처: 머니투데이(2014. 11. 12)

생각해보기 기업이 생존하고 성장하기 위해서는 능동적으로 변화하는 혁신능력과 새로운 것을 찾아서 해결하는 기업가정신을 갖추어야 합니다. 창업가들은 남들이 보지 못한 것을 읽어내는 능력이 필요합니다. 예를 들어서 고객들이 불편해 하는 것이 없는지, 고객들이 원하는 것과 기업들이 제공하는 것 사이에 불균형이 없는지, 고객들이 원하는 것과 기업들이 제공하는 것 사이에 불일치가 없는지, 고객들이 가지고 있는 불신이 없는지, 고객들이 느끼는 불안이 없는지, 고객들이 가지고 있는 불평이 무엇인지 등을 찾아서 해결할 수 있는 능력이 절대적으로 필요합니다.

마무리하기

1. 학습목표 확인	
인적자원계획의 이해	1. 인적자원계획의 개념에 대해 이해하셨습니까? 2. 인적자원계획의 수립방법을 이해하셨습니까?

2. 실습 결과	
인적자원계획수립	1. 인적자원의 활용계획, 채용계획 및 교육훈련계획방법을 이해하셨습니까? 2. 창업기업을 위한 인적자원계획을 수립하셨습니까?

3. 다음 단계 소개	
제15장 재무계획	1. 다음 단계에서는 재무계획의 개념과 수립방법에 대해 학습하게 됩니다. 2. 그런 다음에 재무계획을 한 장의 표로 수립하는 재무계획 실습을 하게 될 것입니다.

Chapter 15 재무계획

제15장에서는 창업에 필요한 자금의 조달 및 상환에 관한 재무계획을 수립하는 방법에 대하여 학습하고 이를 기반으로 실습을 통하여 구체적인 재무계획을 수립하게 된다. 창업을 추진하는 모든 활동에는 자금이 필요하기 때문에, 창업과 창업 후 운영과정에서 발생하는 소요자금을 추정하고, 이를 조달하기 위한 방안과 상환을 위한 계획을 체계적으로 수립하는 것은 매우 중요하다. 만약 창업을 추진하는 과정에서 재무적인 안정성이 확보되지 못하면 창업은 실패할 수밖에 없기 때문에 필요한 자금이 얼마인지, 어떻게 자금을 조달해야 하는지, 언제 얼마만큼의 금액을 상환해야 하는지를 사전에 계획하고 대비해야 한다.

제15장은 재무계획의 개념, 재무계획수립방법, 재무계획수립실습으로 구성되어 있다.

재무 계획의 구성

1. 재무계획의 개념 → 2. 재무계획수립 방법 → 3. 종합실습 재무계획수립

사례 15-1 자금조달계획 잘 짠 씨유메디칼, 10년 버티고 매출 200억 우뚝

"시제품을 내놓기도 전에 연구개발(R&D) 자금을 중소기업청으로부터 지원받았습니다. 덕분에 세계에서 여섯 번째, 아시아에서는 처음으로 심장 제세동기(충격기)를 개발할 수 있었습니다."

2001년 설립된 씨유메디칼 나학록 대표는 "제품개발에 필요한 자금이나 컨설팅 등 여러 분야에서 정부의 지원을 받을 수 있었다"고 말했다. 지난 10여년간 중소기업청 기술혁신개발사업, 산·학·연 공동연구사업, 의료기기 국제인증기술지원사업 등을 적절히 활용해 필요한 자금을 마련했다는 것이다. 씨유메디칼은 현재 매출 200억원대 기업으로 성장했다.

■ 창업학교·인턴 등 지원 다양

스마트폰 2개 정도 크기의 디제잉 기기를 만든 김희찬 JD사운드 대표는 "국내 창업보육시스템은 경험이 부족한 창업가들이 자금조달은 물론 회계나 특허 컨설팅을 받을 수 있는 지원체계가 비교적 잘 갖춰져 있다"고 말했다. 김 대표는 중소기업진흥공단이 중소기업청의 위탁을 받아 운영하는 청년창업사관학교에서 2011년 창업훈련을 받았다. 정부는 청년창업사관학교 외에 창업선도대학 등을 통해 창업교육, 멘토링 및 사업화자금지원 등을 하고 있다.

우수 벤처기업에서 인턴활동을 통해 경험을 미리 쌓는 '창업인턴제'도 활용할 만하다. 씨엔티테크에서 인턴으로 근무 중인 이탁림 씨는 "벤처기업에서 1년간 인턴으로 현장근무를 마친 뒤 최대 1억원까지 창업자금을 지원받을 수 있다는 것이 창업인턴제의 장점"이라며 "미국 스타트업 기업인 홈조이의 실시간 집청소서비스 사업을 한국에 도입하는 방안을 고민하고 있다"고 말했다.

■ 창업 후 어려움 이겨내야

정부의 창업보육지원을 받아 아이디어를 제품화하는 데 성공해도 갈 길은 여전히 멀다. 뛰어난 기술과 독창적인 아이디어를 갖고도 고비를 넘기지 못하고 사라지는 기업이 부지기수다. 지난해 정부가 창업한 지 7년 이하인 기업을 대상으로 조사한 결과 창업 후 4, 5년째에 접어들면서 순이익이 급감하는 것으로 나타났다. 창업한 지 3년이 지난 기업들의 생존율은 40%(2006~2008년 통계청 조사)에 불과하다. 기업의 생애주기로 보면 반드시 뛰어넘어야 하는 '죽음의 계곡(death valley)'이다. 한정화 중소기업청장은 "다양한 자금조달과 정부연구과제 수행, 판로개척 등을 통해 죽음의 계곡을 뛰어넘어야 한다"고 말했다.

태양광 관련 부품을 만드는 하이레벤은 정부정책자금을 적절히 활용한 기업이다. 창업 2년 만인 2010년 모태펀드(정부자금)가 출자한 벤처펀드로부터 10억원을 투자받아 초기 연구개발에 활용했다. 올해 4월에는 같은 펀드로부터 10억원을 더 받아 일본시장 수출을 위한 운영자금을 마련했다. 하이레벤은 10개가 넘는 정부과제에 참여해 간접적으로 연구개발비 지원도 받았다.

모바일 게임업체 파티게임즈도 벤처펀드로부터 17억원을 투자받아 각종 게임을 내놨다. 지난해 매출 270억원을 올렸다. '쿠키런 포 카카오'로 유명한 데브시스터즈는 창업 4년 만인 2011년 벤처펀드로부터 20억원, 쿠키런을 출시한 직후인 지난해 6월 다시 8억원을 투자받아 운영자금으로 썼다. 이 회사는 병역특례업체로 선정돼 다수의 인력을 확보하기도 했다. 이들은 현재 핵심 개발자로 활동하고 있다.

■ **창업기업지원 프로그램 많아**

중소기업청은 창업초기펀드(9월 말 기준 조성액 9,598억원), 기업이 성장하는 단계에서 활용할 수 있는 해외진출펀드(1조 2,997억원), 중견기업펀드(500억원) 등을 통해 창업기업을 지원하고 있다. 민간자본의 투자를 받는 것도 방법이다. 민간투자주도형 기술창업프로그램(TIPS)이 대표적이다. 기업, 선도벤처기업 등 창업기획사와 벤처캐피탈 등 민간 투자기관이 기술창업자를 발굴해 보육하는 프로그램이다.

중소기업청에서 공식 인증받은 '전문 엔젤투자자'(현재 11명)들도 도움을 준다. 인터넷 포털 다음 공동 창업자인 이택경 파운더스엔젤네트웍스 대표 등 전문 엔젤투자자로부터 자본금 10% 이상(최소 5,000만원 이상)을 투자받으면 정부의 '벤처기업 확인증'을 받을 수 있다. 벤처기업 확인을 받으면 법인세 · 재산세 · 취득세 감면과 정책자금지원을 받을 수 있다.

창업 초기 중소기업의 신용도를 의심해 납품계약을 꺼리는 거래처에 서울보증보험 등 보증기관이 납품계약 이행을 약속하는 '계약보증' 제도도 활용할 만하다. 김경록 서울보증보험 홍보실장은 "창업기업이 납품계약을 쉽게 맺을 수 있도록 서울보증보험이 지난해 제공한 계약보증금액은 14조원, 올해는 9월까지 7조원"이라고 말했다.

출처: 한국경제(2014. 11. 20)

생각해보기 아무리 큰 글로벌기업도 자금이 부족하면 생존할 수 없습니다. 그러므로 기업을 경영하는 경영자는 재무계획을 잘 수립해야 합니다. 기업은 운영하는 데 필요한 자금은 얼마이고, 언제 필요한지 등을 정확하게 분석하고 그에 맞는 재무계획을 수립해야 합니다. 특히 새로 시작하는 창업기업들은 자금이 절대적으로 부족할 수밖에 없습니다. 반면에 제품을 생산·판매해서 들어오는 자금의 유입은 생각보다 적고, 기간도 더 늦어질 가능성이 매우 높습니다. 그러므로 창업가는 자금계획을 보수적으로 수립해서 체계적으로 운영하고 절약을 해야 합니다.

I 재무계획의 개념

1. 재무계획의 이해

재무계획수립이란 창업과정에서 발생하는 비용을 분석하여 창업에 소요되는 자금이 얼마인지를 파악하고, 이를 조달하기 위하여 자기자금은 얼마나 투자할 것인지, 타인자금은 얼마나 어떻게 차입할 것인지를 분석한 후 상환계획까지 수립하는 모든 과정을 의미한다.

창업사업 모델을 개발한 다음에는 경영의 각 기능을 구성하는 마케팅, 생산, 기술개발 등에 관해 구체적인 실행계획을 수립해야 한다. 이를 기반으로 창업을 위해 필요한 자금을 조달하고 상환하기 위한 재무계획을 수립해야 한다.

만약 재무계획이 잘못 수립된다면 자금조달이 원활하지 않아 창업추진 과정에서 어려움을 겪게 되고, 자금상환계획이 체계적으로 수립되지 못할 경우 신용도 하락으로 인해 추가적인 자금이 발생할 뿐만 아니라 차후 자금조달에도 매우 큰 영향을 미치기 때문에 재무계획을 철저하게 수립해야 한다.

2. 재무계획 수립방법

재무계획을 수립하기 위해서는 먼저 창업에 소요되는 자금의 규모가 어느 정도인지를 분석해야 하고, 이를 기반으로 소요자금의 조달계획 및 자금상환계획이 수립되어야 한다.

① 소요자금분석은 창업과정에서 초기 시설투자와 운영에 관련된 자금이 얼마나 필요한지를 분석하는 것을 의미한다.

② 자금조달계획은 창업과정에 소요되는 자금규모의 분석결과를 기반으로 필요한 자금의 조달방법을 결정하는 과정을 의미한다.

③ 자금상환계획은 창업자금에 사용할 목적으로 차입한 타인자금을 상환하기 위해 차입현황을 분석하고 차입금의 유형에 따라 상환시기와 규모를 결정하는 과정을 의미한다.

재무계획수립의 방법

재무계획수립		
	소요자금분석	창업을 위해 얼마의 자금이 필요한가?
	자금조달계획	필요한 자금을 어떻게 조달할 것인가?
	자금상환계획	조달한 자금을 어느 시기에 얼마만큼 상환할 것인가?

Ⅱ 재무계획 수립방법

1. 소요자금분석

1) 소요자금분석의 개념

소요자금분석이란 창업과정에서 소요되는 시설자금과 운영자금을 분석하는 과정이다. 시설자금은 공장설립, 설비구입, 비품구입 등과 같이 기업의 시설투자에 소요되는 자금을 말하며, 운전자금은 원료구입비, 인건비, 각종 운영경비 등과 같이 운영활동에 활용되는 자금을 의미한다.

예를 들어, 모바일게임 캐릭터 제작 회사를 창업할 경우 사업장의 사무시설 및 각종 컴퓨터기기 등은 시설자금에 속하며, 사무실의 월 임대료, 직원의 인건비, 마케팅활동에 관한 비용 등은 운전자금이 되는 것이다.

사업운영의 전 과정에서 비용이 발생하기 때문에 소요자금의 규모가 어느 정도 되는지를 분석하고 이에 대비하는 작업은 매우 중요하다. 그러므로 창업과정에 발생할 수 있는 모든 소요자금의 유형과 규모가 얼마인지를 정확하게 분석하고 이를 조달할 수 있는 방법을 수립해야 한다.

2) 소요자금분석 방법

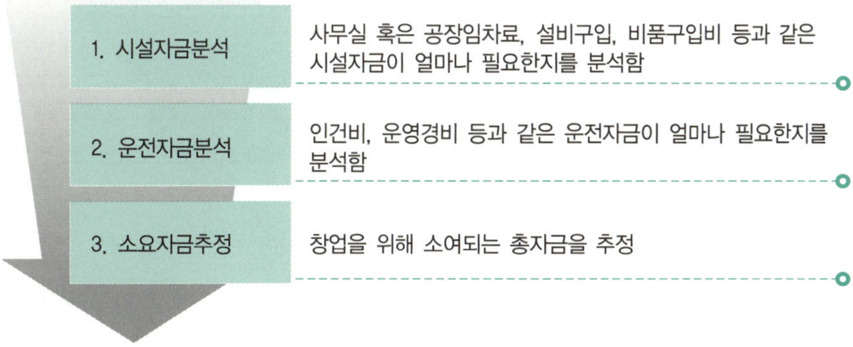

시설자금과 운전자금을 중심으로 창업을 위해 비용이 소요되는 항목은 무엇이고 얼마만큼의 자금이 필요한지를 분석한다.

실습 1 소요자금분석

■ 목적

시설자금과 운전자금을 분류하여 창업기업의 경영활동에 필요한 자금을 예측해 보는 데 목적이 있다.

■ 진행방법

① 창업에 소요되는 자금을 시설자금과 운전자금으로 분류하여 항목을 세분화한다.

② 각 항목에 대한 예상소요자금을 분석한다.

■ 실습하기

구분	항목	주요 내역	소요자금
시설 자금			
	소계		
운전 자금			
	소계		
총소요자금			

■ 참고사례

- 아래의 사례는 동영상 강의용 리모컨을 개발하는 창업자가 사업을 위해 소요되는 비용항목을 시설자금과 운전자금으로 분류하고 예상되는 소요자금을 분석한 것이다.

구분	항목	주요 내역	소요자금
시설자금	사무실 임대보증금	창업보육센터(10평 기준)	120만원
	컴퓨터 및 주변기기	노트북, 서버, 프린터 등	400만원
	개발장비	롬라이터 및 수축포장기 등	500만원
	소계		1,020만원
운전자금	인건비	학사급 1명, 아르바이트 1명	1,400만원
	제품개발비	부품비, PCB 제작비, 금형비	6,000만원
	마케팅비	전단지 제작, 온라인 마케팅비, 홈페이지 제작	500만원
	인증비	방송통신위원회 인증비 등	300만원
	소계		8,200만원
총소요자금			9,220만원

2. 자금조달계획

1) 자금조달계획의 개념

자금조달계획이란 창업과정에 소요되는 자금을 추정한 다음 필요한 자금을 어디에서 어떻게 조달할 것인가를 분석하는 과정이다. 창업자금의 조달방법은 창업자 자신의 현금이나 현물로 구성된 자기자금을 활용하는 방법과 외부에서 조달하는 차입금인 타인자금을 활용하는 방법으로 구분된다.

예를 들어, 교육용 소프트웨어 회사를 창업하는 데 필요한 자금이 3억원이라고 할 때 창업자 본인이 창업 자금 2억원을 투자할 경우 이는 자기자금이 되고 모자란 1억원을 은행에서 조달하는 경우 이는 타인자금이 되는 것이다.

사업규모나 신용도에 따라서 자금을 조달할 수 있는 규모와 비용이 다르기 때문에 조달방법과 규모를 결정하는 일은 매우 중요하다. 그러므로 조달해야 할 자금의 규모 및 자금조달비용, 자금조달의 안정성 등에 맞추어 자기자금과 타인자금의 조달비율을 결정하고 세부적으로 얼마나 조달할 것인지를 구체적으로 결정해야 한다.

2) 자금조달계획 수립방법

창업의 소요자금 규모를 분석한 결과를 기반으로 자금조달의 유형을 자기자금과 타인자금으로 구분하고, 각 유형별 조달방법과 조달규모 및 자금조달에 소요되는 비용을 분석한다.

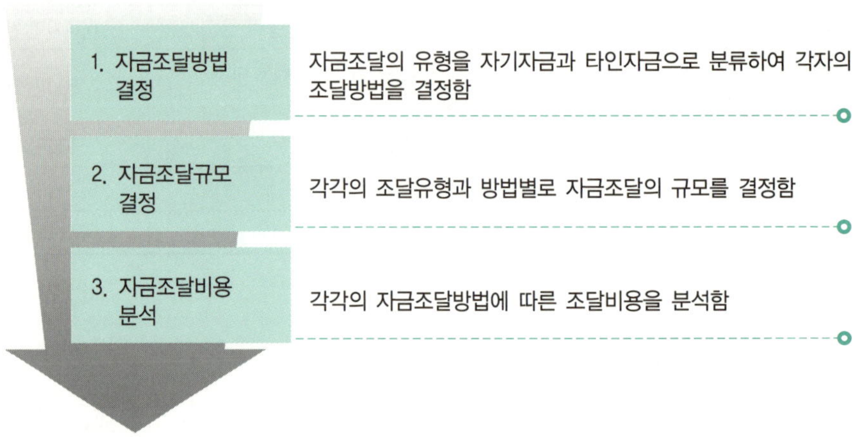

실습 2 자금조달계획 수립

■ **목적**

창업기업의 경영에 필요한 자금을 조달하기 위해 자금조달의 유형과 방법 및 규모를 결정하는 데 목적이 있다.

■ **진행방법**

① 창업자금의 조달유형을 자기자금과 타인자금으로 분류하여 항목을 세분화한다.

② 각 항목에 대한 자금조달의 규모를 분석한다.

■ 실습하기

조달유형	방법	주요 내용	조달규모	조달비용
자기자금				
	소계			
타인자금				
	소계			

■ 참고 사례

• 아래의 사례는 동영상 강의용 리모컨 제조를 위해 소요되는 자금을 조달하기 위한 방법과 조달 규모를 결정하고 자금조달에 소요되는 비용을 분석한 것이다.

조달유형	방법	주요 내용	조달규모	조달비용
자기자금	창업자자금	보유현금	1,500만원	-
	현물출자금	창업자인건비	1,400만원	-
				-
	소계		2,900만원	-
타인자금	정부정책자금	창업자지원자금	5,000만원	
	은행대출	시중은행대출	1,320만원	80만원
	소계		6,320만원	80만원

3. 자금상환계획

1) 자금상환계획의 개념

자금상환계획이란 창업자금으로 차입한 타인자금을 상환하기 위하여 차입현황을 분석하고 차입금의 성격에 따라 상환시기와 규모를 결정하는 과정을 의미한다. 차입금은 단기차입금과 중장기차입금으로 나누어져 있어서 상환해야 하는 시기와 규모가 각각 다를 뿐만 아니라, 창업자의 재무상태에 따라 차입금 상환능력도 달라진다. 예를 들어, 통신장비회사를 창업하는 과정에서 총 3억원의 창업자금을 조달하기 위해 3개의 시중은행 대출을 이용했을 경우 은행의 대출조건에 따라 이자율이 다르고 상환조건에 따라 장기 혹은 단기상환을 해야 한다.

차입금을 제때 상환하지 못할 경우 신용하락과 동시에 추가상환비용이 발생하게 되고 이는 향후 자금조달에 부정적인 영향을 미치기 때문에 적절한 상환계획을 수립하는 과정은 매우 중요하다. 그러므로 차입금의 출처별로 상환시기와 매월 상환할 수 있는 규모를 결정하고 창업자의 재무상태를 고려했을 때 상환계획이 적절한지 평가해야 한다.

2) 자금상환계획 수립방법

자금조달계획을 기초로 자금의 차입현황을 분석하고 차입금액의 상환시기와 규모에 따라 자금상환방법을 결정한다.

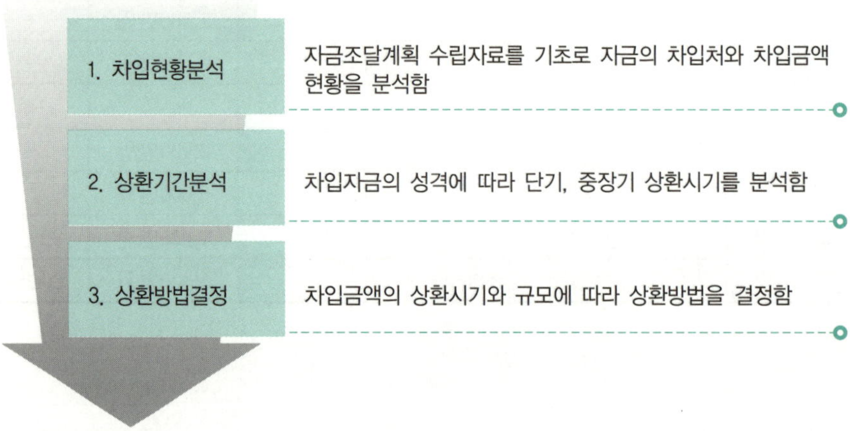

실습 3 자금상환계획수립

■ **목적**

조달자금의 출처와 금액, 상환기한을 기초로 상환방법을 결정하는 데 목적이 있다.

■ **진행방법**

① 조달한 자금의 차입처와 차입금액을 분석한다.

② 조달한 자금의 상환기한에 따라 자금상환의 우선순위를 결정하고 상환방법을 결정한다.

■ **실습하기**

구분	차입처	차입금액	상환기간	상환방법

■ **참고사례**

• 아래의 사례는 창업자가 창업초기 조달한 자금을 상환하기 위하여 조달자금의 차입금액, 상환기한 및 상환방법을 결정한 것이다.

구분	차입처	차입금액	상환기간	상환방법
은행대출	B은행	1,320만원	2년	분할상환

III 종합실습 – 재무계획수립

■ **목적**

창업에 필요한 소요자금, 자금의 조달계획, 차입금의 상환계획을 한 장으로 표현하는 데 목적이 있다.

■ **진행방법**

① 창업기업 경영에 소요되는 자금을 분석한다.

② 소요자금의 조달계획 및 조달한 자금의 상환계획을 수립한다.

■ **실습하기**

<table>
<tr><th colspan="3">소요자금</th><th colspan="4">조달계획</th><th colspan="2">상환계획</th></tr>
<tr><th colspan="2">항목</th><th>예상
소요자금</th><th colspan="2">항목</th><th>조달
금액</th><th>조달
비용</th><th>상환
기한</th><th>상환
방법</th></tr>
<tr><td rowspan="4">시설자금</td><td></td><td></td><td rowspan="4">자기자금</td><td></td><td></td><td></td><td></td><td></td></tr>
<tr><td></td><td></td><td></td><td></td><td></td><td></td><td></td></tr>
<tr><td></td><td></td><td></td><td></td><td></td><td></td><td></td></tr>
<tr><td>소계</td><td></td><td>소계</td><td></td><td></td><td></td><td></td></tr>
<tr><td rowspan="5">운전자금</td><td></td><td></td><td rowspan="5">차입자금</td><td></td><td></td><td></td><td></td><td></td></tr>
<tr><td></td><td></td><td></td><td></td><td></td><td></td><td></td></tr>
<tr><td></td><td></td><td></td><td></td><td></td><td></td><td></td></tr>
<tr><td></td><td></td><td></td><td></td><td></td><td></td><td></td></tr>
<tr><td>소계</td><td></td><td>소계</td><td></td><td></td><td></td><td></td></tr>
</table>

■ **참고사례**

• 아래의 사례는 창업자의 재무계획을 한 장의 도표로 표현한 것이다.

(단위: 천원)

<table>
<tr><th colspan="3">소요자금</th><th colspan="4">조달계획</th><th colspan="2">상환계획</th></tr>
<tr><th colspan="2">항목</th><th>예상
소요자금</th><th colspan="2">항목</th><th>조달
금액</th><th>조달
비용</th><th>상환
기한</th><th>상환
방법</th></tr>
<tr><td rowspan="4">시설자금</td><td>사무실 임대 보증금</td><td>25,000</td><td rowspan="4">자기자금</td><td>창업자자금</td><td>15,000</td><td></td><td></td><td></td></tr>
<tr><td>컴퓨터 및 주변기기</td><td>4,000</td><td>현물출자금</td><td>14,000</td><td></td><td></td><td></td></tr>
<tr><td>개발장비</td><td>5,000</td><td></td><td></td><td></td><td></td><td></td></tr>
<tr><td>소계</td><td>34,000</td><td>소계</td><td>29,000</td><td></td><td></td><td></td></tr>
</table>

운전자금	인건비	14,000	차입자금	정부정책 자금	50,000			
	제품개발비	60,000		A은행대출	13,200	800	2년	분할 상환
	마케팅비	5,000						
	인증비	3,000						
	소계	82,000		소계	63,200	800		

사례 15-2 영업익 1,050억 회사, 1년간 실제 번 현금은 마이너스?

1조 클럽에 이름을 올렸던 생활가전 전문기업 모뉴엘이 갑작스럽게 법정관리(기업회생절차)를 신청했다. 지난해 1,100억원의 영업이익을 올릴 만큼 건실한 기업으로 알려졌던 터라 가전업계에 충격으로 받아들여지고 있다. 모뉴엘은 지난 20일 농협, 기업은행 등에 갚아야 할 수출채권을 갚지 못해 법정관리를 신청했다. 농협은 해당 채권을 부도처리했고, 산업은행과 기업은행 등은 채권을 만기 전 일시 회수하는 '기한이익상실'로 처리했다. 모뉴엘의 금융권 여신규모가 총 5,000억원 수준이어서 금융권의 피해도 불가피해 보인다. 모뉴엘의 법정관리 신청 이유에 대해서는 아직 정확한 이유는 밝혀지지 않았다. 박홍석 대표와 최근 퇴사한 창업자 원덕연 부사장을 비롯해 주요 경영진들은 연락이 되지 않고 있다.

모뉴엘은 2007년 241억원이었던 매출액이 지난해 1조 1,409억원으로 급증했다. 주요 매출원은 북미시장에서 인기를 끌었던 홈시어터PC였다. 수익원 다각화를 위해 로봇청소기, 제빵기 등 생활가전 등으로 영역을 넓혔다. 업계는 수출비중이 높았던 모뉴엘이 물품대금을 제때 지급받지 못한 게 아니냐는 관측을 내놓는다. 2013년 감사보고서(별도기준)에 따르면 1조 원이 넘는 매출액이 3개 거래처에서 나오고 있다. 정확한 거래처는 알 수 없지만 거래규모가 각 회사당 2,500~4,300억원 수준에 달했다.

하지만 모뉴엘이 매출은 늘었지만 영업활동에 따른 현금흐름이 제자리걸음이었다는 점에서 가공매출이 아니었냐는 의혹이 일고 있다. 모뉴엘은 최근 3년간 2조 5,000억원의 매출을 올렸지만 정작 회사에 들어온 영업활동에 따른 현금유입은 300억원에 못 미친다. 예컨대 2013년 매출 1조 1,409억원, 영업이익 1,050억원을 올렸지만, 영업활동으로 인한 현금흐름은 15억원 마이너스였다. 사실상 제대로 판매가 이뤄진 게 아니라 해외법인에 넘긴 가공매출이 아니냐는 의혹이 제기되는 이유다. 실제 모뉴엘은 해외매출의 비중이 80%를 넘는 것으로 알려져 있다. 해외 계열사와 거래규모가 크지 않아 다른 법인과 가공매출을 통해 실적을 부풀리기 했다는 지적이다. 특히 모뉴엘은 재고자산 규모가 최근 3년새 급증했다. 2010년 266억원이었던 재고자산은 지난해 1,458억원으로 448% 급증했다. 제품의 재고자산만 1,278억원에 달한다. 또 모뉴엘은 차입금을 늘리면서 회사를 운영했다. 2010년 323억원이었던 부채총계는 지난해 2,057억원으로 늘어났다. 지난해 산업은행 210억원, 농협 99억원, 수협은행 50억원 등 금융권 등에서 계속 돈을 끌어다 썼다.

모뉴엘은 매출채권을 금융기관에서 할인해서 현금화해 운영자금으로 사용했다. 이는 한국

무역보험공사가 모뉴엘의 수출물량에 대한 지급보증을 섰기 때문에 가능했다. 현재 무보가 보증을 해준 금액은 약 3,000억원으로 추산된다. 이에 따라 은행들과 무보 등 보증기관들과의 책임공방이 불가피할 것으로 예상된다. 올해 들어 빚은 계속 늘어나 금융권 부채만 5,000억원이 넘는 것으로 알려졌다. 결국 연 50억원(2013년 기준)이 넘는 이자를 지급하면서 재무구조가 더 취약해진 것으로 분석된다. 업계 관계자는 "회사가 매출 1조원 수준으로 성장했지만 사실상 현금이 들어오지 않은 점에서 의혹이 짙어지고 있다"며 "하청업체와 금융기관의 피해가 예상돼 정확한 원인 파악이 중요해 보인다"고 말했다.

출처: 머니투데이(2014. 10. 22)

생각해보기 경영자들은 기업을 경영하는 과정에 수많은 실패에 부딪치게 됩니다. 이 과정에서 가장 중요한 일은 기업의 이해당사자들(고객, 직원, 협력사, 주주, 지역사회 등)에게 정직해야 한다는 것입니다. 실패와 실수를 줄이기 위해서 정직하지 못하면 더 큰 문제가 발생하게 됩니다. 창업을 준비하는 여러분들도 정직해야 합니다. 예를 들어서 제품불량이 생겨서 리콜할 때에는 고객에게, 자금상환계획에 차질이 생겼을 때 채권자에게, 회사 내부에 문제가 발생했을 때 직원들에게, 회사의 경영 성과에 대한 정보를 주주에게 정직하게 사실을 공유하고 이해를 구해야 합니다. 일시적인 위기를 모면하기 위해서 거짓말을 하거나 속이게 되면 임시적인 방편에 불과하고 오래가지 못하고 사람마저 잃을 가능성이 많기 때문에 여러 이해당사자들에게 정직해야 합니다.

마무리하기

1. 학습목표 확인	
재무계획의 이해	1. 재무계획수립의 개념에 대해 이해하셨습니까? 2. 재무계획의 수립방법에 대해 이해하셨습니까?

2. 실습 결과	
재무계획수립	1. 소요자금, 조달계획, 상환계획수립방법을 이해하셨습니까? 2. 창업기업을 위한 재무계획을 수립하셨습니까?

3. 다음 단계 소개	
제16장 경제성분석	1. 다음 단계에서는 경제성분석의 개념과 분석방법에 대해 학습하게 됩니다. 2. 그런 다음에 경제성분석의 결과를 한 장으로 표현하는 창업의 경제성분석 실습을 하게 될 것입니다.

경제성분석

16
Chapter

제16장에서는 경제성을 분석하는 다양한 방법들에 대해서 학습하고 이를 기반으로 실습을 통하여 창업하고자 사업의 경제성을 분석한다.

창업아이템과 사업모델을 기반으로 창업의 사업계획을 수립한 다음에는 창업의 결과로 이익이 발생하는지, 경영상태가 어떻게 되는지, 언제부터 이익이 나는지, 투자수익률이 얼마나 되는지를 분석하여 창업의 경제성을 분석해 보아야 한다. 만약에 창업의 경제성분석 결과 경제성이 없다고 판단되면 창업아이템을 변경하거나, 사업모델을 수정하거나, 창업계획 자체를 수정하는 등의 조정이 필요하다. 그러므로 창업사업계획을 수립한 다음에는 창업의 경제성을 정확하게 분석할 수 있어야 한다.

제16장은 경제성분석의 개념, 경제성분석 수행방법, 경제성분석 실습으로 구성되어 있다.

경제성분석의 구성

1. 경제성분석의 개념 → 2. 경제성분석 수행방법 → 3. 종합실습 경제성분석

사례 16-1 소셜커머스, '성장통 vs 출혈' 그 결과는

지난해 소셜커머스 시장은 전년에 비해 80% 이상 성장한 3조 4,000억원 규모에 달했다. 올해에는 이보다 30% 이상 늘어난 4조 3,000억원 규모의 시장을 형성할 전망이다. 명실상부하게 유통 및 전자상거래의 한 축으로 올라섰다는 평가다. 4살을 맞은 국내 소셜커머스 시장은 그러나 무리한 규모경쟁과 출혈경쟁, 제품품질 논란 등 신뢰성문제가 부각되면서 성장통을 겪고 있다는 게 업계 내외의 중론이다.

무엇보다 소셜커머스 94 업계는 초기시장 안착과 브랜드 제고를 위해 과열 마케팅 경쟁을 펼치며 몇년간 불안한 대규모 적자를 감수해 왔다. 소비자의 쇼핑 행태를 바꾸고 중소상공인에 새로운 마케팅 채널을 열었다는 찬사와 함께 계속되는 적자행진에 지속가능한 성장이 가능한지 의문도 제기돼 왔다. 이에 따라 본지는 소셜커머스가 초기 시행착오를 딛고 모바일시대에 걸맞는 '한국의 아마존'으로 거듭나기 위해서는 무엇이 필요한지 소셜커머스의 실태를 집중 점검하고 문제점과 대안을 모색해봤다.

■ 3강체제 정립, 계속되는 경쟁

소셜커머스는 지난해 거래액 3조 4,000억원 수준으로 성장하며 국내 대표 유통채널의 하나로 자리잡았다. 4년 만에 4배로 커졌다. 아직 오픈마켓의 4분의 1, TV홈쇼핑의 절반에 못 미치는 규모지만 성장률은 전년 대비 80%를 기록하며 10% 성장한 오픈마켓과 홈쇼핑을 압도했다. 2010년 5월 티켓몬스터를 시작으로 국내에 소셜커머스가 도입된 지 4년만의 일이다. 급격한 성장 뒤에는 치열한 경쟁이 있었다. 초창기 수백개 업체가 난립했던 시장은 이제 쿠팡과 티켓몬스터, 위메프 등 3개 업체로 정리됐다. 치열한 싸움 끝에 원조 소셜커머스 그루폰까지 국내시장에서 물러났다. 시장은 정리됐지만 아직 소셜커머스는 업계 내부 점유율 싸움이 계속되고 있다. 여기에 오픈마켓이나 홈쇼핑, 백화점 등 기존 유통채널의 견제도 강해진 탓도 있다.

마케팅과 고객만족을 위한 투자는 지속하면서 재무지표는 건전하게 만드는 것이 숙제다. 이어지는 적자와 끊임없이 계속되는 마케팅투자를 둘러싼 시장의 냉소를 극복해야 한다. 신현성 티켓몬스터 대표는 "현재 100조원 이상의 가치가 있는 국내 상거래시장에서 1%를 잡은 셈"이라며 "지금은 잠재시장을 잡기 위해 지속적 투자로 점유율을 높이고 진입장벽을 치는 것이 중요한 시점"이라고 말했다.

■ 미래투자 vs 출혈경영

작년 소셜커머스 기업실적은 이런 고민을 잘 보여준다. 티켓몬스터와 위메프는 지난해 큰 폭의 적자를 기록했다. 거래액과 현금흐름 개선이 영업손실을 감당할 수 있을 지가 관건이다. 티켓몬스터는 판매관리비 증가폭을 최소화하며 적자를 줄였고, 위메프는 마케팅을 강화해 매출과 점유율을 끌어올렸다.

티켓몬스터는 2013년 매출 1,148억원, 영업손실 707억원을 기록했다. 매출은 전년 815억원에서 41% 증가했고, 영업손실은 13% 줄었다. 티켓몬스터는 주식보상비용을 제외한 실제 손실은 60억~70억원 수준이라고 강조했다. 관리가능한 수준이라는 얘기다. 주식보상비용은 임직원에게 스톡옵션 등으로 부여한 주식을 비용처리한 것을 말한다. 리빙소셜 및 그루폰과 주식

교환방식으로 인수합병하며 이 비용이 더 커졌다. 장부에는 비용으로 인식되지만 실제 현금 유출은 없는 재무상 손실이다. 회사 관계자는 "올해부터는 주식보상비용 지출이 없어 재무상태가 더 개선될 것"이라고 자신했다. 위메프는 지난해 매출이 785억원으로 2012년보다 3배 이상 커졌다. 영업손실은 70억원에서 360억원으로 늘었다. 판매관리비 역시 851억원으로 4배 이상 늘었다. 수익성보다는 공격적 투자로 시장점유율 확대에 주력한 때문이다. 지난해 배우 이서진과 이승기를 앞세운 대규모 마케팅과 구매비용 절반을 적립금으로 돌려주는 '블랙 프라이스' 이벤트 등이 원인이다. 마케팅 효과로 위메프는 지난 3월 PC 및 모바일 순방문자수 1,300만 명을 돌파하며 작년 12월부터 5개월 연속 1위를 지켰다. 위메프 관계자는 '휘발성 광고가 아니라 적립금 확대나 최저가 보상 등 고객에 실제 혜택을 주는 방향으로 비용을 지출한다'며 '일반관리비용을 효율적으로 운영, 향후 매출증가와 함께 수익성이 개선될 것'이라고 말했다. 쿠팡은 작년 10월 유한회사에서 주식회사로 전환, 올해 감사보고서를 내지는 않았지만 큰 방향성은 다른 소셜커머스 기업과 비슷할 것으로 추정된다.

■ 그래도 남는 문제

소셜커머스 업계는 매출과 거래액, 현금보유액 증가 등의 지표가 순조로운 성장세를 보이고 있음을 강조하고 있다. 티켓몬스터와 위메프의 현금보유액은 52억원에서 301억원으로, 67억원에서 422억원으로 각각 늘었다. 초기투자는 전자상거래 기업의 시장 안착을 위한 과정이라는 설명이다. 그럼에도 누적적자가 여전히 크다는 것은 문제다. 지난해까지 누적적자는 티켓몬스터 2,229억원, 위메프 700억원에 달했다. 오픈마켓과 경쟁하며 사업영역을 계속 확대하고, 마케팅 경쟁도 당분간 지속된다면 자금압박이 커질 수 있다. 이어지는 가품논란 등 신뢰성문제도 해결해야 한다. 불안한 재무상황과 맞물려 소셜커머스 전체 신뢰도에 영향을 줄 수 있기 때문이다. 티켓몬스터는 올해 어그부츠 가품 판매로 인한 검찰 수사와 회원 개인정보 유출로 곤욕을 치뤘다. 위메프는 경쟁사 비방광고로 공정위 제재를 받기도 했다.

출처: 전자신문(2014. 6. 4)

생각해보기 기업이 생존하고 성장하기 위해서는 새로운 프로젝트에 투자를 해야 합니다. 예를 들어서 새로운 제품을 개발하거나, 새로운 생산시설을 구입하거나, 새로운 채널을 오픈하거나, 새로운 직원을 채용하거나 등 모든 활동이 신규투자입니다. 이 같은 신규투자를 할 때 반드시 경제성분석이 선행되어야 합니다. 경제성분석이란 프로젝트에 투입된 자본 대비해서 얻게 되는 결과를 비교해서 수익성이 있는지를 분석하는 일입니다. 창업자는 한정된 자원을 가지고 사업을 시작하기 때문에 모든 투자에 대해서는 경제성을 분석하고, 한정된 자원을 아끼고 투자된 자원에 대해선 수익을 극대화하는 마인드가 절대적으로 필요합니다.

I 경제성분석의 개념

1. 경제성분석의 이해

경제성분석이란 창업계획에 따른 사업의 결과로서 얼마나 이익이 나는지, 회사의 재무상태가 어떻게 되는지, 언제부터 이익이 발생하는지, 투자에 대한 수익률이 얼마나 되는지 등을 분석하여 창업의 경제적 타당성을 분석하는 과정이다.

예를 들어, 기업교육 전문회사를 창업하고자 할 때, 예상되는 이익이 얼마나 되는지, 현금이 얼마나 창출되고 얼마나 지출되는지, 언제부터 이익이 발생하는지, 투자수익률은 얼마나 되는지를 분석할 수 있어야 창업하는 것이 올바른 결정인지를 알 수 있을 것이다.

만약 경제성분석을 하여 창업의 경제성이 떨어지면 창업아이템을 변경하거나, 창업계획을 수정하거나 하는 등의 조정이 필요하다. 그러므로 창업을 시작하기 전에 창업의 경제성을 분석하는 일은 매우 중요하다.

2. 경제성분석 수행방법

일반적으로 창업과정에서 경제성은 크게 다섯 가지 측면에서 분석해 볼 필요가 있다.

① 손익계산서 추정은 일정기간 동안 기업경영의 결과에 따른 수익의 창출 여부와 규모를 나타내는 경영성과표를 추정하는 것을 의미한다.

② 현금흐름표 추정은 일정기간 동안 현금이 얼마나, 어떤 이유로 들어오고 나갔는지를 보여주는 재무제표를 추정하는 것을 의미한다.

③ 재무상태표 추정은 일정시점의 기업의 자산, 부채, 자본에 관한 정보를 제공하는 회계보고서를 추정하는 것을 의미한다.

④ 손익분기점분석은 총매출액과 총비용이 일치하여 이익이 '0'이 되는 시점을 분석하는 것을 의미한다.

⑤ 투자수익률분석은 창업투자액의 순현재가치(NPV)와 내부수익률(IRR)은 얼마인가를 분석하는 방법을 의미한다.

경제성분석의 방법

경제성분석

구분	내용
손익계산서 추정	일정기간 동안 발생한 수익과 비용은 얼마인가?
현금흐름표 추정	일정기간 동안 현금의 유입과 유출은 어떠한가?
재무상태표 추정	일정시점에서 자산, 부채, 자본의 현황은 어떠한가?
손익분기점분석	어느 시점에서 매출액과 총비용이 일치할 것인가?
투자수익률분석	순현재가치(NPV)와 내부수익률(IRR)은 얼마인가?

II 경제성분석 수행방법

1. 손익계산서 추정

1) 손익계산서 추정의 개념

손익계산서(Income Statement)란 일정기간 동안 기업의 경영성과를 수익과 비용의 형태로 요약해서 보여주는 재무제표를 의미한다. 예를 들어, 의료기기용 부품을 제조하는 창업기업은 판매활동을 통해 매출을 일으켜 수익을 창출하기도 하지만 제품의 생산에 들어가는 원가나 판매과정에서 발생하는 비용 및 각종 세금도 함께 발생한다. 이러한 수익과 비용의 구조를 분석하여 이익의 달성 여부와 규모를 파악할 수 있다.

창업기업은 불확실성이 특히 높고 예상했던 이익이 창출되지 않을 경우 큰 어려움을 겪을 수 있다. 따라서 창업기업을 경영하기 전 단계에서 손익계산서의 항목을 이해하고 최소한 영업이익까지 추정해 봄으로써 경영활동의 결과에 대한 이익 발생 여부를 확인해 보아야 한다.

손익계산서의 구조

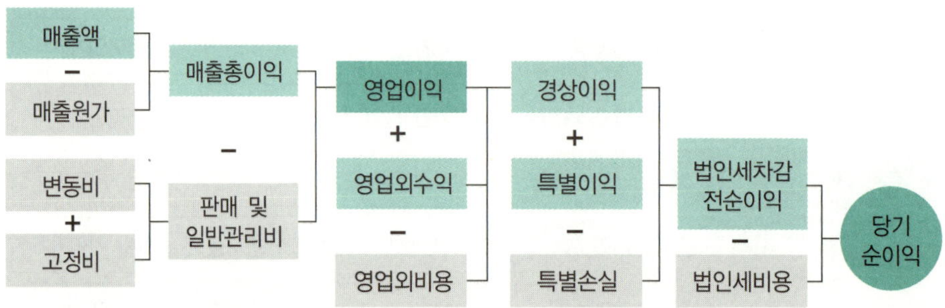

2) 손익계산서 추정방법

매출액 추정을 시작으로 매출원가, 판매 및 일반관리비를 추정하여 영업이익의 발생 여부를 확인한다.

1. 매출액 추정	제품의 가격과 판매량을 곱하여 매출액을 계산함
2. 매출원가 추정	판매된 제품의 생산에 들어간 제조원가로서 재료비, 노무비, 외주용역비 등을 추정함
3. 판매 및 일반관리비 추정	제품판매나 기업의 유지 및 관리에 필요한 비용으로 영업사원의 급여, 판촉비, 접대비, 연구개발비 등을 추정함
4. 영업이익 추정	매출총이익(매출액−매출원가)에서 판매 및 일반관리비를 차감하여 영업이익을 추정함)

실습 1 손익계산서 추정

■ **목적**

해당 분기의 손익계산서를 작성해 봄으로써 영업이익의 발생 여부를 확인하는데 목적이 있다.

■ 진행방법

① 손익계산서의 항목별로 예상금액을 추정한다.

② 최종적으로 영업이익이 발생하는지 여부와 규모를 확인한다.

■ 실습하기

항목	예상금액	계산방법
1. 매출액		=제품의 가격×판매량
2. 매출원가		=기초재고액+당분기제품 생산원가-기말재고액
3. 매출총이익(=1-2)		=매출액-매출원가(매출측면의 총이익)
4. 판매 및 일반관리비		=판매활동 및 기업의 관리와 유지활동에서 발생하는 비용
5. 영업이익(=3-4)		=매출총이익-판매 및 일반관리비

■ 참고사례

• 아래의 사례는 동영상 강의용 리모컨을 제조하는 창업자가 1년 동안의 손익계산서를 추정하여 영업이익의 발생 여부를 도출한 사례이다.

항목	예상금액	계산방법
1. 매출액	125,000,000	=가격 25,000원×5,000개
2. 매출원가	75,000,000	=제조비용 15,000원×5,000개
3. 매출총이익(=1-2)	50,000,000	=매출액-매출원가
4. 판매 및 일반관리비	20,000,000	=광고비 1천5백만원+기타 영업비 5백만원
5. 영업이익(=3-4)	30,000,000	=매출총이익-판매 및 일반관리비

2. 현금흐름표 추정

1) 현금흐름표 추정의 개념

현금흐름표(Statement of Cash Flow)란 일정기간 동안 기업의 현금흐름을 나타내는 재무보고서로서 영업활동, 투자활동, 재무활동으로 구분하여 기업의 실제적인 현금유입과 유출현황을 파악할 수 있게 해주는 보고서이다. 예를 들어, 보안

컨설팅서비스를 제공하는 창업기업이 컨설팅서비스를 수행한 결과로서 매출이 발생하여 회사에 현금이 유입될 수 있고, 설비를 취득하거나 차입금을 상환하면서 현금이 유출되는 경우도 있다.

장부상으로는 순이익 10억원이 발생했다 할지라도 아직 받지 못한 매출채권이 10억원일 경우 실제적인 현금의 흐름은 0원인 것처럼 손익계산서상에 아무리 이익이 많이 발생한다 할지라도 현금흐름이 원활하지 못하다면 기업은 어려움에 빠질 수밖에 없다. 따라서 기업의 실제적인 현금의 유입과 유출을 파악하는 일은 매우 중요하다.

현금흐름표의 주요 구조

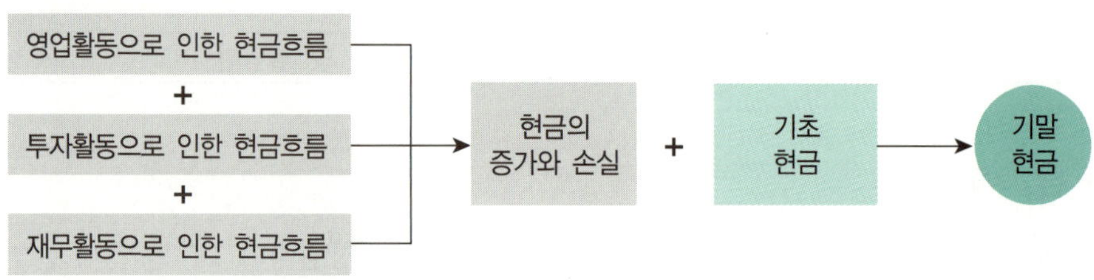

2) 현금흐름표 추정방법

현금흐름표는 영업활동으로 인한 현금흐름, 투자활동으로 인한 현금흐름, 재무활동으로 인한 현금흐름을 계산하고, 여기에 기초의 현금을 더해서 기말의 현금을 산출한다.

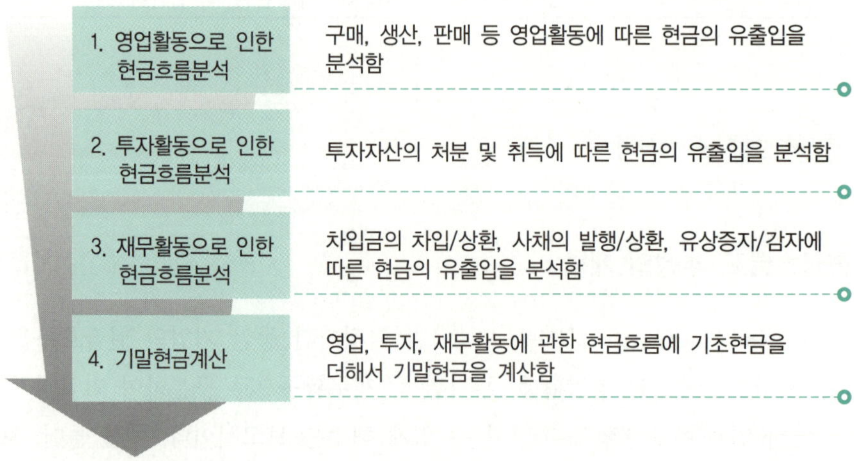

실습 2 현금흐름표 추정

■ 목적

영업, 투자, 재무활동으로 인한 현금의 유출과 유입을 통해 예상되는 기말현금을 추정하는 데 목적이 있다.

■ 진행방법

① 영업활동, 투자활동, 재무활동으로 인한 예상현금흐름을 추정한다.
② 각 활동으로 인한 현금흐름을 더하여 현금 증가/손실을 계산한 후 기초현금을 더해서 기말현금을 추정한다.

■ 실습하기

항목	예상금액	계산방법
Ⅰ. 영업활동으로 인한 현금흐름		= 현금유입(매출 등 수익활동 + 이자수익 + 배당수익) − 현금유출(매입 및 종업원에 대한유출 + 이자비용 + 법인세)
Ⅱ. 투자활동으로 인한 현금흐름		= 현금유입(유형자산 처분 + 투자자산 처분 + 대여금 회수) − 현금유출(유형자산 취득, 투자자산 취득, 현금 대여)
Ⅲ. 재무활동으로 인한 현금흐름		= 현금유입(단기차입금 + 장기차입금 + 주식발행) − 현금유출(단기차입금 상환 + 장기차입금 상환 + 배당금 지급)
Ⅳ. 현금의 증가/손실 (= Ⅰ + Ⅱ + Ⅲ)		= 영업활동으로 인한 현금흐름 + 투자활동으로 인한 현금흐름 + 재무활동으로 인한 현금흐름
Ⅴ. 기초의 현금		= 해당 분기 초의 현금
Ⅵ. 기말의 현금 (= Ⅳ + Ⅴ)		= 현금 증가/손실 + 기초의 현금

■ 참고사례

- 아래의 사례는 동영상 강의용 리모컨을 제조하는 창업기업이 향후 1년 동안 예상되는 현금흐름을 추정한 것이다.

항목	예상금액	계산방법
Ⅰ. 영업활동으로 인한 현금흐름	62,000,000	=현금유입(매출 등 수익활동 125,000,000)－현금유출(매입 및 종업원에 대한 유출 55,000,000+이자비용 3,000,000+기타비용 5,000,000)
Ⅱ. 투자활동으로 인한 현금흐름	0	=현금유입 0(유형자산 처분+투자자산 처분+대여금 회수)－현금유출 0(유형자산 취득, 투자자산 취득, 현금대여)
Ⅲ. 재무활동으로 인한 현금흐름	20,000,000	=현금유입(단기차입금 20,000,000)－현금유출(0)
Ⅳ. 현금의 증가/손실 (=Ⅰ+Ⅱ+Ⅲ)	82,000,000	=영업활동으로 인한 현금흐름 62,000,000 투자활동으로 인한 현금흐름 0+재무활동으로 인한 현금흐름 20,000,000
Ⅴ. 기초의 현금	50,000,000	=해당 분기 초의 현금 50,000,000
Ⅵ. 기말의 현금 (=Ⅳ+Ⅴ)	132,000,000	=현금 증가/손실 82,000,000+기초의 현금 50,000,000

3. 재무상태표 추정

1) 재무상태표 추정의 개념

재무상태표(Statement of Financial Position)는 특정 시점의 기업의 재정상태를 알 수 있게 나타낸 재무제표로서 손익계산서 및 현금흐름표를 기반으로 만들어져 기업의 자산(assets), 부채(liabilities), 자본(owner's equity)의 상태를 보여준다. 예를 들어, 소형 통신부품을 생산하는 창업기업은 창업 당시 출자한 자본금과 원자재업체에게 지급해야 할 부채를 가지고 있고, 이들의 합인 자산을 현금이나 재고 형태로 가지고 있다.

창업기업이 재무상태를 신중하게 파악하지 않을 경우 과다한 부채나 자본잠식이 발생하게 되고 이는 기업의 신용에 매우 큰 영향을 미치기 때문에 자산과 부채의 현황을 분석하여 재무적 유동성과 위험 등을 평가해 보는 작업은 매우 중요하다. 그러므로 일정시점에서 기업이 현재 보유하고 있는 경제적 자원인 자본과 경제적 의무인 부채, 그리고 이들의 합인 자산에 대한 정보를 분석하여 소유하고 있는 재산의 운용상태와 자본조달상태를 확인해 보아야 한다.

재무상태표의 구성요소

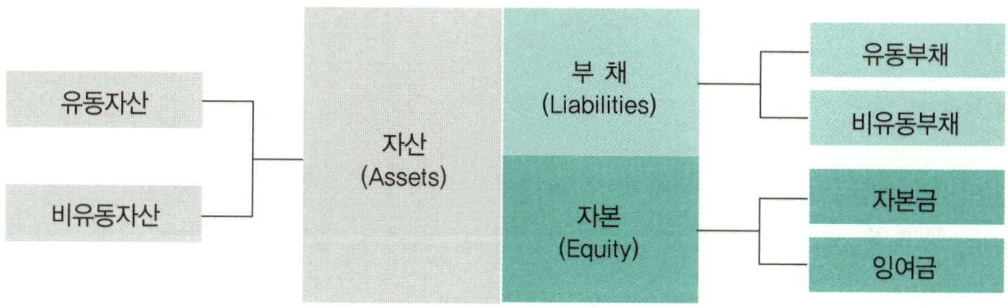

2) 재무상태표 추정방법

자산의 총계를 먼저 구한 후 부채총계와 자본총계를 더한 값이 자산의 총계와 일치하는지를 확인한다.

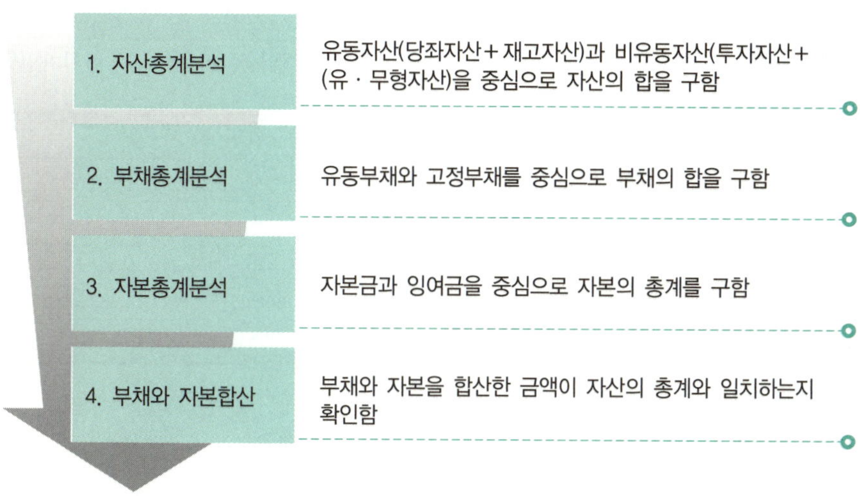

실습 3 재무상태표 추정

■ 목적

자산, 부채, 자본항목을 중심으로 추정 재무상태표를 작성하는 데 목적이 있다.

■ 진행방법

① 유동자산과 비유동자산을 중심으로 자산의 총계를 계산한다.

② 부채와 자본항목을 계산해 보고 부채와 자본의 합이 자산과 일치하는지 확인한다.

■ 실습하기

항목		금액	계산방법
자산	유동자산		=당좌자산(현금 및 현금등가물, 단기금융상품)+재고자산(상품재고)
	비유동자산		=투자자산(증권)+유형자산(토지, 건물)+무형자산(개발비)
	자산총계		=유동자산+비유동자산
부채	유동부채		=매입채무(외상매입금, 지급어음)+단기차입금+미지급금 등
	비유동부채		=사채+장기차입금(1년 이상) 등
	부채총계		=유동부채+비유동부채
자본	자본금		=자본금
	잉여금		=자본잉여금(주가 변동, 주식처분이익)+이익잉여금(당기순이익 유보)
	자본총계		=자본금+잉여금

■ 참고사례

• 아래의 사례는 동영상 제어기를 판매하는 창업기업의 1차년도 재무상태를 추정해 작성한 것이다.

<table>
<tr><th colspan="2">항목</th><th>금액</th><th>계산방법</th></tr>
<tr><td rowspan="3">자산</td><td>유동자산</td><td>62,000,000</td><td>=당좌자산 15,000,000+재고자산 47,000,000</td></tr>
<tr><td>비유동자산</td><td>102,000,000</td><td>=투자자산 5,000,000+유형자산 95,000,000+ 무형자산 2,000,000</td></tr>
<tr><td>자산총계</td><td>164,000,000</td><td>=유동자산+비유동자산</td></tr>
<tr><td rowspan="3">부채</td><td>유동부채</td><td>23,000,000</td><td>=매입채무 15,000,000+단기차입금 5,000,000+ 미지급금 3,000,000</td></tr>
<tr><td>비유동부채</td><td>80,000,000</td><td>=장기차입금 80,000,000</td></tr>
<tr><td>부채총계</td><td>103,000,000</td><td>=유동부채+비유동부채</td></tr>
<tr><td rowspan="3">자본</td><td>자본금</td><td>50,000,000</td><td>=자본금</td></tr>
<tr><td>잉여금</td><td>11,000,000</td><td>=자본잉여금 7,000,000+이익잉여금 4,000,000</td></tr>
<tr><td>자본총계</td><td>61,000,000</td><td>=자본금+잉여금</td></tr>
</table>

4. 손익분기점(BEP)분석

1) 손익분기점분석의 개념

손익분기점분석(Break Even Point Analysis)이란 매출액과 총비용이 일치하는 점, 즉 이익이 '0'이 되는 기점을 찾아서 매출액, 비용, 이익 간의 관계를 분석하는 것으로서 매출액이 손익분기점 이하인 경우에는 기업의 손실을, 그 이상인 경우에는 이익을 의미한다. 예를 들어, 이러닝 콘텐츠 개발 기업이 투자한 비용이 1억원일 때, 몇 명 정도의 수강생을 확보해야 투자비용을 넘어 수익이 발생하는지를 찾아내는 경우이다.

제품생산 및 판매에 들어가는 비용과 매출액의 관계를 알지 못한 상태에서는 수익달성 시점이 적절한지, 가격전략이 타당한지, 비용구조가 합리적인지 등을 알 수 없고 손익분기점의 위치에 따라 수익성의 정도가 평가되기 때문에 손익분기의 달성시점을 찾아내는 것은 매우 중요하다. 그러므로 제품생산 및 판매에 드는 고정비와 변동비를 통해 총비용을 계산하고 가격과 판매량에 따른 매출액의 변화를 분석하여 어느 시점에 손익분기점을 통과하는지를 확인해 보아야 한다.

손익분기점분석

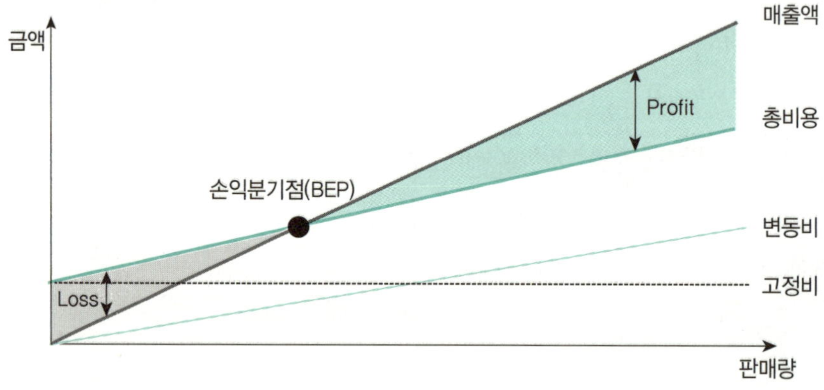

2) 손익분기점분석 방법

제품과 서비스의 가격과 판매량에 따른 매출액에서 고정비와 변동비의 합인 총비용을 뺀 값으로 이익을 구한 후, 이익이 0이 되는 지점을 찾아서 손익분기점을 찾아낸다.

- 매출액(Total Revenue) = 가격(Price) × 판매량(Quantity) = P × Q
- 비용(Total Cost) = 고정비(Fixed Cost) + 변동비(Variable Cost)
  = 고정비 + 단위당 변동비(Variable Cost) × 판매량 = FC + V × Q
- 이익(Profit) = 매출액(Total Revenue) − 총비용(Total Cost) = TR − TC
  = P × Q − (FC + V × Q)
- 손익분기점 = 이익이 0이 되는 점 = FC/(P − V)

단계	내용
1. 매출액분석	제품의 가격과 판매량 변화에 따른 매출액의 변화를 분석함
2. 비용분석	제품의 생산 및 판매에 들어가는 고정비와 변동비를 더하여 총비용을 계산함
3. 이익분석	매출액에서 비용을 뺀 금액을 계산하여 제품판매에 따른 이익을 구함
4. 손익분기점분석	이익이 0이 되는 지점을 찾아서 손익분기점을 찾아내고 손익분기의 적정성을 진단함

실습 4 손익분기점분석

■ 목적

매출액에서 총비용을 빼서 구한 이익을 토대로 손익분기점을 찾아내는 데 목적이 있다.

■ 진행방법

① 판매량과 가격을 곱하여 판매량 변화에 따른 매출액을 구한다.

② 고정비와 변동비를 활용하여 총비용을 구하고 매출액과 총비용을 뺀 값이 0이 되는 지점을 찾는다.

■ 실습하기

가격	고정비항목 1 ( )	고정비항목 2 ( )	변동비항목 1 ( )	변동비항목 2 ( )	변동비항목 3 ( )
판매량	**매출액**	**고정비**	**변동비**	**총비용**	**이익**
BEP					

■ 참고사례

- 아래의 사례는 동영상 강의용 리모컨을 판매하는 창업기업의 매출액과 총비용을 기반으로 손익분기점을 찾아낸 것이다.

가격	고정비항목 1 (설비임대료)	고정비항목 2 (공장임대료)	변동비항목 1 (재료비)	변동비항목 2 (인건비)	변동비항목 3 (제조경비)
25,000	3,300,000	2,000,000	15,000	5,000	3,000
판매량	매출액	고정비	변동비	총비용	이익
2,000	50,000,000	5,350,000	46,000,000	51,350,000	−1,350,000
2,250	56,250,000	5,350,000	51,750,000	57,100,000	−850,000
2,500	62,500,000	5,350,000	57,500,000	62,850,000	−350,000
2,750	68,750,000	5,350,000	63,250,000	68,600,000	150,000
3,000	75,000,000	5,350,000	69,000,000	74,350,000	650,000
3,250	81,250,000	5,350,000	74,750,000	80,100,000	1,150,000
3,500	87,500,000	5,350,000	80,500,000	85,850,000	1,650,000
BEP	매출액 68,750,000 달성 시점				

5. 투자수익률(NPV, IRR)분석

1) 투자수익률분석의 개념

투자수익률분석은 창업에 투자한 총금액에 대하여 얻을 수 있는 이익을 계산하여 투자의 경제성을 분석하는 기법으로서, 창업자가 창업에 투자하지 않고 금융상품이나 다른 부분에 투자한 것보다 경제성이 있는지를 분석하는 방법이다.

투자수익률분석 방법은 순현재가치기법(NPV: Net Present Value)과 내부 수익률분석(IRR: Internal Rate of Return) 등 두 가지 방법이 널리 활용되고 있다.

순현재가치법은 투자로 인해 발생할 수 있는 미래의 현금흐름을 적절한 할인율(미래의 가치를 현재의 가치와 같게 하는 비율)을 이용해 현재가치를 구하고 그것을 기준으로 경제성을 평가하는 방법이다. 예를 들어, 미래에 기대되는 소득의 현재가치가 1억원이고, 투자로 지출된 비용의 합계가 1억 2천만원일 때 이 투자안은 경제성이 떨어지는 것이다.

내부수익률법은 투자 시 미래에 예상되는 현금유입의 현재가치와 현금유출의 현재가치를 동일하게 하는 할인율을 구하고 그 값과 기대수익률을 비교해 투자의 경제성을 평가하는 방법이다. 예를 들어, 투자안 A에 대한 내부수익률이 20%이고, 투자안 B가 15%일 때 B안보다 A안이 더 경제성이 있다고 본다.

투자의사결정은 창업기업의 미래를 위해 매우 중요한 일임과 동시에 리스크가 큰 의사결정이기 때문에 과연 경제성이 있는지, 여러 대안 중에서 어떤 투자 안이 더 투자가치가 큰지를 평가해 보아야 한다.

NPV와 IRP의 적용과정

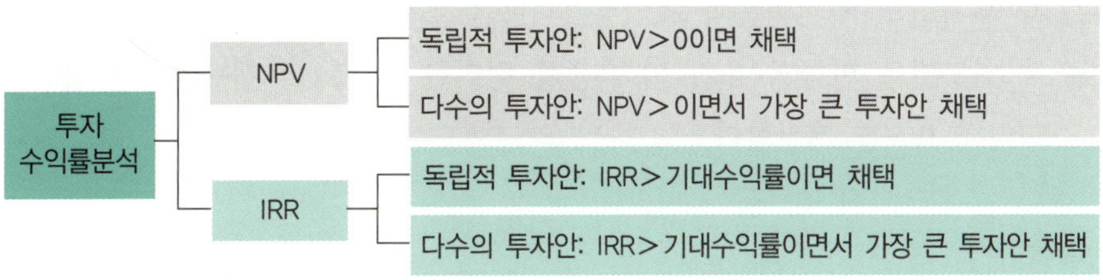

2) 투자수익률 분석방법

초기투자비용과 자본비용을 결정하고 순현재가치법과 내부수익률법을 통해 투자의 경제성을 분석한다.

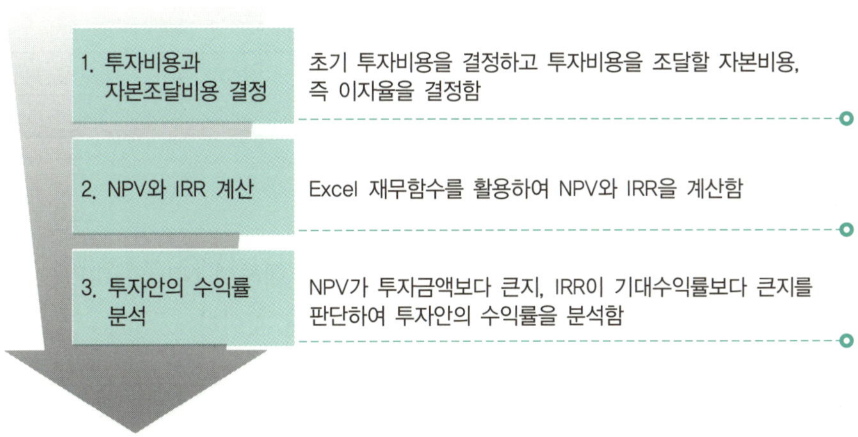

실습 5 투자수익률(NPV, IRR)분석

■ 목적

NPV와 IRR을 계산하여 두 개의 투자안 중에서 경제성이 더 높은 투자안을 찾아내는 데 목적이 있다.

■ 진행방법

① 각 투자안의 자본비용과 초기투자비용을 결정한다.

② 각 연도별로 현금의 유입 및 유출을 정리한 후 Excel 재무함수를 활용하여 NPV와 IRR을 계산한다.

■ 실습하기

	투자안 A	투자안 B
자본비용		
1차년도		
2차년도		
3차년도		
4차년도		
5차년도		
6차년도		
NPV		
IRR		

■ 참고사례

• 아래의 사례는 창업기업의 두 가지 투자대안에 대하여 NPV와 IRR을 계산한 후 비교하여 경제성이 더 높은 투자안을 찾아낸 것이다.

	투자안 A	투자안 B
자본비용	0.1	0.1
1차년도	-50,000,000	-80,000,000
2차년도	8,000,000	20,000,000

3차년도	15,000,000	25,000,000
4차년도	25,000,000	33,000,000
5차년도	30,000,000	50,000,000
6차년도	33,000,000	57,000,000
NPV	26,757,363	48,345,047
IRR	26%	29%

Ⅲ 종합실습 – 경제성분석

■ 목적

재무제표, 손익분기, 투자수익률분석을 통해 창업 초기 경영활동에 대한 경제성을 분석하는 데 목적이 있다.

■ 진행방법

① 손익계산서, 현금흐름표, 재무상태표를 구성하는 각 항목을 중심으로 2차년도까지 추정하여 작성한다.

② 손익분기점을 찾아 손익분기분석을 실시하고, 투자금에 대한 NPV와 IRR을 구하여 투자의 수익률을 분석한다.

■ 실습하기

<table>
<tr><th colspan="2">경제성분석</th><th>주요 항목</th><th>1차년도</th><th>2차년도</th></tr>
<tr><td rowspan="7">재무
제표
분석</td><td rowspan="4">손익추정</td><td>매출액</td><td></td><td></td></tr>
<tr><td>매출원가</td><td></td><td></td></tr>
<tr><td>판매 및 일반관리비</td><td></td><td></td></tr>
<tr><td>영업이익</td><td></td><td></td></tr>
<tr><td rowspan="3">현금흐름
추정</td><td>기초현금</td><td></td><td></td></tr>
<tr><td>현금증가/손실</td><td></td><td></td></tr>
<tr><td>기말현금</td><td></td><td></td></tr>
</table>

	재무상태 추정	자산		
		부채		
		자본		
손익분기점분석		BEP		
투자수익률분석		NPV		
		IRR		

■ **참고사례**

• 아래의 사례는 동영상제어기를 판매하는 창업자가 경제성분석을 위해 재무제표분석, 손익분기점분석, 투자수익률을 분석한 것이다.

경제성분석		주요 항목	1차년도	2차년도
재무제표분석	손익 추정	매출액	125,000,000	162,500,000
		매출원가	75,000,000	97,500,000
		판매 및 일반 관리비	20,000,000	26,000,000
		영업이익	30,000,000	39,000,000
	현금흐름 추정	기초현금	50,000,000	132,000,000
		현금증가/손실	82,000,000	106,600,000
		기말현금	132,000,000	238,600,000
	재무상태 추정	자산	164,000,000	213,200,000
		부채	103,000,000	133,900,000
		자본	61,000,000	79,300,000
손익분기점분석		BEP	매출액 68,750,000 달성시점	
투자수익률분석		NPV	26,757,363	
		IRR	26%	

사례 16-2 '성실실패' 벤처 1세대 3인이 후배들에게 전하는 메시지

한 번에 성공하는 벤처기업은 거의 없다. 미국 실리콘밸리에서 성공한 벤처들도 평균 2.8회 실패를 겪었다는 연구결과도 있다. 실패의 경험을 공유해 후배들이 전철을 밟지 않도록 하는 것은 벤처 강국과 그렇지 않은 국가를 가르는 한 요인이다. 최선을 다했지만 결국 회사를 접어야 했던 한국의 벤처 1세대들이 나선다. 이들은 미래창조과학부와 한국청년기업가정신재단이 다음 달 3일부터 진행하는 '벤처 1세대 멘토링 사업'을 통해 자신의 '성실실패' 경험을 전수한다. 멘토로 나서는 벤처 1세대 3명은 "내 실패 경험이 후배들의 성장에 소중한 자산이 될 수 있다면…"이라며 흔쾌히 인터뷰에 응했다.

■ 기술만큼 중요한 것이 경영

김창규 씨(62)는 1990년 그래픽카드(데이터를 영상신호로 바꿔 모니터로 보내는 장치)를 만드는 A사를 세웠다. 창업 초기 서울 용산전자상가 점유율 50%를 차지했다. 그래픽카드 시장이 포화상태에 이르자 디지털 셋톱박스로 갈아타 일본, 캐나다 등에 수출했다. 1997년부터 삼성전자에 TV용 컨트롤 보드를 납품했고 2000년엔 코스닥시장에 입성하며 승승장구했다.

2003년 대형 프로젝트를 수주한 뒤 회사가 어려워졌다. 당시 회사 매출의 2배나 되는 금액이었다. 설비를 확장하고 원자재를 사려면 돈이 필요했다. 홍콩에서 신주인수권부사채(BW) 500만 달러(당시 약 57억원)를 발행키로 했다. 그러나 시장에 "A사가 자금난을 겪고 있다"는 소문이 퍼졌다. 급기야 주거래은행은 대출을 회수했고 A사는 2004년 법정관리를 신청했다. 김 씨는 "550명에 이르는 직원과 회사는 살려야 한다"며 지분을 포기하겠다고 했지만 결국 15년간 피땀으로 키운 회사는 공중분해됐다.

김 씨는 "자금난에 제대로 대처하지 못하고, 자금관리에 능한 인재를 곁에 두지 못한 책임이 크다"며 "엔지니어가 대부분인 스타트업(신생 벤처기업) 최고경영자(CEO)는 기술만큼 경영도 중요하다는 점을 알아야 한다"고 강조했다.

■ 기술에 대한 아집 경계해야

강관식 씨(57)는 2001년 예산회계분석시스템을 공급하는 소프트웨어 업체 B사를 차렸다. B사는 2006년 삼성SDS와 컨소시엄을 꾸려 기획예산처(현 기획재정부)의 디지털 예산회계시스템 프로젝트를 수주했다. 기술력을 인정받았으나 대기업 계열사들이 장악한 국내 시스템통합(SI) 시장에서 성공하긴 쉽지 않았다. 수출시장으로 눈을 돌려 2009년 필리핀 정부의 예산회계시스템을 구축해주는 30억원짜리 사업을 따냈다. 하지만 이듬해 치러지는 필리핀 대선으로 정치판이 뒤숭숭해지자 본계약이 지연되다 결국 취소됐다. 투자액 10억원을 고스란히 날렸다. 엎친 데 덮친 격으로 국내 공공조달 시장 상황도 위축됐다. 결국 2010년 급여를 연체했고 110명이던 직원은 그해 말 30~40명으로 줄었다. 지나치게 시장을 앞서간 기술도 발목을 잡았다. B사는 2010년 23억원을 투자해 스마트워크시스템 'e워크랜드'를 내놓았다. 지금은 흔한 메신저나 화상회의 수요가 많지 않은 때였다. 강 씨는 "기술자들이 아집에 빠지면 패러다임이 바뀌는 순간 어려움에 직면할 수 있다"고 조언했다.

■ 과욕 부리지 마라

조상문 씨(49)는 어려운 가정 형편 때문에 구미전자공고를 졸업한 뒤 대기업에 취직했지만 학력 차별을 느껴 10년 만에 퇴사했다. 1995년 기능 및 도로주행코스 시스템을 만드는 C사를 세웠다. 제품은 경찰청 승인도 받았다. 당시 자동차운전 전문학원제도가 도입되면서 C사는 날개를 달았다. 이어 SK텔레콤의 100억원 규모 무인기지국 원격감시시스템 구축사업을 수주하고 KT에 중계기를 납품하면서 2000년 매출액은 360억원까지 올랐다.

번 돈을 신사업 연구에 쏟아부어 홈네트워킹시스템과 외부 통신망을 연결해 집에 있는 기기를 원격 조정할 수 있는 서비스, 위치기반서비스 등을 개발했다. 그러나 관련 시장이 작았다. 재무구조가 나빠졌고 2004년에만 1차 부도를 세 차례 낸 끝에 2009년 파산 신청을 했다. 조 씨는 "경찰청과 대기업이 인정한 회사라는 자신감이 붙어 매출이 큰 프로젝트에만 매달려 과욕을 부린 게 화근이었다"며 "후배들에게 안정적인 경영을 하라고 충고하고 싶다"고 말했다.

출처: 동아일보(2013. 8. 19)

생각해보기 훌륭한 경영자가 되기 위해서는 재무적 마인드를 갖추어야 합니다. 재무적 마인드란 기업경영 활동에 발생하는 원가를 잘 이해하고 관리할 수 있는 능력, 투자된 자본에 대해서 수익을 더 많이 창출할 수 있는 능력을 의미합니다. 재무적 마인드를 갖추기 위해서는 원가 마인드, 수익 마인드, 경제성분석 능력, 재무제표분석 능력 등을 갖추어야 합니다. 창업자들은 수익을 창출하기가 상대적으로 어렵고, 리스크와 위협요인들이 많기 때문에 철저한 재무적 마인드를 갖추어야 합니다.

마무리하기

1. 학습목표 확인	
경제성분석의 이해	1. 경제성분석의 개념에 대해 이해하셨습니까? 2. 경제성분석의 수행방법에 대해 이해하셨습니까?

2. 실습 결과	
경제성분석	1. 재무제표, 손익분기점, 투자수익률 분석방법을 이해하셨습니까? 2. 창업을 위한 투자의 경제성분석을 수행하셨습니까?

3. 다음 단계 소개	
제17장 기술영업전략	1. 다음 단계에서는 기술영업전략의 개념과 수립방법에 대해 학습하게 됩니다. 2. 그런 다음에 기술영업전략을 한 장으로 표현하는 기술영업전략 수립실습을 하게 될 것입니다.

기술영업계획수립

module 6

Chapter 17. 기술영업전략

Chapter 18. 해외진출전략

기술영업전략

Chapter 17

제17장에서는 기술제품을 고객사에게 제안하고 판매하는 방법에 대해서 학습하고, 이를 기반으로 실습을 통해서 구체적인 기술영업전략을 수립하게 된다.
마케팅계획을 통해서 포지셔닝 전략수립, 제품차별화 전략수립, 가격전략 수립, 유통전략 수립 및 촉진전략 수립을 하였다면 영업활동을 통해서 매출로 연결시키기 위한 구체화 작업을 하게 된다. 영업담당자는 영업계획 수립 후 프로모션 활동을 하면서 고객사의 다양한 피드백을 획득하게 되고 이를 최종적으로 영업계약서에 적용하여 양사 간의 합의를 도출하게 된다.
특히 기술영업은 고객사에게 전문적 기술 제품을 프로모션하고 판매를 하는 일을 하게 됨에 따라서 좀더 많은 전문인력들의 지원이 필요하다.
이와 같이 기술영업은 자사가 목표하는 매출을 달성하기 위한 계획적이고 주도면밀한 영업전략 수립 및 수행에 대한 모든 행동 양식과 관련이 있다.
제17장은 기술영업전략의 개념, 기술영업전략 수립방법, 기술영업전략 수립실습으로 구성되어 있다.

기술영업전략의 구성

1. 기술영업 전략의 개념 → 2. 기술영업전략 수립방법 → 3. 종합실습 기술영업전략 수립

사례 17-1 고객사의 요구 파악하기

대기업에 부품을 납품하는 L사 제품은 가격과 품질 면에서 경쟁력이 있어 그간 높은 시장 점유율을 유지해 왔다. 밀착형 영업을 통해 고객사와 관계도 원만했다. 그러나 최근 단가가 싼 수입제품으로 경쟁이 치열해졌다. 이제 글로벌 저가 제품의 강력한 추격으로 더 이상 가격과 품질우위를 자신할 수 없게 돼버렸다. 원가절감을 위해 원재료가격을 쥐어 짜봐도 더 이상 내릴 수 없었고, 품질 개선 역시 비용문제 때문에 한계에 도달한 상황. 이 위기를 어떻게 극복해야 할까?

L사는 전형적인 B2B(기업간 거래) 기업이다. 과거 B2B 기업은 좋은 품질과 합리적인 가격, 납기일 준수, 즉 QCD(Quality, Cost, Delivery)만 잘 지키면 큰 문제없이 고객사를 만족시킬 수 있었다. 거기에 고객사와의 원활한 관계를 구축하는 '영업력'까지 더해지면 승승장구할 수 있었다. 하지만 지금은 그것만으로는 부족하다. 기술이 상향 평준화되면서 경쟁사들도 같은 가격에 비슷한 품질의 제품을 만들어내기 때문이다. 더 이상 제품만으로 승부를 걸던 시대는 끝났다. L사는 어떻게 해야 B2B시장에서 살아남을 수 있을까.

제약회사와 병원 사이에서 약을 유통하는 카디널헬스는 매출증가를 고민하다 고객사인 병원에서 환자들에게 약을 나눠주는 프로세스에 문제가 있다는 것을 발견했다. 약 종류가 많고 복잡하다 보니 약을 잘못 지급해 의료사고가 간혹 발생했던 것이다. 카디널헬스는 이 문제를 해결하기 위해 개별 포장된 약에 바코드를 붙인 의약품관리시스템을 개발했다. 병원이 이 시스템을 설치하면 카디널헬스가 납품한 약품을 간편하고도 실수 없이 환자들에게 투약할 수 있었다. 병원들은 의료사고를 예방할 수 있는 이 시스템에 열광했고, 그 결과 카디널헬스는 시장의 90%까지 점유율을 끌어올릴 수 있었다. 병원이 손 못 대고 있던 의료사고 예방이라는 니즈(요구)를 찾아 바코드시스템으로 해결해준 것이다. 이렇게 고객사의 숨겨진 요구를 발견해 해결해주면 해당 기업만의 차별화를 만들어낼 수 있다.

그렇다면 고객사의 숨겨진 요구는 어떻게 찾을 수 있을까.

첫째, 고객사의 가치사슬을 세밀하게 분석해 본다. 가치사슬이란 기업활동에서 부가가치가 생성되는 과정을 의미하는데, 일반적으로 '생산 → 마케팅 → 판매 → 물류 → 서비스' 프로세스를 말한다. 항공기 엔진을 제조하는 롤스로이스는 고객사인 항공사의 가치사슬인 '항공기 구매 → 비행 스케줄링 → 좌석 판매 · 마케팅 → 운항 → 유지 · 보수' 중, 유지 · 보수단계에서 그들의 숨은 요구를 발견했다. 갑작스러운 엔진 고장 등으로 운행에 차질이 발생하는 문제에 주목해, 유지 · 보수서비스를 실시했다. 엔진에 문제가 발생하면 바로 전문가를 파견하는 등의 서비스를 통해, 롤스로이스는 항공기 엔진 시장에서의 시장점유율을 1999년 27%에서 2009년 34%로 올릴 수 있었다.

둘째, 최종소비자의 요구를 찾아내자. B2B기업이 고객사의 요구를 찾으려면 고객사만 알아서는 안 된다. 그들의 고객인 최종소비자의 요구를 알면 자연히 고객사의 요구도 알 수 있다. 회계 · 법률 등의 분야에서 기업 및 전문가들에게 정보를 제공하는 글로벌 정보서비스 업체인 톰슨은 최종소비자의 요구를 파악해 성공한 대표적 기업이다. 법률정보 분야에서 톰슨 고객사는 로펌이고, 최종소비자는 로펌에서 근무하는 변호사들이다. 톰슨은 변호사들의 요구를 알기 위해 인터뷰와 관찰기법으로 그들이 톰슨의 정보서비스를 어떻게 사용하는지 면밀히 분석했다. 그 결과 변호사 개개인마다 정보서비스를 사용하는 방법이 다르다는 것을 파악했다. 이에 최종소비자가 선택할 수 있는 선택의 폭을 넓힐 수 있도록 기능별로 제품을 분리 출시해 시장에서 대성공을 거뒀다.

마지막으로, 고객사와 함께 일하면서 그들의 요구를 파악해 보자. 글로벌 화학회사 듀폰이 이 방법을 활용했다. 듀폰은 폴크스바겐에 특정한 맞춤형 기술을 개발해주기 위해 직원을 파견, 함께 일하면서 폴크스바겐의 업무 프로세스를 세심하게 관찰했다. 그 결과 그들의 숨겨진 요구, 즉 페인팅에 들어가는 비용을 줄이고 싶어 한다는 점을 발견했다. 폴크스바겐은 비용절감, 품질향상, 친환경적인 페인팅 공정을 개발할 필요를 느끼고 있었다. 그래서 듀폰은 자동차 도색 작업 단계를 기존 4단계에서 3단계로 줄여 비용을 절감시켰고, 동시에 친환경적으로 페인팅할 수 있는 기술개발에도 성공했다. 폴크스바겐의 만족도는 높아졌고, 듀폰은 이 기술을 다른 자동차기업에까지 확대할 수 있었다.

출처: 전자신문(2014. 7. 30)

생각해보기 제품과 서비스의 최종고객이 기업인 경우와 일반 소비자인 경우에 영업방식에 큰 차이가 있습니다. 대기업이나 중견기업을 대상으로 한 제품과 서비스를 기술영업하기 위해선 고객의 특성과 니즈를 잘 이해할 필요가 있습니다. 예를 들어서 고객사의 최종제품에 대한 이해, 최종 제품의 고객 및 경쟁사, 산업동향에 대한 이해, 고객사의 밸류체인 및 업무 프로세스 이해, 고객사의 의사결정시스템 구조, 고객사의 의사결정자와 최종사용자 등에 대한 철저한 분석이 필요합니다. 이 같은 분석을 기초로, 여러분 회사의 제품과 서비스가 고객사의 가치창출에 어떻게 기여할 수 있는지를 철저하게 분석해야 합니다.

I 기술영업전략의 개념

1. 기술영업전략의 이해

기술영업전략이란 고객사로 하여금 자사의 기술제품을 수용하기 위해서 설득력 있는 자료를 제시하여 제안된 제품을 결정하게 될 때까지의 모든 영업활동과 방법론을 말한다. 일반 고객을 상대하는 제품과 달리 기술영업은 기업을 상대로 하기 때문에 기업체별로 다른 영업전략을 수립하여야 한다. 특히 기술을 기반으로 하기 때문에 기업 고객사가 개발하고자 하는 제품에 대한 특성과 기술 트렌드를 분석하여 최적의 제품을 제안하여야 한다. 뿐만 아니라 자사의 제품을 사용하는 고객이 시장에서 자사제품의 차별화를 가질 수 있도록 제품 로드맵을 관리하여야 한다.

만약 기술영업을 위한 전략이 없이 기업고객을 대한다면 제품을 팔 수가 없다. 기업고객은 제품에 대한 이해도가 높고 기업 내부적으로 여러 단계의 의사결정단계를 가지기 때문에 해당 기업에 적합한 설득력 있는 제안서를 준비하지 않으면 초반 진입조차 할 수가 없다. 즉, 기술영업은 전략수립방법론에 근거한 면밀한 사전계획이 중요하다.

2. 기술영업전략 수립방법

기술영업전략 수립에서는 자사의 영업이익을 달성할 수 있는 목표매출계획 수립과 함께 주요 활동사항을 정의하게 된다. 그런 이후에 목표매출 달성에 영향을 주는 위험요소를 정의하여 매출에 영향이 생기지 않도록 관리를 하게 된다. 이렇게 정의된 영업활동 계획에 의해서 프로모션을 하게 된다. 프로모션활동을 통하여 고객사로부터 수집된 피드백정보는 현재 개발 중인 제품의 성능 향상과 신제품 개발의 신규 사양에 적용하게 된다.

① 매출계획이란 회사의 목표영업이익을 달성하기 위해서 달성되어야 할 매출의 규모를 잠정적으로 예상하는 것을 말한다.

② 위험요소관리란 수립된 매출달성에 문제가 되는 위험요소를 우선순위에 따라서 체계적으로 관리하는 것을 말한다. 거시경제 및 미시경제의 변화로 인한 시장환경, 고객사 및 경쟁사의 전략 변화를 감지하여 자사의 매출에 영향을 주지 않도록 솔루션을 찾는 행위이다.

③ 프로모션 수행이란 제품판매를 위한 구체적인 전략을 실행에 옮기는 고객사와의 접촉이 이루어지는 단계이다.

④ 피드백 적용이란 프로모션활동을 통해서 획득한 정보를 현재 제품과 신제품에 적용을 하는 것이다.

기술영업전략 수립방법

기술영업전략 수립방법	
매출계획	어느 정도의 매출을 달성할 수 있는가?
위험요소관리	매출계획에 영향을 주는 위험요소가 무엇인가?
프로모션 수행	제품판매를 위한 구체적 영업활동은 무엇인가?
피드백 적용	고객사의 의견을 어떻게 수렴할 것인가?

II 기술영업전략 수립방법

1. 매출계획

1) 매출계획의 개념

마케팅계획에 의해서 포지셔닝을 선정하고 가격, 제품차별화, 유통 및 촉진정책을 수립하였다면 영업계획에 의해서 매출목표를 계획하게 된다. 즉, 여러 고객사들에게 제품을 제안하여 매출규모를 추정하고, 이를 달성하기 위한 계획을 수립하게 된다.

예를 들어, 1년에 3억 개의 스마트폰을 생산하는 기업고객에게 액세스 속도가 빠른 저가형 메모리를 스마트폰 1개당 1개씩 1달러에 전체 수량의 30%를 공급한다고 결정이 났을 경우에 매출계획은 9천만 달러가 된다. 이럴 경우 메모리 IC 공급을 원활히 하기 위해서 해당 반도체 공장에 웨이퍼를 투입하고 스마트폰 조립 3개월 전에 부품제작 준비를 한다.

이와 같이 매출계획에 따라서 회사의 운영경비 지출에 대한 판단을 하고 생산부서, 개발부서, 제품개발부서에서 실무적으로 움직이게 되는 것이다.

2) 매출계획 수립방법

매출계획은 제품의 예상수량과 단가를 고려하여 기간별 매출액을 예측하는 것이다. 매출예측의 기간에 따라서 단기매출예측, 중기매출예측, 장기매출예측으로 나눈다. 이를 종합하여 최종적으로 매출계획보고서가 만들어진다.

단계	내용
1. 단기매출예측	향후 3개월 동안 발생할 매출을 예측함
2. 중기매출예측	단기매출을 근거로 1년 매출을 예측하여 자사의 시장점유율과 매출데이터를 확보함
3. 장기매출예측	3년 이상의 매출을 예측하여 회사의 비전 제시를 할 수 있는 기초자료로 활용함
4. 매출계획보고	단기매출, 중 · 장기매출 예측자료로 이사회와 투자자에게 제출할 매출계획서를 작성함

단기매출예측(3개월 매출)이란 3개월 앞에 발생할 금액을 예측하는 매출계획의 가장 최소기간이다. 단기매출관리는 현재 자금흐름을 이해하는 가장 근간이 되는 기간이다. 예를 들어서 반도체 기술영업을 하는 경우에 현재시점이 1사분기이면 매출관리를 위해서 3개월 앞의 2사분기 매출을 예측하는 것이다. 이를 단기매출예측이라고 한다. 단기매출예측을 위해서 통상적으로 주문서에 있는 금액을 합계하면 예측이 가능하다. 예를 들면, 메모리반도체를 공급하는 업체는 통상 공정조립시간을 고려해서 제품 전달 12주 정도 전에 주문을 받는다. 즉, 각각의 주문서에는 최소 세 달 앞의 예상금액이 표기되어 있기에 이를 합산하게 되면 단기매출을 예측할 수 있는 것이다.

아래는 실제주문서를 관리하는 대장이다. 제품명, 고객명, 주문날짜, 고객사 정보, 선적되는 곳, 주문서코드, 가격, 화폐, 수량, 배달요청날짜, 실제 배달가능한 날짜가 표기되어 있다.

Product	Customer Part ID	PO Date	Customer	Ship to	Customer PO	Price	Currency	Qty	Deliver Request Date	ETD
A	1204-003094	10/16/2009	KOREA	HQ	4700302227	$15.00	USD	1,393	11/4/2009	12/15/2009
A	1204-003094	10/16/2009	KOREA	HQ	4700302227	$15.00	USD	1,500	11/4/2009	12/16/2009
B	1204-003094	10/16/2009	KOREA	HQ	4700302227	$15.00	USD	1,500	11/4/2009	12/17/2009
C	1204-003094	10/16/2009	KOREA	HQ	4700302227	$12.00	USD	1,130	11/4/2009	12/18/2009
C	1204-003094	10/22/2009	KOREA	HQ	4700303771	$12.00	USD	780	12/4/2009	12/19/2009
C	1204-003094	10/22/2009	KOREA	HQ	4700303771	$12.00	USD	1,500	12/4/2009	12/26/2009
C	1204-003094	10/22/2009	KOREA	HQ	4700303771	$12.00	USD	2,279	12/4/2009	12/28/2009

중기매출예측(1년 매출)은 1년 매출의 전체 크기를 판단하고 계절요소와 분기별 요소를 적용해서 제품별로 매출을 예상하는 방법이다. 전문 리서치회사에서 발간하는 보고서를 참고하면 자사가 해당한 산업의 시장 성장유무를 알 수 있지만 시장자료에 의존하지 않고 일반적으로 영업계획에 많이 사용하는 시나리오 기반의 매출을 예측할 수 있다.

아래는 디지털TV의 계절요인 데이터를 통한 판매량을 예측한 것으로 예상되는 물량을 분기별, 제품별 매출의 평균 데이터에 근거하여 고객사의 계절요소(1분기 12%, 2분기 26%, 3분기 34%, 4분기 28%)를 적용한 후 매출집계를 하는 경우이다.

매출($M)	Q1	Q2	Q3	Q4	2015
계절요인	12%	26%	34%	28%	100%
Best	$ 8	$ 18	$ 24	$ 20	$ 70
Worst	$ 4	$ 8	$ 10	$ 8	$ 30
Normal	$ 4	$ 9	$ 12	$ 10	$ 35

예측할 때에는 일반적으로 최상의 경우, 최악의 경우, 일반적인 경우로 나누어 매출을 정량화하는 방법을 사용한다. 위 사례의 경우 Best는 $70M, Worst는 $30M, Normal은 $36M 매출이다.

장기매출예측(3년 매출)이란 3년 앞의 매출을 예상하는 것이다. 분기별 매출을 예측하는 것보다 1년 단위의 매출을 예상하는 경우에 사용된다. 중단기 매출은 장기매출예측을 하는 기초자료가 된다. 2년차 이상을 예상하기 위해서는 자사의 매출성장률을 적용하게 된다. 자사의 매출성장률은 다시 고객사의 매출성장률에 근거하여 데이터를 산출하게 된다. 이와 병행하여 산업의 5 Forces를 분석하여 새로운 트렌드를 분석하고 이에 따른 신규시장 발굴이 가능하게 된다. 물론 회사의 가장 역량이 좋은 제품을 지속적으로 보완 발전시키는 것도 좋지만 좀더 넓은 시각으로 새로운 시장을 발굴하는 것도 기술영업을 하는 사람으로서 가져야 할 중요한 자질이다.

2. 위험요소관리

1) 위험요소관리의 개념

위험요소관리란 계획된 매출의 달성에 부정적 영향을 주는 요소들을 사전에 감지하여 문제점을 찾아내고 대안을 찾아 해결하는 것을 말한다. 즉, 고객사의 전략 변경이나 경쟁사의 예상 못했던 활동으로 자사에 영향을 받는 요소들을 찾아서 매출 달성에 문제가 없도록 해결하는 것을 말한다.

예를 들어, 스마트폰 제조업체가 고가폰 전략으로 영업매출 계획을 세웠다고 가정하였을 때, 영업계획담당자는 저가폰 경쟁 제조업체가 고가폰 시장에 가격을 무기로 진입을 시도했을 경우를 대비하여 저가폰 휴대폰 제품라인을 별도로 준비하는 것이 위험요소관리를 하고 있다고 할 수 있다.

기술영업에 있어서 가장 중요한 것은 위험요소관리라고 할 수 있다. 왜냐하면 마케팅활동과 영업활동에 의해서 수주를 하고 난 후 매출에 영향을 주는 위험요소를 인지하고 솔루션을 찾아내는 능력은 고객사 입장에서는 신뢰감을 주기 때문이다. 기술영업은 항상 시장의 변화에 따라서 영향을 받게 되어 있다. 신규시장에서 성공하는 것만큼 중요한 것이 기존시장에서 위험요소를 관리하는 것이다.

2) 위험요소관리의 방법

일반적으로 매출계획이 정해지면 이에 따른 시설투자가 일어나게 된다. 즉, 공급물량을 지원하기 위한 물류관리는 매출목표와 더불어 선행으로 준비해야 하는 위험한 요소가 된다. 또한 고객사의 자금능력을 지속적으로 확인할 수 있는 신용도와 제품의 수명주기를 잘 예측하여야 한다.

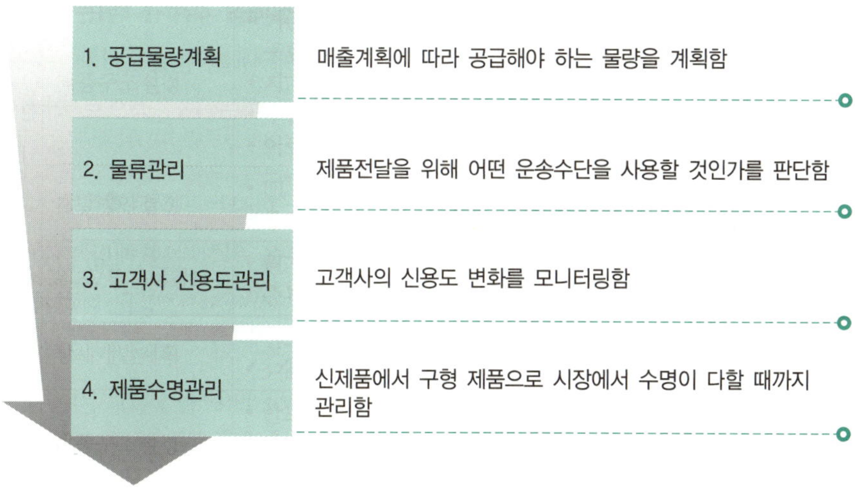

공급물량계획이란 고객사의 요구물량을 정확히 읽어 내고 이에 따른 유연한 대처를 하는 것이다. 그래서 고객사가 요청하는 물량보다도 더 많은 물량을 예측하여 준비하는 능력이 필요하다. 너무 많은 물량을 준비하게 되면 재고 처리에 경비가 소요되고 너무 적은 물량을 준비하는 경우에는 공급부족으로 고객사를 잃게 된다.

한번 물량부족을 야기했을 경우에는 차후 비즈니스는 어렵게 된다. 일반적으로 내부 회사에 따라서 적정량을 정하고 예비물량을 창고에 두고 고객사의 변동량을 준비하는 것이 안전하다. 공급회사의 규모가 클수록 이러한 예비물량은 많고 그만큼 고객사 입장에서는 물량 부족에 대한 확률이 떨어지기에 선호를 하게 된다.

물류관리는 자사의 제품을 고객사에게 전달하기 위해서 물류창고에 보관부터 운송에 관련된 제반 경비와 운송방법을 결정하는 것으로 주요한 경비요소 중 하나이다. 운송수단 중 배로 선적하는 것이 운송비가 저렴하기에 많이 애용하지만 시간적 제한사항에 따라서 항공기에 의한 운송을 선택해야 하는 경우도 있다.

고객사 신용도관리는 금융기관에서 관리하는 신용도와는 별도로 거래하는 고객사의 신용도를 관리하여야 한다. 왜냐하면 금융사가 판단하는 신용도는 실적발표가 난 후 이루어지기 때문에 거래를 하고 있는 상황에서 안전장치의 역할을 할 수 없는 경우가 발생한다. 실무적으로 거래를 하고 고객사의 상황을 가장 잘 알고 있는 세일즈를 통해서 비공식적으로 파악된 정보는 고객사의 재정상황을 판가름 할 수 있는 중요한 척도가 된다. 예를 들면, 반도체 제품일 경우에 물량 주문과 실제 매출 발생에 8주 정도 소요된다. 8주 전에 공급업체에서는 자비를 들여서 제품을 준비해 놓으면 8주 후 제품이 고객사에 도착하였을 때 매출이 발생하게 된다. 만약에 고객사의 신용도를 확인하여 문제가 발생하였을 때는 재정적으로 안전장치를 하고 난 후 주문서를 받고 준비를 해야 한다.

구형 제품을 대체하는 신제품이 개발되고 난 후에 회사는 구형 제품에 대해서 생산 여부를 판단하게 된다. 일부 고객사가 계속 사용을 원한다면 해당 기간 동안 생산을 하게 되지만 그렇지 않을 경우 구형 제품은 시장에서 수명을 다하게 되면 더 이상 생산을 하지 않게 된다. 이렇게 생산을 중단하게 되는 제품은 고객사에게 제품의 단종을 알려야 하는 제품수명관리(EOL: End of Life)를 하게 된다. 즉, 고객사에게 단종 최소 1년 전에 이러한 정보를 알려주고 의견을 타진하여야 한다. 만약 고객사가 계속 사용해야 할 의향이 있다면 제품수명에 대한 결정을 보류해야 할 것이다.

실습 1 매출계획서 작성 및 위험요소관리

■ 목적

특정 제품영업을 위해 필요한 영업기술전략을 수립하기 위한 매출계획과 위험요소를 관리하는 방안을 제시하는 데 목적이 있다.

■ 진행방법

① 제안하고자 하는 제품의 단기매출 및 중장기 매출을 예측하고 3년간의 매출 현황을 작성한다.
② 매출계획에 내재되어 있는 위험요소와 이에 대한 방안을 제시한다.

■ 실습하기

제품/서비스				
시장	단기매출목표 (1년)	중장기매출목표 (3년)	가능한 매출 및 성장률	위험요소 및 관리계획

■ 참고사례

- 아래의 사례는 스마트 홈 솔루션의 시장 성숙에 따른 스마트 허브 개발 업체의 매출 및 위험요소관리계획을 수립한 것이다.

제품/서비스		스마트 홈 솔루션		
시장	중기매출목표 (1년)	장기매출목표 (3년)	가능한 매출 및 성장률	위험요소 및 관리계획
건설업계와 연계	$100×100가구 =$10,000	$12,000 (20% 성장예측)	$145,000 (10년 제품수명)	건설업체에서 자사 솔루션 개발
리테일시장 판매	$130×1,000명 =$130,000	$169,000 (30% 성장예측)	$3,000,000	시장성숙에 따른 다수 경쟁사 등장으로 시장가격 인하율 가능성

3. 프로모션 수행

1) 프로모션 수행의 개념

프로모션 수행이란 매출계획을 달성하기 위해서 고안된 제품을 고객사에게 설득하는 수행과정을 말한다.

예를 들어, 스마트TV에 필요한 부품인 HDMI 입력 IC를 제안할 경우에 제품 설명 프리젠테이션 자료와 더불어 실제 동작을 보여줄 수 있는 하드웨어를 구성해서 데모를 실시하는 경우이다. 프로모션 수행은 자사의 복잡한 기술제품이 어떻게 상품화가 가능한지를 고객사가 쉽게 이해를 하는 데 많은 도움을 준다.

프로모션 수행은 실제 고객과 접촉이 일어나는 단계이므로 영업에 있어서 가장 중요한 승패를 판가름하는 단계이다. 프로모션 수행은 고객사에게 신제품 비즈니스 제안을 하여 고객사가 사용할 때까지의 승인을 받는 중요한 과정이다.

2) 프로모션 수행방법

우선 고객 관심사항이 무엇인지를 파악하는 것이 중요하다. 프로모션의 핵심은 고객사가 무엇을 원하고 있는지를 알고 동일한 제품군으로 동일 고객사에 제품 제안을 하고 있는 경쟁사가 어떠한 메시지를 고객사에게 전달하고 있는지를 알아야 한다. 이런 분석을 통해서 고객으로 하여금 가장 좋은 평가를 하도록 고객의 입장에서 가장 설득력 있는 시나리오를 고안하여야 한다. 그러기 위해서는 기술 제품 자료와 함께 실제 구현되는 샘플을 보여주면서 고객사의 판단에 신뢰를 주는 프로모션단계를 거쳐야 한다.

단계	내용
1. 고객 관심사항 파악	현재 제품에 대한 고객의 관심사항을 우선순위에 의거해서 나열함
2. 경쟁사상황 파악	경쟁사의 주요 활동을 파악하여 고객의 관심사가 무엇인지 파악함
3. 프로모션 시나리오	고객의 현재 심리상태에서 설득을 하기 위한 우선순위를 정하고 이에 따른 자료 발표의 구성을 정리함
4. 데모 수행	프로모션 시나리오에 의한 자료 발표와 더불어 준비된 제품을 보여줌

고객 관심사항 파악은 제품 결정을 하는 담당자가 찾고자 하는 최적의 솔루션이 무엇인지를 알아 내는 것이다. 예를 들면, 제품결정을 하는 담당자에게 자사의 제품스펙을 이메일로 보내게 되면 고객담당자는 관심이 있을 경우 추가 자료 요청이나 미팅 요청을 하게 된다. 그렇지 않을 경우에는 내부적으로 신제품 기획에 대한 계획이 없거나 해당 스펙에 대한 관심이 없다는 의미이다. 오랫동안 비즈니스를 했을 경우에는 이렇게 간단한 메일을 통해서 의중 파악이 되지만 그렇지 않을 경우에는 주기적인 세미나 개최, 전화 연락, 공식적인 미팅을 통해서 파악이 된다. 고객사 정보는 대부분 고객과의 미팅을 통해서 고객사로부터 정보를 획득할 수 있다. 이 과정은 시장의 요구사항을 파악하고 어떤 방법으로 제품을 개발할 것인지, 제품개발 시 기대효과는 무엇인지를 파악하는 것이다.

경쟁사 상황파악은 비즈니스 제안에 있어서 상대적인 경쟁력 우위를 갖기 위해서 필요하다. 예를 들면, 저가형 스마트폰에 필요한 메모리 부품을 제공하는 A업체의 경우 B업체가 저가 가격전략으로 동일 고객사를 공략한다는 정보를 알았을 때 가격전략으로 갈 것인지 아니면 고가형 스마트폰 시장에 품질강조 영업전략으로 갈 것인지를 판단할 수 있다. 경쟁사정보 파악 없이는 경쟁력 있는 전략 수립이 어렵다. 경쟁사와의 직접 접촉은 어렵다 하지만 경쟁사와의 이익관계에 있는 업체와의 접촉을 통하여 부분적인 정보를 획득할 수 있는 것이다. 한번에 전체 그림이 작성되지 않기에 부분적인 정보를 통해서 전체 그림을 완성하는 많은 노력과 지혜가 필요하다.

프로모션 시나리오는 자사의 제품에 대한 주요 핵심 메시지 전달을 위한 치밀하게 준비된 극본에 해당한다. 일반적으로 1시간 분량의 제한된 미팅시간에 효과적인 메시지를 전달하기 위한 세부시간계획을 수립하여야 한다. 즉, 고객의 최고 관심사항부터 설명을 하면서 제품에 대한 신뢰도를 주는 매개체가 된다.

데모 수행은 프로모션 시나리오의 명확한 이해를 돕고 프로모션하고자 하는 제품이 실제 준비가 되어 있음을 인지시키기 위해서 동작하는 제품 샘플을 오감에 의해서 전달하는 과정이다.

4. 피드백 적용

1) 피드백 적용의 개념

피드백 적용이란 프로모션 수행 후 고객사로부터 받은 의견을 반영하여 현재 제품의 성능향상과 차별화를 이루어내는 것이다.

예를 들면, 고화질 동영상을 무선으로 전송할 수 있는 기술제품을 제안할 때 고객사는 제안된 기술제품에 대해서 만족을 느끼지 못할 경우 여러 가지 문제점을 제기할 수 있다. 이때 일반적으로 경쟁사의 정보를 거론하면서 제안된 제품의 문제점을 지적하게 된다. 이러한 정보는 자사 제품을 근간으로 고객사가 의견을 주는 것이기에 중요한 피드백으로 볼 수가 있다. 고객사가 주는 피드백은 시장에서 자사 성능의 한계를 알 수 있고 또한 차별화 요인을 파악하는 데 활용할 수 있다.

고객사의 불만사항을 모두 적용할 필요는 없다. 하지만 고객사가 토로하는 경쟁사정보나 고객사가 생각하고 있는 사양은 피드백 적용의 중요한 정보로 활용할 수가 있다. 즉, 피드백 적용을 통하여 경쟁사 대비 자사 기술제품의 차별화를 이루어 낼 수 있다.

2) 피드백 적용방법

프로모션 수행 중 거론된 모든 사항에 대해서 요약 정리를 하고 또한 보완점에 대한 사항을 연구하여 고객사가 자사의 제품에 관심을 가지고 사용할 수 있도록 한다.

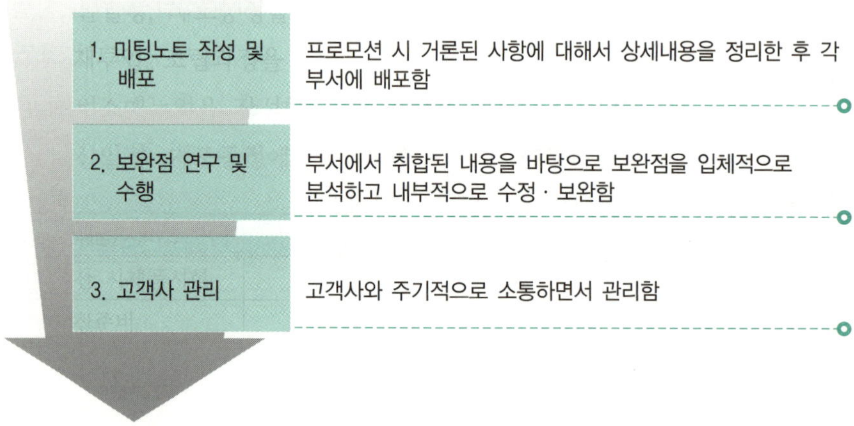

미팅노트 작성 및 배포는 해당 부서에 영업맨의 프로모션 시 이야기가 된 모든 사항을 일목요연하게 정리하여 제공하는 것을 말한다. 미팅노트는 상세하게 있는 그대로 정리하여 상황 전파를 하고 내부부서의 의견을 듣기 위한 중요한 정보가 된다.

예를 들면, 스마트폰에 필요한 메모리 영업을 위해서 고객사의 개발부서와 미팅을 하였을 경우에 개발부서에서는 메모리 주변 회로도 구성을 위한 추가적인 부품이 무엇인지를 요구할 것이다. 개발부서는 주변 회로가 간략하고 추가적인 부품이 사용되지 않고 또한 타이밍의 허용범위가 넓은 것을 선호할 것이다. 이러한 내용을 잘 정리하는 것이 미팅노트 작성이다.

이를 통해서 해당 개발부서에서 여러 의견을 제시하고 보완점을 연구하고 최종 제품을 제안할 때까지 내부적으로 수정 · 보완하게 된다. 이러한 보완점을 내부 개발실에서 수정하는 동안 영업맨은 고객사에게 수정되는 일정에 대해서 계속 알려주고 내부 개발실에는 변동 요구사항이 발생했을 때 주기적으로 알려주는 역할을 계속해야 한다.

실습 2 프로모션 수행 및 피드백 적용

■ 목적

프로모션 수행방법을 계획하고, 피드백 적용과정을 정리하는 데 목적이 있다.

■ 진행방법

① 해당 제품을 영업하기 위한 고객의 현황과 경쟁사 현황을 나열한다.
② 자사 영업의 주요 핵심 키워드를 제안한다.

■ 실습하기

<table>
<tr><th>제품/서비스</th><th colspan="4"></th></tr>
<tr><th>고객사 관심사항</th><th>경쟁사
상황파악</th><th>자사영업 주요
포인트</th><th>미팅주제 및
시나리오작성</th><th>데모구성
시나리오작성</th></tr>
<tr><td></td><td></td><td></td><td rowspan="2"></td><td rowspan="2"></td></tr>
<tr><td></td><td></td><td></td></tr>
</table>

■ 참고사례

• 아래의 사례는 국내 대기업을 대상으로 HDMI (4K) 기술 영업을 수행한 것이다.

<table>
<tr><th>제품/서비스</th><th colspan="4">4K×2K HDMI receiver module</th></tr>
<tr><th>고객사 관심사항</th><th>경쟁사
상황파악</th><th>자사영업 주요
포인트</th><th>미팅주제 및
시나리오작성</th><th>데모구성
시나리오작성</th></tr>
<tr><td>자체기술 여부</td><td>자체기술에
의한 특허
보유 제시</td><td>* 특허 제시 필수
* 경쟁력 있는 칩 사이즈</td><td rowspan="2">* 특허 이력 제시
* 경쟁사 대비 성능 비교
* 기존제품을 사용한 고객사 제시
* 제품 시연 및 강점 부각</td><td rowspan="2">4K×2K Content 제작을 통하여 UD 패널에 의한 실시간 데모 60분간 안정성 시연</td></tr>
<tr><td>시장에서 검증 여부</td><td>타사
대기업에
진행중</td><td>검증사례가 없으므로 과거 기술 이력 제시</td></tr>
</table>

Ⅲ 종합실습 – 기술영업전략

■ 목적

매출계획을 작성하고 매출을 달성하기 위한 위험요소 나열 및 이를 바탕으로 프로모션을 하는 데 있다.

■ 진행방법

① 제품과 서비스에 대한 매출계획을 작성한다.
② 매출달성을 위한 위험요소 추출을 한다.
③ 프로모션전략을 작성한다.

■ 실습하기

제품/서비스			
시장	중기매출목표 (1년)	장기매출목표 (3년)	가능한 매출 및 성장률
위험요소관리		프로모션전략	

■ 참고사례

• 아래의 사례는 스마트 홈 솔루션 기술 영업계획을 한 장의 도표로 요약한 것이다.

제품/서비스	스마트 홈 솔루션		
시장	중기매출목표 (1년)	장기매출목표 (3년)	가능한 매출 및 성장률
건설업계와 연계사업	\$100×100가구 =\$10,000	\$12,000 (20% 성장예상)	\$145,000 (10년 수명제품)

자체 판매망	$130×1,000명 =$130,000	$169,000 (30%성장예상)	$3,000,000
위험요소관리		프로모션전략	
1. 건설업계의 자사 솔루션 개발 2. 클라우드서비스와 연계한 소프트웨어 차별화 3. 시장 성숙에 따른 경쟁사 출현으로 인한 가격 인하 대비 → Premium 제품 준비		1. 특허 보유 제시 2. 소프트웨어 차별화 제품 강조 3. 고가형과 저가형 제품 강조	

사례 17-2 하이노베이션, B2B유통, O2O 강소기업으로 우뚝 서다

모바일결제 및 B2B유통을 주력사업으로 하는 벤처기업 (주)하이노베이션(대표 김무균, 사진)이 올해 서비스 정식 런칭 4분기 만에 월매출 50억과 손익분기점을 돌파했다. 지난 2012년 창업 후 본격적으로 B2B 리테일 사업을 시작한지 단 1년 만에 이룬 성과다.

지난 2012년 '꽁톨앱'을 개발해 사업을 시작했지만, 소셜커머스를 중심으로 한 모바일 커머스 시장이 과열됨에 따라, B2B 물류사업으로 사업방향을 전환해 탁월한 성과를 내고 있다.

김무균 하이노베이션 대표는 "'꽁톨앱'시절부터 오프라인 가맹점을 대상으로 실질적이면서도 지속적인 지원방안을 구상했다. 그 결과 오프라인 상점이 가장 원하는 것은 일회성 성격이 짙은 마케팅보다는 매일 구매가 필요한 원재료라는 점을 감안해 오프라인 상점에 식자재와 소모품을 싸고 편리하게 공급하는 서비스를 시작하게 됐다"고 말했다.

김 대표의 예상대로 시장의 반응은 즉각적이었다. '최고 수준의 물류서비스를 싸고 빠르게 제공한다'는 강점에 오프라인 가맹점들은 바로 반응했으며, 이는 하이노베이션의 빠른 매출 증대로 이어졌다. 스마트폰과 웹에서 상시검색 및 주문가능한 스마트 수발주시스템은 최소 인력으로도 빠른 성장이 가능토록 했다.

■ **2015년 가맹점 2,000개, 매출 1천억원 목표**

하이노베이션은 내년 사업목표로 가맹점 2,000개 확대, 연매출 1천억원을 계획하고 있다. 김 대표는 "올해 하이노베이션이 매출 성장도 이뤄냈지만, 사실은 서비스의 완성도를 높이고 회사의 내실을 다지는 시기였다"면서 "서비스 운영의 첫 해였지만, 흑자 수익모델을 형성했고 무엇보다 이탈한 가맹점이 없어 내년에는 좀 더 공격적으로 서비스를 확대할 계획이다"라고 설명했다.

이를 위해 하이노베이션은 시스템적 기반으로 SCM 전문가를 영입하고, 데이터기반의 고도화된 수발주시스템을 구축 중이다. 상점별, 계절별, 요일별 등 각 변수에 따라 최적의 주문량과 재고량을 산출해내고 이를 바탕으로 가맹점 운영에 도움을 주도록 제안하는 시스템이다. 지난 1년간의 서비스에 따라 축적된 데이터뿐만 아니라, 시세 등 실시간 변수, 트렌드 등도 반영할 수 있도록 설계 중이다.

하이노베이션의 서비스는 단순히 물류공급을 하는 것에 그치지 않는다. 금융사와 연계해 다양한 금융서비스 혜택을 제공하며, 온라인 마케팅 자회사를 통해 마케팅서비스도 제공한다.

김 대표는 "하이노베이션의 꿈은 경기불황 등으로 어려움을 겪는 오프라인 상점에 하이노베이션의 통합관리 플랫폼을 공급해 새로운 비즈니스 모델을 제공하는 것"이라면서 "이를 위해 고객들과의 늘 소통을 통해 함께 협력하면서 공동 생태계 조성에 노력하겠다"고 포부를 밝혔다.

출처: 머니투데이(2014. 12. 10)

생각해보기 기술기반의 제품을 생산·판매하는 B2B사업은 전형적인 B2C사업과 특성이 매우 다릅니다. B2B사업에서 가장 중요한 요인은 고객사와 자사 간의 상생이 얼마나 잘 이루어지고 있느냐 여부입니다. B2B사업에선 고객들이 기업들이기 때문에 각 분야의 다양한 전문가들로 구성되어 있습니다. 따라서 그들의 업무 프로세스 및 의사결정시스템을 이해하지 않고는 영업을 하기가 어렵습니다. 손자병법에 지피지기면 백전백승이라는 말이 있듯이 고객사에 대한 정확한 이해가 모든 영업의 출발점입니다.

마무리하기

1. 학습목표 확인	
기술영업 개념의 이해	1. 기술영업 개념의 핵심요소 및 절차를 이해하셨습니까? 2. 기술영업계획수립에서 분야별 리스크 체크 리스트를 확인하셨습니까?
2. 실습 결과	
기술영업전략수립	1. 기간에 따른 매출계획수립 절차를 이해하셨습니까? 2. 영업에 있어서 위험요소가 무엇인지를 확인하셨습니까?
3. 다음 단계 소개	
제18장 해외진출전략	1. 다음 단계에서는 해외진출전략의 개념과 분석방법에 대해 학습하게 됩니다. 2. 그런 다음에 해외진출전략을 한 장으로 표현하는 실습을 하게 될 것입니다.

해외진출전략

Chapter 18

제18장에서는 창업과정에서 해외진출의 개념과 방법에 대해서 학습하고 이를 기반으로 실습을 통해 구체적인 해외진출전략을 수립해 본다.

창업기업은 처음에는 국내 틈새시장을 공략하여 어느 정도까지 성장할 수는 있겠지만 회사의 성장에 따라 비용이 증가하고 필연적으로 대기업과의 경쟁에 부딪치게 된다. 창업기업이 국내시장의 한계를 극복하고 지속적으로 성장하기 위해서는 더 큰 시장을 찾아나서는 해외진출이 불가피하게 된다. 그러나 해외시장은 국내시장과는 다른 경쟁관계가 작용하며 법률이나 제도적인 측면도 차이가 클 뿐 아니라 다른 문화적 환경이나 사회적 관습 등으로 인해 많은 어려움이 있다. 또한 현지 진출국에서의 낮은 인지도, 기술과 인재부족, 취약한 네트워크 등으로 인해 경쟁이 힘들 수밖에 없기 때문에 사전에 면밀한 시장분석과 체계적인 진출전략 수립이 필요하다.

제18장은 해외진출전략의 개념, 해외진출전략 수립방법, 해외진출전략 수립실습으로 구성되어 있다

해외진출전략의 구성

1. 해외진출 전략의 개념 → 2. 해외진출전략 수립방법 → 3. 종합실습 해외진출전략 수립

사례 18-1 기술개발 한국서 해도 창업은 해외서 도전

"창업을 해외에서 하세요." 세계 각국에 진출한 한국인 벤처사업가들의 모임인 세계한인벤처네트워크(INKE) 캐나다 토론토지부 의장을 맡고 있는 웨인 김 스토리지ASP 대표는 27일 "국내 벤처기업과 창업기업인 상당수가 말로만 글로벌을 외치고 있을 뿐 글로벌 마인드가 부족하다"며 이같이 말했다.

김 의장은 2000년 자신이 캐나다에서 창업한 클라우드 서비스업체 스토리지ASP를 현지 이동통신업체 로저스에 올해 5월 매각한 뒤 한국과 캐나다를 오가며 정보기술(IT) 벤처기업의 창업지원과 해외 진출컨설팅을 하고 있다.

그는 이날 서울 삼성동 코엑스에서 열린 '2014 창조경제박람회'에서 벤처활성화 해외유공자 부문 산업통상자원부 장관상을 받았다. 김 의장은 "창조경제를 화두로 창업지원을 많이 하는 한국정부에 박수를 보낸다"면서도 "창조적인 아이디어와 기술을 보유한 기업인들이 국내에 머물지 말고 해외로 자꾸 나왔으면 한다"고 강조했다.

그는 "나 자신도 36년 전 캐나다로 이민간 뒤 1997년 미국 실리콘밸리에서 교육용 소프트웨어 아이템으로 처음 창업했고, 2000년 캐나다 토론토에서 두 번째 창업을 했다"며 "창업아이템보다 더 중요한 게 창업하는 지역인 것 같다"고 말했다. IT 관련 창업을 북미지역에서 한 것이 성공을 거두는 데 도움이 됐다는 설명이다.

그는 "원천기술은 국내에서 개발해도 상관없지만 해외에서 제품을 주로 팔려면 해당 국가에서 사업을 하는 게 맞다"며 "스타트업(창업) 환경이 잘 조성된 북미나 이스라엘, 유럽 등으로 나가 초반부터 현지에서 뿌리를 내리면 성공확률이 높아질 것"이라고 말했다. 엔젤 및 벤처캐피탈 자금유치 등에서 특히 유리하다는 것이다.

김 의장은 "내가 있는 토론토는 창업 인센티브가 많고 교육을 많이 받은 양질의 인적자원이 있는 데다 성공한 한국인도 많다"며 "현재 지식재산권(IP) 관련 변호사나 각 기업 한국인 최고기술책임자(CTO), 현지사업가, 벤처캐피탈 등으로 구성된 모임을 만들어 한국 내 IT 관련 스타트업을 지원할 수 있는 프로그램을 준비 중"이라고 덧붙였다.

출처: 한국경제(2014. 11. 27)

생각해보기 글로벌화가 진행되면서 최근의 창업자들은 과거에 비해서 해외시장에 진출할 수 있는 기회가 많아지고 있습니다. 이는 동시에 창업자들이 창업하고자 하는 시장에서 해외기업들과 경쟁해야 하는 위협을 가져다 주고 있습니다. 기술기반의 창업을 하는 창업자들은 창업 초기서부터 해외시장 진출을 목표로 창업을 준비해야 합니다. 해외시장 진출을 목표로 창업을 준비하면, 글로벌제품, 경쟁사, 기술, 고객, 영업방식 등에 대한 깊게 이해할 수 있습니다. 이 같은 분석을 기반으로 국내시장에 진출하기 위한 체계적인 사업계획을 수립할 수 있고, 해외제품에 대한 방어전략도 수립하고, 해외시장에 대한 진출전략을 수립할 수 있기 때문입니다.

I 해외진출전략의 개념

1. 해외진출전략의 이해

국내뿐만이 아니라 세계적으로도 창업 열기가 뜨겁다. 우리는 통신과 인터넷의 발달, 그리고 스마트폰의 혁명까지 엄청난 창업의 기회를 제공받고 있다. 창업의 기회가 늘어난 만큼 창업과 동시에 생존과 성장을 위한 경쟁도 치열해졌다. 이제는 글로벌시장을 무대로 창업을 할 수 있고 반면 창업과 동시에 글로벌 경쟁을 피할 수 없는 것이 현실이 되었다. 해외시장과 국내시장 간에 교통과 통신의 발달로 급속한 동질화가 진행되어 해외시장이라는 구분이 의미가 크게 없어지고 있는 추세이다. 다시 말해서, 창업기업이 작은 국내시장에서 지속적인 성장을 하는 것도 한계가 있지만 글로벌화가 가속되고 있는 경쟁 현실과 소비자들의 글로벌화로 인하여 국내시장의 안주는 더이상 불가능하다는 것이다.

더구나 기술창업은 기술집약적, 고부가가치, 시장지향적, 소규모 등 태생적으로 가지고 있는 특성으로 인하여 해외진출의 동기가 더 크다고 할 수 있다. 세계적인 기술기업들은 글로벌 경쟁지위 확보를 위해 공격적인 시장확대를 하고 있기 때문에 시간이 지날수록 창업기업의 입지가 더 어려워진다. 따라서 신속한 해외진출은 선택의 문제가 아니라 생존의 문제가 되고 있다.

또한 기술혁신이 빈번하며 기술표준의 선정이 중요하기 때문에 해외진출을 통하여 해외기업들이 가지고 있는 기술 노하우나 지식을 습득하고 오픈 이노베이션 등을 통한 신기술을 창출함으로써 세계시장에서 선도기업으로서의 경쟁력을 키울 수 있는 기회를 확대할 수도 있는 것이다.

글로벌 역량이 부족한 국내 창업기업이나 벤처기업들이 성공적인 해외진출을 하기 위해서는 창업자의 글로벌 마인드, 창업팀의 역량도 중요하지만 구체적인 해외진출 목표와 전략을 기반으로 한 철저한 준비가 핵심이다. 해외진출을 위해서는 사전 현지시장조사, 산업환경분석, 경쟁자분석, 재무계획 등이 충분히 검토되어야 하며 진출과정에서 내부적인 실행계획과 외부의 고객과 투자자를 설득할 수 있는 체계적인 전략 수립이 필요하다.

2. 해외진출전략 수립방법

해외진출은 창업기업뿐만 아니라 기존기업들에게도 어려운 일이다. 더군다나 창업기업에게는 국내시장에서조차 모든 환경이 생소하고 어려우며 국내에서 어느 정도 기반을 닦은 창업기업이라 하더라도 해외진출에는 진출국에서의 낮은 인지도, 기술부족, 인재부족, 취약한 네트워크 등으로 인해 경쟁이 힘들 수밖에 없다. 따라서 현지시장에 대한 세밀하고 정확한 조사와 연구 없이 안이하게 해외진출을 하는 것은 자원의 여유가 없는 창업기업에게 치명적인 결과를 가져올 수 있다는 사실을 간과해서는 안 된다.

해외진출은 검토단계, 추진단계, 운영단계로 나눌 수 있는데 여기에서는 진출시장 환경분석, 진출방식결정, 마케팅전략수립으로 나누어 검토단계의 진출전략수립을 소개하였다.

① 진출시장환경분석은 진출전략수립을 위해 진출시장의 외부환경을 구성하고 있는 소비자, 경쟁자, 제도, 사회문화, 경제, 기술환경 등을 분석하고 기업활동에 미치는 영향을 사전에 파악하는 것이다.

② 진출방식결정은 다양한 해외진출방식에 대해 장·단점을 분석하고 문제점이 발견되면 이에 대한 대안을 수립하는 과정이다. 창업기업은 해외진출을 위한 자원, 정보, 경험이 부족하기 때문에 시장진출방식을 결정하는 데 있어서 합리적인 선택을 하는 것이 중요하다.

③ 마케팅전략수립은 표적시장을 선정하고 자사제품의 시장 포지셔닝과 마케팅믹스를 결정하는 것을 의미한다.

>>> 해외진출전략 수립방법

해외진출전략	진출시장환경분석	기회발굴을 위한 시장환경을 분석하였는가?
	진출방식결정	어떤 방식으로 해외시장에 진출할 것인가?
	마케팅전략수립	시장 포지셔닝과 마케팅믹스전략을 수립하였는가?

Ⅱ 해외진출전략 수립방법

1. 진출시장 환경분석

1) 진출시장 환경분석의 개념

창업기업이 해외진출시장에 성공적으로 진입하기 위해서는 무엇보다 먼저 시장에 대한 면밀한 조사와 분석이 이루어져야 한다는 것이다. 해외진출을 통하여 국내시장에서 얻기 힘든 큰 성장의 기회를 찾을 수도 있지만 반대의 경우 회사 경영이 곤경에 처할 수도 있기 때문에 해외진출의 첫 단계인 진출시장 환경분석의 중요성은 매우 크다.

진출시장의 환경을 분석하기 위하여 1단계로 할 수 있는 것은 자료조사를 통하여 기본적인 통계정보를 얻는 것이다. 그런 다음에 기본정보를 바탕으로 관련 아이템의 무역거래 현황, 시장에서의 제품수명단계와 수입성향 등을 조사해 본다. 또한 진출시장의 매력도와 시장의 경쟁구도, 산업구조가 진출기업의 목표와 역량에 적합한지 여부를 조사하고 평가하는 것이 필요하다.

2) 진출시장 환경분석방법

기업의 외적 환경요인에는 소비자, 경쟁자, 정치, 법, 경제, 기술, 사회문화 등이 있는데 이러한 환경요인들은 기업이 통제하기 어렵기 때문에 철저한 조사와 연구가 이루어져야 한다. 진출국가의 환경분석을 위한 도구로서 가장 일반적으로 PEST분석, 5Forces분석, 3C분석기법 등을 활용하고 있다.

PEST분석(Political, Economic, Social and Technological analysis)은 외부환경요인을 정치·법률적 환경, 경제적 환경, 사회문화적 환경, 기술적 환경으로 나누어 기업활동에 미치는 영향을 파악하고 대응전략을 수립한다.

5forces분석은 산업에 참여하는 주체들을 경쟁기업, 새로운 진입자, 대체재, 공급자, 구매자로 구분하여 이들의 경쟁관계에서의 우위에 따라 기업과 산업의 수익률이 결정되므로 기업의 수익률에 영향을 미치는 핵심요인을 파악하고 각 요인별

로 자사 및 경쟁사의 강·약점을 분석한다.

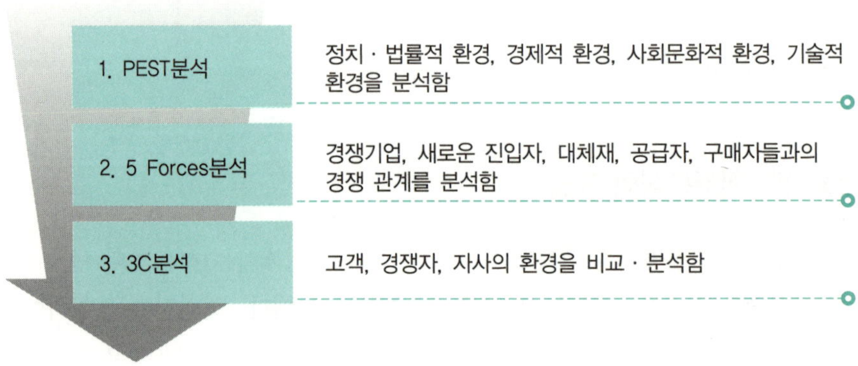

진출시장의 고객(customer), 경쟁자(Competitor), 자사(Company)를 대상으로 다양한 측면을 분석하여 차별화전략을 수립하기 위한 환경분석을 3C분석이라 한다. 이를 통하여 자사와 동일 고객을 놓고 경쟁하고 있는 기업을 비교·분석함으로써 자사의 강약을 파악하고 고객의 니즈를 만족시키기 위한 전략을 수립한다.

실습 1 진출시장 환경분석

■ 목적

진출시장의 외부환경을 조사·분석하여 경쟁관계와 산업구조를 파악하고 기업의 활동에 미치는 요인에 대한 대응전략을 수립하는 데 목적이 있다.

■ 진행방법

① PEST, 5Forces, 3C분석을 방법에 따라 외부환경 요인에 대한 조사내용을 항목별로 구분하여 작성한다.

② 분석결과에 따라 대응전략 수립에 반영할 시사점을 도출한다.

■ 실습하기

1) PEST분석

PEST분석은 기업의 전략 수립에 있어서 기업이 통제하기 어렵지만 사업활동에 영향을 미치는 거시적 환경요소를 분석하여 사업방향을 설정하는 데 유용한 도구이다.

시장진출 아이템	
분석항목	주요 내용
정치・법률적 환경	
경제적 환경	
사회문화적 환경	
기술적 환경	
시사점	

■ 참고사례

• 아래의 사례는 LED사업의 해외진출을 준비 중인 창업자가 PEST분석을 통해 일본시장의 거시환경을 분석한 것이다.

시장진출 아이템	일본 LED시장 진출을 위한 PEST분석
분석항목	주요 내용
정치・법률적 환경	• 2012년을 기점으로 백열등의 생산, 판매, 수입을 단계적으로 금지하는 규제정책 실시 • 원전사태 이후 정부의 에너지절감정책 본격화
경제적 환경	• LED 조명가격의 하락으로 payback time단축. • 업무용 조명 6억 개가 LED조명 교체 전망. • 재기된 경기침체로 LED시장 성장위축 우려
사회・문화적 환경	• 원전사고를 계기로 에너지절약 공감대 확산 • 전기요금 인상에 따른 고효율 LED조명 선호
기술적 환경	• G13과 JEL801 간 업계표준 경쟁 치열 • 다양한 광효율 개선기술 등장으로 환경친화적 설계 • 특수목적용 LED 조명기술 개발 활발: 초저온 작동 LED조명, 방수 LED, 식물재배용 LED 등
시사점	1. 일본 LED시장은 제도적, 사회적, 경제적으로 우호한 환경이 조성되고 있으나 재기된 경기침체로 인한 성장부진이 우려됨 2. 다양한 시장요구에 따른 기술개발이 활발하여 신사업 기회 발생하고 있음

■ 실습하기

2) 5Forces분석

기업의 전략수립을 위하여 산업 내 경쟁관계와 정도를 분석하는 기법이다. 기업 활동을 둘러싼 경쟁환경요소인 경쟁자, 새로운 진입자, 대체재, 공급자, 구매자의 경쟁관계를 포괄적으로 분석함으로써 현재의 경쟁자뿐만 아니라 잠재적인 경쟁관계까지도 정확히 파악할 수 있다.

분석항목	주요 내용
경쟁기업	
새로운 진입자	
대체재	
공급자	
구매자	
시사점	

■ 참고사례

• 아래의 사례는 LED사업의 해외진출을 준비 중인 창업자가 5Forces분석을 통해 일본시장의 산업구조와 특성을 분석한 것이다.

분석항목	주요 내용
경쟁기업	• 일본 국내업체와 해외업체들의 시장선점 경쟁이 치열함 • 선도업체들의 업계표준경쟁 본격화
새로운 진입자	• 저가를 무기로 하는 중국, 대만기업의 시장진입 위험 • 대기업 상사들의 OEM/ODM시장 진입가능
대체재	• 백열등 규제와 형광등 수은규제로 LED조명으로 교체 예상
공급자	• 글로벌기업 및 일본 대기업들이 소재와 Chip, Package를 독점 • 대기업의 LED 수직계열화로 중소기업용 부품공급에 소극적
구매자	• B2C시장에서는 도매상이 막대한 영향력 행사 • B2B시장은 사무실용 조명 교체 수요가 주요 시장 형성

시사점	1. B2C시장은 대기업들의 경쟁이 치열하며 저가 중국산과의 경쟁이 불가피한 시장으로 수익률 저하예상 2. 공급자의 power가 강하기 때문에 안정적 공급선 확보가 중요 3. 지속적인 LED조명 교체 예상되므로 다양한 니치시장 발굴로 진출기회 포착

■ **실습하기**

3) 3C분석

3C분석은 고객, 경쟁사, 자사의 관점에서 기업의 외부환경과 내부역량을 분석하는 유용한 도구이다.

3C	분석내용			
고객(customer)				
경쟁사(competitor)				
자사(company)				
	자사	경쟁사 A	경쟁사 B	경쟁사 C
목표고객				
시장점유율				
가격전략				
유통전략				
핵심역량				
재무상태				
시사점				

■ **참고사례**

• 아래의 사례는 LED사업의 해외진출을 준비 중인 창업자가 3C분석 관점에서 시장진출 환경을 분석한 것이다.

3C	분석내용			
고객(customer)	영하 50도 대응가능 요구, 냉동창고용 LED조명 요구			
경쟁사(competitor)	영하 40도 대응가능, 국내 영업조직, 신제품개발 중			
자사(company)	초저온 LED 조명 공급가능, 고가, 판매거점 구축 필요			
	자사	경쟁사 A	경쟁사 B	경쟁사 C
목표고객	냉동창고 업체	냉동창고 업체	냉동창고 업체	냉동 선박
시장점유율	진출예정	30%	25%	10%
가격전략	고가	중저가	중가	고가
유통전략	미정	Direct Channel	Distributor	Direct Channel
핵심역량	신기술	전국 지사	기술	직접 생산
재무상태	취약	우수	양호	양호
시사점	• 영하 50도 초저온 LED조명에 대한 고객의 요구 대응 • 시장확대를 위한 원가경쟁력 제고 필요 • 조기 판매채널 구축이 진입성패의 관건			

2. 시장진출방식 결정

1) 시장진출방식 결정의 개념

창업기업의 해외시장진출은 대기업과 비교하여 상대적으로 대규모의 경영자원이 투입되어야 하기 때문에 신중을 요하는 전략적 의사결정이다. 더욱이 한 번 결정된 진입방법은 단기간에는 변경이 쉽지 않고 진출방법을 잘못 선택할 경우 해외진출 실패나 더 큰 이익기회의 상실로 이어질 수 있다. 진출방법의 선택은 주로 진출시장에 대한 의지, 통제권 정도, 위험노출, 수익 등에 의해 결정되는데 단계별로 수출에 의한 진출, 계약에 의한 진출 그리고 직접투자에 의한 진출이 있다.

진출방식의 결정은 회사의 목표와 자원조달능력에 따라 현지 파트너와의 협력관계 수준을 고려해야 하는데 현지 파트너와의 협력은 진출에 필요한 자금부담을 줄이고, 신속한 현지시장의 접근을 가능하게 하며, 인적자원 확보가 용이한 반면 투자이익의 감소, 의사결정 지연, 경영권 마찰과 같은 갈등의 소지가 있고, 기술이나 노하우의 유출 위험도 감안하여야 하는 문제가 있다. 또한 국가에 따라서는 산업분야나 제품별로 단독투자를 허용하지 않는 경우도 있으니 파트너 선정이 해외진출에 중요한 의사 결정사항이라고 할 수 있다.

따라서 진출방식의 결정은 자금조달, 시장접근, 수익분배 등 다양한 측면에서 협력관계를 검토하고 자사의 목표와 역량을 감안하여 진출국가의 상황에 맞는 방식을 선택하여야 한다.

2) 시장진출방식 결정방법

기업의 해외진출은 위험이 적은 방식에서 높은 방식으로 일정한 단계를 거쳐 이루어지는 것이 일반적이다. 초기에는 해외진출 위험이 적은 중간상을 통한 진출을 시도하고 이를 통해 지식과 경험을 습득하게 되면 판매지사나 법인 설립, 생산시설의 이전과 같은 방식으로 진화한다. 그러나 창업기업이나 중소기업은 대기업과 달리 한정된 자원을 투자하여 빠른 성장을 하여야 하기 때문에 단계별 방식보다 자신의 상황에 맞는 방법을 찾아 진출하는 것이 전략적 접근이라고 할 수도 있을 것이다.

단계별 해외진출방법은 1단계로 수출에 의한 진출이 있다. 수출에 의한 진출은 상사에 의존하는 간접수출방식과 판매대리인을 지정하거나 판매지사 및 판매법인 설립을 통해 수출을 추진하는 직접수출방식이 있는데 수출에 의한 진출방식이 가장 보편적이라고 할 수 있다.

다음 단계로는 계약에 의한 진출로서 라이선싱, 프랜차이싱, 기술계약, 서비스계약, 경영관리계약, 공동생산계약, 턴키계약 등과 같이 계약형태에 의한 진출방식이며 책임이나 위험이 작고 안정적 수입이 보장되나 현지시장 통제권이나 투자수익의 기회는 없다.

마지막으로 직접투자에 의한 진출방식은 생산요소의 복합이전으로 위험성은 증대하나 통제권을 확보하고 높은 투자수익의 기회가 있다. 직접투자방식으로는 단독투자, 합작투자, 인수합병 등이 있다.

1. 수출에 의한 진출	간접수출, 직접수출 등의 장 · 단점을 검토함
2. 계약에 의한 진출	라이선싱, 프랜차이싱, 기술계약, 생산계약, 턴키계약 등의 장 · 단점을 검토함
3. 직접투자	단독투자, 합작투자, 신설, M&A 등의 장 · 단점을 검토함

실습 2 시장진출 방식결정

■ 목적

진출시장에 대한 의지, 통제권 정도, 위험노출, 수익 등 다양한 요인을 분석하고 기업의 상황과 가장 맞는 시장진출방식에 대한 결정을 하는 데 목적이 있다.

■ 진행방법

① 해외진출의 목적과 사유를 명확하게 작성한다.

② 해외진출의 영향요인에 대해 진출 유형별로 내용을 구체적으로 작성한다. 기업의 진출의지, 대 · 내외환경 변화의 통제수준, 위험도, 자금조달 및 투자수익 등을 고려하여 분석한다.

③ 각 항목에 대한 대안을 제시한다.

④ 기업의 관점에서 중요도와 시급성을 기준으로 진출 유형별 장 · 단점을 비교하여 진출방법을 선택한다.

■ 실습하기

<table>
<tr><td>진출목적</td><td colspan="4"></td></tr>
<tr><td colspan="2">항목</td><td>장점</td><td>단점</td><td>대안</td></tr>
<tr><td colspan="2">수출에 의한 진출</td><td></td><td></td><td></td></tr>
<tr><td colspan="2">계약에 의한 진출</td><td></td><td></td><td></td></tr>
<tr><td rowspan="2">직접 투자</td><td>단독투자</td><td></td><td></td><td></td></tr>
<tr><td>합작투자</td><td></td><td></td><td></td></tr>
</table>

■ **참고사례**

• 아래의 사례는 LED사업의 해외시장 진출방식에 대한 대안을 비교 · 분석한 것이다.

<table>
<tr><th>진출목적</th><td colspan="4">초저온 LED조명 기술 경쟁력을 활용한 판매 확대</td></tr>
<tr><th colspan="2">항목</th><th>장점</th><th>단점</th><th>대안</th></tr>
<tr><td colspan="2">수출에 의한 진출</td><td>• 적은 자원투입
• 낮은 위험수준
• 경험축적 후 단계적 진출가능</td><td>• 직접수출의 경우 초기 시장접근이 어려움
• 간접수출은 중간상의 개입으로 고객과 거리가 멀어짐</td><td>판매지사나 법인 설립</td></tr>
<tr><td colspan="2">계약에 의한 진출</td><td>• 생산요소 단일 이전 (기술, 특허)으로 직접투자에 비해 위험이 작고 안정적 수입보장</td><td>• 현지시장 통제권이 없음
• 투자수익의 기회가 적음</td><td>직접진출이 어렵거나 곤란한 시장진출</td></tr>
<tr><td rowspan="2">직접투자</td><td>단독투자</td><td>• 경영권 장악
• 투자이익 독점</td><td>• 위험부담이 높음</td><td>현지기업 인수합병</td></tr>
<tr><td>합작투자</td><td>• 자본, 경영자원 분담
• 투자위험 분산
• 현지시장 경험부족 보완</td><td>• 투자이익 분배
• 의사결정 지연
• 기술유출 위험</td><td>분야별 합작이나 전략적 제휴</td></tr>
</table>

3. 마케팅전략 수립

1) 마케팅전략 수립의 개념

기업이 목표를 세우고 기업활동의 제약조건이 되는 환경을 분석한 후 자원을 동원하여 대응을 해나가는 과정을 전략수립이라고 한다. 다시 말해서 현재의 상태에서 목표를 향해 처해진 환경을 극복하며 나가는 최선의 방법을 선택해 나가는 과정이라고 할 수 있다. 마케팅전략 수립은 경영층이 사업의 영역을 선택하고 사업분야별로 효과적인 관리를 하기 위한 전사적 전략을 수립한 후 마케팅부문의 목표를 수립하고 마케팅 자원을 활용하여 기업이 효율적으로 경쟁우위를 유지하기 위한 의사결정의 과정이라고 할 수 있다.

2) 마케팅전략 수립방법

전략수립 방법은 현상태를 파악하는 것으로부터 시작한다. 앞 단계에서 거시환경 요소들과 산업 내 경쟁관계를 분석하고 고객, 경쟁자, 자사의 객관적 분석을 통하여 진출하고자 하는 시장에 대한 환경을 파악하고 전략수립을 위한 여러 가지 시사점을 도출하였다. 그리고 진출의 목적과 자사의 역량과 자원에 적합한 진출방식에 대해서도 결정을 하였다. 이제부터는 진출전략 수립의 마지막 단계로 마케팅 전략수립을 하게 되는데 마케팅전략 수립은 STP분석, 마케팅믹스 개발, 마케팅활동평가의 3가지 단계를 거쳐 작성된다.

마케팅전략 수립의 첫 단계는 시장을 세분화하고, 목표시장을 선택한 후 목표시장에 자사의 제품을 적절하게 포지셔닝시키는 과정이다. 간략하게 과정을 요약하면 시장세분화 기준 가운데 가장 효과적으로 시장구조를 잘 나타내 줄 수 있는 시장세분화 기준을 선택하여 시장을 세분한다. 이어서 세분화된 시장을 평가하여 자사의 목표시장을 선택한다. 선택된 목표시장에서 자사의 제품을 경쟁사에 대비하여 소비자의 인식 속에 어느 위치를 차지할 것인지에 대한 전략을 수립한다.

마케팅믹스 개발은 자사의 마케팅자원을 동원하여 수립된 목표를 달성하기 위한 최선의 방법을 선택하는 과정인데 마케팅의 네 가지 요소인 제품, 가격, 유통, 판매촉진에 대한 구체적인 실행계획을 수립하는 것이다.

마지막 단계는 마케팅관리자가 집행된 마케팅활동의 결과를 수집하여 당초 목표달성 여부를 평가하고 이 평가를 피드백하여 차기 마케팅계획 수립 시 반영함으로써 자사의 제품을 진출시장에서 경쟁적 우위를 차지할 수 있도록 하는 과정을 반복하게 된다.

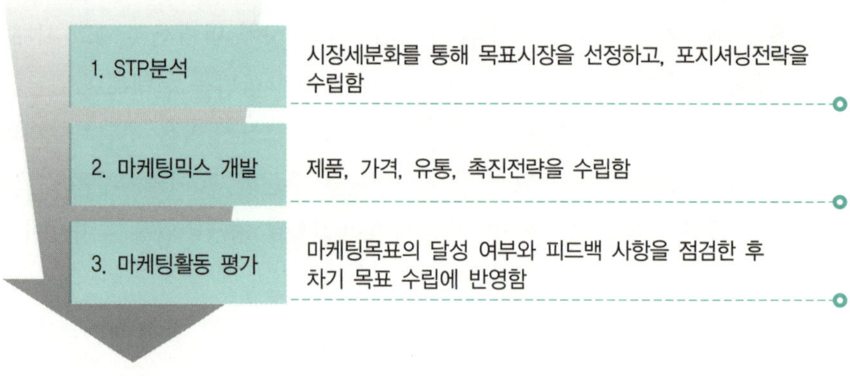

실습 3 마케팅전략 수립

■ **목적**

마케팅목표를 달성하기 위해 목표시장 내 포지셔닝을 해 보고 마케팅믹스전략을 수립하는 데 목적이 있다.

■ **진행방법**

① 목표시장을 선정하고 소비자의 선호도를 결정하는 속성 두 가지를 선정하여 경쟁제품과의 상대적 위치를 파악한다.
② 마케팅믹스의 4요소별로 실행계획을 수립한다.
③ 마케팅 목표달성을 평가하고 피드백한다.

■ **실습하기**

1) STP분석

마케팅전략 수립의 첫 단계는 시장을 세분화하고, 표적시장을 선택한 후 표적시장에 자사의 제품을 적절하게 포지셔닝시키는 과정이다.

시장			
관련시장	시장세분화	목표시장	포지셔닝

■ **참고사례**

- 아래의 사례는 LED사업의 해외시장 진출을 위해 시장을 세분화한 후 목표 시장을 선정하고, 포지셔닝한 것이다.

시장	일본 LED조명시장		
관련시장	시장세분화	목표시장	포지셔닝
옥내	주택	옥내시설 시장 (냉동창고용 초저온 LED조명시장)	고성능 프리미엄제품
	사무실		
	점포		
	시설		
	기타		
옥외	자연조명		
	건축조명		
	도로조명		
	기타		

2) 마케팅믹스 개발

STP전략 수립을 통해 표적시장을 선정하고 그 시장공략을 위하여 마케팅 핵심 요소인 제품, 가격, 유통, 판매촉진에 대한 구체적인 전략을 수립한다.

4P	실행계획
제품	
가격	
유통	
촉진	

■ **참고사례**

- 아래의 사례는 LED사업의 해외시장 진출을 위해 마케팅믹스 전략을 수립한 것이다.

4P	실행계획
제품	Tough Guy Titanium – premium quality, 2가지 색상 Tough Guy Gold – high quality, 2가지 색상
가격	Tough Guy Titanium – 3천엔/개(고가전략) Tough Guy Gold – high quality, 2천엔/개(시장침투전략)
유통	주요 5개 거점지역 판매지사를 통한 직판 그 외 지역: 지역대리점 체제 구축
촉진	신문광고 월 2회 전시회참석 연 2회 인적판매 주요 거래선 분기당 1회

3) 마케팅활동 평가

마케팅활동 평가 과정에서는 마케팅관리자가 집행된 마케팅활동의 결과를 수집하여 당초 목표 달성 여부를 평가하고, 이 평가를 피드백하여 차기 마케팅계획 수립 시 반영함으로써 자사의 제품을 진출시장에서 경쟁적 위치를 차지할 수 있도록 하는 과정을 반복하게 된다.

마케팅목표	
추진과제	성과
피드백 사항	

■ **참고사례**

• 아래의 사례는 LED사업의 해외시장 진출전략 중 마케팅활동 평가에 관한 내용을 요약한 것이다.

마케팅 목표	2015년 시장점유율 5% 달성
추진과제	성과
신제품 출시	2월 1일 큐슈지역 출시 후 3월말까지 전국 출시 완료

주요 거래선에 대한 분기별 가격조정 일정 제안	상위 3개 거래선에 대한 분기별 가격조정 실시
직접판매 채널 구축	9개 주요 지역 중 2개 판매지사 설치
인적판매 집중화	냉동창고 운영업체에 LED조명 교체 제안영업 실시
피드백 사항	2015년 시장점유율 제고 전략 • 직접판매채널 확대: 3개 판매지사 신규 설치 • 제품차별화 강화: A/S, 보증기간 등 비가격 경쟁력 제고 • 영업인력 확충

Ⅲ 종합실습 - 해외진출전략 수립

▪ 목적

진출시장의 환경을 분석하고 진출방식을 결정한 후 해외시장진출 해외시장 진출단계별로 수립한 핵심전략을 요약하는 데 목적이 있다.

▪ 진행방법

① 시장환경과 진출방식을 요약한다.

② 각 단계별 핵심전략을 요약해서 작성하고 경영진이나 이해당사자에게 보고한다.

▪ 실습하기

진출국가 및 품목		
진출시장 환경분석	PEST분석	
	5Forces분석	
	3C분석	
시장진출방식 결정		
마케팅 전략 수립	STP분석	
	마케팅믹스개발	
	마케팅활동평가	

■ 참고사례

• 아래의 사례는 LED사업의 해외시장 진출전략을 수립한 것이다.

<table>
<tr><th colspan="2">진출국가 및 품목</th><th>일본향 초저온 LED조명</th></tr>
<tr><td rowspan="3">진출 시장 환경 분석</td><td>PEST분석</td><td>1. 일본 LED시장은 제도적, 사회적, 경제적으로 우호한 환경이 조성되고 있으나 재기된 경기침체로 인한 성장부진이 우려됨
2. 다양한 시장요구에 따른 기술개발이 활발하여 신사업 기회 발생하고 있음</td></tr>
<tr><td>5Forces분석</td><td>1. B2C시장은 대기업들의 경쟁이 치열하며 저가 중국산과의 경쟁이 불가피한 시장으로 수익률 저하 예상
2. 공급자의 power가 강하기 때문에 안정적 공급선 확보가 중요
3. 지속적인 LED조명 교체 예상되므로 다양한 니치시장 발굴로 진출기회 포착</td></tr>
<tr><td>3C분석</td><td>1. 영하 50도 초저온 LED조명에 대한 고객의 요구 대응
2. 시장확대를 위한 원가경쟁력 제고 필요
3. 조기 판매채널 구축이 진입성패의 관건</td></tr>
<tr><th colspan="2">시장진출방식 결정</th><td>직접수출</td></tr>
<tr><td rowspan="3">마케팅 전략 수립</td><td>STP분석</td><td>냉동창고용 고급형 초저온 LED조명 시장</td></tr>
<tr><td>마케팅믹스 개발</td><td>제품:
• Tough Guy Titanium – premium quality, 2가지 색상
• Tough Guy Gold – high quality, 2가지 색상
가격:
• Tough Guy Titanium – 3천엔/개(고가전략)
• Tough Guy Gold – high quality, 2천엔/개(시장침투전략)
유통:
• 주요 5개 거점지역 판매지사를 통한 직판
• 그 외 지역: 지역대리점 체제 구축
촉진:
• 신문광고 월 2회
• 전시회참석 연 2회
• 인적판매 주요 거래선 분기당 1회</td></tr>
<tr><td>마케팅활동 평가</td><td>2015년 시장점유율 제고전략:
• 직접판매채널 확대: 3개 판매지사 신규 설치
• 제품차별화 강화: A/S, 보증기간 등 비가격 경쟁력 제고
• 영업인력 확충</td></tr>
</table>

사례 18-2 이재원 슈프리마 대표 "해외서 먼저 알아준 기술력"

국내 아닌 해외시장 先진입으로 '승부수' … 세계지문인식경연대회 1위 빛나는 '알짜 히든챔피언' "생각의 전환을 통해 국내가 아닌, 기술경쟁력을 토대로 해외시장 진입을 먼저 시도했습니다. 이것이 슈프리마가 미주, 유럽지역을 필두로 현재 글로벌시장에서 선전하고 있는 초석이 됐다고 생각합니다."

이 대표는 "우리의 성공 방정식은 혁신적인 기술력"이라며 "일례로 슈프리마의 지문인식 핵심 알고리즘은 2004, 2006, 2010년에 걸쳐 세계 경연대회에서 1위를 차지했고, 미국국립기술표준원 지문인식 알고리즘 호환성 테스트에서도 1위를 차지했다"고 말했다. 이어 "이런 기술력의 원천은 투자를 아끼지 않고 있는 슈프리마의 우수인력 영입 노력에 있다"고 덧붙였다.

이 대표에 따르면 슈프리마는 올 8월 기준 특허출원 45개(국내 28개, 해외 17개), 등록은 36개이며 연구개발(R&D) 기술인력 비중은 약 60~70%에 달한다. 이 대표가 기술력과 인재의 중요성을 얼마나 강조하는지 알 수 있는 대목이다.

최근 이 대표의 눈은 해외에 쏠려 있다. 지난해 수출비중이 74%였던 슈프리마는 점차적으로 해외시장 점유율을 높이고 있다. 올해는 주요 거점인 유럽시장을 위해 영국기업과 파트너십을 체결하며 현지 사무소를 설립키도 했다. 이 대표는 "현재 브라질과 러시아, 중국 등을 거점으로 삼고 전 세계 시장을 섭렵하기 위한 비즈니스 확대 전략을 펼치고 있다"며 "바이오인식 분야 선도기업으로서 한국의 기술력을 해외에 알리고 있는 것에 큰 의미를 두고 있다"고 강조했다.

어떤 기업이든 창업 초기 기업은 어려움이 많다. 이 대표도 마찬가지였다. 창업 초기인 2000년대 초반 많은 바이오인식 업체들이 난립하면서 시장진입장벽은 물론, 투자유치 문턱이 높아지는 등 난관에 부딪쳤다. 이에 이 대표가 선택한 승부수는 국내가 아닌, 선(先) 해외시장진입 시도였다. '생각의 전환'을 통해 성공의 틈새를 찾아낸 셈이다.

그는 "생각의 전환을 통해 미주, 유럽지역을 필두로 사업을 키워나갈 수 있었다"며 "글로벌시장에서의 선전은 역으로 국내시장에서의 브랜드가치와 경쟁력을 높였고, 현재 국내 1위 업체란 명성을 안게 됐다"고 소회했다.

이 대표의 목표는 단순하다. 슈프리마가 바이오인식 분야의 대명사가 되는 것이다. 그는 "기술을 납품하는 업체가 아닌, 슈프리마 자체의 고유 브랜드로 시장입지를 높이고 '바이오인식' 하면 '슈프리마'가 연상되는 바이오인식 및 물리적 보안 분야의 최고봉이 되는 게 목표"라며 "바이오인식 기술이 고부가가치를 가져올 수 있는 '바이오메트릭스 2.0'시대를 이끌어가겠다"고 밝혔다.

출처: 이투데이(2014. 8. 22)

생각해보기 세계시장을 목표로 창업하는 기업들이 늘어나고 있습니다. 세계시장에 진출할 수 있는 기업을 창업하기 위해서는 글로벌 마인드, 정보통신기술, 전문성, 합리성, 창의성, 도전정신이 필요합니다. 전 세계에서 이 같은 능력을 갖춘 인재가 제일 많은 국가 중 하나가 대한민국입니다. 그러므로 창업을 준비하는 대한민국의 젊은이들은 국내시장뿐만 아니라 세계시장을 목표로 야심찬 창업사업계획을 수립할 필요가 있습니다.

마무리하기

1. 학습목표 확인	
해외진출의 이해	1. 해외진출의 개념과 진출방법을 이해하셨습니까? 2. 해외진출을 위한 진출시장 환경분석, 해외진출 단계별 전략수립 방법을 이해하셨습니까?

2. 실습 결과	
해외진출 전략수립	1. 여러분이 진출하고자 하는 해외시장의 환경을 분석하고 대응전략을 수립해 보셨습니까? 2. 해외진출전략을 단계별로 이해하고 작성해 보셨습니까?

3. 다음 단계 소개	
제19장 회사설립 절차	1. 다음 단계에서는 회사설립절차에 대해 학습하게 됩니다.

기술창업실무

module 7

Chapter 19. 회사설립절차

Chapter 20. 프레젠테이션 스킬

회사설립절차

19 Chapter

제19장에서는 회사설립의 의미와 회사의 종류를 이해한 후 그에 필요한 절차를 학습함으로써 회사설립절차에 대한 이해를 하게 된다.
회사설립은 크게 법률적인 형태와 출자형태에 따라 나누어 볼 수 있다. 법률적 형태에 따라 개인기업과 법인기업으로, 출자형태에 따라 개인기업과 공동기업으로 나누어진다.
제19장에서는 법인기업과 개인기업의 비교를 통해 전반적인 이해를 돕고, 개인기업의 설립절차와 법인기업의 설립절차를 이해할 수 있는 내용으로 구성되어 있다.

회사설립절차의 구성

회사설립의 이해 → 개인기업 설립 → 법인기업 설립

사례 10-1 '차세대 래리 페이지 키워라'… 구글, 서울에 스타트업 캠퍼스

"대부분의 성공적인 제품은 다른 사람들이 '성공하기 힘들 것'이라고 봤던 독특한 아이디어에서 시작됩니다. '캠퍼스 서울'은 그런 아이디어에 많은 지원을 할 겁니다."

순다르 피차이 구글 수석부사장(사진)이 27일 예고 없이 서울을 찾아 기자들 앞에 섰다. 인도 출신으로 2004년 구글에 합류한 피차이 부사장은 안드로이드 모바일 운영체제(OS)와 인터넷 브라우저 크롬, G메일 등을 총괄하는 핵심인물. 올해 초 마이크로소프트가 새 최고경영자(CEO)를 물색할 때 현 사티아 나델라 CEO와 함께 유력 후보로 거론되기도 했다. 그가 방한한 이유는 스타트업(신생 벤처기업) 지원 프로그램 '캠퍼스 서울'을 소개하기 위해서다. 구글은 이 날 피차이 부사장과 존 리 구글코리아 사장 등이 참석한 가운데 서울 강남구 대치동 오토웨이타워에서 기자간담회를 열고 영국 런던과 이스라엘 텔아비브에 이어 세계 3번째이자 아시아 최초로 '캠퍼스 서울'을 설립한다고 밝혔다.

캠퍼스는 구글이 창업가를 지원하기 위해 마련하는 전용공간의 명칭. 스타트업을 위한 인큐베이팅이 진행되는 곳이다. 온라인마케팅, 관련 법률 등 기술창업에 필요한 다양한 분야에 대한 멘토링, 투자자와의 만남 등 창업을 위한 지원이 '패키지'로 이 캠퍼스 내에서 이루어진다. 구글의 다양한 플랫폼과 기기도 마음껏 이용해 볼 수 있다. '커피를 서빙하는 종업원과 예비창업가가 이야기를 나누다 공동창업에 나선' 사례도 있을 정도로 창업만을 위해 존재하는 곳이다. 아이를 둔 여성의 창업을 독려하기 위한 '엄마를 위한 캠퍼스(Campus for Mums)'라는 별도의 프로그램도 운영한다.

구글은 세 번째 캠퍼스 설립 후보지로 수백 개 도시를 대상으로 스타트업 기업들의 실력, 기업가정신, 창업환경 등을 평가한 끝에 서울을 선정했다. 피차이 부사장은 "런던의 성공 이후 많은 도시를 분석했다. 한국은 변화에 익숙하고 80%의 인구가 스마트폰을 쓰고 있을 뿐 아니라 안드로이드 플랫폼을 이용하는 많은 창의적인 성과물을 낸 곳"이라고 배경을 설명했다. 박근혜 대통령이 올해 4월 방한한 래리 페이지 구글 공동창업자 겸 CEO를 만나며 창조경제에 대한 협력의지를 내비친 것도 캠퍼스 서울 유치에 한몫을 했다.

가장 먼저 설립된 캠퍼스는 2012년 3월 문을 연 '캠퍼스 런던'이다. 악명 높은 슬럼가였던 런던 쇼디치 지역을 유럽 최대 정보기술(IT) 클러스터로 바꾼 '테크시티(Techcity) 프로젝트'의 주역으로 꼽힌다. 7층짜리 빌딩을 통째로 쓰는 캠퍼스 런던은 전 세계에서 모여든 3만여 명의 창업가들이 이용하고 있다. 현재까지 274개의 새로운 스타트업을 배출하고 약 583억원의 투자를 유치했다. 170개국 350만여 명의 사용자가 가입돼 있는 소셜 번역 어플리케이션을 서비스하는 국내 스타트업 기업 '플리토'의 이정수 대표도 이곳을 3개월간 이용하며 성공의 기반을 닦았다.

내년 초 개관하는 캠퍼스 서울은 오토웨이타워에 약 2,000m²의 규모로 들어선다. 캠퍼스 런던과 거의 비슷한 규모다. 다른 캠퍼스와 마찬가지로 창업지원을 위한 다양한 프로그램과 네트워크의 장이 마련될 예정이다. 무엇보다 그동안 국내에서 접하기 힘들었던 글로벌 벤처 전문가들의 강연이나 멘토링을 직접 받을 수 있게 된다. 또 '구글 창업지원팀'을 통해 캠퍼스 런던 및 캠퍼스 텔아비브에 있는 창업가, 전문가들과 교류의 기회도 얻는다. 피차이 부사장은 "창업생태계 조성을 위해선 많은 사람들이 모이고 아이디어를 공유하는 것이 중요하다"며 "(캠퍼스 서울을 통해) 그 어떤 나라보다 독특한 한국의 정보기술이 더 많은 나라의 모델이 될 수 있을 것"이라고 말했다.

한편 '창조경제' 정책 주무부처인 미래창조과학부 최양희 장관도 이날 간담회에 참석해 캠퍼스 서울에 대한 기대감을 내비쳤다. 자유로운 스타트업 문화에 맞게 딱딱한 양복 대신 푸른 색의 캐주얼한 체크무늬 셔츠를 입고 나온 최 장관은 "구글이 캠퍼스 서울을 세우는 것은 창조경제를 마련하기 위한 토양을 만들어야 한다는 정부의 인식과 공감대가 형성됐기 때문"이라며 "글로벌 창조경제의 주춧돌이 되기를 기대한다"고 말했다.

출처: 동아일보(2014. 8. 28)

생각해보기 정부가 기술기반의 창업을 촉진하고 체계적인 창업생태계를 조성하기 위해서 많은 노력을 하고 있습니다. 그럼에도 불구하고 창업이란 길은 본래 수많은 위험요소에 노출되어 있기 때문에 성공가능성은 상대적으로 낮습니다. 그렇다고 해서 창업이 아닌 취업의 길을 선택한다고 해도, 최근의 트렌드를 보면 취업 후 직장에서 20년 이상 근무하기가 쉽지 않습니다. 그렇다면, 기업에서 퇴직 후 또 다른 길을 선택해야 하는데 그 길은 창업일 가능성이 높습니다. 그러므로 우리 인생에서 창업은 선택이 아닌 필수로 다가오고 있습니다. 따라서 창업을 선택이 아닌 필수라고 생각하고 역량을 강화하기 위해서 대학에서, 직장에서 평생 적극적으로 노력할 필요가 있습니다.

I 회사설립의 이해

1. 기업형태의 이해

사업계획을 수립한 창업자가 사업의 실행을 위해서는 자신의 기업을 설립해야 한다. 창업을 한다는 의미는 새로운 기업을 설립하여 창업의 목적을 달성해 나가는 것이므로 회사를 설립하는 시점이 곧 진정한 의미의 창업시점이라고 볼 수 있다. 창업자는 다양한 기업의 형태와 특성을 이해하고, 자신의 사업과 현재 상황에 가장 적합한 기업을 설립해야 한다.

기업의 형태는 크게 법률적 형태에 따라 개인기업과 법인기업으로 나누어진다. 그리고 법인기업의 종류에는 주식회사, 유한회사, 합자회사, 합명회사 등이 있다.

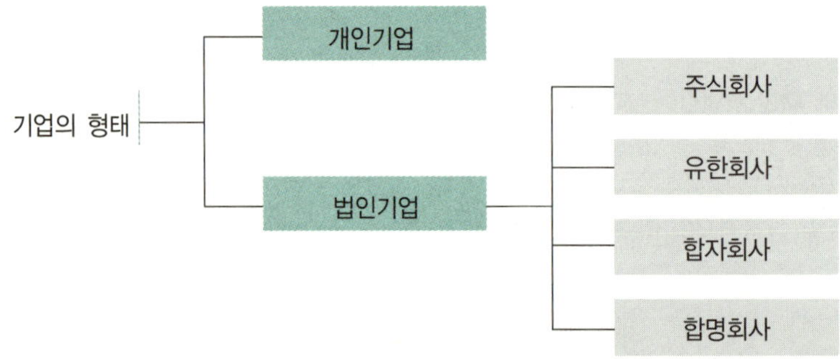

개인기업은 소요자본의 전부 또는 대부분을 한 개인이 출자하고, 그 자본운영에 관한 책임을 그 출자자가 전적으로 지는 기업을 의미한다. 반면에 법인기업은 금융기관 이외의 기업활동에 종사하는 기업의 형태로 우리가 흔히 알고 있는 주식회사의 형태가 대표적이다.

주식회사는 주식의 인수가액 한도 내에서 책임을 부담하는 주주만으로 성립하는 회사이다. 주주는 회사에 대해 출자의무를 부담할 뿐 이외의 어떤 의무도 부담하지 않는다. 주식회사는 발기인이 정관을 작성하여 공증인의 인증을 받은 후 각 주식에 대한 인수가액의 전액과 현물출자의 이행을 완료한 후 설립등기를 함으로써 성립한다.

유한회사는 주식회사의 주주와 같이 출자액을 한도로 하는 간접의 유한책임을 부담하는 사원만으로 성립하는 회사이다. 사원(社員)이란 회사의 구성원으로 회사를 설립하는 사람을 말하며, 단순히 직원을 말하는 것은 아니다. 유한회사는 중소기업에 적합하도록 주식회사의 복잡한 조직을 간단하게 하여 합명회사와 같은 점을 가지고 있는 점에서 주식회사와 다르다.

합자회사는 무한책임사원과 유한책임사원으로 구성된 회사를 말한다. 무한책임사원은 회사에 대하여 출자의무 및 회사채권자에 대하여 직접 연대하여 무한의 책임을 지는 반면, 유한책임사원은 회사에 대해 일정 출자의무를 부담하며, 그 출자가액에서 이미 이행한 부분을 공제한 가액을 한도로 하여 회사채무를 변제할 책임이 있다.

합명회사는 모든 사원이 무한책임사원으로서 회사채권자에 대하여 직접·연대·무한의 책임을 부담하고, 회사의 업무를 집행할 권리와 의무를 가지며, 그 지위를 타인에게 자유로이 이전할 수 없는 회사이다. 따라서 사원의 회사에 대한 관계가 깊고, 인적(人的) 신뢰관계가 있는 소수인의 공동기업에 적합하다.

2. 개인기업과 법인기업의 비교

개인기업과 법인기업은 설립절차와 설립비용 및 대표자 책임 등에서 차이가 있으므로 여러 가지 부분을 비교하여 선택하는 것이 바람직하다. 선택이 어려울 경우는 개인기업으로 시작하여 법인기업으로 전환하는 것도 하나의 방법이다.

개인기업과 법인기업의 비교

구분	개인기업	법인기업
설립절차	• 사업자등록으로 간편한 절차	• 정관작성, 법인설립절차 등 이행
경영	• 경영활동에 대한 단독무한책임 • 신속한 의사결정 • 경영능력의 한계	• 회사의 형태에 따라 분류(유한책임, 무한책임) • 의사결정의 지속성 • 소유와 경영의 분리가능
기업주활동	• 기업주활동의 자유	• 기업주활동의 제약(상법 등)
자본조달	• 개인의 전액출자로 자본조달 한계	• 다수의 출자자로부터 거액의 자본금조달가능
이윤분배	• 이윤의 전부를 개인이 독점	• 출자자의 지분에 의해 분배
기업영속성	• 기업의 영속성 결여	• 기업의 영속성 유지
세제상의 차이	• 소득세 과세(7~33%) • 일정규모 이하인 경우에 세금부담에 유리 • 대표자 본인의 급여 불인정 • 장부기장 등이 상대적으로 덜 엄격	• 법인세 과세(11~23%) • 일정규모 이상인 경우에 세금부담에 유리 • 대표자의 급여인정 • 복식부기에 의한 장부기장 증빙징취 등의 엄격성 요구 • 업무무관 가지급금에 대한 인정이자의 계산
기타	• 대인접촉과 비밀유지에 유리 • 대외신용도 취약 • 창의노력의 극대화	• 출자금의 유가증권화 가능(재산 이전 용이) • 대외적인 신용유리 • 경영관리의 효율성

출처: 창업진흥원(2013), 기술창업보육론

개인기업은 설립등기가 필요 없고 사업자등록만으로 사업개시가 가능하므로 기업설립이 용이하다는 장점을 가지고 있다. 또한 기업이윤 전부를 기업주가 독점할 수 있다. 반면에 기업주가 경영상의 모든 부채와 손실을 전액 부담해야 할 무한책임이 있다는 점과 투자나 자본조달이 쉽지 않고, 사업주 개인의 경영능력에만 의존한다는 한계점을 가지고 있다.

법인기업은 자본조달이 용이하고 설립 후에도 신주발행이나 회사채발행 등을 통하여 투자받기가 용이하다. 또한 주주의 개인 재산과 회사의 재산이 명백히 구분되므로 투자자는 회사 도산 시에도 출자금액 범위 내에서 법적 유한책임을 지게 되어 안정적인 경영이 가능하다는 장점을 가지고 있다. 반면에 설립절차가 복잡하고 기업이윤이 주주의 출자지분에 따라 배당되므로 대표자의 독점적인 이윤이 보장되지 않는다. 또한 주주 상호 간의 이해관계 대립 마찰의 소지가 있고, 개인기업에 비해 신속한 경영의사결정이 어렵다는 단점이 있다.

Ⅱ 개인기업 설립

1. 개인기업 설립절차의 이해

소유자와 경영자가 일치하는 개인기업은 설립절차가 매우 간단하여 사업자등록을 함으로써 설립이 완료된다. 개인사업자의 등록절차와 등록 시 제출해야 하는 서류는 아래와 같다.

1) 개인사업자 등록절차

- 인·허가 및 신고업종 여부 검토
- 시·군·구 등 관련기관에 인·허가 및 신고이행
- 사업개시일로부터 20일 이내에 사업자등록 신청

2) 제출서류

- 사업자등록신청서 1부
- 임대차계약서 사본(사업장을 임차한 경우)
- 상가건물을 임차한 경우 해당 부분의 도면(상가 일부분을 임차한 경우에 한함)
- 허가(등록, 신고) 등 사본(해당 사업자) 또는 사업계획서
- 동업계약서(공동사업자인 경우)
- 재외국민, 외국인 입증서류: 여권 사본 또는 외국인등록증 사본, 국내에 통상적으로 주재하지 않는 경우는 납세관리인 설정 신고서

Ⅲ 법인기업 설립

1. 법인기업 설립절차의 이해

개인기업에 비해 법인기업의 설립은 상대적으로 절차가 복잡한 편이다. 법인기업을 설립할 경우 먼저 사업의 목적을 결정한 후 상호결정과 소재지 결정이 선행되어야 한다. 그런 다음 실질적인 인력과 자본을 마련하여야 하고, 그 후 등록과 관련한 다양한 서류들을 작성해야 한다.

1) 발기인 구성

발기인이란 회사 설립에 뜻을 같이 하는 사람으로서 발기인은 1인이어도 무방하다. 발기인의 자격에는 특별한 제한이 없으므로 내국인은 물론 외국인이나 법인도 가능하며, 미성년자의 경우에도 법정대리인의 동의가 있으면 발기인이 될 수 있다.

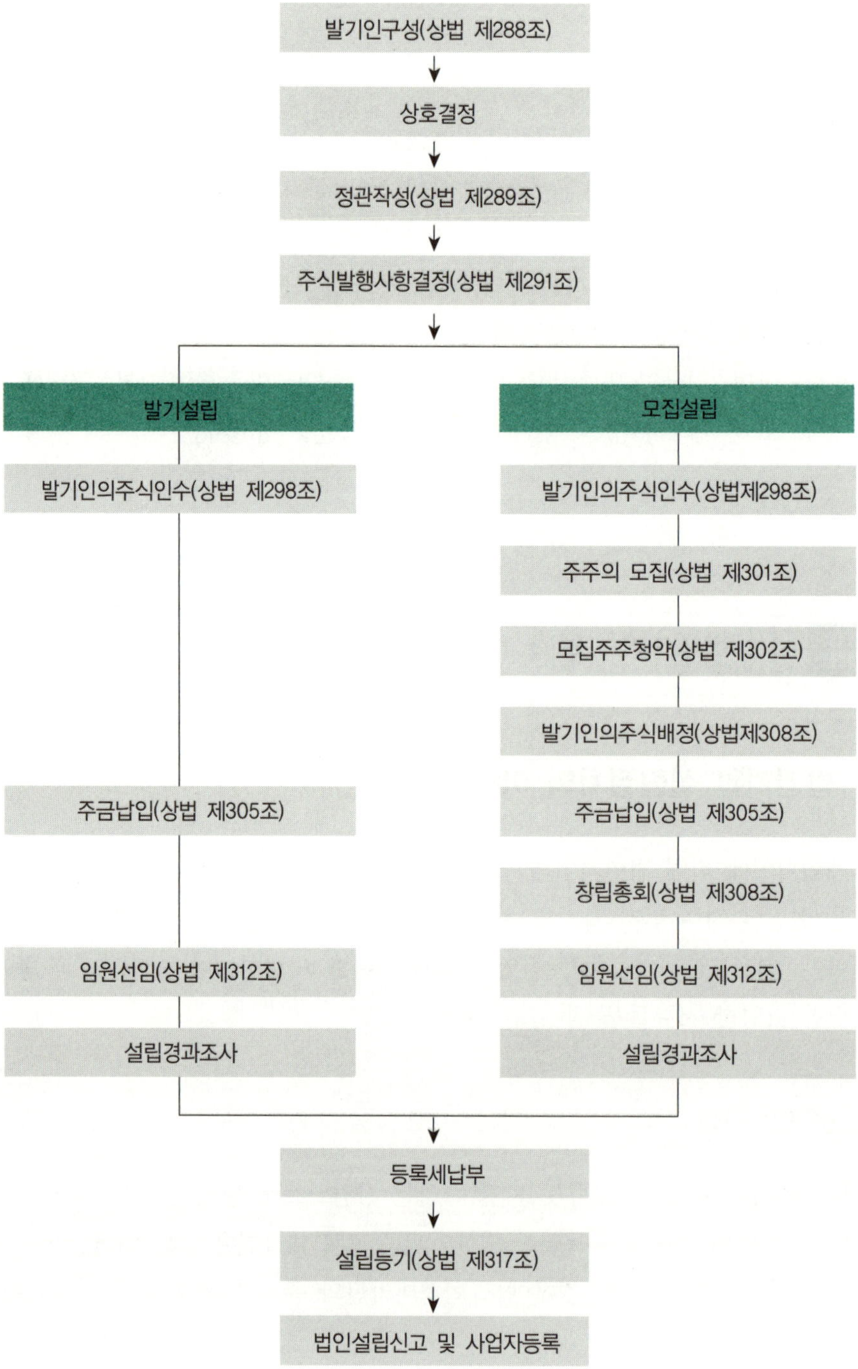
발기인구성(상법 제288조)
상호결정
정관작성(상법 제289조)
주식발행사항결정(상법 제291조)
발기설립
발기인의주식인수(상법 제298조)
주금납입(상법 제305조)
임원선임(상법 제312조)
설립경과조사
모집설립
발기인의주식인수(상법제298조)
주주의 모집(상법 제301조)
모집주주청약(상법 제302조)
발기인의주식배정(상법제308조)
주금납입(상법 제305조)
창립총회(상법 제308조)
임원선임(상법 제312조)
설립경과조사
등록세납부
설립등기(상법 제317조)
법인설립신고 및 사업자등록

2) 상호결정

상법상 동일한 시 · 읍 · 면에서는 동일한 업종에 동일한 상호를 중복하여 사용하는 것이 금지되어 있다. 이는 본점예정지 관할등기소 상업등기 색출장에서 확인할 수 있다. 등기관이 유사상호로 판단할 경우 설립등기 거절의 사유가 될 수 있는데, 유사상호의 판단은 동일한 관할(예: 서울은 모두 서울상업등기소 관할) 내에서 유사한 사업을 영위하는 회사가 이미 존재하는 경우이다. 그 외에도 기존의 그 회사 회사명과 발음이나 어감상 유사한 상호도 설립등기가 거절될 수 있다.

3) 정관작성

정관은 회사의 조직과 활동에 관한 기본규칙을 정해 놓은 서면을 말한다. 정관은 설립 시에 발기인이 작성하여 전원 기명 · 날인(서명)하여야 하며, 작성된 정관은 공증인의 인증을 받아야 효력이 발생한다. 정관에는 다음을 반드시 기재하여야 한다.

- 사업목적
- 상호
- 회사가 발생할 주식의 총수
- 1주의 금액
- 회사가 설립 시 발행하는 주식의 총수
- 본점소재지
- 회사의 공고방법
- 발기인의 성명과 주소, 주민등록번호

4) 주식발행사항의 결정

회사가 설립 시 발행하는 주식의 총수 및 1주의 금액은 정관에서 정하여지지만, 그 외에 주식발행사항과 관련하여 정관에 특별히 규정되어 있지 않는 경우에는 발기인 전원의 동의에 따라 주식의 종류와 수 그리고 액면 이상으로 발행하는 경우에는 그 수와 금액을 정하여야 한다.

5) 정관의 인증

회사를 설립할 때 처음 작성하는 정관을 원시정관이라 하고, 원시정관은 공증인의 인증을 받아야 그 효력이 생긴다. 자본금 10억 미만인 회사를 발기설립하는 경우는 발기인들의 기명날인 또는 서명을 통해 효력이 인정된다. 공증인의 인증을 받은 정관이 창립총회에서 변경되더라도 창립총회에 기재된 것이 증거가 되므로 다시 공증받을 필요는 없다.

6) 발기설립

① 발기인의 주식인수

발행주식과 발행가액이 정해지면, 발기인은 서면으로 1주 이상의 주식을 인수하여 총주식수를 인수하여야 하며, 구두에 의한 인수는 효력이 없고 인수시기는 제한이 없으나 주식대금의 납입 전까지 인수해야 한다.

② 출자의 이행

각 발기인은 발행하는 주식을 서면에 의하여 전부 인수하고, 지체 없이 발기인조합(발기인)에서 지정한 납입은행, 기타금융기관의 납입장소에 그 인수금액 전액을 납입해야 한다.

③ 이사 및 감사선임

주식대금의 납입과 현물출자의 이행이 끝나면 발기인들은 지체 없이 발기인 총회를 개최하여 의결권의 과반수의 결의로 이사와 감사를 선입하되 이사는 사내이사, 사외이사, 기타 비상무 이사로 명확하게 구분하여 선출하여야 한다.

④ 설립경과조사

이사와 감사는 취임 후 지체 없이 회사의 설립에 관한 모든 사항이 법령 또는 정관의 규정에 위반되지 아니하는지 여부를 조사하여 발기인에게 보고하여야 한다.

7) 모집설립

① 발기인의 주식인수

발기인은 회사 설립 시에 발행하는 주식 중 최소 1주 이상의 주식을 서면으로 인수해야 한다.

② 주주의 모집 · 청약 · 배정

회사 설립 시에 발행하는 주식 중 발기인이 인수하고 남은 주식에 대하여는 발기인이 주주를 모집해야 한다. 모집주주인 주식청약인은 1인 이상이면 족하고, 모집주주가 인수하는 주식수는 1주라도 무방하다. 주식청약은 '주식청약서'에 의하여 서면으로 하여야 하고, 발기인은 청약인에게 주식인수 여부와 인수할 주식수를 결정하여 통지해야 한다.

③ 주식대금 납입

발행하는 주식의 총수가 인수되면 발기인은 주식청약서에 기재된 은행 등 금융기관에 주식대금을 납입시켜야 한다. 주식대금 납입이 끝나면 은행에서는 설립등기가 완료될 때까지 주식대금을 보관하게 되고 '주금납입보관증명서'를 발기인에게 교부하여 준다. 주식대금 납입이 완료되면 회사에서는 주주의 성명, 주소, 주민등록번호, 인수주식수, 취득연월일 등이 기재된 '주주명부'를 작성해 놓아야 한다.

④ 창립총회 개최

발행주식총수에 대한 주식대금 납입이 완료되면 발기인은 지체없이 주식인수인으로 구성되는 창립총회를 소집하여야 한다. 창립총회 소집은 상법상 창립총회일 2주 전에 주주에게 서면으로 통지하여야 한다. 그러나 실무에서는 법인설립에 소요되는 기간을 줄이기 위하여 각 주주가 서명 · 날인한 '창립총회 소집기간 단축동의서'에 따라 주식대금 납입과 동시에 즉시 창립총회를 개최하게 된다. 창립총회에서는 발기인이 회사 창립에 대한 사항을 보고하고 정관을 승인하며, 이사와 감사를 선임한다. 창립총회가 끝나면 창립총회의사록을 작성하여 이사 전원이 날인한 후 공증인의 인증을 받는다.

⑤ 설립경과 조사

이사와 감사는 취임 후 지체없이 회사의 설립에 관한 모든 사항이 법령 또는 정관의 규정에 위반되지 아니하는지 여부를 조사하여 창립총회에 보고하여야 한다.

8) 등록세 납부

- 법인설립등기신청을 하기 위해서는 등록세를 납부하고 영수증 또는 감면받은 사항을 첨부하도록 되어 있어 관할 시 · 군 · 구에 등록세 납부필증을 발급받아 은행에 납부하여야 한다.
- 창업중소기업에 대한 등록세 면제 대상은 다음과 같다.
  - 수도권 외 지역에서 창업하는 창업중소기업의 법인설립등기
  - 창업 중에 벤처기업을 확인받은 경우 확인받은 날부터 6개월 이내의 법인설립등기
  - 창업 후 4년 이내 자본금증자를 위한 등기와 본점소재지 및 대표이사 변경등기

9) 법인설립등기

- 법인설립등기 시기
  - 발기설립등기 시기: 검사인 등의 설립경과 조사 종료일 또는 창립총회 종료한 날부터 2주 이내
  - 모집설립등기 시기: 창립총회 종료한 날로부터 2주 이내
- 방법
  - 대표이사 또는 대리인이 해당 첨부서류를 준비하여 본점 소재지를 관할하는 등기소에 설립등기를 신청하면 된다.
  - 대법원 인터넷등기소(www.iros.go.kr)를 통한 온라인신청서를 작성한다.

10) 사업자등록

- 법인설립등기가 완료되면 회사는 법인설립등기를 한 날로부터 20일 이내에 관할 세무서에 법인설립신고 및 사업자등록신청서를 제출해야 한다.

- 제출서류는 다음과 같다.
  - 법인설립신고 및 사업자등록신청서 1부
  - 임대차계약서 사본(사업장을 임차한 경우)
  - 허가(등록, 신고)증 사본(해당 사업자) 또는 사업계획서

사례 19-2 마윈의 알리바바, 소담한 '출발' 화려한 '현주소'

아파트에서 '인터넷 혁명' 외치며 창업 … 세계가 주목하는 기업 부상

중국에서 '광군제'(光棍節)로 불리는 '독신자의 날'인 11일 하루 매출 10조원을 넘기는 '공룡 전자상거래업체' 알리바바의 시작은 소담했다. 알리바바의 본사가 있는 중국 저장(浙江)성 항저우(杭州)에서 올해 처음 세계적인 행사로 판을 키운 알리바바의 독신자의 날 행사가 끝난 다음 날인 12일 오후 기자는 항저우시 시내에 있는 한 아파트를 찾았다. 항저우시 위항(余杭)구 원이시(文一西)로에 있는 후판화위안(湖畔花園)이라는 아파트단지 내 150㎡ 규모 아파트다.

이곳이 바로 1999년 3월 마윈(馬雲) 알리바바그룹 회장 자신을 비롯한 부인, 친구, 동료 등 18명이 알리바바를 처음 만든 곳이다. 알리바바그룹의 산실인 이곳은 당시 마윈의 가족이 사는 집이었다. 지금도 여느 주택가처럼 많은 주민이 살고 있으며 4층짜리 건물 2층인 이 아파트에도 호수를 알리는 '202호'라고만 붙어 있을 뿐 아무런 표지도 없다. 알리바바가 지금도 관리하고 있지만, 외부에는 공개하지 않고 있다. 감추려는 것이라기보다 평범한 아파트라서 방문객이 급증할 때 주민들에게 불편을 끼치는 등 여러 문제가 발생할 수 있다는 판단에 따른 것으로 보였다. 다소 낡기는 했지만, 나무와 화초가 잘 가꿔져 있는 주변을 살피다가 가까스로 들여다본 내부는 그야말로 사무실로 사용하는 방 3개짜리 아파트였다. 거실에는 수명의 젊은이들이 컴퓨터를 켠 채 인터넷 작업을 하느라 바빴고 각 방도 사무공간으로 활용되고 있었다. 언뜻 보기에 일반 사무실과 다를 바 없지만 마윈의 발자취를 소개하는 사진들이 벽에 줄줄이 붙어 있고 한쪽 벽에는 그가 직접 쓴 '발전은 확고한 도리다'(發展是硬道理)라는 문구도 눈에 띄었다.

이 문구는 개혁·개방 총설계사로 불리는 중국의 지도자 덩샤오핑(鄧小平)이 1992년 개혁·개방정책을 가속하기 위해 나선 '남순강화'(南巡講話)에서 한 말이다. 개혁·개방이 거스를 수 없는 시대적 명제라는 것을 강조한 것이다.

마윈은 사인을 하면서 '2008.3.15'라고 적었다. 알리바바가 창업 10년 만에 급속한 번창기를 맞은 가운데 마치 덩샤오핑의 굳은 신념처럼 발전에 대한 확신을 피력한 것이다. 당시 그는 창업하면서 "우리가 만든 B2B(기업간 거래)사이트가 인터넷서비스 모델의 1차 혁명을 일으킬 것"이라고 공언한 것을 이미 실현하고 C2C(고객간 거래)와 B2C(기업과 고객간 거래)로 영역을 계속 넓히던 때였다.

마윈은 그해 2월 후판화위안 인근이자 현재 알리바바의 본사 주소지 위항구 원이시로 969번지에 알리바바그룹의 새로운 보금자리인 시시(西溪)단지 조성을 위해 항저우시와 정식 계약을 체결했다. 대학 캠퍼스를 연상케 하는 29만㎡ 규모의 시시단지는 지난해 8월에 완공돼 타오바오(淘寶)를 비롯한 그룹사들이 입주해 있으며 1만 2천여 명의 직원이 일하고 있다. 올해

독신자의 날 할인행사를 개최하며 중국 내외 460개 언론사 600여 명의 취재진을 초청해 프레스센터를 설치한 곳도 이곳이다. 알리바바는 시시단지 조성에 앞서 2009년 8월 항저우시 빈장(濱江)구 왕상(網商)로 699번지에 12만㎡ 규모로 마련한 빈장단지에서 각종 사업을 키워 '화려한 현주소'의 기반을 닦았다. 호주의 글로벌 건축기업인 하셀(Hassel)이 설계한 '명품 건물'로 채워진 빈장단지는 현대적인 감각의 대형 미술관이나 박물관 분위기를 풍기면서 알리바바의 글로벌기업 이미지도 높여온 것으로 평가받고 있다. 알리바바의 이런 '성공신화'는 최고 슬로건인 '고객제일주의'를 바탕으로 시대상을 잘 읽는 데 있다고 전문가들은 평가하고 있다. 전자상거래 기업인 알리바바의 '고객'에는 상품을 생산하고 판매하는 기업과 상품을 구매하는 소비자가 모두 포함된다. 상품을 팔고 사는 이들 양측 고객이 서로에게 필요한 거래를 모두 인터넷으로 연결할 수 있다는 것이 알리바바의 생각이다.

알리바바는 한 걸음 더 나아가 고객 중에서도 중소기업과 농촌주민 등 상대적인 약자에 대한 서비스도 강조하고 있다. 마 회장은 지난 9월 알리바바가 뉴욕 증시 상장에 성공해 첫 거래가 이루어진 날 "알리바바의 성공은 중국경제의 성공이자, 인터넷의 성공, 중소기업의 성공"이라면서 "우리가 버는 돈은 고객들과 중소기업을 위해 사용될 것"이라고 밝혔다.

알리바바는 또 올해부터 인터넷 구매를 6억 명의 주민들이 사는 농촌지역으로 적극적으로 넓혀가고 있다고 밝혔다. 중국정부가 소득격차 해소와 내수진작을 위해 추진하는 신형 도시화에 발맞추면서 농촌으로 고객층을 확대하는 전략이다. 마 회장은 올해로 6번째를 맞은 독신자의 날 할인행사 마지막 날 프레스센터에서 "(이번 행사가) 10번째를 맞을 때 과연 우리가 어디까지 달려갔는지를 와서 확인해 달라"고 당부하면서 "세상의 모든 사물은 우리의 상상을 뛰어넘는다"는 의미심장한 말을 던지기도 했다.

출처: 매일경제(2014. 11. 13)

생각해보기 마이크로소프트, 구글, 애플 등과 같은 회사들은 기술과 창의성을 기반으로 창업해서 글로벌기업으로 성장하였습니다. 중국에서도 화웨이, 샤오미, 알리바바 같은 기업들이 창업을 통해서 세계적인 기업들로 성장하고 있습니다. 그런데 불행히도 국내에선 창업한 벤처기업들이 글로벌기업들로 성장하는 기회가 줄어들고 있어서 매우 안타깝습니다. 최근에는 팬택과 같은 벤처기업들이 성장을 하다가 여러 어려움에 처하고 있습니다. 기업 경영의 책임은 경영자가 최종적으로 져야 하지만 이 같은 기업들을 육성하기 위한 체계적인 지원전략과 함께 사회구성원들의 따뜻한 격려가 필요하다고 보여집니다.

마무리하기

1. 학습목표 확인	
회사설립절차의 이해	1. 회사설립의 유형과 절차에 대해 이해하셨습니까? 2. 법인기업과 개인기업의 차이점과 설립절차에 대해 이해하고, 자신에게 맞는 기업설립 유형을 이해하셨습니까?

2. 다음 단계 소개	
제20장 프레젠테이션 스킬	1. 다음 단계에서는 프레젠테이션 스킬에 대해 학습하게 됩니다.

프레젠테이션 스킬

20
Chapter

제20장에서는 창업하고자 하는 제품과 서비스를 고객과 투자자에게 전달하고 설득하는 프레젠테이션 스킬에 대해 학습하고, 실습과 체크리스트를 통해 프레젠테이션 역량을 향상하게 된다.
비슷한 목표와 기술력을 가진 경쟁자들과의 경쟁에서 창업하고자 하는 기술, 제품, 비즈니스 모델을 고객과 투자자에게 경쟁자보다 더 효과적으로 전달하려면 프레젠테이션 스킬은 매우 중요한 역량이라 할 수 있다. 일반적인 기업이면 프레젠테이션 전문가를 영입하면 되지만 창업기업의 경우에는 창업자 스스로에게 이러한 역량이 요구된다.
제20장은 성공적인 프레젠테이션을 위한 프레젠테이션의 개념, 프레젠테이션의 방법, 프레젠테이션 실습으로 구성되어 있다.

프레젠테이션 스킬의 구성

1. 프레젠테이션의 개념 → 2. 프레젠테이션 방법 → 3. 종합실습 프레젠테이션

사례 20-1 일본 노신사에 "딱 5분만 들어주세요"… 25억 투자 이끌어내

지난해 5월 스타트업 컨퍼런스 '비론치 2013' 행사에서 이창수 파이브락스(5Rocks) 대표(36)는 일본인 노신사에게 매달렸다. 이제 막 모바일 데이터 분석 플랫폼 파이브락스의 개발을 마친 터라 행사장 내 한구석에서 판촉업무에 주력하던 때였다. 이 대표는 마침 그곳에 앉아 있던 일본인과 인사라도 나눌 겸 명함을 건넸는데 알고 보니 일본 유명 벤처투자사 대표였던 것. "바쁘니 다음에 보자"며 떠나려던 그에게 이 대표는 노트북 화면을 보여주며 딱 5분만 제품소개할 시간을 내달라고 간곡히 부탁했다.

"명함을 받으니 야스히코 유리모토 글로벌브레인 대표여서 너무 놀랐어요. 평소 일본에 진출하고 싶은 욕구가 강해 '사무라이 벤처 서밋'과 '비대시 캠프' 같은 일본 컨퍼런스 행사에 참가하기까지 했죠." 이 대표는 "일본에서 만났던 사람들은 별다른 인상을 주지 못했는데 유리모토 대표는 첫인상부터 묘하게 끌렸다"며 당시를 회상했다. 결국 5분간 이 대표의 정성이 담긴 프레젠테이션을 들은 유리모토 대표는 파이브락스에 큰 관심을 보였고 다음날 아침 정식 미팅을 갖기로 하고 자리를 떴다.

파이브락스는 회사명과 동일한 모바일게임 분석 및 운영 플랫폼인 파이브락스의 개발사로 지난 2010년 '아블라컴퍼니'라는 이름으로 처음 설립됐다. 파이브락스는 빅데이터를 바탕으로 게임 사용자를 행태별로 분석해 그 결과를 게임 운영과 마케팅에 활용할 수 있도록 게임사에게 제공해주는 B2B서비스다. 이 대표는 "현재 한국과 일본, 동남아, 유럽 등 전 세계 1,200여 개사가 우리 서비스를 이용하고 있다"며 자부심을 드러냈다.

이 대표는 과거 SK텔레콤에서 병역특례로 4년간 근무하다 일본으로 건너가 온라인 게임회사에서 1년 반 동안 일했다. 대학시절 1년간의 교환학생도 일본으로 다녀올 만큼 일본에서 창업하고 싶은 열망이 강했다. 유리모토 대표와 정식 미팅을 가진 자리에서도 이 대표는 파이브락스의 장점, 비즈니스전략, 일본진출목표 등을 일본어로 상세히 설명했다. 결국 이 대표는 같은해 8월 글로벌브레인으로부터 25억 5,000만원의 투자를 이끌어 내 일본진출의 발판을 마련한다. "나중에 들은 사실이지만 당시 유리모토 대표가 자사 직원들에게 '한국에서 대박 하나 건졌다'는 문자메시지를 보냈다고 하더라구요." 이 대표는 "당시 저희뿐만이 아니라 유리모토 대표도 상당히 흥분해 있었던 것 같다"며 "글로벌브레인이 운영하는 KDDI 펀드는 방침상 B2C에만 투자하게 돼 있는데 우리가 B2B로는 최초로 투자받았다"고 덧붙였다. 이후 파이브락스의 글로벌 진출은 순조롭게 진행됐다. 이 대표는 일일이 고객사를 유치하는 것보다는 이미 많은 고객사를 확보한 글로벌 회사와 제휴를 맺는 것이 효과적이라고 생각해 미국 최대 모바일 광고 기업인 탭조이와 접촉을 시도했다. "올해 3월 미국에서 열린 글로벌개발자 컨퍼런스(GDC) 저녁 파티에서 탭조이를 처음 만났는데 당시 주변에 있던 해외기업 대표들이 찾아와 '파이브락스 너무 잘 쓰고 있다'며 칭찬을 아끼지 않았죠. 그 덕분인지 탭조이가 미팅 3일 만에 '제휴 말고 인수 하자'는 의사를 전해왔어요." 올해 8월 탭조이가 파이브락스 지분 100%를 인수하면서 글로벌시장으로 본격 진출하는 기회를 잡았다. 서로 간의 호흡도 잘 맞아 내년 3월에는 파이브락스와 탭조이가 공동개발한 제품도 출시될 예정이다. 이 대표는 "모바일 시장이 커지면서 경쟁이 심화되고 있지만 결국 그 가운데서 돈이 아닌 진짜 큰 가치를 만들어 내는 기업은 생존할 것"이라며 "탭조이와 함께 글로벌시장에서 의미 있는 가치를 만들어내겠다"고 당찬 포부를 밝혔다.

출처: 아시아경제 (2014. 12. 16)

생각해보기 창업을 준비하고 성장시키는 과정에 수많은 기회와 위협을 만나게 됩니다. 수많은 기회들을 어떻게 살려서 기업을 성장시킬 것인가? 위협을 어떻게 줄이고 없앨 것인가를 고민하고 해결하는 주체는 창업자 여러분 자신입니다. 창업자들은 모든 것이 부족하기 때문에 부족함을 채워주는 유일한 힘은 창업자 자신의 도전정신과 학습입니다. 항상 공부하고 노력하고 준비하고 있으면 그 기회가 올 것이고, 그 기회를 살려서 성장할 수 있는 발판을 마련하게 될 것입니다.

I 프레젠테이션의 개념

1. 프레젠테이션의 이해

프레젠테이션이란 전문가들의 특별한 기술이 아니라 자신의 생각이나 아이디어, 경험, 노하우 등 제반 정보를 상대방에게 전달하고 설득하는 모든 행위를 지칭한다.

프레젠테이션은 크게 정보전달형 프레젠테이션과 설득형 프레젠테이션으로 나뉜다. 정보전달형은 학교나 기업교육에서 사용되는 것으로 'A는 B입니다' 형식의 발표형을 말한다. 반면 창업에서 필요한 프레젠테이션은 상대방을 설득하기 위한 설득형 프레젠테이션에 속한다고 할 수 있다.

설득형 프레젠테이션이란 한정된 시간 내에 정확한 내용을 전달하고 설득하여 자신이 의도한 대로 판단과 의사결정이 되도록 하는 커뮤니케이션의 한 방법이다. 기술창업에서의 프레젠테이션은 심사위원과 투자자를 충분히 설득하여 소기의 목적을 달성할 수 있는 마지막 승부처이기 때문에 세밀한 준비와 연습이 필요하다고 할 수 있다.

목적에 따른 프레젠테이션

정보적 프레젠테이션 ←→ 설득적 프레젠테이션

정보적 프레젠테이션	권유적 프레젠테이션	경향적 프레젠테이션	작용적 프레젠테이션
사물, 사람, 장소 등에 대한 상호 간의 이해를 확립하기 위함	사람, 과정, 사물, 아이디어 등의 가치에 대해 동의를 구하기 위함	믿음, 태도, 가치에 대한 동의를 구하기 위함	정책, 실행, 행위에 대한 행동화를 유발하기 위함

출처 : Sellnow. D. D.(2005), *Confident public speaking*, Thomson Wadsworty, p.329.

2. 프레젠테이션 방법

성공적인 프레젠테이션을 위해서는 4P 프로세스에 맞추어 프레젠테이션의 계획(Planning), 프레젠테이션 준비(Preparation), 프레젠테이션 연습(Practice), 프레젠테이션 수행(Perform)에 임해야 한다.

① 프레젠테이션의 계획(Planning)은 프레젠테이션의 전략을 수립하는 과정으로, 청중과 프레젠테이션의 목적, 장소를 분석하는 과정을 의미한다.

② 프레젠테이션 준비(Preparation)는 준비된 사업계획서의 내용을 정해진 시간 안에 잘 설득할 수 있도록 메시지를 구성하고, 슬라이드를 편성하는 과정을 의미한다.

③ 프레젠테이션 연습(Practice)은 준비된 프레젠테이션 내용을 숙지하고 효과적으로 전달하는 전략을 세운 후 최종 점검하는 과정을 의미한다.

④ 프레젠테이션 수행(Perform)은 실제 수행과정에서의 언어적 혹은 비언어적 전달과 프레젠테이션 마무리를 의미한다.

프레젠테이션의 4P 프로세스

프레젠테이션 계획

단계	내용
프레젠테이션 계획	목적과 장소에 맞는 프레젠테이션 방법은 무엇인가?
프레젠테이션 준비	전달하고자 하는 메시지는 무엇인가?
프레젠테이션 연습	어떻게 프레젠테이션 내용을 숙지하고 전달할 것인가?
프레젠테이션 수행	언어적 · 비언어적 전달방법을 어떻게 활용할 것인가?

Ⅱ 프레젠테이션 방법

1. 프레젠테이션 계획

1) 프레젠테이션 계획의 개념

준비 없이 프레젠테이션에 임하는 것은 상대방의 전력에 대해서 전혀 모르고 전쟁에 임하는 것과 같다. 부족한 준비를 사전에 막기 위해서는 프레젠테이션의 결과에 영향을 미치는 요소들에 대한 사전분석을 통해 계획하는 과정이 필요하다.

3P분석은 내 프레젠테이션을 들어주는 청중(Person), 내가 프레젠테이션을 통해 얻고자 하는 목적(Purpose), 프레젠테이션을 하는 환경 혹은 공간(Place)을 말한다. 이 3가지를 분석하고 고려하여 프레젠테이션을 준비해야 효과적인 프레젠테이션을 할 수 있다.

2) 프레젠테이션 계획의 수립방법

누구를 대상으로 말하느냐, 어떤 목적을 달성하고자 하느냐, 어디서 어떤 환경에서 프레젠테이션 하느냐를 분석한 후 프레젠테이션 유의점을 찾아 준비를 하여야 한다.

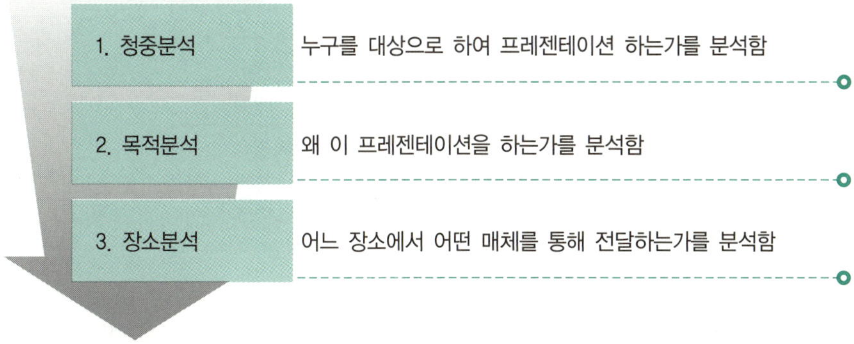

실습 1 프레젠테이션 계획

■ 목적

프레젠테이션의 철저한 준비를 위해 결과에 영향을 미치는 3가지 요소인 청중, 목적, 장소(환경)를 분석하는 데 목적이 있다.

■ 진행방법

① 청중, 목적, 장소(환경)에 대해 분석한다.
② 프레젠테이션 준비 시 주의점을 찾는다.

■ 실습하기

3P요소	내용	분석결과	프레젠테이션 준비 시 주의할 점
청중분석	핵심인물		
	인구통계학적 분석		
	청중의 수		
	청중의 흥미	열광적 — 중립 — 싫어함	
	청중의 지식	전문가 — 어느 정도 — 전혀 없음	
	청중의 태도	매우 호의적 — 중립 — 매우 비호의적	
	청중의 관심	매우 많음 — 중립 — 매우 적음	
목적분석	발표자의 목적		
	청중의 목적		
장소분석	프레젠테이션 장소	위치: 교통수단: 소요시간:	
	장소의 형태	실내형태: 조명:	
	배치	의자 및 테이블 유형: 배치:	
	사용가능한 시청각 기기	빔프로젝트□ 마이크/스피커□ 교재 제시장치□	

■ 참고사례

• 아래의 사례는 A유통의 판매사원들의 역량 강화를 위한 교육 프로그램 제안 프레젠테이션에서 3P를 분석한 것이다.

3P요소	내용	분석결과	프레젠테이션 준비 시 주의할 점
청중분석	핵심인물	대표이사 박ㅇㅇ	핵심인물인 박ㅇㅇ 대표는 필요성은 알고 있으나, 그 결과가 매출이나 고객만족도 성과에 영향을 미칠 것인가에 대해 의구심을 가지고 있으므로 그 부분에 대한 준비가 필요함
	인구통계학적 분석	남자100%, 50대 1, 40대 1, 30대 1	
	청중의 수	3	
	청중의 흥미	열광적 — 중립 — 싫어함	
	청중의 지식	전문가 — 어느 정도 — 전혀 없음	
	청중의 태도	매우 호의적 — 중립 — 매우 비호의적	
	청중의 관심	매우 많음 — 중립 — 매우 적음	
목적분석	발표자의 목적	수주하는 것	실무자는 80%라는 명확한 목표를 달성할 수 있는 프로그램과 그 논거를 준비해 간다면 승산이 있음.
	청중의 목적	80% 이상의 판매사원이(목적하는) 행동을 하는 것	
장소분석	프레젠테이션 장소	위치: 동대문 교통수단: 자가용 소요시간: 1시간 10분	점심시간 때라 차가 막힐 것을 예상해 2시간 전에 출발해야 함 스피커가 없기 때문에 영상을 준비한 경우는 별도의 준비를 요함
	장소의 형태	실내형태: 회의실 조명: 형광등	
	배치	의자 및 테이블배치: ㅁ자형 배치	
	사용가능한 시청각 기기	빔프로젝트□ 마이크/스피커□ 교재 제시장치□	

2. 프레젠테이션 준비

1) 프레젠테이션 준비의 개념

준비과정의 핵심은 프레젠테이션 내용의 개발에 있다. 기술창업의 경우 사업계획서 작성단계에서 개발되어진 내용들을 정해진 시간 내에 핵심 메시지를 전달하고 설득할 수 있도록 프레젠테이션 내용을 재구성해야 한다.

효과적인 프레젠테이션 내용 개발을 위해서는 목표설정을 확실히 해야 한다. 이 목표는 곧 프레젠테이션의 결론이 된다. 그리고 나서 본론은 결론이 도출될 수밖에 없는 이유라고 볼 수 있다. 본론에서는 요지와 세부내용을 개발하고, 작성된 본론을 기초로 시작하는 말과 요약을 추출하여, 마지막에 서론부와 결론부를 준비하는 것이다.

프레젠테이션의 내용이 구성이 되었다면 각 구성에서 부족한 부분은 없는지에 관한 점검을 통해 재구성하는 과정을 거쳐야 한다.

2) 프레젠테이션 준비방법

목표를 설정한 후 이를 결론으로 하여 프레젠테이션의 내용을 구성한 후 각 구성의 주요 포인트를 점검하고 다시 수정하는 과정이 필요하다.

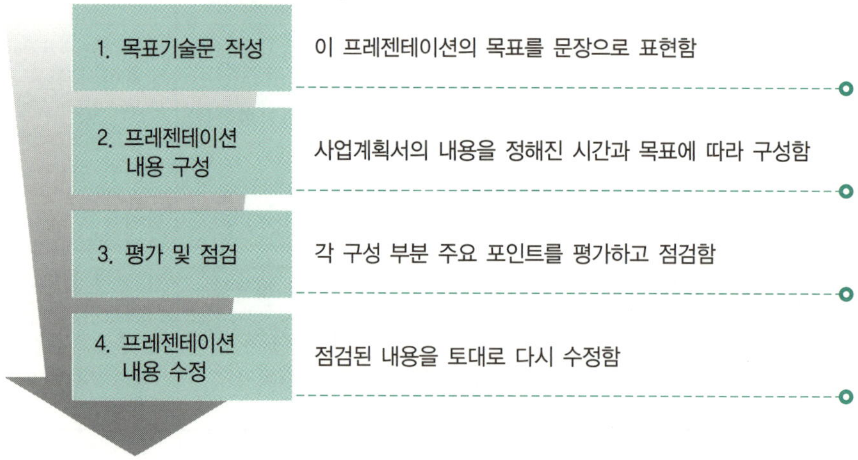

실습 2 프레젠테이션 준비

▪ 목적

효과적인 프레젠테이션을 위한 내용 개발에 목적이 있다.

▪ 진행방법

① 목표기술문을 작성한다.

② 서론, 본론, 결론으로 내용을 구성한다.

③ 점검 체크리스트를 참고하여 점검과 수정의 과정을 거친다.

■ **실습하기**

	내용 구성	점검 체크리스트	점수
목표 기술문		얻고자 하는 목적이 한 문장으로 작성되었는가?	
서론		주의를 끌고 있는가?	
		청중과 같이 공동의 기반 위에 섰는가?	
		주제에 관해 청중의 관심을 불러일으켰는가?	
본론		전달하고자 하는 핵심적인 요지가 담겨져 있는가?	
		하부항목이 요지를 잘 뒷받침하는가?	
		요지나 하부항목을 뒷받침할 만한 적절한 예시, 실화, 비교 등을 사용하고 있는가?	
		다음 요지로 넘어갈 때 앞선 요지를 정리해 주고 다음 요지로의 연결을 자연스럽게 해주는 넘어가는 말은 개발되었는가?	
결론		요약하고 있는가?	
		전망(비전)을 보이고 있는가?	
		행동화할 사항에 대해 언급되었는가?	

■ **참고사례**

• 아래의 사례는 B공장 내 기계를 운전할 때의 불안전한 조업의 위험을 알리고 안전도를 높이기 위해 직원들이 안전조업 실행방안에 참여하도록 설득하기 위한 프레젠테이션 내용을 개발한 것이다.

	내용 구성	점검 체크리스트	점수
목표 기술문	조업할 때 위험도를 알리고 안전도를 높이기 위한 방안에 대한 적극적 참여를 이끌어낸다.	얻고자 하는 목적이 한 문장으로 작성되었는가?	4
서론	최근 1년간 우리나라에서 170명의 현장 희생자가 났고, 사고를 낸 사람은 무려 1만 5천 명이었다. 이것은 모든 산업의 공통적 현상이다. 이 문제해결에 협력하는 것은 우리 모두의 큰 관심사이다.	주의를 끌고 있는가?	5
		청중과 같이 공동의 기반 위에 섰는가?	5
		주제에 관해 청중의 관심을 불러일으켰는가?	5

본론	• 요지1: 불안전한 조업은 중대한 문제를 일으킨다. – 세부내용①: 우리나라 산업체의 재해발생 상황(발생빈도, 특정 케이스 사례) – 세부내용②: 우리 공장의 재해발생 상황(우리 공장의 사례) • 요지2: 안전은 이익을 가져온다. – 세부내용①: 다른 회사에서는 안전 프로그램 채택 효과를 올리고 있다(통계를 들어 설명/전문가의 증언 실증인용). • 요지3: 다같이 안전조업을 실행하자 – 세부내용①: 기계를 매일 점검 – 세부내용②: 위험방지와 보호설비 이용 – 세부내용③: 기타	전달하고자 하는 핵심적인 요지가 담겨져 있는가?	5
		하부항목이 요지를 잘뒷받침하는가?	5
		요지나 하부항목을 뒷받침할 만한 적절한 예시, 실화, 비교 등을 사용하고 있는가?	5
		다음 요지로 넘어갈 때 앞선 요지를 정리해 주고 다음 요지로의 연결을 자연스럽게 해주는 넘어가는 말은 개발되었는가?	1
결론	• 요약: 나쁜 기록을 내지 말자 • 비전: 제시된 요지에 충실하며 안전조업이 가능하다. • 행동화: 안전조업의 실행은 전 종업원과 회사의 책임이다.	요약하고 있는가?	3
		전망(비전)을 보이고 있는가?	4
		행동화할 사항에 대해 언급되었는가?	5

3. 프레젠테이션 연습

1) 프레젠테이션 연습의 개념

실제 프레젠테이션을 하기 전에 반드시 거치는 과정은 리허설이다. 특히나 프레젠테이션 경험이 많지 않거나 청중 앞에 서는 것을 두려워하는 발표자라면 프레젠테이션 전에 많은 리허설을 통해 자신감을 가지도록 하는 것이 중요하다.

프레젠테이션 실전에서 청중에게 보여주어야 하는 발표자의 진정성은 자신감과 열정이다. 특히, 발표자의 자신감은 발표자가 전달하고자 하는 핵심 메시지의 신뢰도에 영향을 주기도 한다.

연습을 하지 않고 프레젠테이션을 잘하는 사람은 없다. 많은 이들이 기억하는 스티브잡스의 빈틈없고 자연스러운 프레젠테이션 진행은 연습의 결과였다. 지독한 완벽주의자였던 그는 한 번의 프레젠테이션을 위해 수 십일을 연습하고 또 연습했다.

2) 프레젠테이션 연습의 방법

스토리 구성을 파악하고, 언어적/비언어적 전달방법을 연습한 후 현장에서 실전처럼 최종 연습한다.

1. 스토리구성 파악	정독하기, 큰 소리로 읽기, 시청각자료와 함께 읽기, 발표에 걸리는 시간 체크하며 읽기 순으로 연습함
2. 전달방법 연습	-언어적 전달방법 연습: 발음하기 어려운 단어, 강조할 단어, 말의 빠르기, 숨쉴 곳, 포즈를 둘 곳을 원고에 표시 -비언어적 전달 방법: 바른 자세, 인사법, 서는 자세, 눈맞춤, 제스처 등 연습
3. 최종 연습	실제 장소(비슷한 환경을 가진 장소)에서 사람들을 모아놓고 장비와 복장까지 갖춘 상태에서 최종 연습함

실습 3 프레젠테이션 연습

■ **목적**

보다 체계적인 방법으로 프레젠테이션 연습을 준비하도록 하는 데 목적이 있다.

■ **진행방법**

① 스토리 구성을 파악한다.
② 언어적/비언어적 전달방법을 연습한다.
③ 최종 연습한다.

■ **실습하기**

	내용	체크포인트	확인
스토리 구성을 파악	1단계: 발표원고 정독하기	발표내용 전체의 흐름을 이해했는가?	
	2단계: 원고를 큰 소리로 읽기	스토리 흐름이나 구성을 확인하며 읽었는가?	

	3단계: 시청각자료를 보면서 읽기	내용연결이 자연스러우며, 논리적인가?	
	4단계: 발표에 걸리는 시간 체크	전체 시간 및 각 단계 소요시간을 파악했는가?	
전달 방법을 연습	언어적 전달방법 연습하기	발음하기 어려운 단어, 강조할 단어를 표시했는가?	
		말의 빠르기, 숨 쉴곳, 포즈를 둘 곳을 표시했는가?	
	비언어적 전달방법 연습하기	인사법, 서는 자세, 눈맞춤, 제스처 등을 연습했는가?	
		연습장면을 비디오로 촬영했는가?	
최종 연습	장소	실제 발표할 장소(혹은 비슷한 환경을 가진 장소)에서 연습하는가?	
	복장과 장비	장비와 복장까지 다 갖추고 실전처럼 연습하는가?	
	청중	청중역할의 사람들 앞에서 연습하는가?	

■ **참고사례**

• 아래의 사례는 고객기업의 대표이사 앞에서 실시하는 경쟁 프레젠테이션에서 프로젝트 매니저가 실전을 앞두고 연습한 과정임.

	내용	체크포인트	확인
스토리 구성을 파악	1단계: 발표원고 정독하기	발표내용 전체의 흐름을 이해했는가?	○
	2단계: 원고를 큰 소리로 읽기	스토리 흐름이나 구성을 확인하며 읽었는가?	○
	3단계: 시청각자료를 보면서 읽기	내용연결이 자연스러우며, 논리적인가?	○
	4단계: 발표에 걸리는 시간 체크	전체 시간 및 각 단계 소요시간을 파악했는가?	△
전달 방법을 연습	언어적 전달방법 연습하기	발음하기 어려운 단어, 강조할 단어를 표시했는가?	△
		말의 빠르기, 숨 쉴곳, 포즈를 둘 곳을 표시했는가?	△
	비언어적 전달방법 연습하기	인사법, 서는 자세, 눈맞춤, 제스처 등을 연습했는가?	○
		연습장면을 비디오로 촬영했는가?	X

최종 연습	장소	실제 발표할 장소(혹은 비슷한 환경을 가진 장소)에서 연습하는가?	○
	복장과 장비	장비와 복장까지 다 갖추고 실전처럼 연습하는가?	○
	청중	청중역할의 사람들 앞에서 연습하는가?	X

4. 프레젠테이션 수행

1) 프레젠테이션 수행의 개념

프레젠테이션 수행은 준비해 왔던 결과를 청중에서 전달하는 순간이다. 청중에게 전달할 때는 발표자로서 청중 앞에 서서 얼마나 효과적으로 말하는가, 청중을 얼마나 잘 설득할 수 있는가, 얼마나 청중을 감동시키는가 등이 중요하다. 프레젠테이션을 수행할 때 발표자 자신조차도 확신시킬 수 없는 목소리나 제스처로 프레젠테이션을 한다면 청중을 설득시켜서 변화시킨다는 것은 기대할 수 없다. 열정적인 프레젠테이션은 스스로뿐만 아니라 청중들까지도 프레젠테이션에 몰입하도록 만든다.

열정적인 프레젠테이션을 수행하기 위해서는 시각적이고도 음성적인 요소를 잘 활용해야 한다. 먼저 시각적인 측면에서는 적절한 비언어적 전달방법, 즉 제스처를 활용하는 방법이 있다. 효과적인 제스처는 프레젠테이션을 돋보이게 하고 청중의 몰입도를 증가시킨다.

다음으로 음성적인 측면에서는 언어적인 전달방법, 즉 상황에 따라 목소리의 크기, 어조, 빠르기, 쉼 등을 활용하는 방법이 있다. 시종일관 점잖은 목소리로 말을 한다면 참여한 청중에게는 자장가처럼 들릴 뿐이다. 프레젠테이션을 할 때에는 처음에는 강한 목소리로, 중간에는 중간 정도의 음성을 사용하고, 마무리에서는 가장 열정적으로 마무리하는 것이 좋다.

2) 프레젠테이션 수행의 방법

비언어적 전달과 언어적 전달방법을 연습한 후 마무리한다.

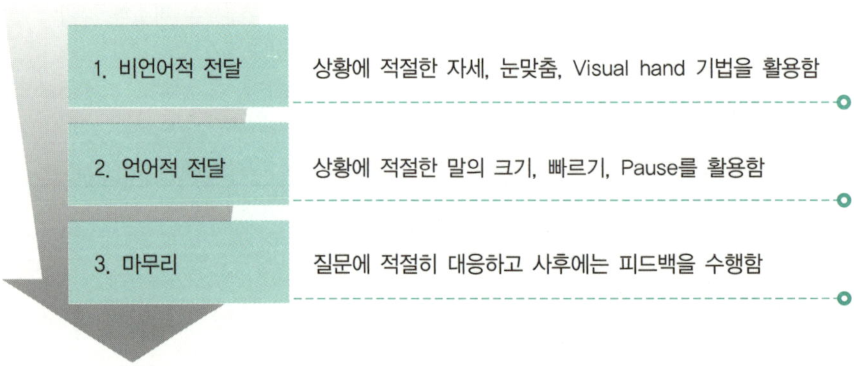

① 비언어적 전달

- 비언어적 전달요소로 메시지 전달의 50% 이상이 가능하며, 자세를 기본으로 다양한 비언어적 전달방법을 사용하여 전달하는 것이 필요하다.

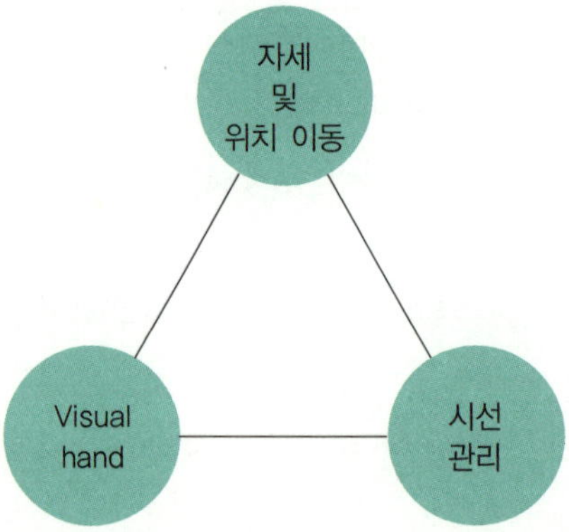

■ 비언어적 전달 - 자세 및 위치 이동

- 안정적 자세를 취한다. 어깨 정도 넓이에 양다리를 위치
- 허리를 중심으로 하체를 고정시킨다. 상체는 자유자재 움직임
- 가만히 서있기와 크게 움직이기를 적절히 사용한다. 자리 이동 시에는 큰 모션으로 움직임
- 정면에서 오른쪽으로 설명을 진행한다. 내용을 가리지 않도록
- 자신의 스타일 파악 후 기억하고 관리한다. 제3자, 녹화에 의한 관찰

■ 비언어적 전달 - Visual hand

- Visual hand는 적절히 손을 활용하여 이야기 내용을 시각화하는 것을 의미한다. 이는 청중에 강력한 이미지와 임팩트를 제공하여, 설득력의 43% 이상 증대효과가 있다는 연구결과도 있다(미네소타 주립대학 연구결과).
- Visual hand 사용기법
  - 모든 손동작은 15~30도 이내로 동작하는 것이 좋다.
  - 강조할 때는 상하의 움직임을 활용하고 숫자를 이야기할 때 손도 같이 사용한다.
  - 결론을 말할 때는 한걸음 앞으로, 자료를 보일 때는 재빨리 돌아가는 것이 효과적이다.

바람직하지 못한 사용	바람직한 사용
① 손을 앞이나 뒤로 모은다. ② 주머니에 넣는다. ③ 팔장을 낀다. ④ 교탁이나 벽에 기댄다. ⑤ 깍지를 낀다. ⑥ 동작이 어설프다. ⑦ 과도하게 사용한다. ⑧ 손가락으로 사람을 지목한다. ⑨ 머리에 손을 올린다.	① 자연스러운 차렷 자세 ② 절도있게 움직인다. ③ 필요한 포인트에서만 적절하게 구사한다. ④ 사람을 지목할 때는 손바닥을 곧게 펴서 전체로 한다. ⑤ 실수에도 의연하게

■ 비언어적 전달 - 시선관리

- 효과적인 시선의 이동은 청중을 사로 잡는 가장 중요한 수단이다.
- 모든 청중을 소외시키지 않으면서, 핵심 의사결정권자에게 항상 시선의 중심을 유지하는 것이 필요하다.
- 스크린을 보고 있으면 시선처리를 할 수 없기 때문에 스크린 대 청중비율의 황금비율은 20~80이다.
- 바닥, 벽, 천정을 보는 시선처리는 포기했다는 의미로 스스로의 경험부족, 스킬 부족을 공개적으로 인정하는 것이다.
- 스크린은 같은 화면에서 3회 시선을 두는 것이 효과적인데 의미는 다음과 같다.
  - 처음: 길게(같이 대화하겠다는 의미)
  - 중간: 짧게(이것을 계속 이야기하고 있다는 의미)

- 넘기기 전: 짧게(마무리한다는 의미)

청중	시선 처리
맨 뒤 중앙 핵심적 청중	모든 시선의 출발, 최우선 관리
발표자에게 우호적인 청중	계속 시선집중을 하며, 상대가 시선을 돌릴 때 이동
발표자에게 부정적인 청중	잠시 눈이 마주쳤을 때, 집중적 호소력 있는 강한 시선

② 언어적 전달

■ 언어적 전달 – 음성적 요소의 활용

- 음성적 3대 요소를 전략적으로 잘 활용할 수 있어야 한다.
- '약'의 요소를 많이 사용하는 강조형 전략이 더 효과적이다.

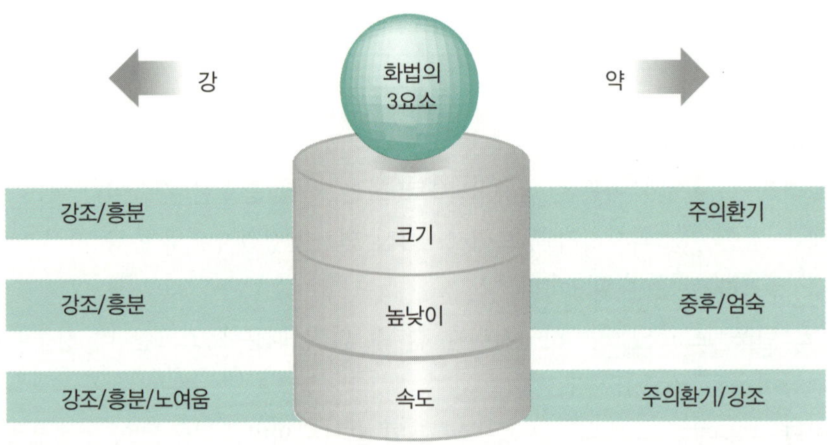

■ 언어적 전달 – 포즈(Pause) 활용

- 말이 빨라도 말 사이에 간격, 고저, 장단을 두면 듣기에 좋다.
- 침착하게 말하려면 느긋한 호흡법을 활용한다.

- 말을 시작하기 전에는 한 박자 정도 늦게 시작한다.
- 마침표 뒤에는 두 박자, 쉼표 뒤에는 한 박자 정도 쉰다.
- 단락과 단락 사이에는 두 박자를 쉰다.

• Pause를 전략적으로 사용한 예
① 이야기의 구조를 보이는 경우: ~한 까닭입니다. ∨∨ 그래서~
② 이해를 바라는 경우: ~아시겠습니까? ∨∨그것은~
③ 생략으로 암시하는 경우: 그것인 설마 ∨∨ 모르죠 ∨∨
④ 반성을 바라는 경우: 정말그럴까요? ∨∨ 저는 이렇게 생각합니다만~
⑤ 강조하는 경우: 갈 사람은 가고∨∨ 남을 사람은 나와 같이 남아 있자!
⑥ 기대를 주는 경우: 그러고 나서∨∨새파랗게 질린 그 사람은 휘청휘청 걸어 나왔습니다
⑦ 여운을 남기는 경우: 그리고 지평선 너머로 사라져 가는 것이었다.

③ 마무리

■ 마무리 - 질의 응답

• 프레젠테이션의 마지막 관문은 바로 질의응답이다. 서론, 본론, 결론을 아무리 논리적으로 설득력 있게 말했다 하더라도, 청중이 묻는 질문에 제대로 답변하지 못한다면 그 프레젠테이션은 실패한 것이다.
  - 예상 질의 응답지 만들기
  - 청중이 자연스럽게 질문할 수 있도록 배려
  - 청중의 질문을 제대로 듣기
  - 간단명료하게 답변

■ 마무리 - 질의 응답

• 답을 모를 때는 솔직히 인정하고 동료에게 도움을 청한다.
• 예상치 못한 질문 시 차분하고 논리정연하게 답하도록 한다.

Ⅲ 종합실습 - 프레젠테이션

■ **목적**

프레젠테이션의 계획부터 준비, 연습, 수행 과정의 흐름을 파악하고 정리하여 실제 프레젠테이션에서 활용하는 데 목적이 있다.

■ **진행방법**

① 프레젠테이션할 청중과 목적과 장소를 분석한다.
② 목표기술문을 작성하고, 프레젠테이션 서론, 본론, 결론 부분의 내용을 구성한다.
③ 프레젠테이션 원고를 여러 번 읽으면서 내용을 숙지하고 언어적·비언어적 전달을 연습한다.
④ 실제 수행 프레젠테이션이 끝난 후 스스로 후속 피드백을 한다.

■ **실습하기**

구분	세부내용	평가(작성 혹은 O/X)
프레젠테이션 계획	청중분석	
	목적분석	
	장소분석	
프레젠테이션 준비	목표기술문 작성	
	서론, 본론, 결론 내용의 구성	
프레젠테이션 연습 및 수행	원고숙지 정도	
	비언어적 요소- 자세, 표정, 눈맞춤, 제스처	
	언어적 요소- 발음, 어조, 포즈, 속도	
후속 피드백	계속 유지할 부분(잘한 점)	
	하지 말아야 할 부분	
	새롭게 해야 할 부분	

■ 참고사례

• 아래의 사례는 프레젠테이션 계획에서 준비 연습 수행에 이르는 각 부분에 대해 평가해야 할 사항들을 셀프 체크리스트 개념으로 작성한 것이다.

구분	세부내용	평가(작성 혹은 O/X)
프레젠테이션 계획	청중분석	심사위원수, 성별 나이, 흥미, 니즈, 전문분야 확인
	목적분석	투자 유치 혹은 수주 등 목적 확인
	장소분석	장소, 조명, 테이블, 시청각기기 확인
프레젠테이션 준비	목표기술문 작성	얻고자 하는 것을 한 문장으로 작성 확인
	서론, 본론, 결론 내용의 구성	각 부분의 필요요소 충족 여부 확인
프레젠테이션 연습 및 수행	원고 숙지 정도	원고 숙지 확인
	비언어적 요소- 자세, 표정, 눈맞춤, 제스처	비언어적 요소 활용 확인
	언어적 요소- 발음, 어조, 포즈, 속도	언어적 요소 활용 확인
후속 피드백	계속 유지할 부분(잘한 점)	-
	하지 말아야 할 부분	-
	새롭게 해야 할 부분	-

사례 20-2 [조동성 칼럼] 창업의 성공조건

집이나 배를 지으려면 먼저 설계도를 준비해야 한다. 창업, 즉 사업을 시작하는 데에도 먼저 설계도가 필요하다. 창업의 설계도를 사업계획서(Business model)라고 한다. 나는 청년창업이 우리나라 경제가 나아가야 할 방향이라고 믿는다. 그래서 서울대에서 가르친 모든 과목에서 학생들에게 기말시험 대신 사업계획서를 발표하도록 한다

사업계획서는 청년창업의 성공가능성을 판단하는 기준이 아니다. 학생들이 파워포인트로 사업계획서를 발표할 때 나는 스크린을 보지 않고 발표하는 학생을 보면서 세 가지를 관찰한다. 첫째는 학생의 눈, 둘째는 학생의 입, 셋째는 학생의 말이다. 영롱하게 빛나는 눈에서 열정을 보고, 흔들림 없이 든든한 입에서 정직성을 보며, 발표 내용을 정교한 용어로 구사하는 말에서 전문성을 본다.

학생들에게 질문을 한다. "여러분이 창업에서 성공하려면 열정, 정직성, 전문성이 필요하다. 이 중 한가지를 포기해야 한다면 무엇을 포기하겠는가?" 학생 대다수는 전문성을 포기한다. 이에 동의한 나는 두 번째 질문을 한다. "열정과 정직성 중 한 가지를 포기해야 한다면?" 학생들 간에 답변이 엇갈리지만 대개의 경우 정직성을 포기하겠다는 편이 4 대 6 정도로 더 많이 나온다.

학생들에게 새로운 질문을 한다. "이번에는 투자자 입장이 되어 보라. 여러분은 창업자의 열정, 정직성, 전문성을 보고 투자해야 한다. 이 중 한 가지를 포기해야 한다면 무엇을 포기하겠는가?" 학생 대다수는 전문성을 포기한다. 이에 동의한 나는 두 번째 질문을 한다. "여러분이 투자하려는 창업자의 열정과 정직성 중 한 가지를 포기해야 한다면?" 첫 질문에 대한 답변과 달리, 열정보다 정직성을 가진 창업자에게 투자하겠다는 쪽으로 학생들 의견이 모아진다.

두 질문을 끝낸 후 학생들에게 얘기해준다. "창업자는 어항 속 금붕어 같은 존재이다. 금붕어가 눈을 깜빡이거나, 꼬리를 살짝 흔들기만 해도 우리는 금박 알아 차린다. 마찬가지로 창업자가 가진 생각을 투자자는 손쉽게 파악할 수 있다. 창업자는 투자자를 속이려 해도 안 되고 속일 방법도 없다. 열정이나 전문성은 많고 적음의 문제이지만, 정직성은 있고 없음의 문제이다. 따라서 정직성은 창업의 필요조건이자 출발점이다. 정직하지 않은 사람은 아예 창업할 생각을 하지 말아야 한다." 학생들은 내 의견에 동감해준다.

정직성은 무엇인가? 쉽게 들통나는 거짓말, 까만 것을 하얗다고 하는 거짓말쟁이는 우리 주변에 별로 없다. 창업자가 자칫 하기 쉬운 거짓말은 앞으로 사업을 해나가는 데 있어 어려움이 있더라도 그것이 현실로 나타나기 전까지는 투자자에게 말해주지 않는 것이다. 보통 창업자는 미래에 일어날 일 중에서 낙관적이거나 좋은 이야기는 잘하지만, 비관적이거나 문제가 될 소지가 있는 일들은 가급적 언급하지 않는 경향을 보인다. 나쁜 마음으로 숨기려 한다기 보다는 투자자를 불필요하게 마음 상하게 하지 않으려는 취지에서 안 하는 것이다. 이러한 창업자들은 성공하기 어렵다. 앞으로 다가올 어려움에 대해 솔직하게 얘기하지 않으면 스스로 미리 준비하고 대처할 방법을 찾기 어려울 뿐 아니라, 투자자로부터 도움을 받을 길도 없기 때문이다.

투자자에게 앞으로 다가올 어려움을 의도적으로 얘기하지 않는 사람을 보통 '사기꾼'이라고 부른다. 의도적으로 어려움을 숨기는 사기꾼이건, 투자자 마음을 불편하지 않게 하기 위해서 얘기하지 않는 마음 약한 사람이건 결과는 같다. 실패한 창업자이다.

사업계획서를 발표하는 학생들 중에서 장래 닥쳐올 어려움에 대해 당당하게 얘기할 수 있는 학생을 발견하면 그를 엔젤이나 창업투자사에 소개해준다. 이런 창업자를 선택한 투자자들은 대화를 통해 어려움을 함께 극복해 나가면서 사업을 성공궤도에 올릴 수 있게 된다.

창업에서 성공하는 사람은 열정적인 눈을 가지고, 솔직하게 어려움을 털어놓으며 전문성을 가지고 사업하는 사람이다. 사업계획서를 잘 만드는 사람에게 투자할 것이 아니라 정직한, 흔들리지 않는 입을 가진 사람에게 투자한다면 그 투자에서 성공할 확률은 크게 높아질 것이다.

출처: 한국일보(2014. 9. 2)

생각해보기 창업자는 고객, 투자자, 협력사 등 수많은 이해당사자들 앞에서 창업아이템과 계획을 설명하고 설득을 해야 합니다. 이 과정에서 여러분의 입장보다는 듣는 사람의 입장에서 문제를 접근하고 설득을 할 필요가 있습니다. 한 창업자가 신규투자를 유치할 때 활용했던 실제 사례를 생각해 볼 필요가 있습니다. 이 창업자는 신규기술에 대한 자금을 유치할 때 투자자의 입장에서 네 가지 원칙을 찾아내고 투자를 유치했습니다. 첫째, 투자규모가 너무 크면 투자자들이 투자하기 힘들기 때문에 소액으로 투자를 부탁했습니다. 둘째, 투자자들은 투자가 안정적이길 원하기 때문에 투자가 잘못되더라고 창업자 자신이 지급보증을 약속했습니다. 셋째, 투자의 수익성이 일정수준 이상 되어야 하기 때문에 투자 수익성을 최소 은행금리 1.5배 이상 약속을 하였습니다. 넷째, 투자의 투명성으로서 회사의 이익을 중심으로 배당이 아닌 매출을 중심으로 배당을 약속했습니다. 이 같은 문제해결 방식을 통해서 이 창업자는 3일 만에 5명의 투자자로부터 2억이라는 기술개발자금을 유치했습니다. 창업자가 가지고 있는 최고의 자산은 여러분 자신입니다.

마무리하기

1. 학습목표 확인	
프레젠테이션 수행방법의 이해	1. 설득형 프레젠테이션의 개념과 프로세스를 이해했습니까? 2. 프레젠테이션의 계획, 준비, 연습, 수행의 방법을 이해했습니까?

2. 실습 결과	
프레젠테이션	1. 프레젠테이션 수행 후 개선점을 파악했습니까? 2. 프레젠테이션의 계획, 준비, 연습, 수행 중 강화할 부분을 파악했습니까?

| 저자약력 |

김상수

〈학력〉
고려대학교 산업공학 학사
조지아 주립대학교 경영학 석사
조지아 주립대학교 경영학 박사

〈주요 경력〉
경기 테크노파크 ECRC 센터장(전)
現) 한양대학교 경영학부 교수
㈜ B2L Soft 대표이사
한국 창의적 문제해결센터 소장
한국 정보시스템학회 부회장

〈주요 저서〉
창업을 위한 사업 계획서 작성 가이드(2013)
Creative Thinker를 위한 아이디어 방법론(2013)
경영자와 관리자를 위한 전략적 의사결정 방법론(2011)
비즈니스 시뮬레이션 게임 Biz-Master(2007)
창조경영의 원리와 추진 전략(2008)
창의적 문제해결과 의사결정(2011)
위기를 기회로 바꾸는 문제 해결(2005)

〈주요 연구분야〉
경영전략 시뮬레이션
창업과 신사업기획
전략적 의사결정과 창의적 문제해결
창조경영과 창조적 혁신

〈주요 실적 및 프로젝트〉
경영전략 시뮬레이션 Biz-MBA 개발 (www.biz-mba.co.kr)
창업경영 시뮬레이션 Biz-Champion 개발(champion.biz-mba.co.kr)
창업 사업계획서 지식사이트 Biz-Incubator 개발 (www.biz-incuabator.co.kr)
SK Management Game 개발
경영시뮬레이션게임 Biz-Master 개발 및 국내 최초 특허(www.biz-master.co.kr)
창의적 문제해결과 창조경영 포털사이트 Biz-Solver 개발(www.bizsolver.co.kr)
창의적 문제해결 게임-콜럼버스의 창의적 문제해결 모험 G-learning 개발
하나은행 하나 시티 콘텐츠 개발 PM
현대해상 포털사이트 구축 전략 PM
철강산업의 수요 예측, 포항제철의 철강수요 예측

김영천

〈학력〉
한양대학교 경영학 학사
한양대학교 경영학 석사
한양대학교 경영학 박사 수료

〈주요 경력〉
現) ㈜B2L Soft 책임연구원
경영시뮬레이션 강사
창업교육 전문 강사

〈주요 저서〉
창업을 위한 사업 계획서 작성 가이드(2013)
Creative Thinker를 위한 아이디어 방법론(2013)
창의적 문제해결과 의사결정(2011)

〈주요 연구분야〉
경영전략 시뮬레이션
창업과 사업기획
창의적 문제해결

〈주요 실적 및 프로젝트〉
경영전략 시뮬레이션 Biz-MBA 개발 PL (www.biz-mba.co.kr)
창업경영 시뮬레이션 Biz-Champion 개발 PL (champion.biz-mba.co.kr)
창업 사업계획서 지식사이트 Biz-Incubator 개발 PL (www.biz-incuabator.co.kr)
SK Management Game 개발 PL

김일경

〈학력〉
영남대학교 컴퓨터공학 학사
연세대학교 전기전자공학 석사
Duke MBA, the Fuqua School of Business 수학
KAIST 경영대학원 최고위 컨설턴트 과정 수료
한양대학교 경영컨설팅학과 박사과정 수료

〈주요 경력〉
Transwitch 한국법인 지사장(전)
Trident Korea 영업 이사(전)
삼성전자 선임 연구원(전)
現) Universal Electronics Inc. 한국 지사장

〈주요 연구분야〉
기술 영업 및 마케팅 전략
경영전략 시뮬레이션
창업과 신사업기획

〈주요 실적 및 프로젝트〉
FLC-D ADSL 통신장비망 개발
세계 최초 120Hz/240Hz(Frame Rate Converter) 3D TV 개발 지원 및 시장 출시
GM On Start Infotainment 구축 지원
라우터 핵심기술 개발(IP LOOK UP engine based on T-CAM for Wireless Router System(2001)

이철형

〈학력〉
연세대학교 불문학 학사
호주 맥쿼리대학교 경영학 석사

〈주요 경력〉
삼성전자, Conexant Korea, Pantech C&I 근무(전)
現) 한양대학교 기업경영대학원 겸임교수
㈜B2L Soft 부사장
서울산업진흥원 희망세계로 멘토교수
한국 인터넷진흥원 해외진출 전문위원

〈주요 연구분야〉
해외진출
창업과 비즈니스 모델
신사업 기획

〈주요 실적 및 프로젝트〉
삼성전자 PC OEM 사업 개발
삼성전자 주요 해외시장 IT 판매 채널 구축

주민정

〈학력〉
중앙대학교 교육학 학사
한양대학교 경영학 석사 수료

〈주요 경력〉
대한항공 국제선 부사무장(전)
LG전자 한국마케팅 인재육성그룹 부문강사(전)
한국서비스교육센터 공동 대표(전)
現) BesCo인재개발원 원장
대림대학교 항공서비스학과 겸임교수
비투엘소프트 연구위원

〈주요 연구분야〉
고객만족경영, 프레젠테이션, 퍼실리테이션, 스토리텔링, 경영시뮬레이션

〈주요 실적 및 프로젝트〉
분당제생병원 고객만족 전직원 CS 교육
아름다운 피부과 고객만족 컨설팅
농어촌공사 색깔있는 마을만들기 현장포럼
두산타워 판매사원 전직원 서비스 판매력 향상 교육
사이버MBA 전문가 6인의 영업력향상 과정 개발

기술창업 사업계획서 매뉴얼

2015년 3월 25일 1판 1쇄 발행
2020년 8월 25일 1판 3쇄 발행

저　　자 | 김상수 · 김영천 · 김일경 · 이철형 · 주민정
발 행 인 | 이수영
발 행 처 | 도서출판 청람
서울시 마포구 독막로 288(대흥동, 세양상가 109호)
전　　화 | 02) 3272-2601~2
팩　　스 | 02) 3272-2603
홈페이지 | www.crbooks.co.kr
이 메 일 | crbooks@daum.net
등　　록 | 2000년 8월 26일 제6-0509호

ISBN 978-89-5972-454-3　93320　　[정가 25,000원]